DIE GROSSEN
MYTHEN
DER MENSCHHEIT

Sergius Golowin / Mircea Eliade / Joseph Campbell

DIE GROSSEN
MYTHEN
DER MENSCHHEIT

HOHE

Seite 2: Monolithische Kolossalfiguren aus Lavagestein auf der Osterinsel, die im Stillen Ozean liegt und heute zu Chile gehört. Die Insel wurde am Ostersonntag 1722 von niederländischen Seefahrern entdeckt. Die Standbilder aus Tuff, die Europäer damals staunend erstmals erschauten, sind bis zu 25 Meter hoch und bis zu 80 Tonnen schwer. Die Polynesier sehen in ihnen eine Darstellung von Riesen, „die in der Urzeit von den Gestirnen auf die Inseln der Erde niederstiegen".

Unten: In verschiedenen mythischen Kosmogonien findet sich die Vorstellung, daß das sichtbare Universum aus einem gewaltigen Ei entstand, das sich im anfänglichen Chaos herausbildete. Die entsprechenden Meditations-Bilder der indischen Tantriker, besonders aus Rajastan, haben sogar die Freude der modernen Kunst an Farben und Formen beeinflußt. Von einem Lichtkern aus entfaltet sich die göttliche Zeugungsenergie und läßt aus sich nach und nach die Ebenen, Schichten, Verdichtungen und sich ausdehnenden Sphären der Welten entstehen. Diese Urkraft, die vom Zentrum aus immer neue Vorgänge und Hervorgänge auslöst, wird häufig mit der Gottheit der Liebe gleichgesetzt (Kama im Indischen, Phanes oder Eros im Griechischen).

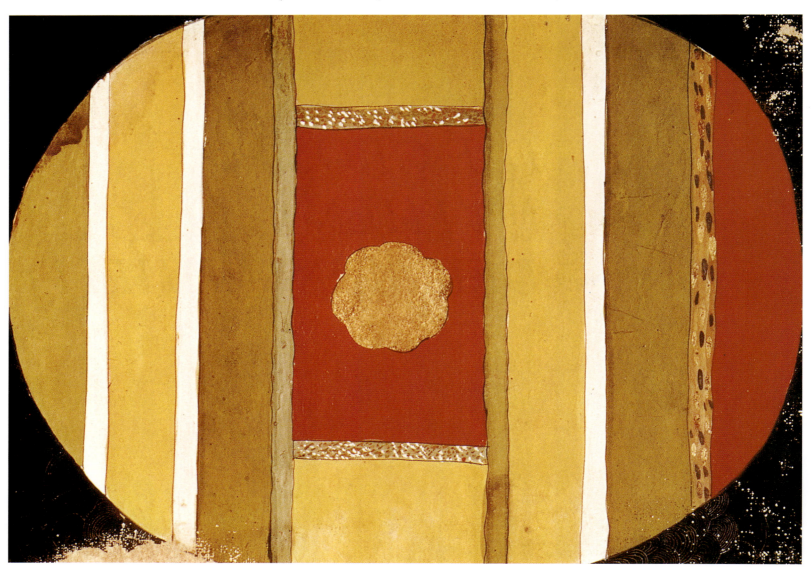

Sergius Golowin/Mircea Eliade/Joseph Campbell: Die grossen Mythen der Menschheit
Eine Produktion von EMB-Service für Verleger, Adligenswil, Schweiz
Copyright © 1998 by EMB-Service für Verleger, Adligenswil, Schweiz
Genehmigte Sonderausgabe für Verlag HOHE GmbH, Erftstadt

Die Verlag HOHE GmbH ist ein Gemeinschaftsunternehmen
der Herder GmbH & Co. KG, Freiburg, und
BMH Buch Medien Handel GmbH, Erftstadt.

Alle Rechte vorbehalten

Einbandgestaltung: sowiesodesign.de
Einbandabbildungen: Stonehenge, picture-alliance/Helga Lade GmbH, Germany (großes Bild);
Osterinseln, picture-alliance/KPA/Cabanis, Kristian (oberes Bild);
Bildleiste von links nach rechts: Kopf des Odysseus aus Sperlonga, Marmor, Kopie nach hellenistischem Bronzeoriginal um 170/60 v. Chr., picture-alliance/akg-images; Weltesche Yggdrasil mit Midgard und Midgardschlange, aus der germanischen Mythologie, Holzstich, um 1880, picture-alliance/akg-images; Bildniskopf Echnaton, ägyptischer König, 1364–1347 v. Chr., aus dem Aton-Tempel in Karnak, picture-alliance/akg-images/Andrea Jemolo; Juwel aus dem Grab des Tutanchamun; ca. 1325 v. Chr., darauf Ptah, Schöpfer des Universums und Schutzherr der Handwerker, und seine Gefährtin, Sekhmet, löwenköpfige Kriegsgöttin, mit einer Sonnenscheibe über ihrem Kopf, picture-alliance/KPA/HIP/Ann Ronan Picture Library; Hindu-Gott Ganesh, Batu Caves, Malaysia, picture-alliance/Godong
Konzeption und Gestaltung: Franz Gisler, Luzern

Gesamtherstellung: Verlag HOHE GmbH, Erftstadt
Printed in Slovenia 2007

ISBN 978-3-86756-072-6

Inhalt

6 Vorwort

Mythen und Mythologien
10 *Mircea Eliade*

30 Griechischer Stammbaum

Die Mythen der Welt
38 *Joseph Campbell*

50 Karten

Schöpfer von Natur und Mensch
66 *Sergius Golowin*

68 Die Gottheit, die der Ursprung ist
70 Ahnungen der Naturvölker
72 Die Große Mutter
76 Himmel und Erde als erstes Liebespaar
78 Das Lebewesen des Anfangs
80 Die Erschaffung des Menschen
82 Die Stammesmutter der Huronen
83 Völker vor Adam und Eva
84 Die Vielfalt bewohnter Welten
86 Das Leben – ein bunter Traum: Indische Mythen um Vishnu und Lakshmi

Die Entfaltung des Kosmos
90 *Sergius Golowin*

92 Es werde Licht!
94 Der erste helle Tag
96 Erneuerung der Sonne
98 War doch der Mond zuerst?
102 Der strahlende Regenbogen
104 Lichtertanz der Unsterblichen
106 Blitzadler und Donnervogel
108 Der Gewittergott und seine Macht
110 Wasserfrauen im Wolkenland
112 Bäume des Lebens und des Geistes
118 Bestes Bild des Universums: Himmelsturm oder Baum?
120 Die Länder der Geister

Vermittler von Magie, Kunst und Kultur
122 *Sergius Golowin*

124 Hermes, Bote der Weisheit
128 Das Feuer kommt in Menschenhände
130 Der kluge Schmied: Vorbild unserer Intelligenz
132 Die Kulturbringerin der Tetonen
134 Weise Mondfrauen: Hüterinnen der Erfahrungen
136 Der Schamanismus: Brücke zum Jenseits
138 Das Dasein im wilden Wald
142 Fischende Götter – göttliche Fischer
144 Das Zeitalter des „heiligen Hirtentums"
146 Der Ackerbau als Himmelsgeschenk
148 Die Arzneikunst besiegt das Sterben

Tiere der Erde und des Himmels
152 *Sergius Golowin*

158 Gleichgewicht zwischen Tag und Nacht
160 Der Tod – ein Mißverständnis ?
162 Tiergottheiten am Nil
166 Leidenschaften dunkler Tiefe
168 Die himmlischen Rosse
170 Heilige Kühe – heilige Stiere
174 Sternentiere
176 Wundergeschöpfe
178 Geheimnisvolle Schlangen
180 Im Reich des Drachen

Sinnliche und übersinnliche Liebe
182 *Sergius Golowin*

184 Die große Mutter der Fruchtbarkeit
188 Himmlische Zeugung
190 Übernatürliche Geburt
192 Die Amouren des Jupiter
195 Verbindungen zwischen Sterblichen und Göttern
196 Die Wege des Tantra
198 Unheilvolle Leidenschaften
199 Benten vereint die Herzen
200 Orpheus und Eurydike
202 Krishnas Spiele mit den Hirtinnen
206 Kama und Rati finden sich ewig
208 Das Mitgefühl ohne Ende

Das Zeitalter der Heroen
210 *Sergius Golowin*

216 Der Mann, dem Hera den Ruhm gab
222 Jagd auf die Sonnenvögel
224 Der Himmelssohn Ge Sar rettet Tibet
226 Der japanische Sturmkrieger
228 Rama und Sita, das Vorbild der Treue
230 Kampf um Helena, Schönste der Frauen
232 Sigurd und andere Sagenhelden
234 Tafelrunden des christlichen Mittelalters

Um den Sinn der Welten
238 *Sergius Golowin*

240 Die Neugier treibt uns
242 Gilgamesch sucht den Sieg über den Tod
244 Bewährung im Kampf
248 Ritter des Lichtgottes
249 Gegen Liliths Schattenreich
250 Die Amazonen stehen zu ihrer Eigenart
252 Das Opfer der Iphigenie
254 Prinzessin Sabulana schließt Frieden
256 Psyche, die sanfte Heldin
258 Ischtar gibt alles für ihre Liebe
260 Odysseus ist immer auf dem Heimweg

An der Schwelle zur Ewigkeit
262 *Sergius Golowin*

264 Das Geheimnis des Grals
266 Kreislauf des kosmischen Rades
268 Erinnerung an Seelenwanderungen
270 Die Waage des Jüngsten Gerichts
272 Himmels- und Höllenwelten
278 Die Messung von Zeit und Raum
279 Wiederkehr der glücklichen Urzeit
280 Das Friedensreich der Mexikaner
282 Durch die Sternentore
284 Erlösung oder neue Mythologie?
288 Wo liegt das Paradies?

292 Bibliographie
295 Bildnachweis
296 Register

Vorwort

Der Himmel des chinesischen Taoismus ist ein großartiger Versuch, die schamanistischen Visionen und die ursprünglich sehr verschiedenen Volksglauben der ostasiatischen Stämme zu einem einheitlichen Kunstwerk zu verschmelzen. Die Götter und Heiligen, alle mit den Sinnbildern ihrer Bedeutung, stellen ein Vorbild der idealen menschlichen Gesellschaft dar und sind zugleich Stufen auf dem Weg (Tao) der sterblichen Wesen zu ihrer kosmischen Vollendung (Rollbild eines unbekannten chinesischen Meisters, 17./18. Jh.)

Schweben über dem Alltag

Von fast allen Völkern, die Reste ihrer Kulturen bis in die Gegenwart bewahren konnten, wissen wir von der Lebenswichtigkeit der mündlichen, von Geschlecht zu Geschlecht weitergegebenen und -entwickelten Dichtungen. Ein fahrender Geschichtenerzähler aus dem ostslawischen Wolhynien soll noch zu Anfang unseres Jahrhunderts ausgerufen haben: „Das Schlimmste an der Hölle ist, daß man dort keine Geschichten und keine Musik hört, die den Menschen all seine täglichen Nöte vergessen lassen."

In der großartigen Liedersammlung des finnischen Volkes, die E. Lönnrot als „Kalevala" sammelte und nachdichtete, erklärt der Sänger der Helden- und Göttergeschichten, daß er, auch ohne Speis und Trank dafür zu empfangen, seine Dichtungen vortragen müsse:

„Nun, so sing ich leeren Mundes,
singe ich bei bloßem Wasser –
zu des schönen Tages Ehren,
zum Genuß des neuen Morgens,
Neubeginn des jungen Tages."

Der Geschichtenerzähler, der Sänger der Lieder wird zum Geschöpf, das der Himmel selber auserwählt hat, um den Menschen über den Alltag zu erheben. Dank seiner vergißt der Zuhörer etwas von der Last des Daseins, der Schwere des Kampfes ums Überleben, der dumpfen Gewohnheit. Er wird sich bewußt, im Herzen des Kunstwerks der Schöpfung zu stehen, die Schönheit des Morgens dauernd erleben zu dürfen, auch in den Naturvorgängen die Macht der Liebe erkennen zu können.

Muchtar Ausow, Schriftsteller des Kasachenvolkes, schildert uns, wie ein echtes geistiges Frühlingserwachen durch die Stämme und Dörfer der Steppen fuhr, wenn ein großer „Akym" nahte – also ein Dichter und Sänger von Balladen. Die Dinge, die er – oft zur Musik des Saiteninstruments Dombra – vorzutragen wußte, wurden zur geistigen Nahrung des Volkes bis zu seinem nächsten Besuch.

Ausow bezeugt: „Tagsüber sangen die Akyme lange, weitschweifige Gesänge, und in den Pausen trugen sie Aussprüche von Weisen vor..." Die Hörer fühlten sich von einem „vielfarbigen Strom der Mären und Sagen" geradezu fortgetragen und begegneten in den zeitlosen Geschichten den unsterblichen Sinnbildern ihrer eigenen Sehnsucht.

Die griechische Überlieferung berichtet, daß vor fast drei Jahrtausenden Homer als fahrender Sänger durch die winzigen griechischen Fürstentümer wanderte und dabei Gastfreundschaft, aber auch Undank erlebte. Doch er zog unermüdlich weiter, getrieben von alten und neuen Geschichten, die er seinen Werken einfügte, weil er von den wiedergefundenen Abenteuern der Vorzeit ebenso berauscht war wie vom Klang seiner eigenen Worte.

Er sang von den gemeinsamen Taten, die alle Stämme, die er aufsuchte, schon vor Jahrhunderten gemeinsam begangen hatten – als Verbündete und Verwandte der olympischen Götter. Griff er dazu auf authentische Überlieferungen zurück, oder waren seine Hauptanreger die eigenen Phantasien und Träume? Schöpfte er, wie ebenfalls später griechische Autoren behaupteten, aus den verlorengegangenen Werken vorgeschichtlicher Dichter wie Orpheus, die noch mit den Göttern selber verkehrt hatten? Flüsterten ihm, wie er es selber ausdrückte, die schönen Musen zu, für die die gesamte Welt ein Kunstwerk war?

Durch solche Dichtungen, die ihre Hörer offenbar in den Zustand des Rausches versetzen konnten, verschmolzen jedenfalls in ausgedehnten Gebieten die Mundarten zur fast einheitlichen Sprache, und im ganzen Raum lebten nun Bilder, die allgemein verstanden wurden. Wie wir aus diesem uralten Beispiel ebenso sehen wie aus verhältnismäßig modernen Zeugnissen über die Volkskultur der Finnen und Kasachen, wurden große Völker vor allem aus dem „bunten Strom" der Märchen und Sagen geboren.

Clemente Eduardo Graff, ein Vertreter des kleinen, vor allem in Mitteleuropa bis in die Gegenwart den Wandergewerben nachgehenden Volkes der Jenischen, ist Messer- und Scherenschleifer, Korbmacher und Geschichtenerzähler aus Familientradition. Er sagte mir 1975: „Wenn Menschen ihre von einer Generation zur anderen weitergegebenen Märchen, Sagen und Bräuche vergessen, verlieren sie immer mehr sich selber. Besonders wenn sie keinen eigenen Staat besitzen, verschwindet nach und nach ihr Wissen, von woher sie kommen und wer sie sind. Weil die Kinder dann nichts mehr vom Leben ihrer Vorfahren kennen, reden sie über sie immer weniger, und dann verschwindet wieder ein Volk, dessen reiche Kultur einmal auch den anderen Menschen viel Freude schenken konnte."

Lebendige Umwelt

Meiner Großmutter, die aus dem damals noch „dunkelsten" Osteuropa stammte, verdanke ich die ersten Nachrichten von eigenartigen Puppen, wie sie noch um 1900 von „fahrenden Handwerkern" in Dorf und Stadt vertrieben wurden. Sie stopften bunt gemischte Pflanzensamen, über die sie allerlei lustige Geschichten zu erzählen wußten, in kleine Taschen oder Säcklein aus buntem Stoff. Diese wurden nun oben zugenäht und „fünfmal zusammengebunden", so daß eine Puppe entstand, „die andeutungsweise einen Kopf und

vier Gliedmaßen besaß". Dann war das kleine Spielzeug, meistens kaum zwei Handlängen groß, schon fertig – höchstens, daß es noch zwei große und schillernde Knöpfe als Augen erhielt. „Früher machte man sich die Mühe, die Sinne durch geschickt angenähte bunte Steinchen anzudeuten. Diese durften aber keine Ecken haben, damit das Kind im Schlaf von der Puppe auf keinen Fall eine unangenehme Berührung erleben konnte."

Die kleinen Mädchen und Buben erhielten nun eine solche Gabe von ihren Müttern, Ammen oder Großmüttern, kaum daß sie zu reden vermochten. Es wurde ihnen erzählt, daß sie dieses geheimnisvolle Geschenk in ihrem Bett, schön unter dem Kissen verborgen, bewahren sollten. Ihm könnten sie vor der „Abreise ins Traumland" all ihre Hoffnungen und Ängste zuflüstern. Dann könnten sie seelenruhig einschlafen – denn „wenn sie am nächsten Morgen aufstehen würden, seien in der Regel die kleinen Sorgen völlig weggewischt."

Es gab dazu selbstverständlich allerlei hübsche Geschichten, die märchenhafte „Erklärungen" waren und die man den Kindern leise, fast wie Geheimnisse, mitteilte. Die Puppe habe Leben in sich, weil ja die Samen in ihr viel „Kraft" enthielten. Man traute zudem allen Gaben, die man von Fahrenden erstand, wunderbare Kräfte zu, „weil die Nomaden nun einmal Gottes Sternenhimmel als Dach haben und darum von vielen Wundern der Natur wissen".

Das Püppchen sollte auch die Worte des Kindes gründlich in seinem Gedächtnis bewahren und sie einem der „sieben Schutzengel", die wir alle bei der Geburt bekommen („und wegen schlechter Taten als Erwachsene nach und nach verlieren..."), mitteilen: „Für diese ist es nun gar nicht schwer, dann vom ewigen Himmel aus die Ursachen kleiner Sorgen auszulöschen."

Kleine Kinder glauben solche Geschichten, wie ich es aus eigenen Erfahrungen weiß, wortwörtlich – namentlich, weil sie bei den entsprechenden Belehrungen ihrer Mütter und Ammen gewöhnlich einschlafen: Meistens in den ersten Abendträumen wird ihnen die kleine Trösterin lebendig, flüstert ihnen wunderbare Geschichten zu, begleitet sie bei Traumabenteuern und öffnet ihnen „ein Tor zum Himmelreich".

Der russische Schriftsteller Alexej Remizow, ein großer Kenner des volkstümlichen osteuropäischen Schamanismus und überhaupt des Volksglaubens, erzählte mir um 1955 in Paris: „In gebildeten Familien kam der Brauch auf, schon wegen der Herkunft der Puppen von ‚abergläubischen' Sippen, solche Spielsachen geradezu als der europäischen Zivilisation feindlich anzusehen. Wahrscheinlich war dies auch einer der vielen Gründe, warum die Reichen immer mehr auf Ammen und Kindermädchen aus dem einheimischen Volk verzichteten. Sie ließen ,modern ausgebildete' Gouvernanten aus dem Westen kommen. Diese hatten die Aufgabe, die Kinder vor jeder Berührung mit dem phantastischen, noch immer im ,primitiven' Volk der Umgebung lebenden Zauberglauben zu behüten. Vielleicht wurden wir dadurch in den Gymnasien besser in Mathematik und Physik; von der Begabung zu ruhigem Schlaf und zur Phantasie haben wir aber sicher einiges verloren."

Daß man über solche Puppen als „asiatischen Zauberglauben" und ähnliches spottete, war ganz sicher oberflächlich. Obwohl ich als Kind in Mitteleuropa aufwuchs, war – dank der Märchen meiner osteuropäischen Großmutter – meine Neugier für entsprechende Erscheinungen der volkstümlichen Kultur geschärft: Ich hörte aus damals noch abgelegenen Talschaften der Alpen von einfachen Stoffpuppen, die man offensichtlich ganz ähnlich verwendete – obwohl es unduldsame Leute gab, die sogar behaupteten: „Früher hat man solches Zeug Hexenpuppen (Häggse-Toggeli) genannt und sie in Scheiterhaufen geworfen."

Ich erlebte aber, daß in vielen Fällen weiche Stofftiere an die Stelle der kleinen „Trösterinnen" getreten waren. Sie durften am Abend ebenfalls die Nöte der Kleinen anhören und sie als Beschützer durch die nächtlichen Traumwelten begleiten – und sie bewahrten, als ihre Menschenfreunde groß wurden, auch bei den Erwachsenen ihren Ehrenplatz.

Kindermärchen und Mythen

Später durfte ich vernehmen, daß in den Vereinigten Staaten und in Kanada Kinder ähnliche, sehr einfache Puppen als „Sorgentröster" (Sorrow Dolls) von Indianern erbaten und dann auch in späteren Jahren fest an deren „magische Hilfe" glaubten. Die Hersteller schienen den Brauch – ähnlich wie die Fahrenden in Wolhynien, Podolien, Siebenbürgen und Moldawien – aus eigenem Kinderglauben zu kennen, waren in ihrer Armut dann aber froh, unter den Weißen zahlende Abnehmer dafür zu finden. Ein Amerikaner versicherte mir, daß die Kinder der Farmer des Wilden Westens solche Trostpuppen, „ihre Freude in einem fast steinzeitlichen Umkreis von Einsamkeit und Gefahr", wohl schon aus ihren europäischen Heimatländern kannten.

Stammen diese „Sorrow Dolls", diese „Toggeli" im Alpenraum, aus einer gemeinsamen Vergangenheit der Völker, wären sie also älter als die Völkerwanderungen? Entstanden aus diesem „Spielzeug" viele der Vorstellungen um die neckischen und doch liebenswürdigen Hauskobolde, von denen die Kinder in Lappland, Sibirien und Alaska noch immer vermuten, daß sie nächtens ihre Hütten und Jurten vor wilden Tieren ebenso bewahren wie vor der Tücke der Menschen?

Obwohl sehr viele Gebrauchsgegenstände und auch Darstellungen des Volksglaubens in verschiedenen Erdteilen so sehr übereinstimmen, daß wir gezwungen sind, uralte Kulturverbindungen anzunehmen, scheinen mir gerade die „schützenden Spielsachen" völlig unabhängig voneinander entstanden zu sein. Sie verraten vielleicht sogar etwas endlos Wichtigeres als uralte Völkerverwandtschaften – zeigen sie uns doch auf einfacher Stufe, wie sehr die seelischen Grundlagen und Bedürfnisse aller Kinder in den verschiedenen Erdteilen übereinstimmen.

Wie kann man schon freundliche Mächte, die uns beschützen und trösten können, anders darstellen als durch einfache Puppen von Menschen oder auch liebenswürdigen Tieren, etwa von kleinen Bären, die einst die Mutter aus kleinen und kuschelig weichen Fellstücken zusammennähte? Wollte man schließlich später die als bewußtes Leben verstandenen Mächte der Umwelt, Gewitter, Sonne und Mond, die Elemente, Tier- und Pflanzengeister darstellen, nähte oder schnitzte man schließlich ganz ähnliche Bildchen, oft gar nicht viel kunstvoller, und stellte sie voll Ehrfurcht in der „heiligen Ecke" der Hütte oder Jurte auf. Ihr Aufbewahrungsort, erzählte ein Jakute, „mußte recht sicher und hoch sein, damit sie die kleinen Kinder nicht mit ihrem Spielzeug verwechselten und herunterholten".

Solche Verwechslungen von Gegenständen scheinen beim „zivilisierten" Menschen kaum seltener gewesen zu sein als bei den kleinen Nomaden, die kaum herumlaufen konnten! Der schon erwähnte Schriftsteller Alexej Remizow, dieser unermüdliche Verehrer der volkstümlichen Religiosität, erzählte mir: „Die Stämme des europäischen Nordens und Sibiriens hatten für ihre Kinder sehr einfache und teilweise für uns geradezu wunderbare Puppen, etwa bei den Jakuten, wo man sie mit Stückchen von Mammut-Elfenbein benähte. Die listigen Kaufleute handelten sie mit Wodka ein oder ließen sie auch von den Frauen der Eingeborenen billig herstellen. In Rußland wurden sie dann den Sammlern recht teuer als ,heidnische Götzen' verkauft, und einige sollen sogar in Museen gelandet sein – sehr zum Vergnügen der Nomaden, wenn sie einmal die Städte besuchen durften und dann über die ,gelehrte Bildung' der Weißen lachen konnten…"

In der Geschichte der Erforschung der Mythologien, der oft uralten Sagenkreise der Völker, wurden diese auf zahllose Arten gedeutet, die sicher alle Wege zu Erkenntnissen unserer Seele sind. In vielen hochentwickelten Mythologien wurde gerade das Kind später zum Sinnbild des Menschen schlechthin, der schon dank seines ersten „kindlichen" Denkens und der Anregungen aus Märchen auf intuitive Art das Göttliche erkennen kann. Sogar „Helden", die später als Götter verehrt wurden, sollen ja ihre Kindheit bei sehr ursprünglichen Stämmen verbracht haben und von Feenwesen oder Nymphen „erzogen" worden sein – so etwa der griechische „König der Götter", der Blitzgott Zeus selber.

Die indische Mystik macht die „Spiele" der Kinder Krishna und Radha, die Verkörperungen (Avataras) der kosmischen Gottheiten Vishnu und Lakshmi, kaum daß sie dem Säuglingsalter entwachsen sind, zu Gleichnissen der größten Geheimnisse der Schöpfung.

Auch Jesus von Nazaret hat dazu aufgefordert, von den Kindern zu lernen, und die Gläubigen der verschiedenen Länder umflochten die Kindheit ihres Heilands mit einem Kranz rührender Legenden: Freundliche Tiere und Engel erscheinen gleichermaßen als seine Spielgefährten.

Was verbergen die Wolken?

Die monotheistischen Religionen, die sich auf *einen* allmächtigen Gott ausrichten und ihre Überzeugungen in der Regel in Heiligen Büchern festgehalten haben, waren in ihren Glanzzeiten weise genug, die angetroffenen Formen der alten volkstümlichen Frömmigkeit nicht zu verdammen. Taten sie es doch – wie etwa die meisten europäischen Staaten während der Glaubenskriege und bestialischen Hexenverfolgungen –, waren es eigentlich immer Beweise des Verlustes der eigenen Grundlagen.

Der erstaunliche Beleg einer anderen Auffassung, bezeichnenderweise entstanden im Alpenraum – wohin sich viele Flüchtlinge während der Grauen des Dreißigjährigen Krieges (1618–1648) zurückzogen – ist die Kirche von Hergiswald (vom Volk noch gelegentlich „Herrgottswald" genannt) auf einer Alp des Berges Pilatus bei Luzern. Ihre Decke wurde von Caspar Maglinger und Ludwig von Wyl mit Hunderten von Sinnbildern der Jungfrau und Gottesmutter Maria ausgemalt. Auch C. G. Jung, einer der Väter der modernen Psychologie, soll diesen Ort besucht haben, als er über die Erklärung der Mythologien aus unseren inneren Urbildern (Archetypen) nachdachte.

Die Symbole sind so vielfältig, daß wir zu ihrem Verständnis die Welt der christlichen Geschichte verlassen und uns recht fleißig mit dem gesamten Geistesleben der Antike und der volkstümlichen Naturkunde befassen müssen. Überall erkennen die Künstler der Kirchendecke und ihre Berater tiefsinnige Vorahnungen und Hinweise auf die schönsten Geheimnisse ihrer eigenen Religion. Wir sehen hier sogar ein Bild des griechischen Götterberges Olymp, dessen Gipfel strahlend aus den Wolken ragt und dem Himmel nah ist. Der Spruch, der darüber steht, lautet: „caliginis expers", was wiederum auf Maria hinweist und „frei von Dunkelheit" bedeutet. Wie Dieter Bitterli in seinem Buch „Der Bilderhimmel von Hergiswald" erläutert, ließen sich die Künstler vom Werk „Mondo simbolico" Filippo Picinellis anregen, der schrieb: „Da dieser Berg außergewöhnlich hoch ist, steht er mehr als alle anderen im Sonnenlicht, von dem er unablässig beschienen wird..." Darum sei er ein Sinnbild Marias, „die vom Schatten der Sünde stets frei war".

Der Gipfel des Götterberges über den Wolken bedeutet hier ein Reich der reinen Liebe über aller Düsternis, die auf dem Alltag der Erdbewohner liegt. Die Griechen sollen im übrigen fast bis in die Gegenwart angenommen haben, ihr Berg sei so heilig und so hoch, daß auf seinem Gipfel immer das Licht vorherrsche. Wenn man von ihm aus die letzten Strahlen der Sonne im Westen verdämmern sehe, könne sich bereits im fernen Osten der neue Sonnenaufgang andeuten. Im übrigen verweist Bitterli auch auf ein altes Lied bei Prokop von Templin (1667), das im Berg ebenfalls ein Symbol der Maria sieht: „Der höchste Berg auf dieser Welt / Olympus wird genennet."

Die Fähigkeit zur Begeisterung, Beglückung, zum Enthusiasmus (en theos = in Gott!) findet sich bei allen uns bekannten Völkern, auch wenn sie nach unserer Auffassung nicht immer gleich vollkommen ausgedrückt wurde. Sie ist aber ganz sicher kein Vorrecht der weißen Rasse, wie die Kolonialisten des 18.–20. Jahrhunderts häufig überzeugt waren.

Selbst wenige Beispiele der Mythologien aus allen Erdteilen – so verschieden an Wert die uns zugänglichen Quellen sein mögen – helfen uns heute wieder zur Gerechtigkeit gegenüber anderen Kulturen. Sie helfen uns sogar, für die eigene Überzeugung eine Reihe schöner Sinnbilder, Parallelen und Entsprechungen zu finden, die uns auf unserem Weg bestätigen können.

„Die Heimchen zirpen
durch das Haus:
Ein jeder Arbeitskarren ruht,
und wären wir
nicht heut vergnügt,
wär Tag und Mond
verloren Gut."

Gedicht aus Shiking, China

Seite 11: Gott als Vater der Welt, die Schöpfung segnend und das heilige Gesetz in den Händen, über dem Tau-Zeichen des Kreuzes, aus kreisenden Spiralen zusammengesetzt – über der Welt, die ohne den himmlischen Willen nur ein Chaos wäre (Berthold-Missale, 13. Jh.).

Interpretationen des Mythos: von den Griechen bis zur Astralmythologie

Für die Menschen des 19. Jahrhunderts war „Mythos" das genaue Gegenteil von „Realität". Die Erschaffung Adams oder der Begriff des unsichtbaren Menschen galten ebenso als Mythen wie polynesische Legenden oder die *Theogonie* Hesiods. Wie so viele Klischees der Positivisten ist auch dieses christlichen und letztlich griechischen Ursprungs. Das Wort „Mythos" bedeutet auf griechisch „Sage", „Erzählung", „Gespräch" oder einfach „Rede", wurde

dem Titel *Heilige Schriften* und errang einen Riesenerfolg. Er glaubte, den Ursprung aller Götter entdeckt zu haben: Sie waren einstmals Könige, die aufgrund ihrer Verdienste als Götter verehrt wurden. Damit versuchte aber auch er auf *rationale* Weise, die Götter Homers zu bewahren, die nun eine prähistorische „Realität" erhielten. Die Mythen stellten lediglich die verwischte oder imaginative Umgestaltung der Heldentaten der großen Urkönige dar. Beide Interpretationen, die allegorische und die euhemeristische, fanden ein weites Echo. Ihnen ist es zu verdanken, daß

MYTHEN
UND MYTHOLOGIEN

Denn die Seele ist der Urbeginn und verleiht erst allem anderen Bewegung.

Plotin

jedoch immer häufiger im Gegensatz zu *logos* und *historia* verwendet, so daß es im Lauf der Zeit für das stand, „was nicht wirklich existieren kann". Sogar die frühesten griechischen Philosophen kritisierten die Mythen Homers und verwarfen sie als Erfindungen. Xenophanes (570–480 v. Chr.) akzeptierte nicht, daß sich Gott von einem Ort zum anderen bewegt; er verwarf die Unmoral der Götter, wie sie Homer und Hesiod schildern, und ganz besonders wandte er sich gegen ihren Anthropomorphismus: „Hätten die Rinder und Rösser und Löwen Hände wie Menschen, könnten sie malen wie diese und Werke der Kunst sich erschaffen, alsdann malten die Rosse gleich Rossen, gleich Rindern die Rinder auch die Bilder der Götter, und je nach dem eigenen Aussehen würden sie auch die leibliche Form ihrer Götter gestalten."

Im hellenistischen Zeitalter erhielt die Kritik der mythischen Traditionen einen besonderen Charakter. Die Mythen wurden nicht mehr wörtlich genommen; jetzt suchte man nach ihrem „verborgenen Sinn". Theagenes von Rhegion (6. Jahrhundert v. Chr.) hatte bereits behauptet, die Namen der homerischen Götter stünden entweder für menschliche Fähigkeiten oder Naturelemente. Besonders die Stoiker entwickelten die allegorische Interpretation Homers sowie sämtlicher religiöser Traditionen. So erhielt der Mythos, in dem Zeus Hera fesselt, die Bedeutung, der Himmel sei die Grenze der Luft.

Um 300 v. Chr. veröffentlichte Euhemeros eine phantastische Erzählung unter

nach dem langwährenden Prozeß der „Entmythologisierung" und dem Triumph des Christentums die griechischen Götter und Helden nicht in Vergessenheit gerieten.

Die wissenschaftliche Auseinandersetzung mit dem Mythos begann jedoch erst 1825 mit der Veröffentlichung von Karl Otfried Müllers *Prolegomena zu einer wissenschaftlichen Mythologie*. In der zweiten Hälfte des 19. Jahrhunderts gewann das Studium des Mythos größere Popularität durch die zahlreichen und hervorragenden Arbeiten von Friedrich Max Müller. Für ihn ist Mythos das Ergebnis einer „Krankheit der Sprache". Die Tatsache, daß ein Gegenstand viele Namen haben kann (Polyonymie) und umgekehrt ein Name auf mehrere Objekte angewendet werden kann (Homonymie), führte zu einer Verwirrung der Namen, wobei vielleicht verschiedene Götter zu einer Figur zusammenschmolzen und ein Gott in mehrere zerfiel. Was anfangs nur ein Name, *nomen*, war, wurde zur Gottheit, *numen*. Darüber hinaus führte der Gebrauch der Genusänderungen zur Personifizierung abstrakter Ideen als Gottheit und zur Errichtung eines Pantheons um Sonne, Dämmerung und Himmel. Die Sage von Kronos, der seine Kinder verschlingt und sie später wieder ausspeit, war also nur der „Mythen schaffende" Ausdruck eines meteorologischen Phänomens, nämlich des Himmels, der die Wolken aufsaugt und sie später wieder hergibt. Der Sonnenuntergang findet sich in den Erzählungen von einem

goldenen Boot, das im Meer versinkt, oder vom Apfel, der vom Baum fällt.

Müllers bedeutendster Kritiker war Andrew Lang, der sich auf Daten stützte, die von einer damals neuen Wissenschaft, der Anthropologie, gesammelt worden waren, vor allem von E. B. Tylor in seinem Buch *Die Anfänge der Kultur* (1871), in dem er nachwies, daß zeitgenössische primitive Volksstämme noch im mythenbildenden Stadium ihrer geistigen Entwicklung lebten. Er hielt mythisches Denken für eine Besonderheit „des menschlichen Intellekts in seinem *frühkindlichen* Stadium"; folglich müsse das Studium des Mythos „bei den Anfängen" beginnen, also bei den Völkern, die den urzeitlichen Kulturen noch am nächsten seien. Tylor behauptete, der Hauptgrund für die Transfiguration täglicher Erfahrungen in Mythen sei der Glaube der Primitiven an die Beseeltheit der Natur, die so die *Personifizierung* zulasse. Danach sei der Animismus, der Glaube an Geister (noch nicht an Götter), die erste Stufe der Religion, auf die dann Polytheismus und schließlich Monotheismus folgten.

Hauptsächlich aufgrund von Tylors anthropologischer Interpretation von Mythologie und Religion attackierte Andrew Lang Müllers Doktrin mehr als zwanzig Jahre. Er wies darauf hin, daß Mythen Aktionen, Vorstellungen und Institutionen widerspiegeln, die tatsächlich irgendwann in der Vergangenheit existierten. So stamme der Mythos von Kronos aus einer Epoche, in der Kannibalismus herrschte, und im Zeusmythos könnten wir einen primitiven Medizinmann entziffern. Nachdem er jedoch Berichte über die sogenannten Höchsten Wesen der Australier und anderer archaischer Völker gelesen hatte, verwarf Lang Tylors Animismustheorie als das erste Stadium der Religion. Laut Tylor entstand die Gottesidee aus dem Glauben an die Naturgeister und aus dem Ahnenkult, aber bei den Australiern und den Andamanen fand Lang weder Ahnenverehrung noch Naturkult, wohl aber den Glauben an eine unnahbare Gottheit.

Mit der Entdeckung der Priorität solcher Höchster Wesen begann eine lange Kontroverse über die Ursprünge der Religion und des „Urmonotheismus". Lang selbst betrachtete die mythische Kreativität als ein Zeichen von Dekadenz, denn er hielt den Mythos für etwas Irrationales und assoziierte ihn folglich mit dem animistischen Glauben. Im Gegensatz dazu ist der Glaube an Höchste Wesen, der die eigentliche Substanz der Religion darstellt und chronologisch vor dem Animismus auftaucht, rational. Für Lang bestand also zwi-

schen Mythos und Religion ein grundlegender Unterschied. Seine Theorien wurden weitgehend übernommen, berichtigt und systematisiert von Wilhelm Schmidt in seinem zwölf Bände umfassenden Werk *Der Ursprung der Gottesidee* (1912–1955).

Zu Beginn dieses Jahrhunderts wurde die „Astralmythologie" oder „Panbabylonische Schule" in Deutschland populär. Nach den Ansichten ihres Begründers und Führers, E. Siecke, sind Mythen wörtlich zu verstehen, weil sich ihre Inhalte stets auf eine spezifische Himmelserscheinung beziehen, vor allem auf die Formen und Bewegungen des Mondes, der Planeten und Sterne. Siecke und seine Mitarbeiter maßen dem Mond eine so entscheidende Bedeutung zu, daß man ihre Doktrinen als „Panlunarismus" bezeichnen könnte. Einer ihrer eifrigsten Verfechter, E. Stucken, versuchte zu beweisen, alle Mythologien der Erde seien direkt oder indirekt mesopotamischen Ursprungs. Doch trotz viel Gelehrsamkeit und Produktivität schuf diese Schule nur wenig Dauerhaftes.

Mythen und Rituale

Bereits gegen Ende des 19. Jahrhunderts sah der Orientalist und Theologe W. Robertson Smith im Mythos die Erklärung für das Ritual und maß ihm insofern nur sekundäre Bedeutung zu. In seiner bedeutendsten Arbeit, *Lectures on the Religion of the Semites*, entwickelte er die Theorie, daß Mythen, als Interpretation eines besonderen Rituals verstanden, in vielen Fällen erst dann entstanden, nachdem dessen eigentliche Bedeutung in Vergessenheit geraten war. Im folgenden halben Jahrhundert vertraten Fachleute vieler Richtungen und Bereiche ähnliche Thesen. Drei Hauptgruppen lassen sich unterscheiden: Altphilologen, Anthropologen und Alttestamentler. Bei den Altphilologen war es besonders Jane Ellen Harrison, die behauptete, für die alten Griechen sei *mythos* ursprünglich „nur etwas Gesprochenes, mit dem *Mund* Geäußertes" gewesen. Das Korrelat dazu sei, eine „Sache getan, ausgeführt" zu haben, „*ergon* oder Arbeit" (Themis, 1912). Mehrere hervorragende Altphilologen wandten ihr Ritualismus-Modell auf andere griechische Schöpfungen an. So erforschte F. M. Cornford die rituellen Ursprünge der attischen Komödie und die einiger philosophischer Ideen; Gilbert Murray rekonstruierte das rituelle Muster der griechischen Tragödie. Die englischen Anthropologen A. M. Hocart und Lord Raglan erhoben die Ritualismus-Methode zur Regel und erklärten, die

Priorität des Rituals sei das wichtigste Element zum Verständnis menschlicher Kultur. Hocart behauptete, der Mythos sei nur die verbale Erklärung und Rechtfertigung des Rituals: Die Akteure personifizieren die vermeintlichen Erfinder des Ritus, und diese Personifizierung muß verbal ausgedrückt werden; ihre Worte sind es, was zu uns als Mythos gelangte. Deshalb müssen für Hocart *alle* Mythen rituellen Ursprungs sein. Um dies zu beweisen, leitete er die Mythen, die vom Fliegen handeln, von gewissen Kletterritualen her, wobei er jedoch außer acht ließ, daß Mythen vom Fliegen archaisch und allgemein verbreitet sind, während Kletterriten selten und nur in bestimmten Gegenden vorkommen.

Berühmte Alttestamentler wie H. Gunkel, H. Großmann und S. Mowinckel erläuterten den kultischen Hintergrund der Psalmen und bestanden auf der religiösen Rolle der Könige. Ihnen schloß sich eine Gruppe englischer Orientalisten und Bibelexperten an, die in den dreißiger Jahren als die „Myth and Ritual School" bekannt wurde. Henry Frankfort kritisierte 1951 in seiner Frazer-Vorlesung *The Problem of Similarity in Ancient Near Eastern Religions* die „Myth and Ritual School", und die leidenschaftliche Diskussion dieses Themas dauert an. Alle Autoren, die im Mythos nichts anderes als eine Verbalisierung oder Interpretation des Ritus sehen, gehen davon aus, daß das fundamentale Element der Religion und der menschlichen Kultur die vom *Menschen vollzogene Handlung* sei und nicht die *Geschichte einer göttlichen Aktivität*. Freud akzeptierte diese Voraussetzung und ging sogar noch weiter, indem er eine Urhandlung feststellte, die die menschliche Rangordnung begründete und den Weg zur mythischen und religiösen Welt eröffnete. Dieser Akt war der erste Vatermord, den laut Freud vermutlich eine Horde von Brüdern begangen hat; anschließend verzehrten sie ihren Vater und beanspruchten seine Frauen. Durch das Einverleiben ihres Vaters vollzogen die Söhne ihre Identifikation mit ihm, und jeder erwarb sich einen Anteil an seiner Stärke. „Die Totemmahlzeit, vielleicht das erste Fest der Menschheit, wäre eine Wiederholung und die Gedenkfeier

Seite 13: Das Bild „Saturn (Kronos) verschlingt seinen Sohn" von Francisco de Goya (1746–1828) ist die Zusammenfassung einer uralten Mythologie des Mittelmeerraumes. Die Zeit (deren Vater Kronos ist) läßt alles wieder verschwinden. Doch die olympischen Götter finden einen Weg, die allmächtige Zeit zu „überlisten", und bleiben im Kreislauf der Verwandlungen der Welt immer sich selber gleich (Prado, Madrid).

dieser denkwürdigen, verbrecherischen Tat, mit welcher so vieles seinen Anfang nahm, die sozialen Organisationen, die sittlichen Einschränkungen und die Religion" (Freud, *Totem und Tabu*).

Auch C. G. Jung versuchte, den Mythos psychologisch zu erklären, und zwar in enger Verbindung mit seiner Theorie vom kollektiven Unbewußten. Er lehrte, daß die Bilder und Strukturen dieses kollektiven Unbewußten in sich ständig wiederholenden Formen, in Archetypen, erkennbar würden. Wie Freud betrachtete auch Jung Mythos, Traum und Phantasie als die unwesentlichen Ergebnisse des Unbewußten. Im deutlichen Gegensatz zu Freud hielt Jung das persönliche Unbewußte jedoch nicht für ein Reservoir verdrängter Libido. Für ihn sind Phantasiebilder und mythische Formen nicht eine Art „Wunscherfüllung" der unterdrückten Libido, da sie niemals bewußt waren und somit auch nie verdrängt werden konnten. Die mythischen Bilder sind Strukturen des kollektiven Unbewußten und ein nicht an die Persönlichkeit gebundener Besitz. Sie sind im ruhenden Zustand und als Möglichkeit im Denken aller Völker präsent und können im Mythos, im Traum oder zu einem beliebigen Moment aktiviert werden.

In seiner mit Karl Kerenyi verfaßten *Einführung in das Wesen der Mythologie* schreibt Jung, daß die primitive Mentalität keine Mythen *erfindet*, sondern sie *erlebt*. Anders gesagt, jeder Art von Kultur, selbst der primitivsten, gehen Mythen voraus, obwohl ihre verbalen Ausdrucksformen den verschiedenen Kulturstilen entsprechend geprägt werden. Im Gegensatz zu Freud, der die Tat, den ersten Vatermord, als vorrangig betrachtete, sind Mythen für Jung Ausdruck eines psychischen Vorgangs, der sogar dem Erscheinen der menschlichen Rasse vorausgegangen sein könnte.

Die strukturale Interpretation des Mythos

In den letzten dreißig Jahren setzten sich zahlreiche Philosophen mit dem Mythosproblem auseinander, wie E. Cassirer, S. Langer, G. Gusdorf, G. Bachelard, S. Ricœur, G. Durrand.

Die meisten von ihnen versuchten, sich dem Mythosproblem über das Studium der Sprache oder der Symbole oder über die Analyse der Imagination zu nähern. Andererseits betrachteten viele Anthropologen und Volkskundler die Mythen als eine Form der Volksmärchen. Die Forschung ging hauptsächlich in zwei Richtungen: einmal unter *historischem* Aspekt (z. B. F. Boas, W. E. Peuckert, C. W. von Sydow), zum anderen unter *morphologischem* (Wladimir Propp) oder *strukturalem* Aspekt (Claude Lévi-Strauss).

Den weitaus bedeutendsten Beitrag zur Strukturlehre des Mythos lieferte Lévi-Strauss. In der Linguistik und Ethnologie versteht man unter einer Struktur ein vom Bewußtsein unabhängiges Kombinationsspiel. Lévi-Strauss sucht also die „Bedeutung" des Mythos nicht auf der Bewußtseinsebene. Mythos als ein Ausdruck par excellence für primitives Denken will nichts anderes als „ein logisches Modell geben, das imstande ist, einen Widerspruch zu überwinden". Für Lévi-Strauss ist „die Art von Logik, die im mythischen Denken angewendet wird, genauso exakt wie die der modernen Wissenschaft, und der Unterschied liegt nicht in der Qualität des Denkprozesses, sondern in der Natur der Dinge, auf die er angewendet wird". Tatsächlich „hat der Mensch immer gleich gut gedacht" (*Strukturale Anthropologie*).

In seinem Buch *Das wilde Denken* behauptet Lévi-Strauss, daß mythisches Denken und modernes wissenschaftliches Denken lediglich „zwei strategische Ebenen" darstellen, auf denen die Natur wissenschaftlich erforscht werden kann. Das charakteristische Merkmal des mythischen Denkens liegt in seiner Kompaktheit: Es arbeitet mit Zeichen, die die merkwürdige Eigenschaft haben, *zwischen* Bildern und Begriffen zu liegen. Das heißt, Zeichen sind Bildern ähnlich, wenn sie konkret sind im Gegensatz zu Begriffen; ihre Bezugskraft macht sie jedoch den Begriffen ähnlich. Mythisches Denken ist eine Art intellektueller *bricolage* – es funktioniert mit allen möglichen heterogenen Materialien, die gerade zur Hand sind.

In seinem vierbändigen Werk *Mythologica* (1965–1971) kommt Lévi-Strauss auf dieses Problem zurück. Hier geht er über den Rahmen der Linguistik hinaus und gelangt zu der Erkenntnis, daß die Struktur der Mythen der Musik viel näher steht als der Sprache. Seine Methode und Interpretation erregten in der Öffentlichkeit Europas und Amerikas beachtliches Aufsehen.

Die Bedeutung des Mythos in der Religionsgeschichte

Das Verständnis des Mythos ist für den Religionshistoriker von großer Bedeutung, und die beste Möglichkeit, die Struktur mythischen Denkens zu begreifen, bietet das Studium von Kulturen, in denen Mythos noch etwas „Lebendiges" ist, wo er noch die Basis für das soziale, religiöse und kulturelle Leben ausmacht. Meine Interpretation des Mythos beruht hauptsächlich auf dem Studium solcher Kulturen. Kurz gefaßt lautet meine Ansicht, daß Mythen bei den archaischen und traditionsgebundenen Gemeinschaften von einer heiligen Geschichte erzählen, von Ereignissen, die in der Frühzeit stattfanden. Deshalb ist der Mythos immer der Bericht irgendeiner „Schöpfung"; er erzählt, wie etwas entstand. Die Akteure sind übernatürliche Wesen, und die Mythen offenbaren ihre schöpferische Tätigkeit und die Heiligkeit (oder schlicht „Übernatürlichkeit") ihres Werkes. Folglich wird die Geschichte dieser Aktivität für absolut *wahr* gehalten, da sie von Realitäten handelt, und *heilig*, weil sie das Werk übernatürlicher Wesen ist. Der Weltentstehungsmythos ist wahr, weil die Existenz der Welt dies beweist. Der Mythos vom Ursprung des Todes ist *wahr* aufgrund der Sterblichkeit des Menschen.

Nachdem der Mythos immer auf eine „Schöpfung" bezogen wird (Welt, Mensch, spezifisches Brauchtum), stellt er das Musterbeispiel dar für alle bedeutsamen menschlichen Handlungen. Kennt man den Mythos, kennt man auch den „Ursprung" der Dinge und kann sie somit beliebig beherrschen und manipulieren. Dies ist ein Wissen, das man rituell „erfährt" entweder durch die zeremonielle Nacherzählung des Mythos oder durch die Ausübung des Rituals, für das er sowohl als Modell als auch als Rechtfertigung dient. In den traditionsgebundenen Gemeinschaften „lebt" man den Mythos, indem man sich von der heiligen, erhebenden Kraft der erzählten oder wiederholten Ereignisse ergreifen läßt. Zum Beispiel bestehen die australischen Totemmythen gewöhnlich aus einer ziemlich eintönigen Geschichte von den Wanderungen der mythischen Vorfahren oder Totemtiere. Sie erzählen, wie in der alten „Traumzeit" (*alcheringa*), der mythischen Zeit, diese übernatürlichen Wesen auf der Erde erschienen, wie sie sich auf weite Reisen begaben, da und dort anhielten, um die Landschaft zu verändern oder bestimmte Tiere und

Seite 15: Vergehen und Zerstörung erscheinen in allen Sagenwelten als die erschreckende Seite der Welt. – Die tibetische Göttin Palden Lhamo reitet mit ihrem Gefolge in „wilder Jagd" durch Flammen- und Blutmeere. Doch ist auch sie nur eine Schattenseite der Großen Weltenmutter (Devi, Kali u.a.), die das All gebiert, und wird als Beschützerin Lhasas angesehen (Tibet, 19. Jh.; Staatliches Museum für Völkerkunde, München).

Pflanzen zu schaffen, und schließlich nach getaner Arbeit unter der Erde verschwanden. Die Kenntnis dieser weitschweifigen Mythen mit all ihren Details ist für das Leben der Australier von wesentlicher Bedeutung, denn die Mythen lehren sie, auf welche Weise sie die kreativen Handlungen der übernatürlichen Wesen zu wiederholen haben und demgemäß den Fortbestand der diversen Tier- und Pflanzenarten zu gewährleisten.

Diese Mythen werden den Initianden bei ihrer Jünglingsweihe erzählt, oder man führt sie auf oder wiederholt sie. Die im Mythos erzählte Geschichte ist eine Art Wissen, ein nur für Eingeweihte bestimmtes Geheimnis, das bei den Initiationen weitergegeben und von magisch-religiösen Kräften begleitet wird.

Bei den Cunaindianern Panamas ist der erfolgreiche Jäger jener, der den Ursprung des Wildes kennt. Bestimmte Tiere können gezähmt werden, aber nur, weil die Zauberer das Geheimnis ihrer Entstehung kennen. Ähnlich kann man glühendes Eisen mit der bloßen Hand halten oder eine giftige Schlange packen; man braucht nur ihren Ursprung zu kennen. Dieser Glaube ist außerordentlich weit verbreitet und ohne jeglichen Zusammenhang mit einem bestimmten Kulturstil. In Timor zum Beispiel geht derjenige, der die mythischen Überlieferungen vom Reis kennt, zu Beginn der Wachstumsperiode auf die Felder, um die Nacht in einer Hütte zu verbringen und die Legenden herzusagen, die berichten, wie der Reis in den Besitz der Menschen kam. Dies zwingt den Reis, so schön und kräftig zu gedeihen wie damals, als er zum erstenmal am Anfang der Zeit gewachsen war. Wer den Entstehungsmythos rezitiert oder ausführt, versenkt sich dabei in die heilige, schöpferische Atmosphäre, in der diese wunderbaren Ereignisse einst stattfanden. Die mythische Zeit der Ursprünge ist eine „starke" Zeit, weil sie durch die aktive, schöpferische Gegenwart der übernatürlichen Wesen verklärt wurde. Das Hersagen der Mythen stellt diese phantastische Zeit wieder her; man wird zum Zeitgenossen der geschilderten Ereignisse, tritt aus der profanen, chronologisch geordneten Zeit heraus und begibt sich in eine andersgeartete Zeit, eine „heilige" Zeit.

Der Schöpfergott Brahma erscheint in Indien als Bestandteil einer Dreieinigkeit (Trimurti), die er zusammen mit dem Erhalter (Vishnu) und dem Zerstörer (Shiva) bildet. Er schwebt über der Welt und überblickt sie in ihrer Ganzheit in allen Himmelsrichtungen (Kreidezeichnung; Victoria and Albert Museum, London).

Mythen und Sagen

In Gesellschaften, in denen der Mythos noch lebendig ist, unterscheiden die Menschen sorgfältig zwischen Mythen, also „wahren" Geschichten, und Märchen oder Sagen, den „falschen" Geschichten. Viele nordamerikanische Indianer unterscheiden zwischen heiligen Mythen, wie Kosmogonie, Entstehung der Sterne, Ursprung des Todes, Großtaten eines Heros usw., und profanen Geschichten, die von den Abenteuern des Tricksters (Kojoten) erzählen oder anatomische Eigentümlichkeiten von Tieren erklären. Dieselbe Unterscheidung trifft man in Afrika und Ozeanien.

Mythen dürfen nur unter bestimmten Umständen erzählt werden. Bei vielen Stämmen werden sie nicht vor Frauen und Kindern erzählt, weil beide nicht zu den Eingeweihten gehören. Gewöhnlich unterrichten alte Lehrer die „Novizen" über die Mythen während der Zeit ihrer Isolation im Busch, und dieser Unterricht ist ein wichtiger Teil ihrer Jünglingsweihe. Während „falsche" Geschichten überall und jederzeit erzählt werden können, darf von Mythen nur während einer bestimmten heiligen Periode gesprochen werden.

Mythen berichten nicht nur von der Entstehung der Welt und aller darin befindlichen Dinge, sondern auch von den Urereignissen, die den Menschen zu dem formten, was er heute ist – sterblich, von unterschiedlichem Geschlecht, organisiert in einer Gemeinschaft, gezwungen zu arbeiten, um zu leben, und sich bei der Arbeit nach gewissen Gesetzen zu richten. All dies ist die Folge von Ereignissen in der Urzeit. Der Mensch ist sterblich, weil in der mythischen Ära etwas geschah, und wäre dies nicht geschehen, wäre der Mensch nicht sterblich geworden und hätte wie die Felsen in alle Ewigkeit weiterbestehen können, oder er hätte wie die Schlangen seine Haut wechseln und dann gleichsam erneuert weiterleben können. Doch der Mythos vom Ursprung des Todes berichtet, was am Anfang der Zeit geschah, und beweist mit dieser Erzählung, warum der Mensch sterblich ist.

Bestimmte Stämme leben vom Fischfang, weil in der mythischen Zeit ein übernatürliches Wesen ihre Ahnen gelehrt hatte, Fische zu fangen. Der Mythos erzählt vom Fischfang und enthüllt gleichzeitig eine übermenschliche Tat; er lehrt die Menschen, wie sie dabei vorzugehen haben, und erklärt, warum sie ihre Nahrung auf diese Weise beschaffen. Deshalb ist der Mythos für den archaischen Menschen eine Sache von höchster Wichtigkeit, Märchen und Sagen – und mögen sie noch so unterhaltend sein – dagegen nicht.

Schöpfungsmythen – Kosmogonie als Musterbeispiel

Es gibt sehr viele kosmogonische Mythen. Generell lassen sie sich wie folgt klassifizieren: 1. Schöpfung aus dem Nichts, bei der ein Höchstes Wesen die Welt erschuf durch einen Gedanken, ein Wort, indem es sich selbst erhitzte usw. Zu den berühmtesten Beispielen gehören der ägyptische Gott Ptah, der polynesische Gott Kiho (auch Iho, Io), Jahwe und der „Erdenmacher" der Winnebago-Indianer. 2. Das Erdtaucher-Motiv: Ein Gott schickt einen Wasservogel oder ein amphibisches Tier, oder er taucht gar selbst auf den Grund des Urmeeres und holt ein Stückchen Erde herauf, aus dem dann die ganze Welt hervorwächst. Dieser Mythos ist besonders populär in Zentral- und Nordasien, Nordamerika, im vorarischen Indien sowie im osteuropäischen und russischen Volkstum. 3. Schöpfung durch Teilung einer Ureinheit. Hier lassen sich drei Varianten unterscheiden: a) Trennung von Himmel und Erde (die häufig als Welteltern angesehen werden), ein frühzeitiger und weitverbreiteter Mythos – vom alten Ägypten, Mesopotamien und Griechenland bis nach Ostasien und Polynesien; b) Trennung der ursprünglich amorphen Masse „Chaos" wie in den japanischen und orphischen Kosmogonien und c) Teilung eines kosmogonischen Eis in zwei Hälften, ein Motiv, das in Polynesien, Indonesien, Indien, Iran, Griechenland, bei den Phönikern und Finnen sowie in Mittelamerika und an der Westküste Südamerikas anzutreffen ist. 4. Schöpfung durch Zerstückelung eines Urwesens, entweder eines anthropomorphen Opfers (Ymir in der nordgermanischen Mythologie, der vedisch-indische Puruscha, der chinesische Pan-ku) oder eines Seeungeheuers, das nach schrecklichem Kampf besiegt wurde (die mesopotamische Tiamat).

Jeder mythische Ursprungsbericht eines Werkzeugs, eines Brauchs, einer Krankheit usw. setzt die Kosmogonie voraus und führt sie fort. Unter dem strukturalen Aspekt kann man die Ursprungs- oder ätiologischen Mythen zu den kosmogonischen Mythen rechnen. Die Erschaffung der Welt ist das alles überragende Schöpfungsbeispiel; deshalb ist die Kosmogonie das Muster für jede schöpferische Tätigkeit. Das heißt jedoch nicht, daß ein zwangsläufiger Ursprungsmythos das kosmogonische Modell nachahmt oder reproduziert, denn er bedarf keiner gemeinsamen oder systematischen Überlegung. Aber jede neue Erscheinung – ein Tier, eine Pflanze, eine Institution – beinhaltet die Existenz einer Welt. Jeder Ursprungsmythos erzählt und rechtfertigt eine neue Situation – neu in dem Sinn, als sie nur als ein Ergebnis bestimmter, weit zurückliegender Aktionen Wirklichkeit wurde. Deshalb sind Ursprungsmythen die Vervollständigung und Fortsetzung des kosmogonischen Mythos; sie berichten, wie sich die Welt veränderte, gedieh oder verarmte.

Aus diesem Grund beginnen einige Ursprungsmythen mit einer Kosmogonie. Die Geschichte der großen tibetischen Familien und Dynastien wird mit der Geburt des Kosmos aus einem Ei eröffnet. Die genealogischen Gesänge der Polynesier beginnen auf dieselbe Weise. Sobald eine Stammesfürstin schwanger wird, komponieren die Barden solche rituellen Genealogien. Die Hulatänzer, Männer und Frauen, lernen sie auswendig und tanzen und rezitieren sie immer wieder, bis das Kind geboren ist, als wollten sie bei der Entwicklung des künftigen Häuptlings mithelfen, indem sie die Kosmogonie, die Geschichte der Welt und die Geschichte des Stammes wiederholen. Das Heranwachsen eines Häuptlings im Mutterleib bietet Gelegenheit für eine symbolische Neuschöpfung der Welt, und ihr Vollzug ist sowohl Erinnerung als auch rituelle Reaktualisierung der wesentlichen mythischen Ereignisse.

Die enge Verbindung zwischen dem kosmogonischen Mythos, dem Mythos vom Ursprung der Krankheit und der Heilung sowie dem Ritual der magischen Heilung ist deutlich im alten Nahen Osten und in Tibet zu sehen. Häufig genügt ein feierliches Hersagen der Kosmogonie, um eine Krankheit zu heilen. Die Ideologie ist leicht verständlich: Musterbeispiel jeder Schöpfung ist die Kosmogonie, also hilft ihre Rezitation dem Patienten, einen neuen Lebensanfang zu machen. Die Rückkehr zu den Ursprüngen verleiht die Möglichkeit zur Wiedergeburt. In den zahlreichen rituellen Anwendungen des polynesischen Schöpfungsmythos kommt dies klar zum Ausdruck. Zu Anfang existierten nur Wasser und Dunkelheit, und Kiho, das Höchste Wesen, trennte die Wasser kraft seiner Gedanken und Worte und schuf Himmel und Erde. Er sagte: „Die Wasser mögen getrennt sein, der Himmel möge sich bilden, die Erde sei!"

Diese Worte Kihos, durch die die Welt Wirklichkeit wurde, sind schöpferische und mit heiliger Kraft erfüllte Worte. Wann immer der Mensch etwas schaffen muß, kann er diese Worte aussprechen und sich ihre heilige Kraft zu eigen machen. Man spricht sie beim Ritus zur Fruchtbarmachung eines sterilen Leibes, bei Heilungen an Körper und Seele, aber auch bei Todesfällen, im Krieg und bei der Rezitation der Genealogien.

Weitgehende Ähnlichkeiten lassen sich in einem Brauch der Osagaindianer feststellen. Wenn ein Kind geboren wird, rufen sie „einen Mann, der mit den Göttern gesprochen hat". Beim Eintritt ins Haus der Mutter rezitiert er vor dem Neugeborenen die Schöpfungsgeschichte des Universums und der Tiere der Erde. Erst danach wird dem Kind die Brust gereicht. Wenn das Kind später Wasser zu trinken verlangt, wird der Mann wieder gerufen. Wieder sagt er die Schöpfungsgeschichte auf und beendet sie diesmal mit der Erschaffung des Wassers. Ist das Kind alt genug, um feste Nahrung zu sich zu nehmen, kommt der Mann, „der mit den Göttern gesprochen hat", wieder, rezitiert die Schöpfung und endet mit der Entstehung von Getreide und weiteren Nahrungsmitteln.

In vielen Kulturen wurde die Kosmogonie jährlich oder periodisch wiederholt. Dabei ging man von der Vorstellung aus, die Welt werde regelmäßig vom Untergang bedroht, wenn man sie nicht rituell neu erschaffen würde. Mythisch-rituelle Szenarien von periodischer Erneuerung fand man bei kalifornischen Stämmen (so bei den Hupa, Yurok, Maidu, Ost-Pomo) und in Melanesien. Auch bei den Religionen des alten Ostens spielten solche Szenarien eine wichtige Rolle. Die Ägypter, Mesopotamier, Israeliten hielten es für notwendig, die Welt in regelmäßigen Abständen zu erneuern. Diese Erneuerung bestand in einer kultischen Feier, deren wichtigster Ritus den kosmogonischen Mythos symbolisierte oder nacherzählte. In Mesopotamien wurde die Erschaffung der Welt während des Neujahrsfestes wiederholt als eine Reihe von Riten, in denen der Kampf zwischen Marduk und Tiamat und der Sieg Marduks und seiner kosmogonischen Bemühungen wiederaufgeführt wird. In der im Tempel rezitierten Schöpfungshymne (*Enuma elisch*) wurden alle diese Ereignisse aufgezählt und ihre Kraft wieder einmal wirklich gemacht.

Seite 19: Maha-Vishnu, der indische „Erhalter aller Welten", ruht zusammen mit seiner ewigen Gattin, der Glücksgöttin Lakshmi. Um sie herum ist das „Milchmeer", der Ur-Ozean, aus dem sich alles bildet, und die das ewige Paar liebevoll umgebende, „ihr Lager bildende" tausendköpfige Schlange Ananta, die Verkörperung aller kosmischen Energien (Indien, um 1760).

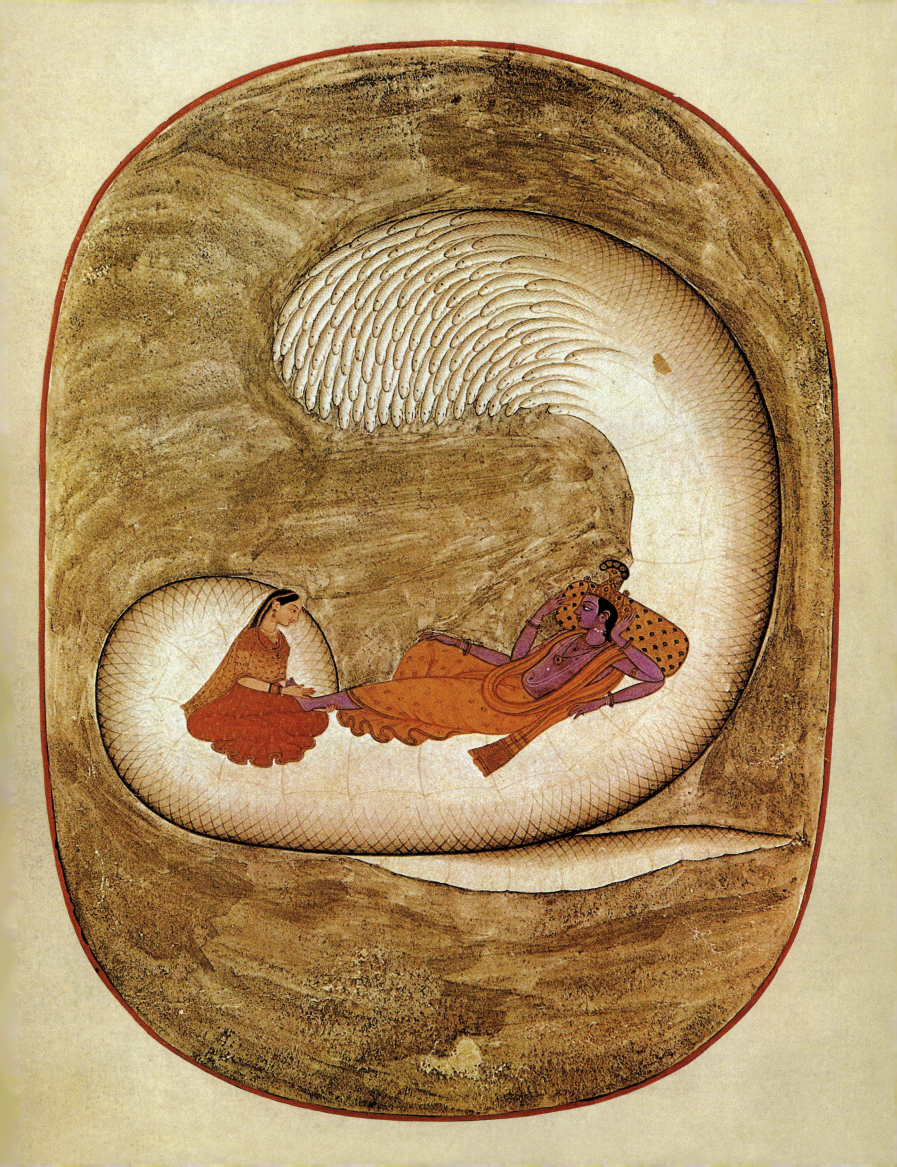

Mythen vom Ende der Welt

Mythen vom Weltuntergang sind bei den Primitiven außerordentlich weit verbreitet; sie erzählen, wie die Welt zerstört wurde und daß nur wenige (oft nur ein einziges Paar) überlebten. Sintflutmythen sind die häufigsten; man kennt sie praktisch überall, nur in Afrika sind sie relativ selten. Andere Mythen berichten von der Vernichtung der Menschen durch Erdbeben, Sintbrand, einstürzende Gebirge, Seuchen usw. Selbstverständlich war dieses Ende der Welt nicht das endgültige, sondern nur das Ende einer menschlichen Rasse oder einer Geschichtsperiode, der dann jeweils eine neue folgte. Aber der totale Weltuntergang durch Wasser oder Feuer symbolisiert die Rückkehr zum Chaos, und stets folgt ihm eine neue Kosmogonie, in der eine jungfräuliche Erde erscheint.

In vielen Mythen ist die Sintflut mit einer rituellen Schuld verbunden, die den Zorn des Höchsten Wesens erregt hat; manchmal entspringt sie nur seinem Wunsch, mit der Menschheit Schluß zu machen.

Die meisten Weltuntergangsmythen der amerikanischen Indianer beruhen entweder auf einer zyklischen Theorie (wie bei den Azteken) oder dem Glauben, daß auf die Katastrophe eine neue Schöpfung folgen wird, oder schließlich auf dem Glauben an eine allgemeine Regeneration ohne den Weltuntergang, in der nur die Sünder vernichtet werden. Aber der Glaube an die Katastrophe als unvermeidliche Konsequenz der „Alten Zeit" oder des Verfalls der Welt scheint doch relativ allgemein verbreitet zu sein. Alles in allem drücken diese Mythen die gleiche archaische Vorstellung vom fortschreitenden Verfall des Kosmos aus, der letztlich zu seiner Zerstörung und Neuschaffung führen muß. Diese Katastrophenmythen bildeten häufig die Grundlage für prophetische und chiliastische Bewegungen, denn die Katastrophe ist auch die Vorankündigung der drohend bevorstehenden Neuschaffung der Welt.

Höchstwahrscheinlich war die Lehre von der Zerstörung der Welt (*pralaja*) schon zur Zeit der Veden bekannt (Atharva-Veda 10, 8, 39–40), und die universale Feuersbrunst (Ragnarök oder Götterdämmerung), auf die eine neue Schöpfung folgt, ist ein Element der germanischen Mythologie. Diese Fakten scheinen zu beweisen, daß die Indoeuropäer mit dem Mythos vom Ende der Welt durchaus vertraut waren. Aber beginnend mit den Brahmanen, und besonders in den Puranas, konzentrierte sich die Aufmerksamkeit der Inder auf die Lehre von den vier *jugas*, den vier Weltzeital-

tern. Grundthema dieser Theorie ist die zyklische Schöpfung und Zerstörung der Welt sowie der Glaube an die „Vollkommenheit der Anfänge". Da Buddhisten und Jainas die gleichen Anschauungen vertreten, ist die Lehre von der ewigen Schaffung und Vernichtung des Universums offensichtlich eine panindische Vorstellung. Der Zyklus endet mit einem Zusammenbruch, einer *pralaja*, die sich am Ende des tausendsten Zyklus noch katastrophaler wiederholt. In der Mahabharata und den Puranas heißt es, der Horizont werde in Flammen aufgehen, sieben oder zwölf Sonnen werden am Himmel erscheinen und die Meere austrocknen und die Erde versengen. Die Samwartaka oder kosmische Feuersbrunst wird das gesamte Universum vernichten. Zwölf Jahre wird es in Strömen regnen, die Erde wird versinken und die Menschheit getötet (Vishnu-Purana 6, 4, 1–11). Dann beginnt wieder alles von neuem.

Die indische Lehre der Weltzeitalter ist nur bis zu einem gewissen Grad den primitiven Vorstellungen von der jährlichen Erneuerung der Welt ähnlich. In Indien spielt der Mensch überhaupt keine Rolle in der periodischen Neuerschaffung. Darüber hinaus will der Mensch diese Neuerschaffung im Grunde aber auch gar nicht und wünscht nur, dem kosmischen Zyklus zu entkommen. Hier gibt es kein endgültiges Ende, nur verschieden lange Perioden zwischen der Vernichtung eines Universums und dem Erscheinen des nächsten. Das „Ende" hat keine kosmische Bedeutung, sondern bezieht sich nur auf den Zustand des Menschen, denn der Mensch kann den Wanderungsprozeß aufhalten, in dem er sonst ziellos fortgetragen würde.

In Griechenland gibt es zwei verschiedene, aber verwandte Überlieferungen: die Theorie von den Weltzeitaltern und die zyklische Doktrin. Hesiod beschreibt als erster den progressiven Verfall der Menschheit im Lauf der fünf Zeitalter (*Werke und Tage*, 109–201). Das erste, das Goldene Zeitalter, unter der Herrschaft von Kronos, war eine Art Paradies: Die Menschen lebten lange, ohne zu altern, und ihr Leben glich dem der Götter. Doch dieser glückliche Zustand war nicht von Dauer, und allmählich wurde das Leben der Menschen immer härter. Die zyklische Theorie erscheint mit Heraklit, der später die stoische Doktrin von der ewigen Wiederkehr stark beeinflußte, in der alles, was einmal geschah, wieder geschehen wird. Diese beiden mythischen Themen – die Weltzeitalter und der fortwährende Zyklus von Schöpfung und Zerstörung – sind bereits bei Empedokles miteinander verbun-

den. Auf die verschiedenen Formen, welche diese Theorien zum Teil unter orientalischem Einfluß annahmen, brauchen wir hier nicht näher einzugehen. Die Stoiker jedenfalls übernahmen von Heraklit die Lehre vom Ende der Welt durch Feuer (*ekpyrosis*), und Platon wußte von einer Sintflut zu berichten (*Timaios*, 22, C). Diese zwei Katastrophen bestimmten den Rhythmus des Großen Jahres, und nach einem verlorengegangenen Werk von Aristoteles (*Protrepticus*) ereigneten sie sich zu den Sonnenwenden – Feuer im Sommer und Überschwemmungen im Winter.

Einige dieser apokalyptischen Bilder vom Ende der Welt kehren in der jüdisch-christlichen Eschatologie wieder. Doch hier kommt etwas Neues hinzu, das von größter Bedeutung ist: Das Ende wird sich nur einmal ereignen, ebenso wie es nur eine einzige Schöpfung gab. Der nach der Katastrophe erscheinende Kosmos wird derselbe sein, den Gott zu Anbeginn geschaffen hat, aber gereinigt, erneuert und in seiner ursprünglichen Herrlichkeit wiederhergestellt. Dieses irdische Paradies wird nie mehr vernichtet werden und niemals enden. Zeit ist hier nicht mehr die sich im Kreis drehende ewige Wiederkehr; sie ist zu einer linearen und irreversiblen Größe geworden. Und das ist noch nicht alles: Die Eschatologie zeigt den Triumph einer heiligen Wertung der Geschichte, denn das Ende der Welt wird den religiösen Wert der menschlichen Taten enthüllen, und die Menschen werden nach diesen beurteilt. Dies ist keine kosmische Erneuerung einer kollektiven Gruppe oder der gesamten menschlichen Rasse, sondern vielmehr ein Gericht, eine Auslese oder Trennung der Gerechten von den Ungerechten.

Ein weiterer Punkt, in dem sich die jüdisch-christliche Eschatologie von der der kosmischen Religionen unterscheidet, ist die Tatsache, daß das Ende der Welt als Teil des messianischen Mysteriums gesehen wird. Die Ankunft des Messias wird den Juden das Ende der Welt und die Wiedererrichtung des Paradieses verkün-

Seite 21: Der tibetische Buddhismus, dessen eine Richtung der Lamaismus von Lhasa ist, versuchte, auch die vorherigen Volksreligionen als Vorstufen seiner Erkenntnisse in den Kult einzugliedern. In der Mitte des Bildes sehen wir den buddhistischen Reformator Tsong-khapa, dessen irdisches Dasein von Wundergeschichten umrankt ist. Um ihn sind uralte geistige Wurzeln dargestellt: der Weltenberg und der Weltenbaum mit unzähligen Buddhas, Bodhisattvas, Heiligen und Schutzgottheiten von Tibet (19. Jh.; Victoria and Albert Museum, London).

den. Für die Christen wird sich das Ende mit der zweiten Ankunft Christi anbahnen und zum Jüngsten Gericht führen. Aber für beide enthält der Triumph der heiligen Geschichte – der sich im Ende der Welt offenbart – bis zu einem bestimmten Grad die Wiederherstellung des Paradieses. Die Propheten verkünden einen erneuerten Kosmos; es wird einen neuen Himmel und eine neue Erde geben, einen Überfluß an allen Dingen wie im Garten Eden (Amos, 9, 13 ff., Jesaja 30, 33 ff. usw.). Auch für die Christen sind die vollständige Erneuerung des Kosmos und die Wiedererrichtung des Paradieses wesentliche Merkmale der Endzeit. In der Geheimen Offenbarung (21, 1–5) lesen wir: „Dann sah ich einen neuen Himmel und eine neue Erde. Der erste Himmel und die erste Erde waren vergangen und … vom Throne her hörte ich eine laute Stimme rufen: ‚… der Tod wird nicht mehr sein, noch Trauer noch Klage noch Mühsal wird sein … Siehe, ich mache alles neu.'"

Doch diese neue Schöpfung wird sich auf den Trümmern der ersten erheben. Das Syndrom der Endkatastrophe ähnelt indischen Beschreibungen von der Zerstörung des Universums. Dürre und Hungersnot wird es geben, und die Tage werden kürzer werden. Die dem Ende unmittelbar vorausgehende Periode wird vom Antichristen beherrscht werden, aber Christus wird kommen und die Welt mit Feuer reinigen.

Mythen von den höchsten Wesen und von Sonne und Mond

Bislang behandelten wir Mythen, die direkt oder indirekt vom kosmogonischen Mythos abhängen. Mythen von der Herkunft der Dinge (Ursprungsmythen) vervollständigen und verlängern also die Schöpfungsgeschichte, während sich die Mythen vom Ende mit ihrem Trick der periodischen Erneuerung des Universums strukturell sämtlich auf die Kosmogonie beziehen. Diese Mythentypen wurden stets besonders hervorgehoben, weil sie im religiösen Leben der primitiven und traditionsgebundenen Gesellschaften eine wichtige Rolle spielen. Aber es gibt noch andere Mythentypen, die man folgendermaßen klassifizieren kann: 1. Mythen von Göttern und anderen göttlichen Wesen; 2. Mythen von der Erschaffung des Menschen; 3. Mythen über die darauf folgenden Veränderungen der Welt und der menschlichen Lebensbedingungen; 4. Mythen in Verbindung mit Himmelskörpern und dem Leben der Natur; 5. Heldenmythen.

Allen ist gemeinsam, daß sie von Ereignissen erzählen, die nach der Erschaffung der Welt eintraten. Einige können als Ursprungsmythen betrachtet werden, wie zum Beispiel der anthropogonische Mythos von der Erschaffung des Menschen oder der Mythos vom Ursprung des Todes. Darüber hinaus zählen auch viele Mythen, die von radikalen Veränderungen in der Natur der Erde sprechen, zu den Ursprungsmythen, und ebenso jene von der Umgestaltung der Erde durch einen Wel-

22

tenschöpfer, Kulturheroen oder „Trickster".

Alle in Mythen erzählten Ereignisse gehören in die legendäre Vergangenheit. Doch man kann unterscheiden zwischen einer frühzeitlichen Epoche, in welche die Uranfänge fallen, und den anschließenden Veränderungen jener Anfangssituation. Das sind also a) Mythen von der Erschaffung der Welt und des Menschen mit Beschreibung jener Urepoche, die bis zur ersten Strukturveränderung des Kosmos oder einer wesentlichen Änderung der Daseinsform des Menschen dauerte;
b) Mythen von den zahllosen dramatischen Modifikationen der Welt und des Menschen, die von jenem Augenblick an bis zum Ende der mythischen Zeit stattfanden, und
c) eine Mythengruppe, die sich mit den Abenteuern von Göttern, übernatürlichen Wesen und Helden befaßt und sich nicht unmittelbar auf diese Zeitgliederung beziehen muß.

Bei den primitivsten Gesellschaften (etwa bei den Jägern und Sammlern) sind die Mythen von den hohen Göttern relativ schlicht. Das Höchste Wesen hat die Welt und die Menschen erschaffen, verließ aber bald darauf seine Schöpfung und zog sich in den Himmel zurück. Manchmal führte es sein Schöpfungswerk nicht einmal richtig zu Ende, und ein anderes göttliches Wesen übernahm seine Aufgabe. In einigen Fällen ist sein Rückzug die Ursache für den Kommunikationsbruch zwischen Himmel und Erde oder für die ins Ungeheure gewachsene Entfernung zwischen den beiden. In manchen Mythen schufen die Nähe des Himmels und die Anwesenheit Gottes auf Erden einen paradiesischen Zustand. Den Platz dieses mehr oder weniger vergessenen *deus otiosus* nahmen verschiedene Gottheiten ein, die dem Menschen alle viel näher standen, ihm halfen oder ihn plagten, und dies auf direktere und aktivere Art als der entfernte hohe Himmel.

Nur in bestimmten Nomadenkulturen, wie bei den Turktataren, im Jahwismus, der Reform des Zarathustra und im Islam, gewinnt das himmlische Höchste Wesen, der Schöpfer, seine religiöse Aktivität wieder zurück. In anderen Fällen, selbst wenn man sich noch an den Namen des Höchsten Wesens erinnert – An bei den Mesopotamiern, El bei den Kanaanäern, Dyaus bei den vedischen Indern, Uranos bei den

Die Mythen um den Wechsel der Göttergeschlechter in der Lenkung der Welt beschäftigte durch Jahrtausende den Geist der Menschheit. Im Gemälde von Giorgio Vasari (1511–1574) stürzt – umgeben von mythologischen und astronomischen Symbolen – Kronos (Saturn) seinen Vater Uranos (Palazzo Vecchio, Florenz).

Griechen –, spielt das höchste himmlische Wesen im religiösen Leben keine wichtige Rolle mehr und wird in der Mythologie mehr oder weniger ignoriert. Uranos' „Passivität" als *deus otiosus* wird durch seine Kastration plastisch ausgedrückt: Er ist impotent geworden, unfähig, am Geschick der Welt teilzunehmen, seiner Schöpferkraft beraubt. Im vedischen Indien verdrängte Waruna Dyaus und machte seinerseits Platz für den Kriegsgott Indra, der sich dann Vishnu und Shiva beugte. El fügte sich der Vorherrschaft Baals, wie sich An dem Gott Marduk unterordnete.

Mit Ausnahme von Marduk sind diese höchsten Götter nicht mehr „schöpferisch" tätig. Sie organisieren lediglich die Welt und übernehmen Verantwortung für ihren Fortbestand. Sie wirken in erster Linie schöpferisch befruchtend wie Zeus oder Baal, die durch ihre Vereinigung mit irdischen Göttinnen für fruchtbare Felder und reiche Ernten sorgen. Marduk selbst ist nur der Schöpfer dieser Welt, das heißt, des Universums, wie es *heute* existiert; davor gab es eine andere „Welt" – die wir uns kaum vorstellen können, da sie nur aus einem unendlichen Ozean bestand. Sie wurde von Tiamat und ihrem Gemahl regiert und erlebte drei Göttergenerationen.

Kennzeichnend für polytheistische Religionen sind im allgemeinen die einfallsreichen, bunt gestalteten und dramatischen Mythologien. Neben den Himmels- und Gewittergöttern spielen Gottheiten der Vegetation und der in der Erde wohnenden Fruchtbarkeit bedeutende Rollen. Besonders zu erwähnen sind die tragischen Mythen von Göttern, die (häufig durch Gewalt) jung sterben und gelegentlich ins Leben zurückkehren wie Osiris, Tammuz, Attis und Adonis oder von Unterweltgöttern (Ischtar, Inanna) gezwungen werden, dort unten zu bleiben (Persephone). Diese „Tode" sind alle insofern schöpferisch, als sie einen festen Bezug zur Vegetation aufweisen, denn die Zeit des „Todes" oder des Aufenthalts in der Unterwelt bezieht sich auf die winterliche Jahreszeit. Um diese Mythen von gewaltsamem Tod oder Abstieg zur Hölle entwickelten sich später zahlreiche der Offenbarungsreligionen.

Reichhaltige Mythologien bildeten sich auch um die beiden großen Himmelskörper Sonne und Mond. In vielen Kulturen gelten sie als die Augen eines Höchsten Wesens. Noch häufiger stößt man auf den Vorgang der „Solarisierung" des Höchsten Wesens, seiner Umwandlung in einen Sonnengott. Bei einigen nordamerikanischen Indianerstämmen (Blackfoot, Arapaho) und besonders in Indonesien und Melanesien sind Mythen von der Sonnenabstammung des Menschen weitverbreitet. Oft gilt die Sonne auch als Held; dann ist ihr Symbol ein Adler oder ein Falke. Manche Dynastien oder Militäraristokratien führten ihre Herkunft auf Sonnenhelden zurück (Ägypten, Melanesien usw.), und das bekannte Motiv der beiden feindlichen

Oben: Als Lebensquelle ohne Ende erschien den Ägyptern der Kreislauf der Sonne: In seiner Barke fährt der Lichtgott am Tag durch die „Himmelswasser" nach Westen und dann in der Nacht unter der Erde durch die „Wasser der Unterwelt" zurück – bis er am neuen Morgen wieder im Osten ist (Louvre, Paris).

Seite 25: Bei den Felsen von Stonehenge (England) sieht man am Morgen des 21. Juni (Sonnenwende) „den Morgen sich über den Altarstein erheben". Dieses Denkmal der vorgeschichtlichen Kultur wird heute wieder von „Neukelten" jeder Richtung aufgesucht.

Brüder kann sicher mit dem mythischen Konflikt zwischen Sonne und Mond in Verbindung gebracht werden. Viele Mythen dieser Kategorie überlebten in den Märchen. Gemeinsam mit den Mythen aus der Tierwelt (Herr der Tiere, tierähnliche Schutzgeister usw.) lieferten sie die meisten Themen für die Sagen in der ganzen Welt. So überlebten zum Beispiel viele Sonnenmythen in säkularisierter Form als

Mythen von der Erschaffung des Menschen und vom Ursprung des Todes

Die Mythen von der Erschaffung des Menschen sind in mancher Hinsicht eine Fortsetzung der Kosmogonie. In sehr vielen Mythen entsteht der Mensch aus einer materiellen Substanz. So glauben zum Beispiel die nigerianischen Yoruba, ihr Gott

um den Menschen zu formen; er dachte einfach, und der Mensch war da.

Zu den vielgestaltigsten und dramatischsten Mythen gehören jedoch jene, die von radikalen Umformungen im Weltgefüge und der Daseinsform des Menschen berichten. Eine Gruppe solcher Mythen erzählt von kosmischen Veränderungen während der urzeitlichen Vergangenheit. Als sich der Himmel so weit entfernte,

Volksmärchen oder Sagen noch lange, nachdem sie ihren religiösen Inhalt verloren hatten. Mondmythologien sind häufig sogar noch dramatischer, denn während die Sonne immer gleich bleibt, nimmt der Mond zu und ab, verschwindet drei Nächte lang völlig und erscheint dann wieder. In der Religion vieler primitiver Völker gilt der Mond als der erste Mensch, der den Tod erlitt. Doch für den religiösen Menschen bedeutet der Tod nicht das endgültige Verlöschen, sondern lediglich einen Wechsel, eine neue Art von Leben. Zahlreiche Mythen hängen mit den Phasen des Mondes zusammen, seinem „Tod" und seiner „Wiederauferstehung", einschließlich jener Mythen vom Land des Todes, von den Abenteuern des ersten Vorfahren, den Geheimnissen von Fruchtbarkeit und Tod, der Initiation, der Magie usw.

Obatala habe das Urpaar aus Lehm geformt; indonesische und melanesische Mythen berichten, wie der erste Mensch aus Stein geschaffen wurde. In Ozeanien schuf ein Gott den Menschen aus Erde oder aus einer auf die Erde gezeichneten Figur, die er mit seinem Blut benetzt hatte. In einigen Mythologien (so in Südostasien, im Iran) heißt es, der Mensch sei aus einem Tier oder einer Pflanze geschaffen worden. Wieder andere berichten von einem zwitterartigen Urzustand des Menschen. Hier trennt entweder der Schöpfer die beiden Geschlechter aus ihrer Androgynie, oder er zieht die Frau aus dem Körper des Mannes hervor. In einigen Fällen erschafft Gott den ersten Menschen aus dem Nichts kraft seines Gedankens. So sagen die kalifornischen Wiyot, ihr höchster Gott Gudatrigakwitl benutzte weder Sand noch Erde,

flachten die Gebirge ab oder der Baum beziehungsweise die Liane, die Himmel und Erde verband, riß plötzlich. Das Ergebnis solcher Veränderungen zwischen Himmel und Erde war das Ende des paradiesischen Zeitalters, und Menschen und Götter konnten sich nicht mehr so leicht vereinigen. Der Mensch wurde sterblich, von zweierlei Geschlecht, und er war gezwungen, für seinen Lebensunterhalt zu arbeiten.

Andere, ähnlich geartete Mythen beschreiben den Ursprung des Todes. Das bekannteste afrikanische Motiv ist jenes von der „Botschaft, die nicht anlangte". Da schickte zum Beispiel Gott das Chamäleon zu den mythischen Vorfahren mit der Botschaft, sie würden unsterblich sein, und die Eidechse schickte er mit der Botschaft, sie müßten sterben. Die Eidechse traf zuerst

25

ein, und das Schicksal der Menschen war damit besiegelt. Ein anderes afrikanisches Motiv ist „der Tod in einem Bündel": Gott erlaubte den ersten Menschen, zwischen zwei Bündeln zu wählen. Das eine enthielt Leben, das andere Tod. Die vielleicht ergreifendsten Mythen von den Veränderungen der Lebensbedingungen des Menschen sind die *Dema*-Mythen. Dema ist der Name, den die Marind-Anim Neuguineas

den urzeitlichen Wesen gaben, und ihr zentraler Mythos berichtet von der Ermordung einer Dema-Gottheit durch die Dema-Menschen. Kurz umrissen lautet die Geschichte so: Ein schönes Mädchen namens Hainuwele wuchs wunderbarerweise aus einer Kokospalme. Sie war mit der Kraft gesegnet, reiche Gaben aus ihrem Körper hervorzubringen. Während eines großen Festes stand Hainuwele in der Mitte der Tanzfläche und verteilte Geschenke an die Tänzer. Aber gegen Ende des Festes töteten die Menschen Hainuwele und begruben sie. Am nächsten Morgen grub einer der Männer den Leichnam jedoch wieder aus, schnitt ihn in einzelne Teile und vergrub sie mit Ausnahme der Arme an verschiedenen Orten. Aus den einzelnen Körperteilen wuchsen ganz neue, bislang unbekannte Pflanzen hervor, besonders Knollengewächse, die seitdem das Hauptnahrungsmittel der Menschen bildeten. Ihre Arme brachte er zu Satene, einer anderen Dema-Göttin. Sie machte aus Hainuweles Armen ein Tor. Dann rief sie die Männer, die Hainuwele getötet hatten.

„Nachdem ihr sie getötet habt", sagte sie, „will ich hier nicht länger leben. Ich werde noch heute fortgehen. Nun müßt ihr durch dieses Tor zu mir kommen." Wer von den Männern das Tor zu passieren vermochte, konnte ein menschliches Wesen bleiben, alle anderen wurden zu Tieren und Geistern. Satene verkündete, daß ihr die Menschen fortan erst nach dem Tod begegnen würden, und verschwand.

A. E. Jensen hat uns die große Bedeutung dieses Mythos für das Verständnis der Religion und des Weltbildes der alten Pflanzer vor Augen geführt. Die Ermordung einer Dema-Gottheit durch die Dema-Menschen beendete eine Epoche und eröffnete jene, in der wir heute leben. Die ermordete Dema-Göttin überlebte jedoch in ihren Schöpfungen (Nahrung, Pflanzen, Tiere) sowie im Haus des Todes. Anders gesehen kann man sagen, sie überlebte, „indem sie zur Zeit tot ist" – ein Zustand, den sie durch ihren eigenen Tod eingeführt hat. Das gewaltsame Ende der Dema-Gottheit ist nicht nur ein schöpferischer Tod, sondern auch eine Möglichkeit, im Leben der Menschen und sogar in ihrem Tod ständig präsent zu sein. Denn indem sich die Menschen von Pflanzen und Tieren ernähren, leben sie von der Substanz der Dema-Gottheit.

Weitverbreitet sind auch Mythen vom Königssohn, der nach seiner Geburt ausgesetzt wird, weil dem König drohende Gefahren seitens des Kindes prophezeit wurden. Das dem Wasser anvertraute Kind wird von Tieren oder Hirten gerettet und von einem weiblichen Tier oder einer einfachen Frau genährt. Zum Jüngling herangewachsen, besteht dieser Mensch ungewöhnliche Abenteuer. Später findet er seine Eltern und nimmt Rache, wird schließlich erkannt und gewinnt Rang und Ehre. In fast allen diesen Mythen haben die Prüfungen des Helden (Kämpfe mit Ungeheuern, Abstieg in die Hölle, ein Meeresungeheuer verschlingt ihn usw.) initiatorische Bedeutung.

Im Volkstum aller Nationen finden sich zahlreiche Mythen und mythische Motive, die ihre religiösen Werte und Funktionen verloren haben, die jedoch aufgrund ihrer epischen und die Phantasie beflügelnden Qualitäten bewahrt wurden. Darüber hinaus gehen die mündlich überlieferte Heldendichtung der Welt sowie die Anfänge von Drama und Komödie direkt auf die jeweils mythischen Überlieferungen zurück. Einige Formen „mythischen Verhaltens" überlebten sogar bis in unsere Tage. So kann man bei den eschatologischen und chiliastischen Strukturen des marxistischen Kommunismus, bei den mythischen Image- und Verhaltensstrukturen, die durch die Macht der Massenmedien den Kollektivgesellschaften aufgezwungen werden, und ähnlichen Beispielen von „Mythen der modernen Welt" sprechen. Die Charaktere der Comic Strips sind die moderne Version mythologischer Volkshelden. *Superman* ist außerordentlich populär geworden, besonders durch seine Doppelrolle: Obwohl er von einem zerstörten Planeten kommt und ungeheure Kräfte besitzt, lebt er in der Rolle eines zurückhaltenden Journalisten, der von seinen Kollegen herumkommandiert wird.

Die Mythifizierung von Personen des öffentlichen Lebens durch die Massenmedien, die Umformung einer Persönlichkeit in ein exemplarisches Image sind ebenfalls häufig auftauchende Phänomene der am höchsten entwickelten zeitgenössischen Gesellschaften. Ebenso läßt sich mythisches Verhalten in der Erfolgsbesessenheit erkennen, die als Ausdruck eines hintergründigen Verlangens gelten kann, die Grenzen des allgemein Menschenmöglichen zu überschreiten; ebenso in der Massenflucht nach Suburbia, in der die Sehnsucht nach „urzeitlicher Perfektion" durchschimmert, sowie in dem materiellen und emotionellen Aufwand, der den „Kult des heiligen Automobils" charakterisiert. Man kann schwerlich behaupten, die mythische Vorstellungskraft sei verschwunden. Sie ist im Gegenteil noch sehr lebendig, nur hat sie ihre Mechanismen den vorhandenen Materialien angepaßt.

Seite 26: Dieses melanesische Bild zeigt die Erschaffung des Menschen durch einen göttlichen Demiurgen. Ipila schnitzt Nugu aus dem Stammholz eines Baumes und verleiht ihm Leben, indem er sein Gesicht mit Sagomilch bestreicht (Gemälde von Mea Idei, Boze, Melanesien).

Oben: Die moderne Begeisterung für die „Sterne" (Stars!) unter den Sportlern erinnert an die Vergötterung der Athleten in der Spätzeit der griechisch-römischen Kultur, in der man sie geradezu als Träger übermenschlicher Energien verehrte (Rennfahrer Niki Lauda beim Wettkampf um den Großen Preis von Frankreich 1985).

Links: Die modernen Massenmedien erkannten die scheinbar unvergängliche Freude des Menschen an fortlebenden Mythen. Die Helden der Filme und Comics bestehen – oft nur sehr oberflächlich „der Zeit angepaßt" – die Abenteuer der Titanen- und Drachenkämpfer der Urzeit immer wieder aufs neue. „Film-Stars" erhalten die magische Strahlkraft der Aphrodite-Venus und ihrer irdischen Verkörperung. „Idole" wie Elvis Presley oder Van Morrison sollen sogar unsterblich geworden sein und als „astrale Wesenheiten" noch immer ihre „Fans" fördern. Der Film „Tommy" zeigt den Kult, mit dem Marilyn Monroe schon vor ihrem tragischen Tod umgeben wurde.

Seite 29: Dieses tibetisch-buddhistische Thangka zeigt ein Mandala der aus dem kosmischen Bewußtsein geborenen Welten und damit zugleich das seelische Kräftespiel im Menschen selber. Solche Malereien sollen den Betrachter – fast nicht weniger als den Künstler – „beinahe von selber" zur Meditation und damit den wachen Geist auf den Weg zur Erkenntnis bringen (Philip Goldman Collection, London).

Links: Eine Seite aus dem mexikanischen Codex Fejervary-Meyer gibt Einblick in die mythische Weltstruktur, wie sie sich die vorkolumbischen Azteken veranschaulicht haben. Im Zentrum des Alls wohnt der Feuergott Xiutecuhtli, gern mit Tezcatlipoca gleichgesetzt, welcher eine gefährliche zerstörerische Seite hat. Aus vier Weltrichtungen nimmt der Gott Opfer von Lebewesen

entgegen; von ihm wiederum gehen nach allen Richtungen Energien aus (Merseyside County Museum, Liverpool).

Rechts: Ein modernes Modell der mythischen Welt empfindet Bilder des Kosmos nach, wie wir sie wesensverwandt aus vorgeschichtlichen Weltbildern besitzen. Das Ei des Universums hat als Achse und Träger den Lebensbaum. Er wurzelt in der Dunkelheit der Tiefen, geht durch die Ebenen der Naturkräfte, die polar von gekrönten Schlangen versinnbildlicht werden, und steigt durch die Stufen der Pflanzen, Tiere, Vögel und – der oft als Seelensymbole gedeuteten – Schmetterlinge. Zuoberst, noch über den Gestirnen, erkennen wir die Engel um die Sonne, hier sichtbares Bild der Gottheit und Gipfel des kosmischen Berges (Zeichnung: Franz Coray).

Die griechischen Götter vom Chaos bis Zeus

Götter sind in diesem Stammbaum des griechischen Pantheons in Quadrat-, Göttinnen in Kreisvignetten wiedergegeben; die Kombination der beiden Signete zeigt eine fruchtbare Verbindung an. Ein Stern bei Namen verweist auf eine voranstehende Beschreibung. Bei der Schreibweise der Eigennamen in diesem Stammbaum stützten wir uns weitgehend auf *Reclams Lexikon der antiken Mythologie* und geben die ursprünglichere griechische Form wieder, auch wenn in den andern Teilen des Buches das geläufigere latinisierte ä, ö oder c steht: z. B. Oidipos – Ödipus, Aigina – Ägina, Skylla – Scylla. Aus Platzgründen können nur die wichtigsten unterschiedlichen Auffassungen der antiken Mythographen erwähnt werden.

CHAOS

Dem leeren Raum, der bei der Entstehung des Universums als erstes auftauchte, schrieben die Griechen zumindest *eine* zutiefst sterbliche Regung zu, wie sie auch die späteren Götter besitzen: Es zeigt sich in einer Darstellung empfindlich gestört durch die Blitze, die es in dem gewaltigen Ringen der Olympier mit den Titanen durchzuckten. Es ist nicht genau bekannt, wie sich die frühen Griechen die Entstehung dieses ersten Gliedes der herrlichen Götterfamilie erklärten, die das Denken aller späteren westlichen Kulturen befruchtete, und es spielt denn auch später nur eine untergeordnete Rolle.

GAIA

Die Erde und Göttin der Erde dachte man sich als flache Scheibe, umgeben vom Okeanos, dessen Wasser «rückwärts flossen», da der Strom sich in sich selbst ergoß. Gaia wurde als die fruchtbare Kraft des Lebens verehrt und als gemeinsame Ahnin beinahe aller Götter und Halbgötter der griechischen Theogonie betrachtet. Obwohl spätere Gottheiten viele der Funktionen Gaias übernahmen, geriet die alte Naturgöttin nie völlig in Vergessenheit, denn sie war die *Mutter*.

EROS

Die mächtige Personifikation der Liebe als der unwiderstehlichen und einigenden Kraft, die die gegensätzlichen Elemente des Chaos in eine für die Vollendung der Schöpfung notwendige Harmonie und Ordnung bringt. Der ursprüngliche Eros bleibt auch später jene Kraft, die letztlich das Geschick der Götter wie der Menschen für das Wohl aller lenkt, obwohl er jetzt als knabenhafter Bogenschütze erscheint. Diese Konzeption eines Gottes war über persönliche Liebschaften erhaben, weshalb Eros als einzige der ursprünglichen Gottheiten keine Nachkommen hatte.

TARTAROS

Das dunkle Gebiet unter der Erde und seine Personifikation. Der Tartaros wurde als weit unter dem Hades gedacht, ebenso weit unter der Erde wie der Himmel über ihr, und ein bronzener Amboß würde neun Tage lang fallen, bis er ihn erreichte. Der Tartaros, das Gefängnis des Kronos und der anderen Titanen, war von einem goldenen Zaun mit eisernen Toren umgeben und wurde von den Hekatoncheiren bewacht.

NYX
Die Nacht, Urmutter des Eros, der die erste Zeugung anregte.

Moros	(Verderben)	Oizys	(Jammer)
Ker	und	Nemesis	(Rache)
Thanatos	(Tod)	Apate	(Trug)
Hypnos	(Schlaf)	Philotes	(Liebschaft)
Oneiros	(Traum)	Geras	(Alter)
Momos	(Tadel)	Eris	(Zwietracht)

Klotho, Lachesis und Atropos, die drei Moiren oder Schicksalsgöttinnen, die den Lebensfaden spannen.

ERIS
Das jüngste Kind der Nyx gebar ohne Gemahl:

Ponos (Arbeit)
Lethe (Vergeßlichkeit)
Limos (Hunger)
Algea (Trauer)
Usmine (Kampf)
Mache (Krieg)
Phonos (Mord)
Androktasia (Totschlag)
Neikea (Hader)
Pseudea (Lüge)
Amphillogea (Streit)
Dysnomia (Zügellosigkeit)
Ate (Verblendung)
Horkos (Verwünschung)

EREBOS
Personifikation der drei lichtlosen Kreise der Dunkelheit, die den Tartaros umgaben. Nyx*.

AITHER Das reine Himmelslicht.

HEMERA Personifikation des Tages.

CHARON Der Fährmann der Toten.

PONTOS Personifikation des Meeres.

AKTAIOS Erster von Gaias ohne Zeugung geborenen Erdsöhnen und erster König Athens.

Madame X Von unbekannter Herkunft.

AGRAULOS Heiratete ihren Onkel Kekrops, der so das Königreich Athen gewann.

URWESEN (Erdsöhne)

KEKROPS Der «Geschwänzte» war der zweite König Athens.

AGRAULOS Tochter des Aktaios, des ersten Königs von Athen.

AGRAULOS ERYSICHTHON HERSE PANDROSOS

URANOS Personifikation der Himmel und «fester und ewiger Sitz der seligen Götter».

KRANAOS Nachfolger Kekrops'. Nach dem Tod seiner Tochter Atthis nannte er sein Reich Attika.

PEDIAS Kranaos' Gemahlin, eine Spartanerin, die ihm drei Töchter gebar.

ATTHIS KRANAE KRANAIECHME

ECHIDNA Ungeheuer, halb Nymphe, halb Schlange. Herkunft ungewiß: Keto und Phorkys oder Tartaros und Gaia.

KERBEROS Der dreiköpfige Wachhund des Hades, der jeden Toten freundlich wedelnd eintreten, doch keinen entweichen ließ.

ADLER DES PROMETHEUS Fraß dem an den Kaukasus gefesselten Gott jeden Tag die über Nacht nachgewachsene Leber aus dem Leibe.

SPHINX Das löwenköpfige weibliche Ungeheuer, dessen Rätselfrage

TYPHON Oder **TYPHOEUS**, das gefährlichste Ungeheuer, Personifikation schrecklicher Naturphänomene. Herkunft ungewiß.

CHIMAIRA Feuerspeiendes Ungeheuer, das Lykien verwüstete. Löwe, Ziege und Schlange in einem, manchmal als dreiköpfig beschrieben.

HYDRA Die von Herakles besiegte Lernäische Schlange, der für jeden abgeschlagenen Kopf zwei neue wuchsen.

erst Oidipos beantworten konnte.

GAIA Von einem Blutstropfen des nach langem Kampf von Zeus besiegten Typhon getroffen...

DRACHE VON KOLCHIS gebar Gaia den nie schlafenden Drachen, der das Goldene Vlies bewachte.

NEMEISCHER LÖWE In seiner ersten Arbeit machte Herakles dieses Ungeheuer unschädlich.

ORTHROS Zweiköpfiger Hund, der die Rinder des Geryones bewachte und von Herakles getötet wurde.

KETO
Schwester und Gemahlin des Phorkys.

PHORKYS
Wie andere Meergötter besaß er die Gabe der Weissagung und der Verwandlung seines Körpers.

KRATAIIS
Nymphe, die von Phorkys die Skylla empfing.

NEREUS
Der Alte Mann des Meeres, Vorgänger Poseidons, zeugte mit der Okeanide Doris die fünfzig Nereiden oder Meeresnymphen.

KETO
Ihre Verbindung mit Phorkys brachte ebenso schreckliche wie geheimnisvolle Wesen hervor.

SKYLLA
Bellendes Seeungeheuer, das in der Straße von Messina die Seeleute verspeiste, mit einem Frauenkopf und Hunden als Gliedmaßen.

DIE GRAIEN

PEMPHREDO
Diese drei häßlichen alten Weiber hatten Schwanenkörper und zusammen nur einen Zahn und ein Auge.

ENYO
Zahn und Auge wurden in einem Sarg deponiert, wenn sie nicht gebraucht wurden.

DORIS
Tochter des Okeanos und der Tethys.

DIE 50 NEREIDEN
Von ihnen haben nur Thetis, Psamathe und Galathea bedeutende eigene Mythen; sowie Amphitrite, die als Gattin Poseidons Königin der Meere wurde.

DEINO
Perseus stahl das Auge, um von den Graien den Weg zu den Nymphen zu erfahren.

PONTOS

THAUMAS
Alter Meergott, dessen Name «Wunder» bedeutet.

ELEKTRA
Ebenfalls eine Tochter des Okeanos und der Tethys.

GAIA

EURYBIA
Sie gebar dem Titanen Krios Astraios, Pallas und Perses.

IRIS
Liebling der Götter und Götterbote, oft Personifikation des Regenbogens.

ARKE
Half den Titanen im Kampf gegen Zeus und wurde zur Strafe ihrer Flügel beraubt und in den Tartaros geworfen.

DIE KYKLOPEN

BRONTES
Die einäugigen riesigen Kyklopen wurden von Uranos und Kronos im Tartaros eingekerkert, aber von Zeus im Kampf gegen die Titanen wieder befreit.

DIE HEKATONCHEIREN

KOTTOS
Die stärksten Kinder Gaias und Uranos', jeder mit fünfzig Köpfen und hundert Armen.

DIE FURIEN

TISIPHONE
Die Erinnyen oder Furien entsprangen den Blutstropfen des kastrierten Uranos.

URANOS
GAIA

DIE MELISCHEN NYMPHEN UND DIE GIGANTEN
Weitere Wesen, die dem Blut des kastrierten Uranos entsprangen.

ARGES
Sie schmiedeten Zeus die Blitze und wurden später von Apollon getötet, um Asklepios zu rächen.

BRIAREOS
Uranos fürchtete ihre Kraft und verbarg sie im Leib Gaias. Rasend vor Schmerz bewog diese den Kronos, seinen Vater zu entmannen.

ALEKTO
Sie bestraften die, welche gegen die Bande des Blutes verstoßen hatten.

STEROPES
In der *Odyssee* wird ein jüngeres Kyklopengeschlecht geschildert, ein wilder Haufen kannibalischer Hirten, dessen Anführer Polyphemos ist.

GYES
Nachdem die Olympier mit ihrer Hilfe die Titanen besiegt und in den Tartaros geworfen hatten, übernahmen die Hekatoncheiren die Rolle der Gefängniswärter.

MEGAIRA
Wer die Blutrache nicht erfüllte, wurde von den Erinnyen umgebracht. Nach einigen Quellen waren sie im Hades die Folterknechte der Götter.

GAIA (OHNE ZEUGUNG)
↓
URANOS UND GAIA

OKEANOS	THEIA	KRONOS	BRONTES	KOTTOS	TISIPHONE	MELISCHE NYMPHEN
KOIOS	RHEA		ARGES	BRIAREOS	ALEKTO	GIGANTEN
KRIOS	THEMIS		(PYRAIMON)	(AIGAION)	MEGAIRA	
HYPERION	MNEMOSYNE		STEROPES	KYES	(DIE FURIEN)	
IAPETOS	PHOIBE		(DIE KYKLOPEN)	(DIE HEKATONCHEIREN)		
	TETHYS					

DIE GORGONEN

MEDUSA
Der Anblick des schlangenhaarigen, gräßlichen Wesens verwandelte jeden Menschen in Stein.

STHENNO
Die beiden Schwestern der Medusa waren im Gegensatz zu ihr unsterblich.

EURYALE
Die Gorgonen hatten eherne Hände und goldene Flügel, Reißzähne und Schlangenhaar.

THOOSA
Die Meeresnymphe gebar dem Poseidon den einäugigen Kyklopen Polyphemos.

LADON
Der hundertköpfige Drache konnte Stimmen imitieren und bewachte die goldenen Äpfel der Hesperiden.

PEGASOS
Die beiden Flügelpferde Pegasos und Chrysaor sprangen aus dem Hals der Medusa ...,

CHRYSAOR
... als ihr der Held Perseus den Kopf abschnitt. Chrysaor erscheint auch als Krieger.

DIE HARPYIEN

AELLO
KELAINO
OKYPETES
PODARGE

Frauenköpfige Vögel mit ehernen Klauen und Flügeln, auch «Hunde des Zeus» genannt.

MELISCHE NYMPHEN
Argia gebar dem Flußgott Inachos Phoroneus,

Aigaleus und Io, eine andere dem Poseidon den Bebryker Amykos.

DIE GIGANTEN

AGRIOS
ALKYONEUS
ENKELADOS
EPHYALTES
EURYMEDON
KLYTIOS
EURYTOS
GRATION
HIPPOLYTOS
POLYBOTES
PORPHYRION
MEROPS
MIMAS
PALLAS
THOAS

DIE TITANEN

THEIA
Als Mutter von Helios (Sonne), Selene (Mond) und Eos (Morgenröte) verkörpert sie das Prinzip des Lichts.

RHEA
Nachfolgerin Gaias als Erdmutter. In Rom war sie als Ops Göttin des pflanzlichen Lebens und der Fruchtbarkeit.

THEMIS
Bei Homer Personifikation von Recht und Ordnung, herrschte in den Versammlungen der Menschen und Götter.

MNEMOSYNE
Göttin der Erinnerungskraft, dann Mutter der neun Musen.

PHOIBE
Nachfolgerin der Themis als Göttin des Delphischen Orakels (nach Aischylos).

TETHYS
In der *Ilias* eine so liebevolle Mutter, daß Rhea ihr die Erziehung Heras anvertraute.

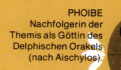

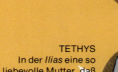

◄◄ **OKEANOS**
Herrscher des gewaltigen Stromes gleichen Namens, der in Kreisen die Erdenscheibe umfloß.

◄ **TETHYS***

◄◄ **KOIOS**
Der zweitgeborene der Titanen zeugte mit seiner Schwester Phoibe zwei Töchter: Asterie und Leto.

◄ **PHOIBE***

◄◄ **KRIOS**
Der drittgeborene der Titanen, verheiratet mit seiner Halbschwester Eurybia.

EURYBIA*
Tochter des Pontos und der Gaia.

◄ **THEIA***

◄◄ **HYPERION**
Der ursprüngliche Sonnengott. Er zeugte mit seiner Schwester Helios, Selene und Eos.

◄◄ **MADAME X**
Nicht zu identifizierende Gemahlin des Iapetos, Mutter der mysteriösen Anchiale.

◄◄ **IAPETOS**
Von Zeus während des Titanenkampfes in den Tartaros geworfen.

◄ **ASIA (auch KLYMENE)**
Okeanide, von Iapetos Mutter des Atlas, Menoitios, Prometheus und Epimetheus.

◄◄ **KRONOS**
Der jüngste der Titanen und ihr König.

◄ **RHEA***

PHILYRA
Eine Okeanide, die Kronos in Gestalt eines Pferdes liebte, um die eifersüchtige Rhea zu täuschen.

OKEANIDEN
»Hochseenymphen«, die ältesten Töchter des Okeanos und der Tethys. Es sollen sich insgesamt 3000 von ihnen in den Weltmeeren getummelt haben.

STRÖME
Als Kinder des »Vaters der Wasser« wurde den Strömen und Flüssen immer ein Gott gleichen Namens zugeschrieben, z. B. Nilos, Maiander.

NAIADEN oder **NYMPHEN**
Liebliche Geschöpfe, wie die Okeaniden, bevölkerten jedoch die Flüsse und Ströme.

KAANTHUS
Auf der Suche nach der von Apollon geraubten Schwester Melia von dem Gott erschossen, weil er einen seiner heiligen Haine anzündete.

OKEANOS
TETHYS

PERSES
Soll ein Titan von herausragender Weisheit gewesen sein.

KOIOS
PHOIBE

PALLAS
Von der Flußgöttin Styx Vater der gewaltigen Krieger Bia, Kratos, Nike und Zelos, Helden des Titanenkampfes.

KRIOS
EURYBIA

ASTRAIOS
Dritter Sohn des Krios und der Eurybia, Gemahl Eos', der Morgenröte.

HYPERION
THEIA

IAPETOS
MADAME X

ANCHIALE
Die geheimnisvolle Tochter des Iapetos und einer Unbekannten. Soll auf dem Berg Ida die Daktyloi (kretische Geister) geboren haben.

IAPETOS
ASIA

KRONOS
RHEA

KRONOS
PHILYRA

CHEIRON (Chiron)
Kentaur, gerühmt als das weiseste und gütigste aller Geschöpfe. Erzieher des Helden Achilles.

LETO
Gebar dem Zeus auf der Insel Delos, wohin sie sich vor der eifersüchtigen Hera gerettet hatte, Apollon und Artemis.

ASTERIE
Gebar dem Perses die Göttin Hekate. Sprang auf der Flucht vor Zeus ins Meer und wurde zur Insel.

NIKE

KRATOS

ZELOS

BOREAS — EUROS
ZEPHYROS — NOTOS — ASTRAIA
HESPEROS — EOSPHOROS

HEKATE
Göttin der Unterwelt, der Fruchtbarkeit und der Magie. Half Zeus im Kampf gegen die Giganten.

BIA
Zwei der gewaltigen Streiter, nämlich Bia (Kraft) und Nike (Sieg) wurden als weibliche Gottheiten dargestellt.

EOS
Galt als ständig verliebte Göttin, die öfters schöne Jünglinge entführte.

SELENE
Göttin des Mondes. Wird als schöne Frau dargestellt, deren goldene Krone das sanfte Licht aussendet.

ASTERIE*
Als Insel Delos bot sie der Leto Zuflucht.

KLYMENE
Verheiratet mit Merops, König Ägyptens. Empfing von Helios eine Tochter, Aigle, und einen Sohn, Phaeton.

RHODE oder **RHODOS**
Tochter Poseidons und Amphitrites, gebar dem Helios sieben Söhne.

STYX
Die Flußgöttin galt als wichtigste der Okeaniden.

HELIOS
Der allmächtige Sonnengott, hier von den vier Müttern seiner Kinder umgeben.

PERSE oder **PERSEIS**
Okeanide. Gebar dem Helios Kirke, Pasiphae, Aietes und Perses.

EOS
Die rosenfingrige Morgenröte, die am Ende der Nacht in ihrem goldenen Wagen das Kommen ihres Bruders Helios ankündigt.

NEAIRA
Nymphe. Von Helios Mutter der Lampetie und der Phaethusa.

DAKTYLOI
Die Daktyloi sind nicht nur auf Kreta, sondern auch in Phrygien angesiedelt worden, wo sie als Zauberer und Schmiede arbeiteten.

PROMETHEUS
Stellte sich zum Wohl der Menschen gegen Zeus, verschaffte ihnen mehr Nahrung und brachte ihnen das Feuer. Siehe Adler des Prometheus.

PRONOIA
Tochter des Nereus und der Okeanide Doris, soll Gemahlin des Prometheus gewesen sein.

DIE KINDER DER TITANEN KRONOS UND RHEA BILDEN DAS HERRSCHENDE
POSEIDON, HADES, DEMETER UND HESTIA UND IHREN NACHKOMMEN

 CHEIRON — CHARIKLO

 ENDEIS

 KARYSTOS

 MELANIPPE

  OKYRHOE

CHARIKLO
Von der Okeanide Chariklo hatte Cheiron vier Kinder, deren Abkömmlinge Führer im Heldenzeitalter waren.

BOREAS
Der rauhe Nordwind, zweiter Sohn von Astraios und Eos.

EUROS
Der Ostwind.

APSYRTOS
Halbbruder der Medea. Diese lockte ihn in einen Hinterhalt, wo Jason ihn tötete.

CHALKIOPE
Schwester der Medea, heiratete Phrixos, als er auf dem Vlies nach Kolchis kam.

MEDEIA
Brannte mit Iason durch, als er das Vlies holen kam. Zauberin wie ihre Tante Kirke.

ZEPHYROS
Der liebliche Westwind liebte Podarge, eine der Harpyien, als sie in Gestalt eines Füllens graste.

NOTOS
Der regenbringende Südwind.

ASTRAIA
Wurde als Sternbild Virgo (Jungfrau) unsterblich.

DIE HELIADEN

AKTIS
KANDALOS
KERKAPHOS
ELEKTRYONE
MAKAREOS
OCHIMOS
TENAGES
TRIOPAS

AIETES
König von Kolchis, wo das Goldene Vlies von einem Drachen bewacht wurde.

ASTERODEIA
Nymphe, Mutter des Apsyrtos.

EIDYIA
Okeanide, Gemahlin des Aietes, gebar ihm Chalkiope und Medea.

HESPEROS
Der Abendstern, der den Alten als schönstes der Himmelslichter galt.

EOSPHOROS
Der Morgenstern.

DIE HYADEN

AMBROSIA
KORONIS
DIONE
EUDORA
PEDILE
PHYTO
POLYXO

DIE HESPERIDEN

AIGLE
ERYTHEIA
HESPERE

AIGLE
Phaethons Schwestern Aigle, Lampetie und Phaethusa wurden aus Trauer um den Bruder zu Pappeln.

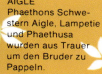
MINOTAUROS
Sagenumwobener Stiermensch, wurde von Theseus besiegt.

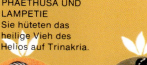
PHAETHUSA UND LAMPETIE
Sie hüteten das heilige Vieh des Helios auf Trinakria.

MAERA
Ihren Schatten sah Odysseus, als er die Unterwelt besuchte.

DIE PLEIJADEN

ALKYONE
KELAINO
MAIA
MEROPE
STEROPE
TAYGETE
ELEKTRA

PHAETHON
Setzte Himmel und Erde in Brand, als ihm der Sonnenwagen seines Vaters Helios durchging. Zeus tötete ihn.

PASIPHAE
Gattin des kretischen Königs Minos.

PHAETHUSA

LAMPETIE

KALYPSO
Die schöne Nymphe, die Odysseus sieben Jahre auf Ogygia zurückhielt.

STIER DES MINOS
Zeugte mit Pasiphae den Minotauros; Poseidon hatte ihn Minos geschickt, damit er geopfert werde.

AIGA **KIRKE** **PERSES**

AITHRA
Okeanide und Mutter der Hyaden, die im Sternbild des Stiers unsterblich wurden.

HESPERIS
Tochter des Hesperos, des Abendsterns. Mutter der drei Hesperiden.

DEUKALION
Sohn des Prometheus. Er und Pyrrha, die Tochter des Epimetheus, wurden in der Großen Flut verschont.

PYRRHA

HELLEN

PROTOGENEIA

AMPHIKTYON

MENOITIOS
Wurde von Zeus nach dem Titanenkrieg in den Tartaros geschleudert.

EPIMETHEUS
Der etwas dümmliche Bruder des Prometheus und Gatte der Pandora.

PANDORA
Das erste sterbliche Weib, von den Göttern geformt, die ihr als Brautgeschenk eine Büchse mit allen Plagen des Menschengeschlechts mitgaben.

MADAME X
Ungenannte Gattin des Atlas, dem sie die Töchter Maera und Kalypso gebar.

PLEIONE
Diese Okeanide schenkte dem Atlas sieben Töchter, die Pleijaden.

...GESCHLECHT IM GRIECHISCHEN PANTHEON, DIE OLYMPIER, MIT ZEUS, HERA,
ATHENE, APOLLON, ARTEMIS, APHRODITE, ARES, HERMES, DIONYSOS...

HELLEN
Eponym der Hellenen (Griechen), ältester Sohn des Deukalion.

PROTOGENEIA
Die «Erstgeborene» gebar dem Zeus Aethlios, den mythischen Vorfahren der Elier und Aitolier, Vater des Endymion.

AMPHIKTYON
Heiratete Atthis, die Tochter des Kranaos, und setzte diesen als König von Attika ab. Nach zwölf Jahren stürzte ihn Erichthonios.

ATLAS
Kämpfte im Titanenkrieg gegen die Olympier. Zur Strafe mußte er für immer Himmel und Erde auf seinen Schultern tragen.

35

Die Nereide Amphitrite galt allgemein als Gemahlin und Königin Poseidons.

AMPHITRITE	IPHIMEDEIA
ALKYONE	KALCHINIA
ALOPE	KALYKE
AMYMONE	KANAKE
APHRODITE	KELAINO
ARNE	KORKYRA
ASTYPALAIA	LIBYA
CHIONE	MEDUSA
CHRYSOGENEIA	MELIA
DEMETER	PEIRENE
EUROPA	PERIBOIA
EURYDIKE	PITANE
EURYTE	SALAMIS
GAIA	SYLEA
HELLE	THEOPHANE
HIPPOTHOE	THOOSA
HISTORIS	TYRO

IASION
Soll von Zeus erschlagen worden sein, weil sich Demeter ihm hingab.

ELEKTRA
Eine der Pleijaden. Zeus zeugte mit ihr Iasion und Dardanos, der Gründer von Dardania, dem späteren Ilion (Troja) gewesen sein soll.

ATHENE
Göttin der Weisheit und des Krieges. Entsprang der Stirn des Zeus in voller Rüstung, nachdem er die schwangere Metis verschlungen hatte.

METIS
Die Okeanide «Weisheit» gab Kronos ein Mittel, daß er die Geschwister des Zeus erbrechen mußte, dessen erste Gattin sie wurde.

PANDIA
Selene empfing von Zeus die «unter den Unsterblichen schöne Pandia».

SELENE
In Homers Hymne an Selene wird erzählt, daß sich Zeus mit ihr in Liebe verbunden habe.

DIE NYMPHEN

DRYADEN	HAMADRYADEN	OREADEN
Die unsterblichen Nymphen des Waldes.	Baumnymphen, die mit dem einzelnen Baum vergingen.	Bergnymphen, einzelnen Gipfeln zugeordnet.

GAIA
Gaia soll von Zeus die Nymphen des Festlandes empfangen haben.

POSEIDON
Bruder des Zeus, Herrscher der Meere und oft «Erderschütterer» genannt.

Poseidon hatte 34 Frauen, deren Namen oben wiedergegeben sind.

DIE MUSEN

KLIO (Geschichte)	MELPOMENE (Tragödie)	POLYMNIA (Tanz)
EUTERPE (Flötenmusik)	TERPSICHORE (Chorlyrik)	URANIA (Astronomie)
THALEIA (kom. Maske)	ERATO (Liebeslied)	KALLIOPE (Epos)

MNEMOSYNE
Göttin der Erinnerungskraft, Tochter von Gaia und Uranos. Mutter der neun Musen.

HADES
Herrscher der Unterwelt, ältester Sohn von Kronos und Rhea. In seinem Reich erreichten nur die Verwünschungen der Menschen sein Ohr.

DIE DREI GRAZIEN
Agleia, Euphrosyne und Thaleia personifizierten Schönheit und Anmut.

EURYNOME
Gebar dem Zeus die drei Grazien (Chariten).

HESTIA
Göttin des Herdes. Poseidon und Apollon umwarben sie, doch sie schwor beim Haupte des Zeus, Jungfrau zu bleiben.

DIE HOREN
Eunomia (Ordnung), Dike (Gerechtigkeit) und Eirene (Frieden) waren Töchter des Zeus.

THEMIS
Tochter des Uranos, Göttin von Gesetz und Ordnung. Gebar die Horen und Moiren.

DEMETER
Göttin des Getreides; zweites Kind von Kronos und Rhea. Wem sie nicht wohlgesonnen war, brachte sie Mißernte und Hunger.

PERSEPHONE
Zeus gab sie ohne Wissen ihrer Mutter dem Hades zur Gemahlin.

DEMETER
Schwester und Gattin des Zeus, Mutter Persephones.

HERA
Gemahlin des Zeus und eigentlich die einzige verheiratete Göttin unter den Olympiern. Sie war Gottheit der Ehe und der Geburt.

APHRODITE
Auch die «Schaumgeborene» genannt, weil sie aus dem Schaum der abgeschnittenen Geschlechtsteile des Uranos entstanden sein soll.

DIONE
Die Okeanide, die nach der einen Version von Zeus Aphrodite, Göttin der Schönheit und Liebe, empfangen haben soll.

DIE OLYMPIER

Zeus wurde von den Griechen als höchste Gottheit des Universums verstanden, die die Kräfte der Natur wie das Leben der Menschen und Götter lenkte. Sein Schild, die Aigis, lähmte seine Feinde und brachte Sturm, Dunkelheit und die treffsicheren Blitze des Zeus hervor.

Auf seinen Befehl hielten Sonne und Mond in ihrem Lauf inne, folgten sich die Tage und Nächte wie die Jahreszeiten. Obwohl meist der unparteiische oberste Richter, handelt er selbst oft wieder nur allzu «sterblich».

36

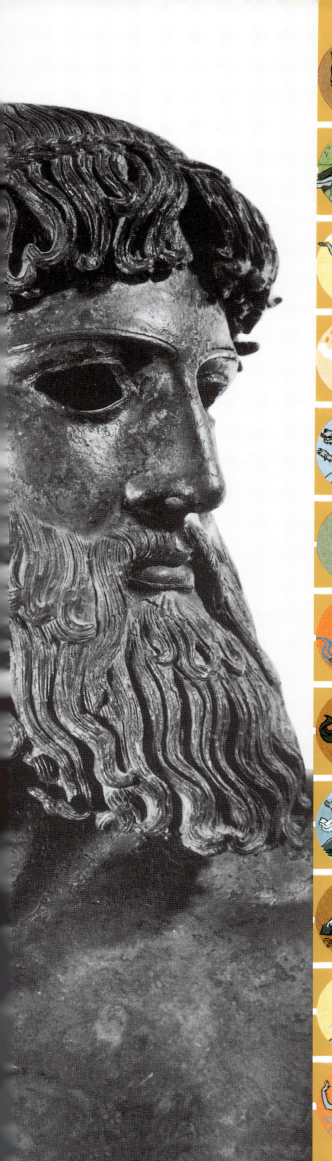

HERA
Mit seiner «rechtmäßigen» Gattin hatte Zeus nur drei Kinder: Ares, den Kriegsgott, Hebe, die Personifikation ewiger Jugend, und Eileithyia, die Göttin, die die Wehen mindert.

TAYGETE
Zeus zeugte mit ihr den Lakedaimon, der durch Einheirat das Königreich Sparta oder Lakedaimonien gewann.

ELARA
Tochter von Minyas und Tritogeneia. Zeus verführte sie und verbarg sie in einer Höhle auf Euboia vor Hera.

LETO
Diese Tochter des Titanen Koios gebar dem Zeus auf der Insel Delos die Zwillinge Apollon und Artemis.

NIOBE
Tochter des Phoroneus und Enkelin des Flußgottes Inachos. Sie soll die erste Sterbliche sein, mit der Zeus verkehrte.

IO
Eine weitere Eroberung des Zeus. Als Hera ihn zu ertappen drohte, verwandelte er das Mädchen in eine weiße Kuh.

DANAE
Tochter des Akrisios, König von Argos, der sie in einem Turm gefangenhielt. Zeus kam als Goldregen zu ihr und zeugte den Helden Perseus.

ALKMENE
Die treue Gattin des Amphitryon verführte Zeus, indem er die Gestalt ihres Mannes annahm. Sie empfing von ihm den Helden Herakles, von Amphitryon den Zwillingsbruder Iphikles.

KALLISTO
Obschon sie Keuschheit gelobt hatte, gab sie dem Drängen Zeus' nach. Er verwandelte sie in eine Bärin, um das Verhältnis vor Hera geheimzuhalten.

EUROPA
Als weißer Stier entführte Zeus die Tochter König Agenors von Phönikien nach Kreta, wo sie ihm Minos, Rhadamanthys und Sarpedon gebar.

EURYMEDUSA
Tochter des Kleitos, gebar Zeus, der sie als Ameise besucht hatte, den Sohn Myrmidon (*myrmex* = Ameise).

ANTIOPE
Diese thebanische Prinzessin gehörte zu den Schönsten unter den Sterblichen. Zeus nahte sich ihr in Gestalt eines Satyrs.

SEMELE
Als Adler beobachtete Zeus die nackt am Flußufer liegende Semele, die ihn willig erhörte, als er sich zu erkennen gab.

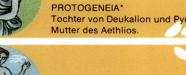

PERSEPHONE
Nach der orphischen Theogonie gebar Persephone ihrem Vater Zeus den gehörnten Zagreus, der als Erwachsener seinen Vater e'rlösen sollte. Er wird oft mit Dionysos verschmolzen.

LEDA
Leda gebar dem Zeus, der ihr als Schwan erschienen war, die Dioskuren Kastor und Polydeukes und nach einigen Quellen auch Helena.

LAODAMEIA
Die Tochter des Bellerophon und der Philonoe war von Zeus die Mutter Sarpedons des Jüngeren.

PROTOGENEIA*
Tochter von Deukalion und Pyrrha und Mutter des Aethlios.

PROTOGENEIA (Mutter des Opus)
Nachdem Protogeneia, die Tochter Deukalions, schon von den Eliern und Aitoliern beansprucht wurde, erfanden die Lokrer eine zweite, von Zeus gezeugte, um ihre eigene Abkunft vom höchsten Gott zu untermauern.

AIGINA
Zeus entführte sie vom Peloponnes auf die Insel Oinone, wo sie den Aiakos gebar. Dieser nannte die Insel seiner Mutter zu Ehren Aigina.

MAIA
Die älteste der sieben Pleijaden. Sie gebar dem Zeus den Götterboten Hermes und zog das Kind der Kallisto auf.

EURYODIA
Vorfahrin des Odysseus durch ihren Sohn Arkeisios und dessen Gattin Chalkomedusa.

AIX (AIGIS)
Die Tochter des Helios war selbst von so lähmender Kraft, daß die Titanen Gaia bewogen, sie in einer Höhle auf Kreta zu verbergen. Sie gebar dem Zeus den Aigipan.

PLUTO
Diese Tochter des Kronos gebar dem Zeus Tantalos, den König von Sipylos in Lydien. Sein Verbrechen wird verschieden erzählt, aber über seine schwere Bestrafung im Hades sind sich alle Quellen einig.

Seite 39: Noch immer sind die Basare des Orients nicht nur Umschlagplätze für materielle Güter: In ihrer unmittelbaren Umgebung befinden sich die Orte, an denen die Jahrmarkts-Gaukler, Schausteller, Tänzerinnen, Erzähler von Liebesmärchen usw. Tag um Tag die Menschen „in eine andere Wirklichkeit" entführen (Dschemaa al Fna, der große Platz von Marrakesch, Marokko).

Märchenerzählen aus reinem Spaß am „Es war einmal..." ist heute eine selten geübte Kunst, zumindest in der westlichen Welt. Bringt man uns jedoch eine so farbige Sammlung dieser Kunst, wie sie in diesem Band hier vorliegt, nahe, wird der Zauber wieder lebendig, und wir werden auf den Schwingen der Phantasie in eine Traumwelt getragen, die wir irgendwoher schon seit langem gekannt haben. In diesem Buch zu lesen, ist wie ein Besuch in einem Basar, vielleicht in Istanbul oder in Delhi. Wir bummeln umher, sehen uns um, betreten den einen oder anderen Laden und

der verloren haben oder die darauf warten, von uns realisiert zu werden. Wenn dies für die Faszination von Basaren gilt, um wieviel mehr dann für Mythologien oder vielmehr für solche Fragmente von Mythologien wie die Mythen in der vorliegenden Sammlung. Wir leben heute sozusagen in einer Endmoräne von Mythologien, die zwar noch bewußt sind, aber die großen Zivilisationen längst nicht mehr zu tragen und zu beseelen vermögen. Ihre strahlenden, bezaubernden oder manchmal auch nur grotesken Fragmente sind in alle Winde zerstreut.

DIE MYTHEN DER WELT

*Von wannen unsre Schöpfung
ist gekommen?
Ist sie geschaffen
oder unerschaffen?
Der auf sie schaut
vom höchsten aller Himmel,
der weiß allein es —
oder weiß auch er' s nicht?*

Rig-Veda

sind plötzlich fasziniert von Juwelen in ganz ungewöhnlicher Fassung, von merkwürdigen Bildern fremder Götter, von Ballen goldenen Brokats; und über allem schwebt ein zarter Duft von Weihrauch. Da beginnt der Ladenbesitzer von den Ländern zu erzählen, aus denen seine Waren kommen, und mit Hilfe der Juwelenfassungen, der Brokatmuster, der Haltung der Götter begreifen wir langsam, wie sich das Leben in diesen Gebieten abspielt. Die Faszination liegt in dem von dem unseren so verschiedenen Lebensstil, der jedoch Dinge in uns anspricht, denen wir vielleicht bisher nie Aufmerksamkeit schenkten: Es sind Phantasie und Traum, die zur Vision führen mögen und von der Vision zu einer Offenbarung, die uns, wenn schon nicht über das Universum, so doch über uns selbst einiges sagen kann.

Denn in der Vergangenheit und auch heute noch überall in der primitiven Welt, die zwar auch in den verstecktesten Winkeln der Erde immer mehr dahinschwindet, lebten die Menschen weitgehend aus den Visionen, die entweder von großen Lehrern wie Buddha, Mose, Zarathustra, Jesus oder Mohammed stammten oder, in den weniger entwickelten Ländern, aus denen der im Dorf lebenden Seher oder Schamanen. Ihre Produkte und Kunstwerke waren deshalb von den Visionen geprägt, die ihr Leben beeinflußt hatten, und sie sprechen unterschwellig unsere eigenen visionären Möglichkeiten an, sprechen von Lebensqualitäten, die wir entwe-

Die Erzählungen der hier vorliegenden Sammlung sind so zusammengestellt worden, daß das Allgemeine in vielen ihrer Themen selbst dem zufälligsten Leser deutlich wird. Professor Eliade hat bereits in seiner Einleitung auf die Ähnlichkeiten zwischen Mythen, Träumen und Symbolen weit voneinander entfernter Völker und Zivilisationen hingewiesen, und in seiner Betrachtung von Schöpfungsmythen und Mythen vom Ende der Welt, den Mythen von den Höchsten Wesen, der Erschaffung der Menschen und vom Ursprung des Todes erscheint tatsächlich eine große Anzahl von Mythen mit ähnlichen Themen und Motiven. Wir fragen vielleicht: „Woher stammen alle diese übereinstimmenden Mythen und Motive? Woher die Drachen? Wo kann ich zum Beispiel auf einer Karte mit einem Kreis die Heimat der Spezies Drachen markieren? Oder ist dieser Ort vielleicht überhaupt nicht auf der Landkarte zu finden?" Wenn sich uns solche Fragen aufdrängen und wir sie ernst genug nehmen, beginnt auch die Suche nach Antworten, und wir gelangen dabei vielleicht nicht nur in jeden Weltteil und in jedes Jahrhundert unserer Vergangenheit, in orientalische Tempel, in Höhlen mit paläolithischen Wandmalereien, in Heiligtümer des tiefsten Dschungels, sondern auf die eine oder andere Weise auch nach innen sowie in die Höhen und Tiefen, wenn wir den Schamanen auf ihren visionären Reisen folgen oder den Hexen, die auf ihrem Besen zum Blocksberg reiten.

Adolf Bastian (1826–1905) war einer der ersten großen Wissenschaftler, der solche Fragen so ernst nahm, daß er sie zu seiner Lebensaufgabe machte. Er war nicht nur einer der bedeutendsten Völkerkundler des vorigen Jahrhunderts und Kenner der Mythologien, sondern auch Mediziner und Forschungsreisender; er prägte den Ausdruck *Elementargedanken* für die immer wiederkehrenden Themen und Motive, die er auf seinen Reisen, die ihn durch die ganze Welt führten, überall antraf. Er erkannte aber auch, daß sie sich – wann und wo immer sie in Erscheinung traten – stets in den Formen und Farben des dazugehörigen Lebensraums präsentierten. Niemals konnten sie auf eine Art neutrale Urform oder Urgestalt gebracht werden; ähnlich wie der griechische Meeresgott Proteus änderten sie ständig ihre Gestalt und entzogen sich jeglichem Konformierungsversuch. So erscheint zum Beispiel der Überbringer des Feuers, den wir aus der klassischen Mythologie als Prometheus kennen, in der vorliegenden Sammlung in drei Erzählungen aus Peru, Australien und Mexiko in Gestalt eines Kolibris. Bei den Indianern der amerikanischen Nordwestküste war es ein Rabe, bei den Präriestämmen ein Kojote, während er auf den Andamaneninseln im Golf von Bengalen als Eisvogel auftritt. Bastian bezeichnete solche lokalen Transformationen als *Völkergedanken* und erkannte, daß das Rätsel der elementaren Formen unweigerlich zu psychologischen Betrachtungen führt, während uns ethnische Studien mehr an Geschichte und Soziologie heranführen. Und dies sind nun die zwei Gesichter oder Bereiche unseres Themas: Auf der einen Seite haben wir es mit den allgemeinen Hintergründen und Gesetzen jeglichen menschlichen Denkens zu tun, mit Träumen, Phantasien und ähnlichem, und andererseits mit den geographischen, historischen und soziologischen Gegebenheiten, die in den verschiedenen Teilen der Welt außerordentlich differieren und seit eh und je nicht allein die Bilder, sondern auch die ortsgebundenen Motivationen für alles spezifische Denken, Träumen und Phantasieren bestimmten.

Niemand würde zum Beispiel erwarten, bei den Eskimos Alaskas eine Legende vom Ursprung der Kokosnüsse zu finden oder umgekehrt auf einer südpazifischen Insel eine Legende vom Ursprung der Robben. Doch ein Vergleich der Erzählung, die von den südpazifischen Mangaiainseln stammt und von dem Aal berichtet, aus dessen abgetrenntem und begrabenem Kopf die erste Kokospalme wuchs, mit jener Erzählung der Eskimos, in der die abgehackten Finger der Frau zu Robben wurden, läßt bei beiden dasselbe Hauptthema erkennen – nämlich jenes, auf das Professor Eliade bereits in seiner Betrachtung der Hainuwelelegende aus Neuguinea hingewiesen hat: Hainuweles Leichnam wird zerteilt und an verschiedenen Stellen begraben, an denen dann eßbare Pflanzen wachsen, die seit jener mythischen Zeit die Hauptnahrung der Inselbewohner darstellen. Ein weiteres Beispiel desselben Elementargedankens findet sich in der peruanischen Erzählung von Pachacamac und dem Kindesopfer, aus dessen Fleisch und Gebeinen die Nahrungspflanzen im Südamerika der präkolumbischen Zeit entstanden.

Diese Legende ist nun tatsächlich als grundlegend zu bezeichnen, denn man findet sie in örtlich verschiedenen Abwandlungen in der gesamten tropischen Zone, wo Garten- und Ackerbau die Hauptgrundlage des menschlichen Lebens bilden. Sie ist atypisch für jagende Stämme; und so stellte sich die inzwischen vieldiskutierte Frage, wie sie plötzlich bei den Eskimos auftauchen kann in Gestalt der Robbenmutter Sedna oder Takanakapsaluk. Handelt es sich hier um ein Beispiel einer unabhängigen Parallelentwicklung? Oder gibt es eine Möglichkeit nachzuweisen, daß die Eskimos, deren Kultur den spätpaläolithischen Jagdkulturen ähnelt, wesentlichen Einfluß aus tropischen Gegenden oder durch frühneolithische Entwicklungen in Sibirien erfuhren?

Legenden von den Ursprüngen werden gern mit den Künsten, die hierbei eine Rolle spielen, in einen Topf geworfen. Die Eskimos sind jedoch keine Pflanzer, und in ihrer Version der Legende geht es um den Ursprung der Robben, nicht um den von Nahrungspflanzen. Darüber hinaus stellt sich die nicht weniger interessante Frage, wie das Hainuwelethema überhaupt auf die amerikanischen Kontinente gelangte – also nicht nur in Neuguinea, Borneo und Celebes auftaucht, sondern auch jenseits des Pazifik in Peru. Fragen dieser Art begegnen wir auf jeder Seite, je weiter wir in den tiefen Brunnen der Vergangenheit hineinschauen, aus dem die Mythen und Legenden unserer Welt kamen und über den Thomas Mann im Eröffnungssatz seines Romans *Joseph und seine Brüder* schrieb, er sei „so unergründlich, tief und dunkel wie die menschliche Psyche selbst".

Unergründlich tief ist jedenfalls der Ausblick auf die Ursprünge der Menschen, der sich gerade jetzt unseren Wissenschaften eröffnet. Hier konzentrierte sich im Lauf der letzten 40 Jahre das Interesse immer mehr auf Afrika als unser Mutterland, vor

Ganz oben: In den westeuropäischen Höhlen sammelten sich die Urmenschen und richteten ihren Geist auf die Mächte, von denen sie das Jagdglück erbaten (Jungpaläolithische Hirschdarstellungen in 140 Meter Tiefe; Lascaux-Höhlen, Dordogne).

Seite 41, ganz oben: Jagdszenen aus Inyanga (Simbabwe).

allem auf Süd- und Ostafrika, auf die Hochebenen von Kenia und Tansania von der Oldowaischlucht bis zum Rudolfsee. Die Fossilfunde vom Urmenschen in diesem Gebiet sind möglicherweise über vier Millionen Jahre alt; von dort breitete sich die Rasse anscheinend langsam nach Norden und Osten aus, bis sich ungefähr um die Mitte der zweiten Zwischeneiszeit, um 500 000 v. Chr., eine Zone menschlicher Bevölkerung in ganz Südasien gebildet hatte, die mit zwei Ausläufern nach Nordwest und Nordost – nach Europa bis Südengland und nach China bis ungefähr auf die Breite von Peking – reichte.

Höhle mit mehreren Gräbern entdeckt, und in einem davon war der Tote auf eine Bahre aus immergrünen Zweigen gelegt und mit Blüten bestreut worden; anhand der Pollen konnte festgestellt werden, daß es sich ausnahmslos um Pflanzen mit halluzinogenen Eigenschaften handelte. Hier deutet sich so etwas wie ein Glaube an ein Leben nach dem Tod an, der vielleicht durch Visionen erweckt wurde. Auch mehrere kleine Höhlenheiligtümer in der Schweiz und in Schlesien gehen auf diese Periode zurück; hier fand man Schädelsammlungen von Höhlenbären – einige in Schränken aus Steinplatten aufgeschichte-

Oben: Felszeichnungen und Höhlenmalereien erweisen sich älter als die bezeugte Menschheitsgeschichte – zeigen aber bereits Ansätze einer Sagenwelt, die die Urstämme „ver-ewigen" wollten (Prähistorische indianische Felszeichnungen, Wyoming, USA).

Doch nirgends in dieser riesigen Domäne finden wir während all der vielen Jahrtausende irgendein Anzeichen für religiöse Riten oder mythologisches Denken; erst als sich bis zum Beginn der letzten Eiszeit, ungefähr 150 000 Jahre v. Chr., der Neandertaler (*Homo sapiens neanderthalensis*) entwickelt hatte und in Europa und Südwestasien auftauchte, finden wir Gräber; in Schanidar im nördlichen Irak wurde eine

te Schädel, einen in der Mitte eines Kreises aus Steinen; einen, dem man die langen Knochen eines Bären in die Augenhöhlen gestoßen hatte; einen mit einem solchen langen Knochen quer unter dem Rachen. Dies scheint auf eine Verehrung des Bären hinzuweisen.

Unseren ersten größeren Beweiskomplex über die Entwicklung religiöser Riten und verwandter Mythen haben wir aber erst in den großen Malereien der Höhlen von Lascaux in Südfrankreich und Altamira in Nordspanien sowie einiger kleinerer Höhlen, die alle aus der Zeit zwischen 30 000 und 10 000 v. Chr. stammen, als die Gletscher der letzten Eiszeit zurückgingen. Von den westeuropäischen Ebenen nach Osten, quer durch Sibirien über die Beringstraße hinweg bis nach Nord- und Südamerika, erstreckte sich nur das herrlichste Jagdgebiet. Wir haben sogar Beweise dafür, daß am südlichsten Ende, an der Magellanstraße, um 6 500 v. Chr. Jäger und Sammler eintrafen. Dies war die Periode der klassischen „Großen Jagd" des Steinzeitalters, als die tierreichen Ebenen den Nahrungsbedarf der Völker deckten, der überwiegend von den männlichen Stammesangehörigen beschafft wurde. Pfeil und Bogen waren noch nicht erfunden; die Waffen waren Wurfspieß, Speer und Steine. Die Tiere waren zum Teil beträchtlich größer als die heutigen Großwildspezies – Mammut, Wollnashorn, Höhlenbär, Säbelzahntiger –, und die menschliche Rasse erschien nur als winzige Minorität inmitten einer Welt großer umherschweifender Herden.

Bei den Völkern, die in einer solchen Umgebung lebten, entwickelten sich verständlicherweise völlig andersgeartete Völkergedanken als bei Stämmen im tropischen Dschungel. Die einen leben und bewegen sich frei auf weiten Räumen zwischen Herden von Rentieren, Urpferden, Rindern verschiedener Arten, Mammut und Nashorn. Der Horizont ist klar umrissen – ein vollkommener Kreis von 360 Grad. Über uns spannt sich der blaue Himmel, über den tagsüber die geheimnisvolle Sonne von Osten nach Westen zieht und nachts der zu- oder abnehmende Mond in einem Meer von Sternen. Dies ist eine ganz andere Welt als die grüne Hölle des Dschungels ohne Horizont. Hier ist über-

Auf der Erhebung eines etruskischen Bronzegefäßes befindet sich ein angeketteter Bär, den Menschen kultisch umtanzen. Hier besitzen wir ein Zeugnis der Verbindung zwischen den Jägerkulturen der westeuropäischen Höhlen und der Verehrung der antiken Artemis, „der Herrin der Tiere", der auch der Bär heilig war (8.–7. Jh. v. Chr.; Villa Giulia, Rom).

all Wald; oben im Blätterdach hausen kreischende Vögel, unten auf dem tückischen Boden lauern Skorpione, Schlangen und ähnliches Getier. Legenden vom Typ Hainuwele sind bezeichnend für Bewohner solcher von Pflanzen beherrschten Umgebungen und gehen im allgemeinen einher mit schrecklichen Menschen- und Tieropfern. Anscheinend führte die Beobachtung, daß aus Gestorbenem und Verrottendem neues Grün hervorsprießt, zu dem Schluß, daß aus dem Tod Leben entsteht, und aus noch mehr Tod eben auch noch mehr Leben. Für den ganzen Äquatorgürtel, von Westafrika über Indien, Südostasien, Ozeanien bis zur Neuen Welt, gibt es eine umfangreiche und schier unglaubliche Dokumentation der Geschichte des Menschenopfers, die ihren pathologischen Höhepunkt im aztekischen System von Mexiko fand. Die Kopfjägerkulte in Brasilien und Indonesien sind der lokale Ausdruck dieses Elementargedankens; aus Afrika ist die Wahungwelegende aus Simbabwe bekannt, die von einer Jungfrau berichtet, die um des Regens willen geopfert wird. Die nördlichen Völker der großen Jagdgebiete wurden von völlig anderen Beobachtungen inspiriert. Tagtäglich töteten und schlachteten sie Tiere, sie kleideten sich mit den Fellen, aßen das Fleisch und wohnten in Hütten oder Zelten aus Tierhäuten. Darüber hinaus war für sie als primitive Völker, die anders als wir nicht zwischen Tier und Mensch unterschieden, das Töten von Tieren ebenso wie das Töten von Menschen eine ernste Angelegenheit. Sie mußten sich mit Problemen der Schuld und der Angst vor Rache auseinandersetzen; folglich sind Riten zur Buße, Sühne und zauberische Bannsprüche von höchster Bedeutung. Jene Bärenheiligtümer der Neandertaler könnten zu solchen Riten gedient haben; sicher trifft dies auf die großen Höhlen der späteren nacheiszeitlichen Perioden zu. Sie waren Heiligtümer für die Jagdriten der Männer sowie für die Initiationsriten, in denen die Jünglinge zum Mann geweiht wurden und das rituelle Wissen erhielten, mit dem sie sich den guten Willen der Tiere sichern konnten, von deren Leben und Wohlergehen die menschliche Gesellschaft abhing. Der zugrundeliegende Mythos ist – zumindest so, wie er sich bis heute bei jagenden Stämmen erhalten hat – eine Art feierliches Bündnis zwischen dem Stamm der Menschen und dem der Tiere. Das Blut der Tiere wird rituell an die große Mutter Erde zur Wiedergeburt zurückgegeben, und der Herr der Tiere soll dann die Herden wieder freigeben, damit sie in der nächsten Saison als willige Opfer zu den Menschen

zurückkehren. So etwas wie der Tod existiert nicht, alles ist nur ein Dahinscheiden und Wiedererscheinen wie durch einen Schleier.

Die Schlußfolgerung, auf die sich diese beiden so gegensätzlichen Mythologien stützen, ist im wesentlichen dieselbe. Leben lebt von Leben, und ohne das sich ständig wiederholende Opfer gäbe es auf der Welt keinerlei Leben. Gleichzeitig wird hier erkannt, daß es ein allgegenwärtiges Erneuerungsprinzip gibt – die Natur der Erde und das Geheimnis des Leibes; Samen wird empfangen und zurückgegeben als erneuertes Leben. Aufgabe des Mythos ist es, diese Wahrheit verständlich zu machen, die des Rituals, sie in die Tat umzusetzen. Das Individuum wird hierbei mit dem Wesen der Natur vereint; es konzentriert sich nicht auf Selbstschutz, sondern auf den Einklang mit dem Wunder des Ganzen. „O wunderbar! O wunderbar! O wunderbar!" lesen wir in den indischen Taittiriya-Upanischaden (3, 10): „Ich bin Speise! Ich bin Speise! Ich bin Speise! Ich bin ein Speiseesser! Ich bin ein Esser! Ich bin ein Esser! Ich bin ein Ruhmbereiter! Ich bin ein Ruhmbereiter! Ich bin ein Ruhmbereiter! Ich bin der Erstgeborene der Weltordnung, ich war schon vor den Göttern, im Nabel der Unsterblichkeit! Wer mich preisgibt, hat mir in Wahrheit Beistand geleistet! Ich, der ich die Speise bin, esse die Esser der Speise! Ich habe die ganze Welt besiegt!" Und der Text schließt: „Er, der dies weiß, hat ein hell leuchtendes Licht."

Das „Ich", mit dem sich der Zelebrant dieses Gedichts identifiziert hat, ist natürlich weder das Ich, das ißt, noch das Ich, das gegessen wird, sondern jenes, das sowohl ißt als auch gegessen wird, ist transzendent und doch allem innewohnend in allen Vorgängen und allen Dingen. In Indien heißt es *brahman*, bei den Algonkin *manitu*, bei den Sioux *wakonda*, den Irokesen *orenda*, den Melanesen *mana*, und bei den afrikanischen Bantu ist es als *bwanga* bekannt. In Mythen und Riten wird es symbolisiert als Angelpunkt des Universums, um den sich alles dreht, wie zum Beispiel der Himmelsnagel der Burjäten und lappländischen Schamanen. Oder es ist die große Weltachse, symbolisiert im großen Zeltpfahl oder Weltenbaum, an dem die Schamanen in den Himmel emporklettern. In den Gesängen der isländischen Edda wird es als Weltenesche Yggdrasil besungen, in Griechenland ist es der Olymp, in Indien der Berg Meru; es wird symbolisiert in den Zikkuraten der Sumerer in Akkad und Babylonien. Mohammed bezeichnete einen solchen Mittelpunkt im

Koran als *kibla*; es ist der Ort, wohin wir uns wenden und untertänig verneigen sollen: es ist Mekka für seine Anhänger, für andere Jerusalem, Benares, Rom oder (bis 1959) der Potalapalast des Dalai Lama in der heiligen Stadt Lhasa. Er wird in allen Religionen und Mythologien irgendwie symbolisch gedeutet. Es ist die ethnische Nuance des Elementargedankens, der selbst jedoch nicht lokalisierbar ist, wie alle Weisen erkannt haben, glühende Anhänger oder Fanatiker aber anscheinend nicht. Dieses bedauerliche Mißverständnis entfernt sie weit von dem eigentlichen Mittelpunkt; während sie sich einbilden, genauestens über die letzten Hintergründe allen Seins Bescheid zu wissen, gründen sie sich lediglich auf ihr symbolisches System. Eine der großen Gefahren, die bei der Interpretation *aller* Symbolsysteme vermieden werden soll, ist die Verwechslung des Symbols mit seinem Bezug – ein Fehler, der merkwürdigerweise Lehrern und Studenten, die sich mit unserem symbolischen Erbe beschäftigen, häufiger unterläuft als einfachen Jägern, die nicht einmal lesen und schreiben können. Der amerikanische Völkerkundler John G. Neihardt überliefert die Vision eines Medizinmanns der Oglala-Sioux. Er saß auf seinem Pferd am Mittelpunkt der Welt. „Ich stand auf dem höchsten aller Berge", sagte er, „und ringsum unter mir lag der ganze Kreis der Welt." Der Berg, auf dem er sich befand, war Harney Peak in den Black Hills. „Aber", fügte er hinzu, „der Mittelpunkt der Welt ist überall."

Hier haben wir es, makellos ausgedrückt von einem alten Indianerveteranen von Wounded Knee und General Custers letzter Schlacht; von einem, der sich aus einer Zeit in unsere Tage rettete, die vor ungefähr 30 000 Jahren heraufdämmerte und ihre erste große Aussage in den Höhlenmalereien Westeuropas machte.

Aus einer lateinischen Übersetzung eines späthellenistischen okkulten Textes, dem Buch der 24 Philosophen, stammt eine sehr ähnliche Erklärung, die im Lauf der Jahrhunderte von zahlreichen bedeutenden westlichen Denkern wie Alain de Lille, Nikolaus Cusanus, Rabelais, Giordano Bruno, Pascal und Voltaire zitiert wurde und in der das Geheimnis wunderbar kurz zusammengefaßt ist, das überall durch das mythische Medium zu uns spricht: „Gott ist im Geist eine Kugel, deren Mittelpunkt überall, ihr Umkreis nirgends ist." Dies ist der höchste Elementargedanke, und die Aufgabe aller Völkergedanken besteht darin, die individuellen und sozialen Handlungen, Gedanken und Erfahrungen des täglichen Lebens mit dieser Erkenntnis auf flexible Weise zu verbinden. Die Mythologie wohnte, wenn man es einmal so ausdrücken will, genau auf dem Grenzstreifen zwischen Zeit und Zeitlosigkeit, genau zwischen dem Nirgends und Nirgendwann, das jemals war, ist und sein wird, und kann auf der anderen Seite in allen Dingen der vergänglichen Welt, in der wir für eine kurze Zeit wohnen, erkannt werden.

In die Zeit der großartigen Malereien in den Höhlen – die tief, dunkel, kalt, furchteinflößend und sogar gefährlich sind, also genau der richtige Ort für die Initiationsriten – fällt auch die Entstehung jener kleinen, nackten weiblichen Figuren, die als steinzeitliche Venusfiguren bekannt wurden – die berühmten Venusdarstellungen von Willendorf, Menton, Lespugue und viele andere, die über das ganze riesige Jagdgebiet der Altsteinzeit bis an den Baikalsee in Sibirien verstreut gefunden wurden. Sie waren nicht für die Höhlen, die Initiationstempel der Männer, gemacht, sondern fanden sich vor allem in Wohngebieten. Sie hatten keine Füße, so daß sie für die Verehrung bei einem Hauskult in einem Schrein leicht aufgestellt werden konnten. Und während die männlichen Schamanen, die an den Höhlenwänden zwischen den Tieren des alten Jagdbündnisses erscheinen, bei der Beschwörung der großartigen Herden gekleidet und kostümiert sind oder als Initiatoren und Mystagogen erscheinen, sind die weiblichen Figuren mit ein oder zwei Ausnahmen nackt und repräsentieren so die Macht des Weiblichen, dessen Zauber in der Natur liegt sowie in dem Verwandlungswunder des Leibes und der Erde. Die Vorzüge des Mannes sind dagegen seine Leistungskraft entweder als schamanisierender Wundermann oder als Jäger.

Eine der berühmtesten weiblichen Figuren – dargestellt als großes Flachrelief an einer Felswand in Laussel in Frankreich – hält in der rechten Hand ein Büffelhorn. Seit ungefähr 23 000 v. Chr. steht sie so schweigend vor uns; aber was will sie uns sagen? Die Antwort kommt anscheinend aus Südafrika; Erzählungen, die Leo Frobenius in den Jahren 1928 bis 1930 aufgezeichnet hat, berichten von der lebensspendenden Kraft des sogenannten *ngona*-Horns. Diese Erzählungen stammen von einem Volk aus der Gegend unweit des großen Steintempels von Simbabwe, dessen Entstehung von verschiedenen Sachverständigen auf die Zeit zwischen dem 12. und 17. Jahrhundert n. Chr. datiert wird. Aus derselben Gegend und einem Teil derselben Periode stammt die großartige Felsmalerei, die Frobenius auf jener Expe-

dition entdeckte und die hier auf Seite 255 abgebildet ist: Ein ruhender, mit einer Tiermaske bekleideter Mann hält in seiner rechten Hand einen nicht identifizierten Gegenstand, der vielleicht ein solches *ngona*-Horn darstellt. Frobenius selbst hat hier sehr vorsichtig eine mögliche Verbindung angedeutet zwischen der hier dargestellten Figur und der Legende von Mwuetsi, dem Mondmann, den er wiederum mit dem rituellen Königsmord des Bronzezeitalters in Verbindung bringen wollte. Aber auch hier dringen wir wieder in ein äußerst geheimnisvolles Gebiet ein. Auf einer seiner früheren Forschungsreisen entdeckte Frobenius im Sahara-Atlasgebirge eine in eine Felswand gehauene Darstellung von zwei riesenhaften, Tiermasken tragenden Jägern, die ein erlegtes Nashorn hinter sich herziehen, wobei der eine ein Horn in die Höhe hält, das wie das Horn eines Bison aussieht. Die Entstehungszeit dieser Felsgravur liegt ungefähr zwischen der der Venus von Laussel und der Felsmalerei aus Simbabwe, also um 10 000 v. Chr. Eine nacheiszeitliche Regenperiode hatte damals die ganze Sahara in grüne Savanne verwandelt, in der Herden von Antilopen und Gazellen, Giraffen, Elefanten, Nashörnern und Flußpferden weideten. Die Felszeichnungen des Tassili berichten über diese Periode bis etwa 2 500 v. Chr., als die Sahara wieder zur Wüste wurde und die jagenden Stämme sich in den Süden zurückzogen. Die Buschmänner der Kalahariwüste könnten die letzten Überlebenden jener Bewegung sein. Sie beherrschten einst einen großen Teil des südlichen Afrika, wo ihre charakteristischen Felsmalereien vom Ausmaß ihres Herrschaftsgebietes zeugen, bevor um 500 v. Chr. die Bantuvölker vom Kongobecken aus allmählich nach Süden vordrangen.

Ist es möglich, daß ein solches Motiv wie das Füllhorn, das Horn des Überflusses in der klassischen Mythologie, schon früher bildlich dargestellt worden war in der erhobenen Hand der Venus von Laussel? Und wäre es dann das gleiche Horn – an die 10 000 Jahre später – in der Hand des riesigen, maskierten Jägers in der Sahara? Kein Juwel in den Basaren Istanbuls oder des alten Delhi könnte eine interessantere Hintergrundgeschichte haben als dieses wundersame Horn, das anscheinend auch in der Legende des Mondmannes Mwuetsi erscheint. Denn die Hörner des neuen, zunehmenden Mondes werden in unzähligen Mythologien als Symbol der immer wiederkehrenden Erneuerung des Lebens interpretiert. Es gibt sogar eine Legende der Blackfootindianer, in der eine Frau einen Büffel heiratet, und durch ihre

Kraft, den Toten das Leben wiederzugeben, wird das Bündnis mit den Tieren geschlossen, damit sie sich bereitwillig den Pfeilen der Menschen stellen; auch sie erscheint in einer kritischen Episode der Legende mit einem Büffelhorn in der Hand.

In der griechischen Mythologie ist das Füllhorn ein Boot, in dem die Nymphen den mutterlosen Dionysos aufziehen; es ist außerdem Eigentum des Gottes Pluto, der Herr ist über die Schätze der Erde. Und wenn die ruhende Gestalt in der großen simbabwischen Pietà tatsächlich der rituell geopferte Mondmann sein sollte, wie Frobenius vermutete, dann ist das Horn, das er in seiner Hand hält, sicherlich jenes aus der Legende. Zugegeben, wir wissen nicht, wie weit wir unserer Phantasie hier freien Lauf lassen dürfen, aber wo alles so beständig auf ein und dasselbe Thema Tod und Erneuerung in Verbindung mit einem erhobenen Horn hinweist, scheint es möglich, ja sogar wahrscheinlich, daß wir es hier mit einem weiteren Elementargedanken zu tun haben, der sich über unendlich viele Jahre hinweg gehalten hat.

Von größtem Interesse für Anthropologen, Archäologen und Historiker ist die Frage nach den zeitlichen und örtlichen Ursprüngen der Agrikultur und der Haustierhaltung. Drei Hauptausgangszentren wurden inzwischen wissenschaftlich anerkannt, aber man ist sich noch nicht einig, ob sie unter gemeinsamen Einflüssen oder rein originär entstanden sind. Die fraglichen Gebiete sind einmal der Nahe Osten, wo man bei Relikten später Jägerkulturen aus der Zeit um 9 000 v. Chr. Sicheln fand und bestimmte Anzeichen, daß hier Ziegen, möglicherweise auch Schweine, Schafe und – etwas später – Rinder gehalten wurden; zweitens die fruchtbaren Schwemmgebiete Südostasiens in Burma, Thailand, Kambodscha und Südvietnam, wo zahlreiche Pflanzen aus Zwiebeln und Setzlingen wie Taraknollen und Yamswurzeln, Bananen, Gelbwurz und Sagopalme gezogen wurden und der Anbau von Kokosnüssen, Bambus und Flaschenkürbis bereits um 12 000 v. Chr. bekannt war; die wichtigsten Haustiere waren Hund, Schwein und Geflügel. Das dritte dieser Zentren liegt in Mittel- und Südamerika und erstreckt sich vom südlichen Mexiko bis nach Peru; hier wurden Mais, Maniok,

Seite 45: In der steinzeitlichen „Venus von Laussel" zeigt sich gestalthaft, was die Mythen von der „Großen Mutter" andeuten. In den Händen hält sie ein Gefäß (Mondhorn? Behälter mit der Kraft der Erdfruchtbarkeit?).

verschiedene Bohnensorten, Tomaten, Kürbis, Kartoffeln, Süßkartoffeln, Avocados, Gummi, Tabak und an die sechzig weitere Kulturpflanzen angebaut. Die Haustiere waren Truthahn, Meerschweinchen, Lama, Alpaka, Hund und – nach Ansicht einiger Sachverständiger – auch Hühner. Dieses dritte Zentrum scheint sich allerdings relativ spät, um 3000 v. Chr., gebildet zu haben.

Obwohl das südostasiatische Zentrum noch längst nicht ausreichend erforscht ist, ergaben jüngste archäologische Untersuchungen im nördlichen Thailand, daß dieses Gebiet fast mit Sicherheit mit beträchtlichem Abstand das älteste der drei Ur-Anbaugebiete ist. Darüber hinaus gibt es in diesem Gebiet Keramik (mit einem für die Gegend typischen Rillenmuster), die in Japan gefunden wurde und auf etwa 10 000 v. Chr. datiert werden konnte, also gut 4 000 Jahre älter ist als sämtliche Keramik des Nahen Ostens. Im Dezember 1960 fanden Archäologen an der Küste von Ecuador eine ganz erstaunliche Ansammlung von Tonscherben dieser kannelierten „japanischen" Keramik zusammen mit mehreren weiblichen Tonfiguren; die Funde stammen aus der Zeit um 3 000 v. Chr.; das ist der bis jetzt früheste Zeitpunkt für Keramik und Terrakotta in der Neuen Welt. Bedenkt man, daß sich außer dieser Tatsache auch der mittelamerikanische Bestand an Haustieren und Kulturpflanzen mit dem der Südostasiaten deckt – Hund, möglicherweise Hühner, Baumwolle, der echte Kürbis, Kokosnuß, Obstbanane, Fuchsschwanz, Bohne und Süßkartoffel, die in Peru wie auch in Ozeanien *cumara* genannt wird –, so ist das Auftauchen des Hainuwelemotivs sowohl in der peruanischen Pachacamaclegende als auch bei den Algonkin in der Geschichte vom Ursprung des Mais vielleicht nur noch ein zusätzlicher Beweis für einen wesentlichen Einfluß des ältesten Zentrums auf das jüngste jenseits des Pazifischen Ozeans. Allerdings ist das noch umstritten.

Bezeichnend für beide Gebiete ist – und darin unterscheiden sie sich beide vom Nahen Osten –, daß sich hier um diese Zeit anscheinend keine dörflichen oder städtischen Siedlungen entwickelt haben. Die Domestikation von Tieren und Pflanzen

Seite 46: In Ritualmasken aus Sri Lanka vermischen sich die Vorstellungen der ureinheimischen Naturgeister mit den vielschichtigen Symbolen der hinduistisch-buddhistischen Mythologie: Maha-kola sanni-jaksaja mit Haaren, die eine Schlangenkrone bilden (Staatliches Museum für Völkerkunde, München).

wie auch die Töpferei wirkten sich lediglich als Zugewinn einer weiterhin vor allem von Jagd und Fischfang bestimmten, halbnomadischen Lebensordnung aus. Dagegen gab es im Herzen des Nahen Ostens und im nahegelegenen südöstlichen Europa bereits seit 7 000 v. Chr. mehrere Siedlungen städtischen Gepräges, unter anderen Fatal Hüyük im Süden der Türkei und Jericho in Palästina. Gegen Ende des 4. Jahrtausends traten in diesem Teil der Welt an den Ufern von Tigris und Nil die frühesten Städte und Stadtstaaten auf. Das Vorkommen von Hund und Hausschwein läßt auf einen frühen südostasiatischen Einfluß schließen, ebenso bestimmte Themen in der Mythologie. Aber die Entwicklung als Ganzes war einzigartig und kennzeichnet den Beginn dessen, was wir heute allgemein unter Weltgeschichte verstehen.

Die Mythen aus Sumer und Ägypten in dieser Sammlung entsprechen der überlieferten Kunde dieses epochalen Augenblicks. Sie wurden aus den frühesten der uns bekannten Aufzeichnungen mythologischer Texte ausgewählt, denn die Kunst des Schreibens war damals gerade erfunden worden, ebenso die Arithmetik nach Dezimal- und Sexagesimalsystem. Exakte astronomische Beobachtungen hatten einen neuen Blick in die Wunder des Universums eröffnet und die Erkenntnis gebracht, daß sich die sieben Himmelskörper Sonne, Mond, Merkur, Venus, Mars, Jupiter und Saturn in mathematisch geordneten Bahnen durch die Gefilde der unveränderlichen Konstellationen bewegen. Die Vorstellung einer ständig kreisenden Ordnung wurde daraufhin zur beherrschenden Idee allen religiösen Denkens; riesige Tempel entstanden in der Erkenntnis dieses Geheimnisses; und während früher Tier- und Pflanzenmythologien genügt hatten, um Leben und Arbeit der ungebildeten Jäger und Dörfler zu inspirieren, konzentrierte sich nun alles auf die großen Wunder der sieben kreisenden Gestirne; priesterliche Könige und ihre Höfe ahmten in hieratischen Riten ihre Bewegungen nach; sorgfältig ausgearbeitete Festtagskalender verketteten das ganze Leben der Stadt mit dem mystischen Kreislauf; und die rechtmäßige Regierung jedes kleinen Stadtstaates gründete sich auf den Kult einer von ihr gewählten himmlischen Gottheit.

Diese neue Ordnung des menschlichen Denkens und Lebens läßt sich ungefähr um 2 300 v. Chr. auf Kreta feststellen, ein oder zwei Jahrhunderte später in Indien im Industal, um 1 500 v. Chr. im China der Schang-Dynastie, und jenseits des Pazifik im südlichen Mexiko, wo um 1 100 v. Chr.

plötzlich riesige Zeremonialzentren auftauchen. Die drei letzteren dieser neuen Hochkulturkreise – Indien, China und Mexiko – blieben, wie ein Blick auf die Landkarte zeigt, vergleichsweise isoliert und deshalb konservativ. Ihre Mythologien erreichen unversehrt die neuere Periode; folglich bestimmen mythische und rituelle Formen die Periode ihrer Etablierung. Die frühen Zentren im Nahen Osten und in Europa waren dagegen massiven Angriffen sowohl aus dem Norden als auch von Süden her ausgesetzt: Indoeuropäische Hirtenvölker, die im Verlauf des 4. Jahrtausends v. Chr. nicht nur gelernt hatten, das Pferd zu zähmen, sondern nun auch Waffen aus Bronze zu schmieden verstanden, drängten von Norden her, während von der syrisch-arabischen Wüste her semitische Beduinen, die mit ihren Schafherden in immer neuen Wellen vorstießen, sich allmählich fast den ganzen Nahen Osten zu eigen machten. Zu den bedeutendsten semitischen Völkern, die auch in diesem Band vertreten sind, gehören die Akkader aus der Zeit von etwa 2 350 bis 2 150 v. Chr., die Babylonier von ungefähr 1 728 bis 1 686 v. Chr., die Phöniker von ungefähr 1 200 bis 146 v. Chr. und die Hebräer. Die Indoeuropäer werden in der Auswahl der griechischen und römischen, der altnordischen, irischen und walisischen Sagen sowie in denen der indischen Rigweda dargestellt. Anderes indisches Sagenmaterial aus den Mahabharata, Markandaja-Purana und Brihadaranjaka-Upanischaden und den buddhistischen Jakatas oder „Sagen von der Geburt Buddhas" stammt aus sehr viel späteren Perioden, als der starke Einfluß der frühen indoeuropäischen Invasionen aus der Zeit um 1 250 v. Chr. an Kraft verloren hatte und die Götter und der Zauber jener Kämpfer in den Streitwagen den Mythologien des kosmischen Kreises im älteren Industal einverleibt worden waren.

Zwei weitere bedeutende Stammesgruppen kriegerischer Nomaden müssen hier erwähnt werden: die Berber der nordwestafrikanischen Wüstengebiete und die Türken, Tataren und Mongolen der rauhen zentralasiatischen Wüsten und Steppen. Von den ersteren kennen wir die Legenden der Kabylen; eine berichtet vom Ursprung der ersten Menschen, die aus der Erde hervorgegangen sind, eine andere von einem Sonnenwidder, der auf einer Felszeichnung auf dem Gipfel eines Berges im Atlas, dem Felsen von Haiter, dargestellt ist. Wie Leo Frobenius, der Sammler dieser Legenden, betont, sind die beiden Kabylenlegenden insofern besonders interessant, als sie Motive enthalten, die sowohl aus der späten Altsteinzeit der nordafrikanischen Felsenzeichnungen übernommen wurden als auch aus der unmittelbar darauffolgenden Periode der frühesten Landwirte dieser Gegend. Die Kornmühle in der einen Geschichte und die Erschaffung von Mutterschafen aus Teig in der anderen sind Merkmale eines frühen neolithischen Stadiums.

Auch viele andere afrikanische Erzählungen aus Frobenius' Sammlung sind historisch interessant. Die sudanesische Legende der Dogon und ihres ersten Schmiedes weist zum Beispiel auf ein wichtiges Geschehen in Afrika hin – die Einführung des Eisens um etwa 500 v. Chr., worauf jene Blütezeit der Eingeborenenstaaten folgte, die mehrere Jahrhunderte andauerte und deren Eleganz und Geschmack in den großartigen Erzählungen der Fasa, Fulbe, Nupe und Soninke zum Ausdruck kommen. Sie erzählen von Zeiten und Traditionen bardischen Heldentums, von edlen und verfeinerten Romanzen, aber auf völlig andere Weise als die epische Dichtung unseres Hochmittelalters. Die Legenden der Guineaküste und des Kongobeckens sind die der tropischen Pflanzer, ebenso die der Bantustämme, die sich um 500 n. Chr. vom Kongobecken allmählich nach Süden ausbreiteten, stark und mächtig durch ihre neue Errungenschaft, das Eisen, und zahlreiche neue landwirtschaftliche Produkte, die kurz zuvor durch malaiisch-polynesische Seefahrer aus Indonesien ins Land gekommen waren.

Aber kehren wir zurück zu unseren Nomaden: Eines der ausgedehntesten, bedeutendsten und am wenigsten erforschten Kulturgebiete unseres Planeten sind die großen zentralasiatischen Steppen, wo seit dem Ende der Eiszeit späte, altsteinzeitliche Stämme vom kaukasoid-finnischen und türkischen bis zum rein mongolischen Rassentyp im Osten jagten, kämpften und untereinander heirateten. Das ganze Gebiet ist der klassische Bereich des Schamanentums. Es ist gleichfalls das Gebiet, von dem aus die Abwanderung der amerikanischen Indianer ihren Anfang genommen hat. Überall in den nördlichen, polarnahen Gebieten sind es einfache Jäger- und Fischerstämme. Aus den zentralen Steppen gingen die Hunnen des

5. Jahrhunderts hervor sowie die Mongolen der Goldenen Horde – Dschingis Khan, Ügedei, Hülägü, Tamerlan, gefürchtete Namen der Zeit zwischen 1200 und 1400 n. Chr. Viele Erzählungen in unserer Sammlung stammen aus diesen Gegenden: von den altaischen und sibirischen Schamanen, den Lappen, Finnen und Esten, den Samojeden, Ostjaken, Burjäten, Jakuten, den Giljaken, Kalmücken, Kirgisen, Baschkiren und verschiedenen Tatarenvölkern. Schließlich sollten auch die kaukasoiden Ainu des nördlichen Japan dazugerechnet werden, und in gewissem Sinn auch die Japaner selbst, die uraloaltaischer Herkunft sind und über Korea ungefähr um 300 v. Chr. auf ihre Inseln gelangten. Die amerikanischen Indianerstämme, die sowohl physische als auch mythische Merkmale mit den Stämmen jener Gegenden gemeinsam haben, sind die Algonkin und die Athapasken; letztere stießen zusammen mit den Navaho und den Apachen weit nach Süden vor. Indianische Erzählungen von der Flut und dem Erdtaucher, der den Schlamm vom Grund heraufbringt, aus dem dann auf magische Weise eine neue Erde geschaffen wird, entsprechen sibirischen Legenden, während die Sandbilder der Navaho stark an die tantrischen Schulen aus Tibet erinnern. Aber das ganze Problem dieser über die Kontinente hinwegreichenden Querverbindungen muß erst noch eingehend erforscht werden.

Auch der unendlich komplexe südostasiatisch-ozeanische Teil unserer Welt, wo der australische Kontinent für sich allein ein besonderes Rätsel darstellt, wartet noch auf eine genaue Erforschung. Australien wurde anscheinend seit ungefähr 25 000 v. Chr. von Stämmen bewohnt, die trotz der engen Nachbarschaft zu Neuguinea im Norden, wo man seit ungefähr 3000 v. Chr. primitiven Gartenbau betrieb, immer nur Jäger geblieben waren. Ähnlich verharren auch auf den Philippinen, der Malaiischen Halbinsel und den Andamanen im Golf von Bengalen die schwarzen Pygmäenstämme (Negritos) auf der primitivsten Stufe des Fischer- und Jägerdaseins. Doch insgesamt wird in diesem Gebiet überwiegend Gartenbau betrieben, und der Leser wird zahlreiche Ursprungslegenden aus Borneo, Celebes, von den Salomonen und aus der Torresstraße finden – viele vom Hainuweletyp –, die diese Lebensordnung widerspiegeln.

Besonders faszinierend ist in diesem Gebiet die Vielfalt der Seefahrzeuge; anscheinend durchpflügten sie ihre Gewässer seit Jahrtausenden mit allen Arten von Katamaranen, Auslegerbooten und Kanus. Für die Marianen in Mikronesien haben wir ein Datum: seit etwa 1 500 v. Chr. Und seit ungefähr 500 n. Chr. befuhren malaiisch-polynesische Seefahrer die ganze Strecke zwischen Madagaskar vor der afrikanischen Küste bis zu den Osterinseln. Der listige Kulturheros Maui war von Neuseeland bis zu den Tuamotuinseln und Hawaii, die über Tausende von Kilometern durch Wasser getrennt sind, bekannt und beliebt. Hinduistische und buddhistische Gemeinschaften und Dynastien waren in der Zwischenzeit in ganz Südostasien sowie auf Sumatra, Java und Bali entstanden. Indische Bharata-Natya-Tänzer können sich mittels der gestikulierenden Sprache ihrer Hände mit hawaiianischen Hulamädchen unterhalten.

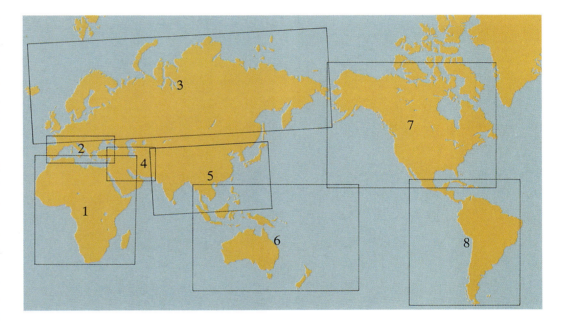

Das bemerkenswerteste Ineinandergreifen wird der Leser bei den Schöpfungsmythen entdecken, wo die neuseeländische Version von der Trennung von Himmel und Erde durch Tanemahuta genau der Tat des Kronos entspricht, der Uranus und Gaia trennte. Dies also sind die besonders schönen Stücke aus dem Schatz der Mythologien. Sie stammen aus allen Teilen der Welt und allen Jahrhunderten der Vergangenheit, und wir können Zeit und Ort ihrer Entstehung bestimmen. Doch niemand konnte bis jetzt feststellen, aus welcher Zeit und welcher Region sich ihre gemeinsamen Themen herleiten, und würden wir ihnen nachgehen, gerieten wir auf eine Reise, auf der wir uns kaum noch nach geographischen Gesichtspunkten richten könnten. Wie Adolf Bastian erkannten auch die Inder den Unterschied zwischen Völker- und Elementargedanken. Ihre Bezeichnungen dafür lauten *dese* und *marga*; ersteres bedeutet „das Lokale, Beschränkte" und bezieht sich auf jene Mythen- und Ritenformen, die durch Kulturen entstanden und deren Ursprungsgebiete geographisch bestimmt werden können. *Marga* bedeutet „Weg oder Pfad, Spur eines Tieres, die verfolgt werden soll" und bezieht sich genau auf das, was C. G. Jung die „Archetypen des Unbewußten" nennt. Folgen wir ihnen, losgelöst von den beschränkten Aufgaben und Vorstellungen, an die wir durch ihre ethnischen Flexionen mit ihren sozialen Auswirkungen gebunden waren, so werden wir – wenn es uns gelingt – nach Ansicht der Inder über die Landkarte hinaus an jenen Ort geführt, an dem alle Götter entstanden und der die Enthüllung des tiefsten Quells unseres Wesens ist.

Die folgenden acht Karten sind eine Gesamtschau der Mythen und Mythologien der Welt und eine wichtige Orientierungshilfe für den Leser – mit einer notwendigerweise stichwortartig bleibenden Auswahl charakteristischer Werke der wichtigsten Zentren.

Ausschnittnummer	Seite
1 Afrika	50
2 Mittelmeer	52
3 Der Norden	54
4 Naher Osten und Vorderasien	56
5 Südasien und Ferner Osten	58
6 Indonesien, Australien und Ozeanien	60
7 Nordamerika	62
8 Zentral- und Südamerika	64

Seite 48: Toten- und Tiergeister stehen sich in den Ursagen der Menschen, die noch immer teilweise in Kindermärchen weiterleben, sehr nahe. Vor der Hinrichtung von Verurteilen (hier in fünf geschnitzten Köpfen angedeutet) tanzten die Indianer der kanadischen Nordwestküste in der Maske eines Otters. In der Gestalt des Otters sollten bestimmte Geister auf der Erde umherwandern (Royal Ontario Museum, Toronto).

AFRIKA

Der Sonnenwidder des Kabylenmythos. Der Widder war eines der wichtigsten Motive mythischer Bilder Nordafrikas vom Atlas bis zum Nil.

Die rostfarbenen Flächen entsprechen ungefähr den Gebieten, in denen Felsbilder gefunden wurden, gelbe den Gegenden, in denen Stein-, Holz- oder Bronzeskulpturen vorwiegen.

Im Südatlas finden sich erstaunlich viele Darstellungen von Löwen mit Frontalansicht des Kopfes.

Jagdszene. Felsmalerei, Abrak, Nubische Wüste.

Weibliches Idol. Aschanti, Ghana.

Detail einer geschnitzten Tempeltür. Joruba, Südnigeria.

Ritualstab. Joruba, Südnigeria.

Weibliche Figur für Geburtsrituale. Zentralkongo.

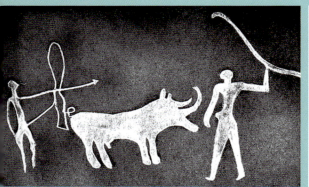

Detail einer weiblichen Statuette. Dogon, Mali.

Ritualstatuetten: rechts Dogon, Mali; oben Kongo.

Tanzmaske. Ogoni, Westafrika.

Kopf eines Königs. Ife, Südnigeria.

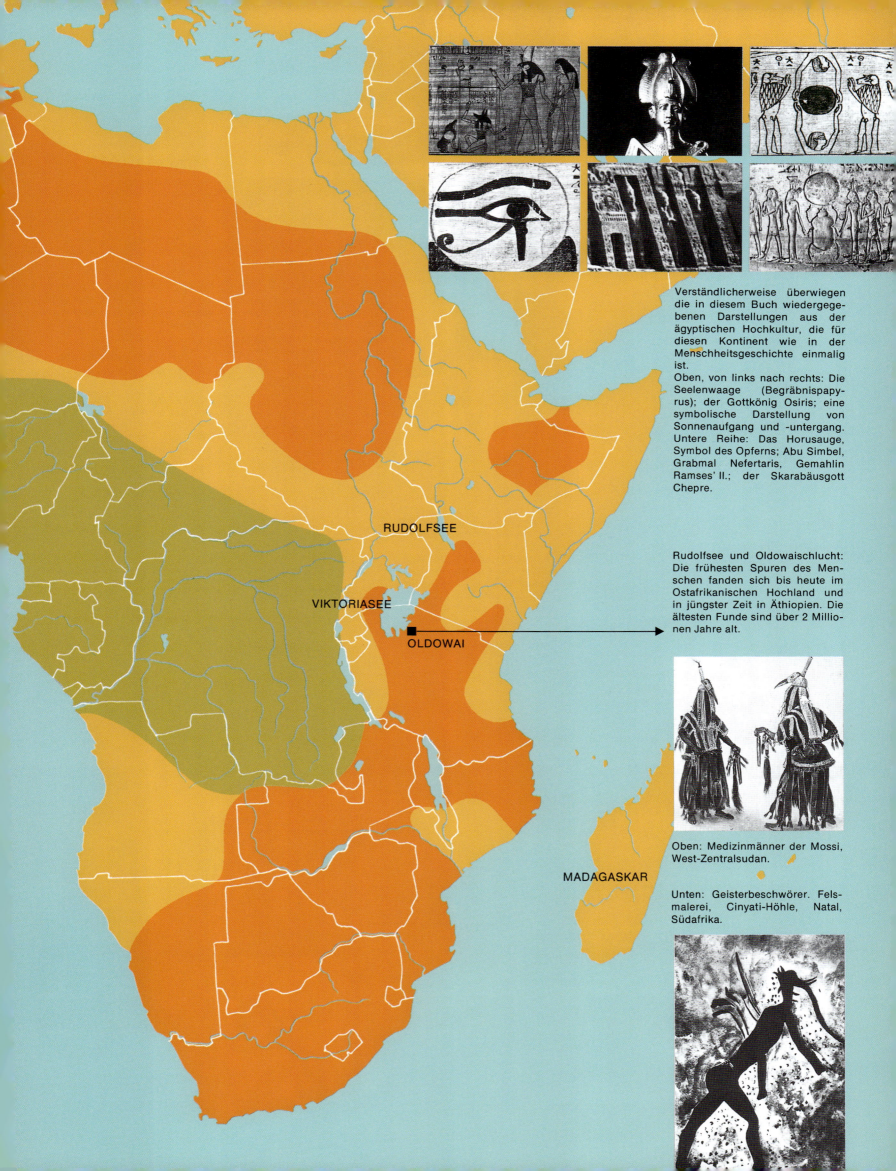

Verständlicherweise überwiegen die in diesem Buch wiedergegebenen Darstellungen aus der ägyptischen Hochkultur, die für diesen Kontinent wie in der Menschheitsgeschichte einmalig ist.
Oben, von links nach rechts: Die Seelenwaage (Begräbnispapyrus); der Gottkönig Osiris; eine symbolische Darstellung von Sonnenaufgang und -untergang.
Untere Reihe: Das Horusauge, Symbol des Opferns; Abu Simbel, Grabmal Nefertaris, Gemahlin Ramses' II.; der Skarabäusgott Chepre.

Rudolfsee und Oldowaischlucht: Die frühesten Spuren des Menschen fanden sich bis heute im Ostafrikanischen Hochland und in jüngster Zeit in Äthiopien. Die ältesten Funde sind über 2 Millionen Jahre alt.

Oben: Medizinmänner der Mossi, West-Zentralsudan.

Unten: Geisterbeschwörer. Felsmalerei, Cinyati-Höhle, Natal, Südafrika.

MITTELMEER

■ Keltisches Siedlungsgebiet

■ Etruskisches Stammland

■ Griechisches Siedlungsgebiet

■ Illyrisches Siedlungsgebiet

■ Vorkommen steinzeitlicher Felsmalereien

— Nordgrenze des Römischen Reiches unter Kaiser Augustus (9 n. Chr.)
— Die Irrfahrten des Odysseus
-- Die Reise der Argonauten

Als frühesten Kult der Menschheit betrachtet die Forschung den Bärkult, der sich schon beim Neandertalmenschen, vor über 120 000 Jahren, nachweisen läßt (Opfer von Bärenschädeln in Steinkästen). Oben: Ein Höhlenbärschädel aus dem Drachenloch in der Schweiz.

Das kleine Neandertal bei Düsseldorf gab als erste Fundstelle einer Paläanthropinenrasse den Namen, die vor und neben unserem eigentlichen Vorfahren, dem *Homo sapiens*, lebte und etwa vor 30 000 Jahren ausstarb. Die Neandertaler kannten bereits die Erdbestattung und dürften an ein Weiterleben nach dem Tode geglaubt haben.
■ NEANDERTAL

Der «Heidelberger Unterkiefer» ist mit rund 500 000 Jahren der
HEIDELBERG ■
älteste europäische Menschenrest. Verwandte Archanthropinen lebten in China, Java und Afrika (Oldowai).

In Dis Pater (links) wird als die höchste Gottheit der Kelten aus der Zeit vor der römischen Eroberung Galliens gedeutet. Unter der römischen Herrschaft nahmen die Kelten römische Riten und Götter an.

WILDKIRCHLI ■
DRACHENLOCH ■

Drachenloch und Wildkirchli in der Ostschweiz — Fundorte von Bärenknochen, die auf Kultstätten des Neandertalmenschen deuten könnten.

LASCAUX ■
LAUSSEL ■

Die Höhlenmalereien Südfrankreichs, der Pyrenäen, Altamiras und Südspaniens sind nicht nur früheste «Kunstwerke» (ca. 30 000 v. Chr.), sondern auch Zeugen anfänglicher religiöser Modelle. Die Höhlen waren Kultstätten der Cro-Magnon-Menschen. In den Bildern erscheinen klare Hinweise auf Schamanismus, einen Kult, der sich aus Südwesteuropa im Laufe vieler Jahrtausende über die ganze Welt verbreitete.

MENTON ■

Zerstörung der Schiffe durch die Lästrygonen

«Die Säulen des Herakles», nach altgriechischer Auffassung verschiedene von Herakles aufgerichtete Randpunkte des Erdkreises, besonders die Straße von Gibraltar mit den beiden Felsklötzen des Dschebel al-Tarik (= Gibraltar) im Norden und des Dschebel Musa im Süden.

Die Bilder unten zeigen die wichtigsten Götter des griechisch-römischen Pantheons (kursiv = römischer Name).

■ SÄULEN DES HERAKLES

ZEUS ▶
JUPITER
Vater der Götter und oberster Gott

HERA ▶▶
JUNO
Gemahlin des Zeus bzw. Jupiter

POSEIDON
NEPTUNUS
Gott des Meeres

PERSEPHONE
PROSERPINA
Göttin der Unterwelt, Gemahlin des Hades bzw. Pluto

HADES
PLUTO
Herrscher der Unterwelt

ATHENE
MINERVA
Göttin der Weisheit und des Krieges

ARES *MARS*
Kriegsgott

DIONYSOS *BACCHUS*
Gott des Weinbaus und der Landwirtschaft

Wie der Bärkult nahm wahrscheinlich auch der Kult der Muttergottheiten seinen Anfang in Südwesteuropa. Frühe Formen von Mutter- oder Fruchtbarkeitsgöttinnen aus Europa sind um 50 000 Jahre alt. Die Große Mutter behielt jedoch ihre Bedeutung auch nach dem Verschwinden des ursprünglichen Matriarchats. Rechts die Venus von Laussel, jene von Willendorf und jene von Menton; darunter

Unter den Heiligtümern, die in der jungsteinzeitlichen Siedlung Çatal Hüyük entdeckt und rekonstruiert wurden, sind die «Stierkulttempel» besonders zahlreich. Rechts die Rekonstruktion einer Kultstätte mit Hörnerstelen und -reihen sowie Stier- und Widderschädeln.

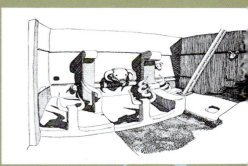

■ WILLENDORF

Fruchtbarkeitsgöttinnen aus Sardinien und den Kykladen sowie die «Diana von Ephesos», gegen deren Verehrung noch der Apostel Paulus wetterte.

GAUZI

Die Reise der Argonauten auf der Suche nach dem Goldenen Vlies.

BERG ARARAT

HETHITER

▲ OLYMP

■ TROJA

■ ÇATAL HÜYÜK

■ ROM

Insel Scheria (Korfu). Der gestrandete Odysseus wird von Nausikaa aufgenommen. Rückkehr nach Ithaka.

Insel der Sirenen
Verwandlung der Gefährten durch Kirke

IOLKOS ■

■ EPHESOS

Land des Äolos

Ithaka, Heimat des Odysseus

DELPHI ■   ■ ATHEN

★ DELOS
Geburtsort von Artemis und Apollon

Land der Kyklopen

Skylla und Charybdis

SPARTA ■

ZYPERN

★ OLYMP
Geburtsort der Venus

Die Gefährten schlachten die heiligen Rinder des Helios und werden durch Schiffbruch und Untergang bestraft.

KRETA ■
Labyrinth mit Minotauros

Insel Ogygia. Siebenjähriger Aufenthalt des Odysseus bei Kalypso.

APHRODITE *VENUS*
Göttin der Liebe

HEPHAISTOS *VULCANUS*
Gott des Feuers, der Schmiedekunst und des Handwerks

HERMES *MERCURIUS*
Götterbote und Seelenführer

APOLLON *APOLLO*
Sonnengott und Gott der Künste

▲ ARTEMIS *DIANA*
Göttin der Jagd

53

DER NORDEN

Megalithkultstätten finden sich über die ganze Erde verbreitet. Die berühmteste unter ihnen ist wohl der Steinkreis von Stonehenge (England). Er war nicht nur Heiligtum des Himmels- und Sonnengottes, sondern erbrachte auch kalendarische und astronomische Informationen.

Kultische Bärenfigur aus Resen Mose, Dänemark. Die Verbreitung des Bärkultes kann anhand archäologischer Funde von Westeuropa über Sibirien bis nach Japan und Amerika verfolgt werden.

KELTISCHE GÖTTER
Esus, der gallische Kriegs- und Vegetationsgott, erscheint oft als Holzhacker.

Rechts: Lebensbaum und Weltachse. Die Vorstellung, daß sich die Erde um eine Achse drehe, erwachte sehr früh in den Menschen und hat vor allem in nördlichen Regionen das religiöse Denken stark beeinflußt. Während der Baum im Mittelmeergebiet mehr Lebensbaum ist, erhielt er im Norden neben der Bedeutung der Achse auch die der Verbindung mit oben, so als Weg der Schamanen zu Geistern und Göttern. Zu den einzelnen Darstellungen siehe Legenden ganz rechts.

Aus keltischer Zeit stammt das Weiße Pferd von Uffington (England). Mit seiner Länge von 112,7 m und eingelassen in den Wiesengrund kann es nur aus der Luft überblickt werden. Die Anrufung einer Himmelsgottheit mag Ursache dieser eigenartigen Darstellung gewesen sein.

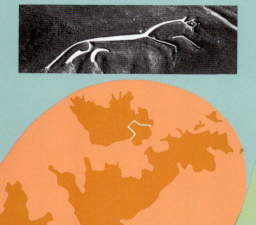

Oben: Charakteristisch für die Darstellungen aus dem germanisch-nordischen Bereich sind die Runen- und Bildsteine. Dieser Bildstein aus Gotland zeigt Szenen aus dem kämpferischen Leben der nordischen Götter und Helden. Für die Germanen gereichte der Schlachtentod zur höchsten Ehre und berechtigte zum Eintritt nach Walhall (oberstes Feld). Darunter segeln die Leichen der Gefallenen auf dem Meer der untergehenden Sonne entgegen.

Eine der frühesten Darstellungen einer göttlichen Gestalt im keltischen Bereich ist die doppelgesichtige und gehörnte Figur von Holzgerlingen (Süddeutschland), die als Mondgöttin gedeutet wird.

Die Embleme des gallischen Merkur (links) zeigen die Verschmelzung römischer und keltischer Einflüsse. Rechts: Epona, die keltische Göttin der Pferde.

NORDISCHE GÖTTER
Von links nach rechts: Odin, Hauptgott und Herrscher über Asgard, den nordischen Himmel; Thor, der Kriegs- und Donnergott; Freyr, der Fruchtbarkeitsgott und Loki, Intrigant und Stifter von Zwietracht.

Als ältestes nachweisbares Zeugnis einer religiösen Betätigung des Menschen ist der Bärkult besonders bedeutsam für die vergleichende Religionswissenschaft. Der Glaube an eine Abstammung des Menschen vom Bären findet sich von den Lappen über die sibirischen Völker bis zu den Indianern Nordamerikas. Ähnliche Züge zirkumpolarer Verwandtschaft finden sich auch im Schamanismus, wobei vieles darauf hindeutet, daß das Kernland dieser Vorstellungen in Südwesteuropa lag (Pfeil).

Links, von links nach rechts: Die Weltenesche Yggdrasil der Germanen ist gleichermaßen Lebensbaum und Weltachse (vgl. Seite 114). Von der Welt der Menschen ragt durch das Himmelsgewölbe der Weltenbaum (Achse) zum Großen Geist in der Höhe. Und als Verbindungsweg (gestrichelt) ist in der Korjaken-Zeichnung die Weltachse dargestellt, auf der der Schamane zu den Göttern gelangt. Vier Himmelsrichtungen und drei Welten zeigt diese Zeichnung der Tschuktschen. In der Mitte der Polarstern, die Achse der Welt, umgeben von Sternen und verbunden durch die Milchstraße mit der Welt des Morgens, dazwischen der Weltenbaum.

Schamanismus und Magie sind vor allem im finnisch-ugrischen, im samojedischen und paläosibirischen Sprachraum Hauptbestandteile der Religion. Die Trommel ist vielleicht der wichtigste Kultgegenstand des Schamanen, um mit Göttern und Geistern in Verbindung zu treten. Die Zeichnungen auf den Trommeln geben wichtige Informationen über die bildlichen Vorstellungen dieser Völker. Auf der Trommel aus Lappland (ganz links) erscheinen übereinander die kosmischen Zonen, Unterwelt, Erde und Himmel. Rechts davon eine finnisch-ugrische, nebenstehend eine jakutische Schamanendarstellung.

Schamanismus ist noch heute lebendig, wie die Aufnahme dieses Schamanen aus dem sibirischen Stamm der Karagaß zeigt.

NAHER OSTEN UND VORDERASIEN

Die weißen Pfeile zeigen den Weg der Stämme, die ins Zweistromland eindrangen und dort ihre Kulturen entwickelten.

Weg des Abraham aus dem Lande Ur ins verheißene Land (um 1650 v. Chr.)

Zug der Kinder Israel durch die Wüste

Gegend der Zikkurats

Siedlungsgebiet der Sumerer

Einen hethitischen Kriegsgott zeigt dieses Fragment eines Reliefs aus Huttusa (Türkei).

Das Paradies des Alten Testaments liegt im Nahen Osten. In Mose 2, 10–14 wird gesagt, daß vier Ströme aus dem Paradies flossen. Von diesen sind zwei identifizierbar, nämlich der Euphrat und der Tigris (Hiddekel). Der Gishon wird als Nil, der Pison als Persischer Golf gedeutet.

Der Mittlere Osten war Geburtsstätte von drei großen Religionsstiftern: der Prophet Zarathustra wurde im Norden des heutigen Iran geboren, Jesus Christus in Bethlehem und der Prophet Mohammed in Mekka.

Mara, Ort des Quellwunders

Ort der Speisung des Volkes durch Gott mit Wachteln und Manna

Moses erhält die Gesetzestafeln auf dem Berg Horeb (unten).

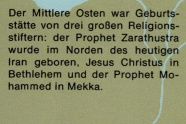

Die rote Linie (rechts) zeigt die Flucht der Kinder Israel aus Ägypten ins Land Kanaan. Vierzig Jahre dauerte der Zug, in dessen Verlauf der Gott Israels sich durch Wunder offenbarte. Das erste Wunder: der Durchzug, trockenen Fußes, durch das Rote

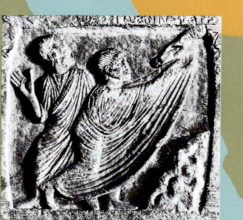

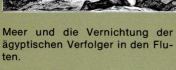

Meer und die Vernichtung der ägyptischen Verfolger in den Fluten.

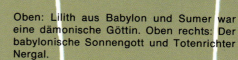

Oben: Lilith aus Babylon und Sumer war eine dämonische Göttin. Oben rechts: Der babylonische Sonnengott und Totenrichter Nergal.

Mekka, der Geburtsort des Propheten Mohammed, wurde zur heiligen Stadt des Islams. Jeder gläubige Moslem pilgert mindestens einmal in seinem Leben nach Mekka, um die Kaaba, den heiligen Schrein und Zentrum des islamischen Universums, zu umrunden.

Der älteste der drei großen Religionsstifter aus dem auf dieser Karte gezeigten Gebiet ist der Prophet Zarathustra (um 628–551 v. Chr.). Die höchste Gottheit in seiner dualistischen Lehre ist die zweigeschlechtliche Gestalt des Zervan (rechts). Aus dessen Körper entsteht das Zwillingspaar Ormuzd und Ahriman, die gegensätzlichen Prinzipien von Gut und Böse, von Licht und Finsternis.

■ Möglicher Geburtsort Zarathustras

Eine Tonstatue der Großen Muttergöttin aus dem Iran, die den Aspekt der Fruchtbarkeit symbolisiert (Amlash, 900 v. Chr.).

In Schanidar wurde die früheste Begräbnisstätte der Menschheit gefunden. Sie stammt aus der Neandertalzeit und gibt durch die vorhandenen Grabbeigaben den Hinweis darauf, daß der Glaube an ein Leben nach dem Tode schon in jener frühen Periode Geltung hatte.

■ SCHANIDAR

ARIER

CHURRI (MITANNI)

MEDER

MEDER

PERSER

Anahita (unten) war Göttin des Wassers und der Fruchtbarkeit. Ihr Kult war weitverbreitet im iranischen Achämenidenreich (um 540–300 v. Chr.). Ebenso wie die Achämeniden leitete die

Dem Himmels- und Sonnengott zu Ehren und zur Manifestation der Macht der assyro-babylonischen Stadtstaaten wurden die Zikkurats, terrassierte Tempeltürme, gebaut. Der Turm zu Babel war eine Zikkurat.

■ NIPPUR

■ LARSA
■ UR
URUK
ERIDU

■ PERSEPOLIS
■ SUSA

SEMITEN

Dynastie der Sassaniden (226–651 n. Chr.) ihre Königswürde von Gott ab. Auf diesem Steinrelief (rechts) empfängt der erste Sassanidenherrscher, Ardaschir, das Diadem seiner Würde von Ahura Mazda (rechts).

Unten: Tonstatue der Großen Mutter und Fruchtbarkeitsgöttin Ischtar. Sie wurde von den meisten Völkern des Mittleren Ostens verehrt.
Unten rechts: Babylonischer Priester, gegen den Altar schreitend.

Unten: Geflügelter Genius, wohltätiger Begleiter der Menschen (assyrisch).

Der Stier ist als Opfertier ein in der persischen Kunst oft anzutreffendes Motiv (Terrakotta, Nordiran, 3. Jt.).

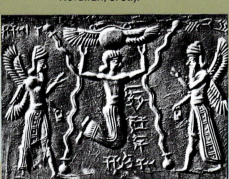

Links: Unter den alten semitischen Völkern des Nahen Ostens war Baal «der Herr», der höchste aller Götter. Als Verkörperung der zeugenden Kraft gebot er über Fruchtbarkeit, Donner und Regen.

Das assyrische Rollsiegel zeigt den Hauptgott der Assyrer, Aschur, in Gestalt der geflügelten Sonnenscheibe. Darunter eine weibliche Figur, begleitet von zwei geflügelten Gottheiten.

Links: Die babylonische Version der Flutlegende aus dem Gilgamesch-Epos in akkadischer Keilschrift.

SÜDASIEN UND FERNER OSTEN

Das große Bild des vierköpfigen Schöpfergottes Brahma ist Symbol des Hinduismus und verbreitete sich von Elephanta in Indien bis nach Thailand und Kambodscha, wie diese Skulptur aus Battambang dokumentiert (links).

Prachtvolle kosmologische Strukturen zeigen die buddhistischen Mandalas im Kulturraum der lamaistischen Religionen Tibets.

Diese Karte zeigt einige der bedeutendsten Symbole der asiatischen Religionen, die nicht nur charakteristisch für ein bestimmtes Gebiet sind, sondern sich oft entlang der großen Völkerstraßen fast über den ganzen asiatischen Raum verbreiteten.

BAMIAN
Größtes buddhistisches Heiligtum in Afghanistan mit Buddha-Relief (ca. 50 m hoch) ■

MT. KAILASA
Mythischer Berg des Schiwa (heiliger Berg der Hindus und Buddhisten)

MOHENDSCHO-DARO
Kultstätte der Muttergöttinnen und Stierkult

LHASA ■
Heilige Mitte des Lamaismus

MATHURA
Zentrum des Krischna-Kultes

MT. ABU ▲
Heilige Weltenmitte des Dschainismus

LUMBINI
Geburtsort des Buddha

■ KATHMANDU
Bodhnath-Stupa als Weltmitte und Schiwa-Heiligtum

KUSINAGARA
Buddhas Nirwana

BODH-GAJA ■
Ort der Erleuchtung Buddhas

ELEPHANTA
Heiligtum des
■ Schiwa Trimurti, des dreigesichtigen Schöpfers

Die Geburt des Gottes Schiwa im Linga (links) wie die des Buddha – der beiden bestimmenden Gestalten der indischen Hochreligionen – (rechts) sind als mythische Ereignisse von bestimmten Wundererscheinungen begleitet.
Rechts: Wischnu als Schöpfer der Welt auf der kosmischen Schlange steht am Anfang vieler Schöpfungsmythen der indischen Kultur.

Der tanzende Schiwa Nataraja symbolisiert in Indien den kosmischen Schöpfungstanz und die Überwindung der dämonischen Mächte der Zerstörung (unten).

Vom Ursprungsort Indien haben sich die Stupas und diesen ähnliche Bauwerke der großen Klöster über ganz Asien verbreitet. Sie sind die heilige Mitte der buddhistischen Lehre oder auch Weltenberg und Gipfel zugleich. Brihadiswara-Tempel in Tanjur, Südindien (unten links). Einer der Türme des Bayon-Tempels, Angkor Thom (unten).

MADURAI ■
Schiwa-Heiligtum

ANURADHPURA ■
Buddhistische Weltenmitte

Links: Die Überwindung des Schlangendämons Kalja durch den jungen Gott Krischna ist eines der grundlegenden Motive im Krischna-Kult und im Joga.

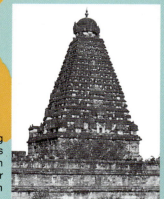

58

Der große Buddha Amida aus Japan markiert den östlichen Endpunkt der Wanderungen und Wandlungen des Buddhismus, die sich in zwei Jahrtausenden vollzogen.

■ **TUN-HUANG**
Buddhistisches Heiligtum

Weit über den chinesischen Ursprungsort hinaus wurden das Jin-Jang-Symbol und die acht Trigramme des Taoismus bekannt. In ihnen sind die Polaritätslehre und die chinesische Weissagekunst des I-Ging vereint. Das Symbol ist ein Urbild der chinesischen Weltanschauung von den sich gegenseitig abwechselnden und ergänzenden männlichen und weiblichen kosmischen Kräften, die das Gleichgewicht der Schöpfung bewahren.

JUN-KANG
Buddhistische Höhlentempel
■

▲ **KEUMGANG SAN**

■ **JAMADA-ISE**
Heiligtum der Amaterasu, Sonnengöttin und Ahnherrin des Tenno

KESONG ■
Buddhistisches Tempelzentrum

■ **PEKING**
Tempel des Himmels

────── Grab des Konfuzius

■ **KIOTO**
Älteste buddhistische Tempel Japans und Schinto-Heiligtum

▲ **FUDSCHI**

▲ **TAI-SCHAN**
Heiliger Berg und Weltenmitte

■ **OSAKA**   ■ **NARA**

■ **LING-JEN-SA**
Tempel der Lohan (myth. Weisen)

■ **HONAN**
Geburtsort des Lao Tse

CH'ENG-TU ■

▲ **O-MEI-SCHAN**
Buddhistische Höhlentempel

In China und Ostasien ist der Drache in vielen Variationen mythologisches Symbol für Regen und Fruchtbarkeit der Erde.

PAGAN
Heilige Mitte des Buddhismus

Oben: Im Schrein von Ise in Japan befindet sich das Heiligtum der mythischen Sonnengöttin Amaterasu, auf die sich der Tenno (Kaiser) bezieht.

Oben links: Das mythische Urpaar Izanami und Izanagi leitet den japanischen Schöpfungsmythos ein.

Links: Aus magisch-mythischer Welterfahrung stammen die zornigen Wächtergestalten Asiens.

■ **BANGKOK**
Buddhistische Tempelstadt

■ **ANGKOR-VAT**
Klosteranlage als Weltenmitte gebaut

Links: Diese Sandsteinstatue aus dem Tempelbereich von Angkor verkörpert die transzendentale Weisheit in der Form der Göttin Pradschnaparamita.

Steinpagode des Kumsansa aus Südwestkorea.

Die Pagode des T'ien-ning-tse in Peking.

Fünfstöckige Pagode im Tempel von Nara, Japan.

MALAIISCHE HALBINSEL

INDONESIEN, AUSTRALIEN UND OZEANIEN

In der Inselwelt Ozeaniens sind mythische Handlungen und Vorstellungen vielerorts noch ungebrochen Teil des täglichen Lebens. Stark verankert ist etwa der Glaube an die Wunderkraft des Medizinmannes als Heiler und Bindeglied zwischen Menschen

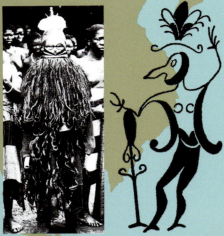

und Geistern oder Göttern. Links: Aufnahme eines Medizinmannes aus Sumatra, rechts Darstellung aus Borneo.

In vielen Mythologien findet sich die Vorstellung der Reise ins Land der Toten im Westen. Das Schiff, mit dem die letzte Fahrt erfolgt, kennen beispielsweise auch die Ägypter, die Griechen und die Germanen.
Links ein Totenschiff aus Sumatra. Rechts eine Darstellung aus West-Neuguinea.

Auf der Insel Mactau fiel im Kampf mit den Eingeborenen 1521 Fernando Magellan, der als erster von Amerika (Feuerland) her eine kleine Flotte durch den Stillen Ozean führte. Die Überlebenden brachten als erste Kunde von Ozeanien nach Europa.

Erste Nachrichten aus Ozeanien stammen von Seefahrern wie Magellan und Cook. Die blaue Linie zeigt die Reise Magellans (1520 bis 1521), die unterbrochene die erste Reise Cooks (1768–1771). Cook durchschiffte auf insgesamt vier Reisen den ganzen Stillen Ozean kreuz und quer.

In Trinil auf Java fanden sich Reste einer den Australopithecinen («Südaffen») zugerechneten Hominidenrasse, die als *Meganthropus javanicus* bezeichnet wurde und wahrscheinlich in der Mindeleiszeit von Südostasien in die noch zusammenhängende indonesische Inselwelt vorstieß.

Banaitja, die Schöpfergottheit der australischen Stämme.

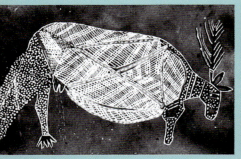

Ein unverkennbarer Stil der bildlichen Darstellung mythischer Vorstellungen und Vorgänge hat sich bei den Eingeborenen Australiens herausgebildet. Die nebenstehende Reihe von links nach rechts: die Känguruhfrau, die den Regen macht; die Urschwestern gebären die Menschheit; das Mimi-Geistervolk, das sich in Felsspalten versteckt; Eingeborene beim zeremoniellen Tanz; Timara, der geisterhafte Fischer, den noch niemand sah.

  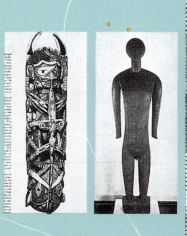  

Oben, von links nach rechts: Nomoi ist in Mikronesien der gute Geist, der die Macht hat, den Taifun zu bannen. – Regenmacher aus Neukaledonien. – Drittes Bild: Diesen Fetisch mit furchterregendem Gesicht benützen die Bewohner von Neuirland zur Abwehr böser Geister. – Götterfigur aus Nukuoro, Zentralkarolinen. – Maui, die große Göttergestalt in Polynesien, überragender Kulturheros und Lehrer der Menschen.

HAWAII

Der Gott Ku von Hawaii ist Schöpfer und Welterhalter und gleichzeitig Kriegsgott.

MELANESIEN   POLYNESIEN

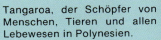

Tangaroa, der Schöpfer von Menschen, Tieren und allen Lebewesen in Polynesien.

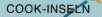

Belam ist eine Gottheit Melanesiens. Er reinigt als Geist die kranken Seelen.

COOK-INSELN

OSTERINSEL →

Noch immer bleibt die Bedeutung der riesigen Skulpturen aus vulkanischem Gestein auf der zu Chile gehörenden Osterinsel ein Rätsel.

Tiki wird von den Maori Neuseelands als Urgott und Menschenbildner verehrt.

NEUSEELAND

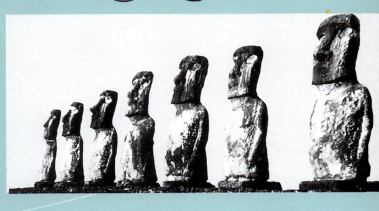

61

NORDAMERIKA

SIBIRIEN

Weiße Pfeile: Die Besiedlung Amerikas durch altmongolische Stämme über die Beringstraße.

ALASKA

Das Geisterkanu der Tlingitindianer (oben) und der Kachinabär (Ton-«Lehrmodell» für Kinder) der Hopi (oben rechts) deuten darauf hin, daß zwei sehr alte religiöse Formen, Schamanismus und Bärkult, bereits von den Einwanderern aus Sibirien mitgebracht wurden. Doch wie sich auch die verschiedenen Mythologien in den unterschiedlichen geographischen Räumen Nordamerikas entwickelten, allen gemeinsam ist die Anwesenheit des mythischen Tieres als Schöpfer, Totem (Stammes- oder Ursprungssymbol), Trickster oder Gott.

Großmutter Spinne, die Erdmutter der Hopi, war zugleich Sendbote des Sonnengottes, der den Menschen den Weg auf die Erde zeigte.

Der Donnervogel (Adler) war höchster Gott der Eskimos und verschiedener Nordwestküstenindianer (oben und oben links); der Große Hase Manibozo Sonnengott und Kulturheros (Trickster) der Algonkin (links).

Im Kunsthandwerk waren die Stämme der Nordwestküste von ungewöhnlicher Fertigkeit. Ihre Totempfähle zeigten in figürlicher Schnitzerei die Vorfahren einer Familie – Tiere wie Adler, Wolf, Bär oder Biber.

HOCHLANDINDIANER

INDIANER DES GROSSEN BECKENS

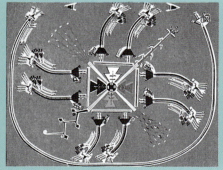
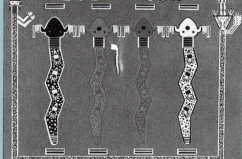
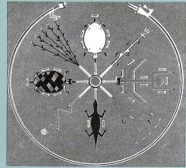

Die Navahos kannten komplizierte Zeremonien, in deren Verlauf Sandbilder (wie die fünf abgebildeten) geschaffen wurden, die die Essenz der gesungenen und getanzten Mythen wiedergaben.

GRÖNLAND

ARKTISCHE REGION

Lebensgrundlage der nordamerikanischen Eskimos war das Meer. Fische, Robben und Wale lieferten nicht nur die Nahrung, sondern auch Kleidung, Baumaterial, Werkzeuge und Brennstoff. Es erstaunt deshalb nicht, daß die Eskimos diesen Meerestieren übernatürliche Kräfte zuschrieben. Beispiel ist dieser Fisch mit Frauenkopf.

Die nordamerikanischen Indianer entwickelten über die Jahrhunderte eine Vielfalt von Baustilen, die von den regional verhandenen Materialien sowie klimatischen und gesellschaftlichen Gegebenheiten geprägt sind. Im Hohen Norden herrschte das Iglu als Behausung vor, die nomadisierenden Prärieindianer erfanden das Tipi, und die ackerbautreibenden Stämme des Südwestens entwickelten aus den ursprüngli-

SUBARKTISCHE REGION

KANADA

ODSCHIBWA

IROKESEN

chen Felsfestungen honigwabenartige Komplexe aus Adobeziegeln (oben).

INDIANER DER ÖSTLICHEN WALDGEBIETE

PRÄRIEINDIANER

Für den Indianer war die Natur von Geisterkräften erfüllt, die für Gesundheit, Schutz, Erfolg und Wissen angerufen wurden. Die Geister wurden als Kachinas in Zeichnungen oder als «Puppen» personifiziert. Unten links ein Bienenkachina, unten das Kachina Tawas, des Sonnengottes der Hopi.

Den Ritus des Sonnentanzes kannten viele Prärieindianerstämme. Er schloß Gesänge, Tänze und rituelle Selbstverwundungen ein.

MEXIKO

KUBA

ZENTRAL- UND SÜDAMERIKA

Die weiße Linie geht auf der vorhergehenden Karte zurück bis zur Beringstraße und auf der Karte «Der Norden» bis nach Westeuropa. Sie zeigt einen der Wege, auf denen sich das Menschengeschlecht über die Erde ausbreitete. Im Norden Mexikos erschien der Mensch vor ungefähr 20 000 Jahren.

Gigantischer olmekischer Steinkopf.

Detail aus dem mixtekischen Kodex Laud, das ein dem Sonnengott dargebrachtes Menschenopfer zeigt.

Die frühesten bekannten Spuren von Töpferei und Kunst in Amerika fanden sich in Ecuador. Die Scherben sind ungefähr 5000 Jahre alt und stimmen in verschiedenen Merkmalen mit der Keramik Südostasiens und Japans aus der gleichen Zeit überein, was zu vielerlei Mutmaßungen über transpazifische «Wanderungen» Anlaß gab.

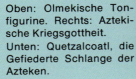

Oben: Olmekische Tonfigurine. Rechts: Aztekische Kriegsgottheit.
Unten: Quetzalcoatl, die Gefiederte Schlange der Azteken.

Links: Maya-Version der Gefiederten Schlange Quetzalcoatl.

Unten: Der Kojote war den Azteken heilig.

Neben vielen weniger bedeutenden Kulturen blühten in Mittelamerika, bevor der Weiße Mann kam, vier ausgesprochene Hochkulturen. Die älteste, die der Olmeken, dauerte von ungefähr 1700 v. Chr. bis etwa 400 n. Chr., die der Mayas etwa vom Jahre 1 bis um 1500 – das heißt bis zur spanischen Eroberung Mexikos –, die Kultur der Tolteken von ungefähr 900 bis 1200 n. Chr.; jene der Azteken bis zur gewaltsamen Zerstörung durch die Eroberer. Die Illustrationen dieser Seite sind Beispiele für das bildnerische Schaffen dieser Kulturen.

Große Sonnenpyramide in Teotihuacan.

Rechts: Säule von der Spitze des toltekischen Stufentempels von Tula.

Aztekischer Kalenderstein von 1502, gefunden in Tenochtitlan.

Huracan-Stufentempel in der Maya-Stadt Chichen-Itza.

64

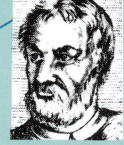

SAN SALVADOR — 1492 betritt Kolumbus als erster Europäer auf der Insel San Salvador amerikanischen Boden.

KUBA

1519 erreicht Cortez Mexiko und unterwirft es.

Die Eroberung Amerikas durch die Europäer vernichtete die eigenständigen amerikanischen Kulturen fast ausnahmslos. Kolumbus (links) entdeckte die Neue Welt, ihm folgten Hernán Cortez, Eroberer Mexikos, und Francisco Pizarro, der das Inka-Reich unterwarf.

Pizarros Eroberungszüge 1524–1527.

BRASILIANISCHE STÄMME

Unten: Die Inka-Bergfestung Machu Picchu war auch ein Zentrum des Sonnenkultes.

MOCHE
PACHACAMAC
CUZCO
MACHU PICCHU
TIAHUANACO

Die Inka-Herrschaft erreichte ihre Hochblüte und größte Ausdehnung in der kurzen Zeit von 1463 bis 1493. Die Hauptstadt war Cuzco im heutigen Peru, doch das Reich erstreckte sich über rund 4000 Kilometer von Kolumbien bis Chile und von der Westküste bis in die östlichen Andenausläufer. Pflasterstein-Straßen (rote Linien) verbanden die einzelnen Regionen und belegen den hohen organisatorischen Stand des Landes. Das Steintor unten demonstriert die charakteristische Bauweise der Inkakultur, bei der Steinblöcke ohne Mörtel ineinandergefügt wurden.

Etwa um 6500 v. Chr. erschienen die ersten Stämme in dieser Region, Feuerland, dem südlichsten Punkt, den der Mensch der Vorzeit erreichen konnte.

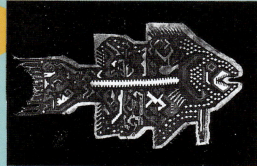

Vor der Einigung durch die Inkas existierten im westlichen Südamerika vielfältige unabhängige Kulturen, wie etwa die der Mochica, von denen die dreifältige Maisgottheit aus Ton (ganz oben) stammt. Der Fisch oben links ist eine Webarbeit der Pachacamac, der Vogel eine solche der Tiahuanaco-Kultur.

Seite 67: Im Sternenhimmel suchte schon der Urmensch Sinnbilder und Schlüssel aller Geheimnisse.

Die Entstehung der großen Mythologien steht zweifellos gleich am Beginn der Menschheitsgeschichte. In ihnen geschieht die Beschäftigung mit den großen Fragen: Von woher kommen wir? Was und wer sind wir überhaupt? Wohin gehen wir?

Als sich unsere fernen Vorfahren mit entsprechenden Ahnungen, Träumen und Dichtungen auseinanderzusetzen begannen, als sie die wertvollsten der Bilder, die daraus entstanden, ihren Nachkommen weitergaben, war dies die Geburt all dessen, was wir als Kultur bezeichnen.

Mit dem Aufkommen von Materialismus

tergereicht wurden. Gelegentlich mochten sie, etwa durch einen Unfall verursacht, schon seit ihrer Kindheit einen Körpermangel besitzen, der sie früh zwang, bessere Sammler auf geistigen Gebiet als eben bei der Suche nach Nahrungsmitteln zu werden.

Sie erzählten ihren Gefährten von der Entstehung der Dinge und von deren „verborgenem" Sinn; von den Gestirnen, die dem guten Beobachter das Messen der Zeit ermöglichen; von der Herkunft des Menschen und seinem Weg durch alle Nebel der Vergangenheit und Zukunft; von unse-

SCHÖPFER VON NATUR UND MENSCH

*Nacht,
der Götter
und Menschen Gebärerir,
dich feiert mein Lied:
Aller Wesen Ursprung
ist Nacht.*

Orphischer Hymnus

und Atheismus im 18. und 19. Jahrhundert, in deren Umfeld alle Geschichten von Gott und Göttern zu „närrischen Ammenmärchen und Aberglauben" erklärt wurden, suchte man nach „Völkern ohne jedes religiöse Denken". Wenig überprüfte Berichte von Reisenden über „fremde Rassen" (die freilich wegen der Flüchtigkeit des Kontaktes keinen Einblick in deren Seelenleben gewinnen konnten) wurden als Beweise herangezogen. Gründlichere Forschungen haben seither bewiesen, daß gerade die „primitivsten", also die am ursprünglichsten lebenden Stämme oft die tiefsinnigsten Gedanken über den Ursprung der Schöpfung entwickelt haben. Bei diesen lange von den großen Zivilisationen abgeschnittenen Völkern fanden später aufmerksamere Berichterstatter ein Denken und Dichten vor, demgegenüber die Auffassungen ihrer Entdecker und Eroberer geradezu als minderwertig erschienen.

Vermutlich schon die Sammler und Jäger der Steinzeit, die wohl nicht viel anders lebten als etwa die Pygmäen Zentralafrikas oder die Eingeborenen von Australien vor der Ankunft der Europäer, befolgten die grundlegendsten Bräuche. Bei Einbruch der Dunkelheit – oder überhaupt in Jahreszeiten, zu denen es ungünstig war, nach Beute zu suchen – zogen sich die Sippen in ihre einigermaßen sicheren Verstecke zurück. Unter ihnen waren Stammesangehörige, die ihr Alter und ihr gutes Gedächtnis zu Trägern von Erfahrungen gemacht hatten, die von Generation zu Generation wei-

rer Beziehung zu den Mitgeschöpfen, ob nun unsere Augen sie erblicken können oder nicht.

Als Ursprung und Grundlage des gewaltigen Weltenspiels erkennen die Völker sämtlicher Erdteile eine große, zuweilen auch eine grenzenlose Kraft, die den Kosmos in einem ungeheuren Schöpfungsakt hervorbrachte. Die Kulturen kennen in der Regel eher eine ordnende Gottheit, die ein Ur-Chaos überwand und die Welt bewohnbar werden ließ. Einer Gottheit jedenfalls verdankt der Mensch das Geschenk des eigenen Daseins und das seiner Gefährten. Ihr verdankt er auch seine gesamte Umwelt, die ihm ein Überleben ermöglicht.

Auch die griechische Kultur, die selbst in ihrer hochentwickelten Philosophie sehr ursprünglichen Ideen treu blieb, setzte an den Anfang das Chaos, die Gesamtheit der endlos verdünnten, gestaltlosen Stoffe, die über den endlosen Raum verteilt waren. Bezeichnenderweise haben später Alchimisten wie Paracelsus und van Helmont aus diesem Wort *Chaos* den Ausdruck *Gas* für schwebende, verdünnte, durch unsere Sinne kaum wahrnehmbare Stoffe entwickelt.

In alten Sinnbildern, die wir mit erstaunlicher Ähnlichkeit in verschiedenen Kulturen antreffen können, ist ausgedrückt, daß diesem Weltbild zufolge die göttliche ewige Liebe (Eros, Phanes) die ungeordneten Stoffe durchdringt, bis sich das „Zusammengehörige" findet und daraus nach und nach die Weltordnung entsteht.

66

Die Gottheit, die der Ursprung ist

Die Hochkulturen der Welt, aber auch die dichterische Schau ursprünglich „primitiver" Völker, erschufen die schier endlose Fülle der Mythen über die Entstehung und Entfaltung der göttlichen Wesen: Himmel und Erde sind voll von „unsterblichen" Völkern, die menschliche (wie selbstverständlich auch tierische!) Gestalt annehmen können, die aber uns „Sterblichen" endlos überlegen sind.

Doch fast überall in den Religionen erscheint – mal deutlicher, mal verschwommener –

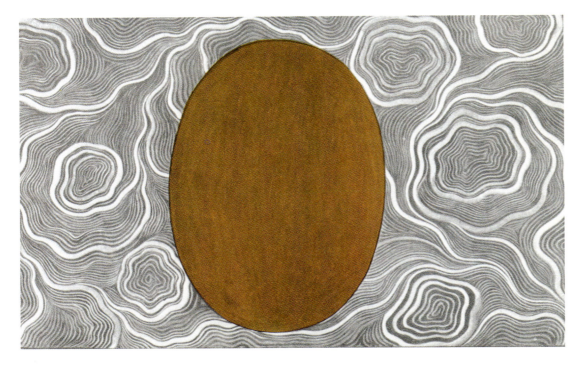

die Ahnung einer Urkraft, die hinter allen Erscheinungen des Lebens steht und „die für unseren Verstand völlig unfaßbar ist". Die Götter, die die Mythologien füllen, sind aus ihr hervorgegangen; sie sind ihr gegenüber vergängliche Geschöpfe, nicht viel anders als die Pflanzen, Tiere und Menschen der Erde.

In den indischen Veden, diesen in der Urzeit wurzelnden Liedern zum Preis der Götter, finden wir eine eigenartige Erscheinung: Der Donnergott Indra, der Feuergott Agni und die anderen Götter haben allesamt Lieder, die jeweils sie und im besonderen ihre Taten verherrlichen. Doch zugleich wird uns in diesen Dichtungen versichert, daß der gerade verehrte Gott eigentlich „alle" Götter sei und folglich die Gesamtheit ihrer Eigenschaften besitze.

Auf der Grundlage dieser Stellen gab es offenbar schon in vorchristlichen indischen Kulturen die Auffassung, daß es nur einen einzigen „Gott der Götter" gebe. Er stehe, unfaßbar und geheimnisvoll, hinter allen himmlischen Wesen, die nur die verschiedenen Seiten seiner unendlichen Schöpferkraft darstellen.

Eigenartig ist auch die Tatsache, wie sehr solche Gedanken im alten Griechenland verbreitet waren, sosehr auch die Volksreligion in den Schilderungen der zahllosen Götter, der „Olympier", schwelgte! Schon beim großen Dichter Homer wird uns Zeus, „der Vater der Götter und Menschen", als allen anderen Göttinnen und Göttern überlegen dargestellt. Homer erklärt in seinem unsterblichen Werk „Ilias": Hinge eine goldene Kette vom Himmel zur Erde, würde Zeus sie allein nach oben ziehen können, auch wenn sämtliche anderen Unsterblichen an ihr nach unten zögen. Die Olympier dürften entsprechend noch so viele und ihre Kräfte könnten noch so wunderbar sein, es wäre ihnen allen zusammen nicht möglich, Zeus zum Erdboden zu ziehen. Für ihn wäre es aber leicht, sie alle zusammen in die Höhe zu heben, samt der ganzen Erde und dem sie umfließenden Weltmeer.

Die Griechen nannten Zeus darum gern „den Höchsten", „den Obersten". Man dachte sich ihn, zusammen mit seiner Gattin und Schwester Hera, nicht „nur" auf dem Gipfel des Olymp thronend, sondern auch auf der heiligen Höhe unzähliger Berge. In Gortys wurde sogar ein „Zeus Asterios", also der Sternen-Zeus, verehrt, der Herrscher des nächtlichen Himmels und der Sonne zugleich. Hesiod sang: „Alles sieht das Auge des Zeus, und alles bemerkt es."

Die orphischen Dichtungen wurden erst in der Spätzeit der Antike bekannt. Sie wurden damals aber auf den frühgeschichtlichen Sänger Orpheus zurückgeführt; sie sollen sogar – als Inhalt mystischer Geheimkulte – schon Homer und Hesiod angeregt haben. In ihnen ist Zeus der Anfang und das Ende sämtlicher Dinge: „Zeus ist der Erste, und Zeus ist das Letzte, der Herrscher des Blitzes, Zeus ist das Haupt, die Mitte, aus Zeus ist alles geschaffen, Zeus ist der Grund der Erde, des sterngeschmückten Himmels, Zeus ist Mann, und Zeus ist unsterbliches weibliches Wesen..."

Die „Gottheit hinter den Göttern" ist eine Ahnung in unzähligen Religionen. Eine sehr reiche Mythologie besaßen ebenfalls die Tolteken und Azteken, diese Kulturvölker von Mexiko, lange vor der Ankunft der weißen Eroberer aus Europa. Auch sie kannten (nach Clavigero und anderen frühen Forschern) hinter sämtlichen Gestalten ihres Glaubens „Teotl", was Gott an sich bedeutet: Sie nannten ihn „die Macht des Ursprungs, durch die wir alle leben" – wir, d.h. die sterblichen Menschen ebenso wie die unsterblichen Götter.

Eine Veranschaulichung der zahllosen Mythen, die aus polaren Kräften die Welt entstehen lassen, ist das Yin–Yang der Chinesen, das selber aus der Urenergie des Tao, des Wegs der Welten, wurde.

Am Anfang der ostasiatischen Kultur soll Yin, das man immer zuerst nennt und dem Weiblichen gleichsetzt, den Nordhang bezeichnet haben, der sich von der Wärme und dem Licht der Sonne abwendet: Es sollte damit für Kühle, Schatten, nasses Wetter, Regenwolken stehen. Yang wäre dagegen der Sonnenhang, der stets in Verbindung mit dem Licht und der Wärme eines hellen Tages gedacht wurde.

Der Urgedanke wurde im chinesischen Volksglauben und von der hochentwickelten taoistischen Philosophie endlos weiterentwickelt: Yin wäre das Dunkle, Nächtliche, Fruchtbare, Gebärende, Weiche: Erde, Mond und Wasser. Yang bedeutete dementsprechend die Helligkeit, den Tag, die zeugenden Energien, das Harte: Himmel, Sonne und Feuer. Die beiden Grundkräfte, aus denen Gegensätze und Durchdringungen sämtlicher Erscheinungen der Natur erklärt wurden, bilden eigentlich eine notwendige Einheit: Der weiße Punkt im schwarzen Feld des Sinnbilds Yin-Yang und der schwarze im weißen sollen sagen, daß die Urenergien einander bedingen und daß sie „einsam" gar nicht denkbar sind.

Hier wurde der endlose Gehalt der chinesischen Mythologie zu einem Sinnbild zusammengezogen, das der Mensch leicht in einem Augenblick zu zeichnen vermag.

Links: Den Beginn und die Fortsetzung der Weltschöpfung erklären die ursprünglichen Wissenschaften Ostasiens, selber aus mythischer Schau hervorgegangen, aus der weiblichen Urkraft Yin (dunkel wie Erde und Nacht) und dem hellen, „männlichen" Yang. Man umgibt dieses Sinnbild gern mit den acht Trigrammen der Wandlung; es ist dies das Bild der verschiedenen Möglichkeiten, die man aus der Zusammenstellung 24 gerader Linien, von denen die Hälfte in der Mitte ungebrochen ist, gewinnen kann. So erkennt der Betrachter, wie aus der ersten Spannung, der Polarität der Kräfte, nach und nach die endlose Vielfalt der Welten entstehen konnte (Chinesisches Bild auf lackiertem Holz; Wellcome Institute, London).

Oben: Dämpfe, Flammen, glühende Gesteinsmassen strömen aus einem Vulkan, der aus dem Weltmeer hervorwächst. In solchen Naturvorgängen sahen schon die frühen Seevölker ein Bild, aus dem wir uns die Entstehung der Erde vorstellen können: Noch die Menschen der griechischen Kultur sahen in den Vulkanen Zauberküchen oder alchimistische Laboratorien des Schmiedegottes Hephaistos.

Unten links: Die Verbindung von Feuer (Yang) und Wolke (Yin) steht nach taoistischer Auffassung für die Entfaltung von Lebensenergien (Wettermanual, 19. Jh.; Durham University Library).

Seite 68: Auch in den indischen Mythen um die Entstehung des Kosmos herrscht „am Anfang" (häufig wird dieser als ein Neuanfang nach der Auflösung eines „früheren" Weltalls gedeutet) das formlose Chaos der Elemente. In ihm gewinnt dann „das goldene Ei des Schöpfergottes Brahma" die erste Form (Tempera; Indien, ca. 1775–1880).

Ahnungen der Naturvölker

Die Idee einer schöpferischen Kraft, die hinter allen Erscheinungen des Weltalls steht, wurde lange als ein Merkmal höchster Zivilisation angesehen. In den hochentwickelten Religionen treffen wir aber auch auf die Vorstellung, daß die Menschen das Werk eines „Gottes der Götter" sind und daß die „primitiven", ursprünglichen Menschen dem Schöpfer besonders nahestanden: Ihre Erkenntnis der Gottheit sei darum sehr unmittelbar gewesen, und sie hätten die Kräfte des Ursprungs viel besser gekannt als ihre eingebildeten Nachkommen in den folgenden Jahrtausenden.

Für Juden, Christen und Muslime stand die Gottheit dem Adam und der Eva liebevoll nahe, wie etwa die Eltern ihren Kindern. Viele Denker aus dem Umkreis dieser Religionen vermuteten darum, daß die erste Erkenntnis und die Weisheit der Urmenschen zumindest in Spuren bei allen Völkern überlebten: Mochten sie während der Völkerwanderungen noch sosehr durch die phantastischen Geschichten um Götter der Natur, Geister und Kobolde überdeckt worden sein, entdeckten die Denker überall auf der Welt trotzdem Ahnungen der „ersten und echten" Schöpfungsgeschichte.

In den Werken der Völkerkunde aus dem 16. und 17. Jahrhundert können wir

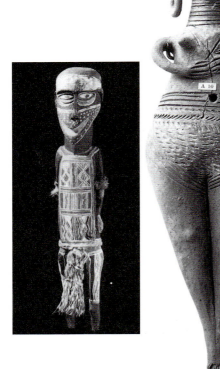

Oben links: Bild der geheimnisvollen Schöpfergottheit Banaitja aus Arnhemland, Australien (National Gallery of South Australia, Adelaide).

Oben rechts: Tonfigur aus Zypern, dem späteren Mittelpunkt des Kults der Aphrodite. Sie stammt aus der Zeit um 2500 v. Chr. und ist das an moderne Kunst erinnernde Bild der weiblichen Schöpferkraft der Welt (British Museum, London).

Rechts: Der ägyptische Schöpfergott Ptah, als Mauermalerei im Grab des Amen-hor-khepeshef (20. Pharaonendynastie, 12. Jh. v. Chr.). Eine klare Vorstellung der göttlichen Kraft, die nicht „nur" die Welt aus dem Chaos hervorrief, sondern sich um alle Wesen in Leben und Tod kümmert, sah man früher als Beweis einer „hohen" Kulturentwicklung an; heute erkennen wir hier immer mehr ein Erbe der ganz ursprünglichen Kulturen.

Seite 71: Auf dem berühmten Fresko Michelangelos, das als ein Höhepunkt der europäischen Kirchenkunst gilt, bringt die göttliche Urkraft durch Wort und machtvolle Bewegung die Welten hervor: Ihre Engel-Begleiter erscheinen als Sinnbilder der kosmischen Energien, die der Gottheit durch alle Ewigkeiten zur Verfügung stehen (Sixtinische Kapelle, Vatikan).

endlos Hinweise dieser Art vorfinden: Die Völker von Madagaskar, die über die Meere sehr viel an Anregungen von allen Seiten empfingen, hätten vor der Ankunft des Christentums eine gewaltige Anzahl verschiedener Geister gekannt und in ihren Bräuchen verehrt. Doch staunend habe schon der Missionar D. Jones aus den Geschichten „der alten Männer" (offenbar den Trägern der uralten Tradition) vernommen, daß es hinter und über all dem Volksglauben eine höchste Gottheit gebe, „die nicht schläft, alle Dinge sieht, das Böse bestraft, das Gute belohnt, alles beherrscht und bewirkt, was der Mensch unternimmt".

daß die Sonne auf einem mächtigen Herd glüht. Sie beobachten nun beim Herannahen der Regenzeit, daß die Wolken am Himmel immer mehr zunehmen. Sie verdunkeln das Gestirn des Tages, und alle Geschöpfe fürchten, daß die große Flamme „am Erlöschen" ist; dies Erlöschen würde für die gesamte Schöpfung das denkbar schrecklichste Unglück bedeuten. Doch der Hochgott, der Khamvum heißt, erbarmt sich der irdischen Wesen, die fest auf ihn vertrauen. Er macht sich, wie die Pygmäen sagen, „auf den Weg zur Sonne", um ihr gegen die zunehmende Finsternis beizustehen. Wie seine Völker im Buschland von Äquatorialafrika ist er ein gewal-

feuer dauernd mit neuem Brennstoff beleben müssen. Dadurch wird die ob der Feuchtigkeit der Regenzeit verlöschende Glut neu entfacht, und die Sonne erleuchtet die Welt wieder mit ihrer ursprünglichen Kraft.

„Er hat vernommen die Stimmen seiner Kinder", preist darum das Lied der Pygmäen den göttlichen Helden. Der Kreislauf des Jahres ist für diese Stämme eine wunderbare Offenbarung des großen Gottes: Er vernimmt die Gebete, die sein Volk an ihn richtet, und eilt den Menschen zur Hilfe. Für die afrikanischen Zwergvölker ist ihre Religion eine Wirklichkeit, die sie am Himmel und in ihrer irdischen Umwelt

Die Pygmäen-Stämme in Äquatorialafrika lebten bis in die Gegenwart hinein als Sammler und Jäger in der Steinzeit, und ihre Kultur wurde darum von oberflächlichen europäischen Beobachtern lange unterschätzt. Doch gerade bei ihnen gibt es urtümliche Mythen, in denen Naturbeobachtung und hohe Gottesvorstellungen eine Einheit bilden: Die Pygmäen glauben,

tiger Jäger: In seiner allmächtigen Hand hält er den Regenbogen.

Um das Verdunkeln und damit das Verlöschen der Sonne aufzuhalten, eilt er zur Milchstraße. Unermüdlich sammelt er von der Vielzahl der Sterne, aus denen sie besteht, einige in seinen Beutesack. Diese Lichter des Himmels schüttet er in die Sonne, wie auch die Menschen ihre Herd-

sehen: Erst durch das jährliche Eingreifen Gottes ist ihnen das Leben auf der Erde möglich.

In seinem Werk „Ursprung der Gottesidee" zeigt uns Wilhelm Schmidt, daß in allen Erdteilen gerade das Gottesbild der „primitiven", ursprünglichen Rassen aus den erhabensten Gedanken der Menschheit hervorgegangen sein muß.

Die Große Mutter

1 In der aztekischen göttlichen Mutter Tlazolteotl wird die jährliche Erneuerung des Lebens verehrt. Sie gebiert zum Erntefest den Maisgott Centeotl und schenkt den Völkern Mittelamerikas damit die Grundlage für deren Ernährung (Sammlung Robert Wood Bliss, Washington).

2 Die Große Mutter aus Bronze, ein Kunstwerk der indischen Kondstämme, ist ein Bild der Mutterliebe, die von der Gottheit ausgeht (Victoria and Albert Museum, London).

3 Bemalte Figur der Muttergöttin aus dem Palast von Knossos auf Kreta: Die erhobenen Hände stellen den Empfang der Himmelskräfte und ihre Weitergabe an die Geschöpfe dar.

4 Tonstatuette aus der vorgeschichtlichen Induskultur (2700–1800 v. Chr.), die zahlreiche Muttergottheiten kannte. Aus diesen entwickelte sich das übermächtige Bild einer Großen Mutter, die die indische Mythologie als Maha-Devi, Maya, Kali, Durga, Parvati usw. kennt: Sie bringt die Schöpfung hervor und löst sie wieder auf. In vielen religiösen Dichtungen wird sie zum Bild des ewigen Kreislaufs, des Anfangs und Endes der Welten (Museum von Karachi, Pakistan).

5 Fruchtbarkeitsgottheit aus Amlash, Iran, 9.-8. Jh. v. Chr. Die vorderasiatischen Kulturen hinterließen eine Unzahl von Muttergottheiten, die dann in den Mythen der Sumerer, der Hethiter, Babylonier und Assyrer eine wichtige Rolle spielten: Wir erinnern nur an Tiamat, die Mutter des Chaos und Gegenspielerin des männlichen Gottes Marduk, oder auch die Liebes- und Lebensgöttin Ischtar (Privatsammlung).

6 Eine Tonfigur des afrikanischen Volkes der Aschanti (Ghana) zeigt die Erdmutter. Sie trägt in den Händen eine Öllampe und schenkt damit den Menschen Licht und Leben (British Museum, London).

7 Muttergottheit, Bringerin der Fruchtbarkeit, aus Anatolien. Sie stammt aus dem Neolithicum (6. Jh. v. Chr.; Privatsammlung).

Für viele ursprüngliche Völker wird das Ur-Paar nicht aus den ersten beiden Menschen gebildet – diese sind vielmehr nach dem Bilde der „kosmischen Ehe" erschaffen, der untrennbaren Einheit des großen Schöpfergottes und der Göttin.

Verschiedene Stämme der Sinti und Roma, die trotz des langen Aufenthalts im kulturellen Umfeld Europas sehr alte Vorstellungen bewahrten, kennen neben Gott (Del oder Dewel) die mit ihm verbundene „göttliche Mutter", die Dewleskeri Dai. Sie wird selbstverständlich mit der christlichen Maria gleichgesetzt. Sie ist aber möglicherweise eine Urgestalt des Mythos, da schließlich – den Nomaden zufolge – „ein Mann ohne eine Frau an seiner Seite gar nicht bestehen kann". Beide sind im Himmel umgeben vom strahlenden Volk der „Gotteskinder" (dewleskero tschawo), was offenbar gleichermaßen „Sterne" oder „Engel" bedeuten kann.

Für verschiedene Sinti- und Roma-Stämme wird die Erde (phu) mit diesem göttlichen weiblichen Wesen gleichgesetzt. Sie erscheint dann als die „Mutter alles Guten". Sie ist hochheilig und war zu Anfang der Zeiten schon da; sie mußte also gar nicht erschaffen werden. Nach dem weisen Khalderasch-Zigeuner Zanko, der in Lyon die Nomaden-Sagen vom Schwarzen Meer erzählte, wurde sogar Gott (wie sein Widersacher, der Teufel) aus der großen Mutter Erde erschaffen!

Die Erde als eine göttliche Frau erscheint auch in den altgriechischen Kulturen. Gaia ist die Ahnfrau ziemlich sämtlicher Götter, der Menschen und überhaupt aller Wesen. Diese als weiblich gedachte Erde wurde in der antiken Welt hoch geehrt, und die bildlichen Vorstellungen, die dabei um sie entstanden, beeinflußten noch die Künstler des christlichen Mittelalters.

*Du nur kannst uns Verzeihen gewähren, Große Mutter,
du Brahma-Hohe, dich wir grüßen,
deren Erbarmen uns umlodert wie Lichteslohe.
Höher du thronst als der Allerhöchste, selbst du,
der Weltprinzipien Verächterin; Einheit von Geist und Sein du:
doch Zweiheit in dem Vereinen beider Geschlechter.
Anfanglos ewige Schöpfungen rollen ins Dasein,
du bist ihre mächtige Ruferin:
Schönheit und Liebe drin jubeln und ebben jauchzend an
ewiger Freude Ufer. Du öffnest dein Aug',
und in buntem Wirbel tanzen vorüber die Weltengebilde,
ein Spiel des Ew'gen; sie kommen und gehen in zahllosen Reihen,
o Mutter, du Milde!
Dein Schöpferspiel rufet die Welten ins Dasein,
schleudert sie wieder ins Nichts und Verderben;
dich wir verehren, allmögende Herrin.*

Aus der Sakti-Gita, Indien

Eine gleichermaßen uralte und moderne Verehrung der Großen Mutter wanderte mit den Schwarzen aus dem westafrikanischen Kulturkreis der Yoruba nach der Karibik und Südamerika. Ihr Name lautet Jjemaja (Yemaya), und sie gilt als die Trösterin und Retterin der Sklaven, die grausam nach dem amerikanischen Erdteil verschleppt wurden. Sie war die Göttin der Fruchtbarkeit und des Familienglücks, der festen und erfreulichen Verbindungen zwischen den Geschlechtern, also die Mütterlichkeit selber. Ihre Farben sind meerblau und weiß, genau wie die aufschäumenden Wogen des Meeres, über das sie seit dem Anfang der Zeiten herrscht. Prachtliebend und stolz, wie sie ist, trägt sie damenhaft Fächer, Palmwedel und Pfauenfeder. Schiffe und Seetiere sind ihre Sinnbilder, dazu Wasservögel, aber auch die Pfauen. Letzteres erinnert uns an die antike „Königin der Götter" Hera oder Juno! Mit ihr teilt Jjemaja ihr Wesen, das – für den modernen Europäer fast unverständlich – gleichzeitig Tugendreinheit und maßlose Liebe zur Sinnlichkeit verbindet.

Den engen Beziehungen Jjemajas zum Meer und seinen verschiedenen Zuständen entsprechen auch die Tänze, mit denen ihre Verehrer sie darzustellen versuchen: Sie kennen einerseits stille und freundliche Bewegungen, die die ruhigen und mütterlichen Wasser, aus denen alles Leben der Erde entstand, darstellen sollen. Dann werden sie aber rasch und drohend wie das Meer, das vom rasenden Sturm gepeitscht und aufgewühlt wird.

Während die anderen Götter, selig in ihren „Welten ohne Tod", sehr häufig die Not der Sterblichen vergessen, betrachtet sich die Erde stets als ihre großherzige und gütige Mutter. In den indischen Mythen ist sie es, die, wenn das Leben in unserer Welt unerträglich wird, zum Gott Vishnu eilt und ihn um eine Veränderung anfleht. Und wenn in den russischen Volksliedern und Märchen schreckliche Zustände dargestellt werden, heißt es oft, „daß die große Mutter-feuchte-Erde (mat-syrajzemlja)" angefangen habe, zu weinen und zum Himmel emporzustöhnen.

Links: Statuette einer Sirene (Kalkstein, Zypern; Musée d'Archéologie Mediterranéenne, Marseille).

Rechts: Bild aus dem Codex Borgia, einer wichtigen Quelle der aztekischen Kultur: Die Große Mutter gebiert am Anfang der Welt Geschöpfe, die zu Göttern heranwachsen (Cholula-Tlaxcala-Kultur, Mexiko, 15. Jh.; British Museum, London).

1 Halbnackte weibliche Gestalt aus der Bronzezeit (Jütland, Dänemark): Sie wurde als ein Bild der nordgermanischen Liebesgöttin Freya gedeutet (Nationalmuseum, Kopenhagen).

2 Die griechischen und vorderasiatischen Kulturen sind voll von Sagen um die Wundergeburten der Götter und Helden: Hier eine Muttergöttin mit Kind aus Mykene, 1400–1200 v. Chr. (Louvre, Paris).

3 Jungsteinzeitliche Tonfigur einer Fruchtbarkeitsgöttin, die man in Thrakien fand – dem Land der Verbindung zwischen den Kulturen des griechischen Mittelmeerraumes und des Balkan-Hinterlandes (Naturhistorisches Museum, Wien).

4 Kanaanitische Göttin (um 930–620 v. Chr.), deren Hände auf Hüften und Bauch auf ihre Beziehung zur Fruchtbarkeit hinweisen.

5 Fruchtbarkeitsgöttin aus Syrien, Ende des 2. vorchristlichen Jahrtausends.

6 Prächtig mit einer Blumenkrone – wohl aus Gestirnen und stilisierten Strahlen – geschmückt: eine bengalische Muttergöttin aus dem 2. vorchristlichen Jahrtausend (Victoria and Albert Museum, London).

7 Darstellungen weiblicher Gottheiten, deren Organe der Fruchtbarkeit oft überbetont sind, gehören zu den ältesten Kunstwerken der Menschheit. Hier die berühmte Venus von Lespugue, eine Elfenbeinfigur aus der französischen Altsteinzeit, eine Vorläuferin der großen Göttinnen der schon historischen Kulturen (Musée de l'Homme, Paris).

1 In Anatolien fand man diese neolithische Skulptur, die im 6. Jtsd. v. Chr. entstanden zu sein scheint und die bereits eine Vorläuferin der späteren mythischen Götterfamilien der Kulturen des Mittelmeeres und Vorderasiens ist: Auf der linken Seite der Skulptur verbindet sich ein Götterpaar; rechts ist die Göttin mit dem Kind, das aus der Umarmung entstanden ist, zu sehen („Heilige Hochzeit", Çatal Hüyük, Türkei).

2 Weibliches Idol aus dem 6. Jahrtausend, gefunden in Hacilar, Anatolien (Museum von Ankara).

3 „Venus" von Bassempouy, Frankreich, Aurignacienzeit. Auch hier wurde der steinzeitlichen Darstellung der schöne Name von Forschern gegeben, die bei ihrem Fund an die Göttin der antiken Kultur erinnert wurden (Musée de l'Homme, Paris).

4 „Venus" von Menton, Frankreich, Aurignacienzeit (Musée des Antiquités Nationales, Saint-Germain-en-Laye).

5 Weibliche Marmor-Statuette aus dem griechischen Naxos: Stilistisch ein Übergang von den vorgeschichtlichen Darstellungen der Fruchtbarkeit zu den Göttinnen der Antike (Ashmolean Museum, Oxford).

6 Die altsteinzeitliche „Venus" von Willendorf aus dem österreichischen Krems. Durch Größe betont sind nicht nur die Körperteile, die eigentlich auf die Fruchtbarkeit deuten (Brüste, Bauch, Geschlechtsteile, Gesäß), sondern auffallenderweise auch der Kopf (Naturhistor. Museum, Wien).

7 Die altsteinzeitliche „Venus" von Laussel, Frankreich. Wichtig ist das Horn (ein Mondsymbol?) in ihrer rechten Hand: Besteht eine unmittelbare Beziehung zu den Wundergefäßen der Mythologien, die den „Unsterblichen" und ihren menschlichen Freunden Lebenskraft und Erneuerung schenken? (Musée de l'Homme, Paris).

8 Eine Göttin nährt Zwillinge mit ihren Brüsten. Die beiden Kinder wurden gelegentlich als Sonne und Mond (Apollo und Diana) gedeutet (Süditalische Skulptur, Syrakus, 6. Jh. v. Chr.).

9 Bei kultischen Veranstaltungen getragene Maske der afrikanischen Fruchtbarkeitsgöttin Nimba, verehrt bei den Bagastämmen in Guinea (Staatliches Museum für Völkerkunde, München).

Himmel und Erde als erstes Liebespaar

*„Auf den Bergen
kann der Mensch nicht lügen,
weil er auf ihnen
an Himmel und Erde denkt."*

Glaube eines Huzulenhirten in den Karpaten
(nach Stanislaw v. Vincenz)

Verständlicherweise setzen die zahllosen Mythen, die wir bei den Völkern der Erde finden, ein Urpaar, Mann und Frau, an den Beginn der menschlichen Geschichte. Es vermischen sich aber die Erzählungen über die ersten beiden Erdbewohner – nach der Bibel, dem Talmud und dem Koran: Adam und Eva – mit der Vorstellung von der „kosmischen Ehe" von Himmel und Erde.

Himmel und Erde seien am Anfang der Schöpfung „aufeinander gelegen", heißt es etwa. Aus ihrer Liebe werden die Geschöpfe gezeugt und geboren, aber erst ihr Uranos. Nach ägyptischen Vorstellungen wird hingegen der Boden von einer männlichen Gottheit gebildet; über sie wölbt sich die Sternenfrau.

Nach der Ansicht der osteuropäischen Sinti und Roma, die der große Forscher Heinrich von Wlislocki als erster aufschrieb, lebten einst Himmel und Erde als Frau und Mann zusammen. Die Kinder, die dem Paar im Lauf der Zeitalter entstanden, waren die Mächte der Elemente – der Sonnenkönig, der Mondkönig, der Feuerkönig, der Windkönig und der Nebelkönig. Diese Kinder trennten die Eltern, um

Die Liebesvereinigung eines Urpaares ist in vielen Mythologien der Beginn der Schöpfung. Bei den Ägyptern ist es der männlich gedachte Erdgott Geb, der sich mit der weiblichen Nut liebt, die das Himmelsgewölbe ist: Die gehobenen Knie und auch das aufragende Geschlechtsteil des liegenden Mitschöpfers bilden sich ab in den Bergen, die sich in den Luftraum, den Gestirnen entgegen, erheben (Ägyptischer Papyrus; British Museum, London).

Auseinanderrücken schafft die Voraussetzungen für die Entfaltungen des Lebens, wie wir es kennen: Nicht nur die Menschen, auch die Tiere und Pflanzen sind dadurch alle Geschwister, die zahllosen Kinder des ersten Paares.

Himmel und Erde, die die erste Ehe darstellen, werden in Mythen dieser Art als Bruder und Schwester aufgefaßt. Sie sind dunklen Vorstellungen zufolge oft selber aus einer großen Gottheit hervorgegangen und stehen damit am Anfang der Schöpfung, wie wir sie kennen. Für die Auffassung der Antike – die wir aber in ganz verschiedenen Kulturen der Erde in ähnlicher Art wiederfinden – liegt bei diesem ewigen Paar der weibliche Teil, Mutter Erde, unten; über ihr liegt Vater Himmel,

eine gewisse Selbständigkeit gegenüber dem Paar zu gewinnen.

Himmel und Erde wurden nun auseinandergerückt, wozu der mächtige Windkönig den entscheidenden Beitrag leistete. Fast wie bei sterblichen Paaren, wenn sie sich scheiden, wurden die Kinder zwischen den beiden Urmächten aufgeteilt: Die Erd-Frau erhielt den Feuer- und den Nebelkönig, die anderen drei sprach sie dem himmlischen Vater zu. Doch diese klammerten sich bei der Trennung an das Gewand der Mutter, wie kleine Kinder, wenn sie roh weggerissen werden! So deutet dieser Mythos die Entstehung der Gebirge, die demnach nichts anderes sind als die in die Höhe gezogenen Teile der Tracht der Großen Mutter...

1 Wie zwei niedliche Pilz-Geschwister erscheint das „Urpaar" auf einer hethitischen Tonfigur aus dem 3. Jahrtausend v. Chr. Es ragt über einem Kreis auf, den man als Bild der Welt deutete.

2 Bild des ägyptischen Urpaares Schu und Tefnut, die vom Urgott Atum geschaffen wurden.

3 Bei dieser hethitischen Doppelgestalt, die ebenfalls als das Urpaar gedeutet wurde, sind die beiden Wesen des Anfangs deutlich getrennt und bilden doch eine Einheit: Auch hier finden wir den Gedanken, wie er am klarsten im chinesischen Yin und Yang dargestellt wird (Alaca Hüyük, Ankara).

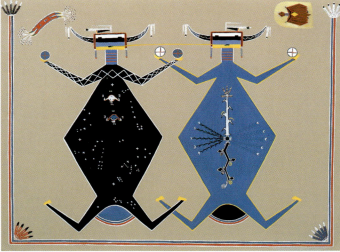

4 Auf dem Lager, das als Kosmos gedeutet werden kann, vereinigen sich Himmel und Erde (Sumerisches Rollsiegel, frühes 3. Jahrtausend v. Chr.; University of Chicago, Oriental Institute).

5 Die ägyptische Himmelsgöttin Nut wurde in Sarkophagen abgebildet. Mit erhobenen Armen leitet sie die Seele des Verstorbenen – und ist das Bild der aufsteigenden Sonne. Der Skarabäus unter ihren Füßen verweist auf die ewige Bewegung und Wandlung des Lebens (Holzsarkophag aus Theben, 2. Jh.; British Museum, London).

6 Auf der Zeichnung des Indianervolks der Navaho sehen wir den Himmelsherrn mit den Sternen geschmückt und die Erdmutter mit der heiligen Maispflanze, dem Sinnbild der Fruchtbarkeit, in der Mitte (Museum of Navaho Ceremonial Art, Santa Fe).

7 Skandinavische Felszeichnung der Erdgöttin und des Himmelsgottes aus Bohuslän, Schweden. Der Körper der deutlich männlichen Gestalt scheint aus einem Sonnenrad gebildet zu sein (Nationalmuseum, Kopenhagen).

Die Erde nahm die emporgezogenen Stücke ihrer Kleider nicht mehr zurück, weil diese nun Verbindungen zu ihren Kindern darstellten. Sie vervollkommnete noch die Schöpfung, die aus der großen Trennung entstanden war: Die Gipfel der Berge wurden durch die Mutter mit allerlei Feen und Geistern bevölkert. Sie wurden dadurch zu heiligen Plätzen, auf denen die oberen und unteren Kräfte verschmelzen können.

Es soll nach der Auffassung der Sinti und Roma sieben besonders mächtige Berge geben – auch wenn kaum viele Menschen wissen, welche es sind. Alles, was in deren Umkreis geschieht, bringt den Menschen Gelingen und Glück. Am Fuß dieser Berge sprudeln wunderbare Quellen, deren Wasser eine besondere Heilkraft hat. Auf diesen Bergen kann sich auch das heilige Urpaar, trotz der Trennung ihrer ursprünglichen Verbindung, noch immer finden und leidenschaftliche Küsse austauschen.

Nach schönen Sagen besaßen die Zigeunerstämme einst Flügel. Mit diesen zogen sie von Berg zu Berg, um auf allen Höhen die Kraft der ewigen Verbindung von Himmel und Erde zu spüren. Die Flügel hätten sie längst verloren, heißt es, aber noch immer seien sie gern in der schützenden Nähe der Berge: Hier würden sie die ewige Verbindung der oberen und unteren Kräfte noch immer verspüren und dadurch erkennen, daß die himmlischen und irdischen Dinge noch immer durch die erste Liebe verbunden sind.

Das Lebewesen des Anfangs

Am Anfang der Zeiten entstand, hervorgegangen aus dem Chaos der Urzeit, ein gewaltiges, aber schon entfernt menschenähnliches Wesen: Bald ist es ein Besitzer von göttlichen Kräften, die dann bewußt das Weltall erschaffen; bald ist es selber von dieser Urkraft gebildet worden, sozusagen als Entwurf und Urstoff zu späteren Welten. Gelegentlich wirkt die Sage um dieses erste Lebewesen wie eine Ahnung der neueren naturwissenschaftlichen Erkenntnisse, die davon ausgehen, daß alle materiellen Erscheinungen aus den gleichen Elementen gebildet wurden.

Bei den mexikanischen Azteken bringen die beiden großen Götter Quetzalcoatl und Tezcatlipoca die Erdgöttin „vom Himmel herab": „Sie hatte an allen Gelenken Augen und Mäuler." Als dieses Urwesen auf unsere Welt kam, war dort schon das Wasser – niemand weiß, wer es erschuf. Die beiden Götter verwandelten sich in Schlangen, und sie zogen und zerrten so lange an der Erdfrau, bis sie sich teilte: Aus der einen Hälfte wurde die Erde, aus der anderen die sichtbare Oberwelt.

Die Götter trösteten nun in ihrer Gesamtheit das fruchtbare Urwesen, das of-

Unten: Der Urmensch Wandschina, hier von den Australiern der Kimberley-Berge liegend dargestellt. Aus seiner Seite erheben sich, offensichtlich als seine verkleinerten Abbilder, die ersten Menschen (Staatliches Museum für Völkerkunde, München).

Rechts unten: Aus den Gliedern des Ur-Riesen Pan-ku entstehen im chinesischen Mythos die Elemente und die Geschöpfe, die das Weltall bevölkern. Er selber wurde aus dem Chaos des Beginns geboren und trennte zunächst das All in das weibliche Prinzip der Erde und das Männliche des Himmels: Das Bild dieser Polarität, Yin und Yang, wurde zum wohl wichtigsten Zeichen im Denken Ostasiens (Lithographie, China, 19. Jh.; British Museum, London).

Seite 79, links: Die große Meergottheit Tangaroa erscheint in der Kunst Polynesiens als Urwesen, aus dessen Körperteilen heraus sich sämtliche Lebewesen, Tiere, Menschen und Götter herauslösen und zu einem selbständigen Dasein entwickeln (Rurutu-Inseln, Polynesien; British Museum, London).

Seite 79, rechts: In der skandinavischen Mythologie befreit die Urkuh Audumla durch stetes Lecken die Wesen Buri und Bör aus dem Eis von Rosenheim. Der Riese Ymir, aus dem dann die Welt in unserem Sinne entsteht, trinkt ihre Milch (Gemälde von N. A. Abilgaard, 1743–1809; Nationalmuseum, Kopenhagen).

fenbar zuerst ob dem Verlust seiner Einheit traurig war. Sie brachte nun alle Lebensmittel hervor, die für die Erhaltung der Menschen notwendig sind: Nach dem Willen der Himmlischen wurden aus den Haaren der Erdgöttin die Blumen, Bäume und Gräser. Aus ihrer Haut wurden die zarten Kräuter und Blüten. Aus ihren Augen wurden die Brunnen, Quellen und kleinen Höhlen. Aus ihren Nasenlöchern entstanden die Bergtäler, aus ihren Schultern die Berge.

In den skandinavischen Dichtungen der Edda teilen die Götter den Urriesen Ymir. Im Grimnismal steht:
„Aus Ymirs Fleisch ward die Erde geschaffen.
Aus dem Schweiß die See;
Aus dem Gebein die Berge;
Die Bäume aus dem Haar,
Aus der Hirnschale der Himmel."

das glitzernde Gespinst der nächtlichen Sterne. In den gewaltigen Strömen Chinas floß sein Blut, aus dem Schweiß entstanden Regen und Tau. Sein Fleisch ergab die gute Ackererde, an seine Glieder erinnern die Berge. In Gold und Jade erkennen wir noch heute die Zähne P'an-kus, seine Samen und sein Mark sehen wir in den Perlen.

Noch ein letztes Beispiel aus den Vorstellungen der Marianen-Inseln in der Süd-

Aus dem Hirn selber entstanden die Wolken, und aus den Augenbrauen wurde Midgard, die Welt der Mitte, die eigentliche Heimat der Menschenvölker.

Eine verwandte Gestalt ist der Riese Pan-ku, der anscheinend von den Miao-Yao-Völkern sogar als Weltgottheit angesehen wird. Als Himmel und Erde noch wie Dotter und Eiweiß im Vogelei zusammenhingen, erwuchs der gewaltige Urmensch aus dem Chaos. Erst 18 000 Jahre nach seiner Entstehung trennten sich die klaren und trüben Stoffe, Himmel und Erde. Dazwischen wuchs der gewaltige Riese, und er wurde zur tragenden Säule der Weltordnung; eine Art Lebensbaum, der vom festen Boden bis zum Sternenzelt reichte.

Als dieses erste Geschöpf nach langen Zeitaltern starb, wurde sein Odem zu Wind und Wolken, seine Stimme zum Donner. Sein linkes Auge ließ die Sonne entstehen, sein rechtes den Mond, sein Haupthaar ist

see: Vor einer Unzahl von Jahren lebte ein Mensch, dessen Name mit Pontan wiedergegeben wird, in endlosen Welträumen. Als er sein Ende nahen fühlte, bat er seine Schwestern, aus seiner mächtigen Brust und seinen Schultern Erde und Himmel entstehen zu lassen, aus seinen Augen Sonne und Mond – und aus seinen Augenbrauen den Regenbogen.

In all diesen Sagen, die man beliebig vermehren kann, sieht sich der Mensch mit sämtlichen Naturerscheinungen verwandt, betrachtet er die Vorgänge in der Gesamtheit des Kosmos nicht viel anders als die in seinem Körper. Wenn die Gelehrten des Altertums und des Mittelalters gern den Makrokosmos und den Mikrokosmos, also die große und die kleine Welt, miteinander verglichen, waren dies nicht nur hochentwickelte philosophische Erkenntnisse: Auch hier wirkte die großzügige Schau der uralten Mythen nach.

Die Erschaffung des Menschen

Unten rechts: Die Horizontalstreifen aus der Grandval-Bibel von Tours zeigen die Bildung von Adam und Eva durch die doppelt dargestellte Gottheit: Die Frau wird also gleichzeitig mit dem Mann aus den Erdstoffen erschaffen – und nicht etwa aus dessen Rippe! Auch ist die Schöpferkraft, der Engel beistehen, offensichtlich jung und schön gedacht.

In der zweiten Reihe segnet die Gottheit die ersten Menschen und erklärt ihnen den Sinn des Paradieses, das zuerst ihre Welt ist. Die dritte Reihe zeigt den Sündenfall, die vierte die Austreibung aus dem Garten Eden und das schwere Dasein der beiden auf dem Erdboden (Karolingische Miniatur, um 840; British Library, London, Add. Ms. 10546, fol. 5 v.).

Auf der gesamten Welt gibt es, wie wir schon sahen, Mythen, nach denen die sichtbaren Dinge, die Sterne, die Erde und ihre Meere, nur Teile der gewaltigen Gestalt des Urmenschen sind. Verständlich erscheinen uns darum die Sagen, nach denen die Ahnen der kleinen Menschen der Erde, für die Bibel Adam und Eva, aus sämtlichen Bestandteilen erschaffen wurden, die ihre Umwelt darstellten.

Auch für die volkstümliche Vorstellung, wie sie im 19. Jahrhundert niedergeschrieben wurde, schuf Gott sein letztes Kunstwerk, den irdischen Menschen, mit Bausteinen aus der ganzen bereits von ihm vollendeten Welt: Aus Erde wurde das Fleisch Adams, aus Steinen seine festen Knochen, aus Wasser sein Blut, aus Sonne die Augen, aus den fliegenden Wolken seine Gedanken, aus dem wehenden Wind der Atem, aus Feuer seine Lebenswärme.

Der erste Mensch war nun ein wunderbar schönes Kunstwerk, aber noch seelenlos. Gott war mit seiner Arbeit zufrieden und beschloß darum, sie zu vollenden: Er machte sich auf den Weg zu seinem strahlenden Sternenhimmel, um für sein vollkommenes Bild die unsterbliche Seele zu holen! In seiner Abwesenheit nahte der Teufel, der offenbar schon während der Schöpfung seine schlimme Aufgabe wahrnahm, die erfreuliche Entwicklung der Welt nach Möglichkeit zu stören.

Als nun der Böse, der selber recht häßlich und widerlich war, die Schönheit des Urmenschen erkannte, ergriff ihn der wahrhaft teuflische Neid. In blinder Wut packte er einen Stecken und stürmte damit

Oben: Auf dem 1530 entstandenen Tafelbild „Das Paradies" von Lukas Cranach d. Ä. (1472–1553) hebt die Gottheit mit viel Sorgfalt, fast wie eine Hebamme, die erste Frau Eva aus dem Leib des schlafenden Adam.

Ganz oben: Der erwachende Adam, wohl noch Traum und Wirklichkeit kaum unterscheidend, wendet sich der soeben von Gott erschaffenen Eva zu, die ihn voll Liebe anblickt (Fresko von Raffael Santi, 1483–1520; Loggien, Vatikan).

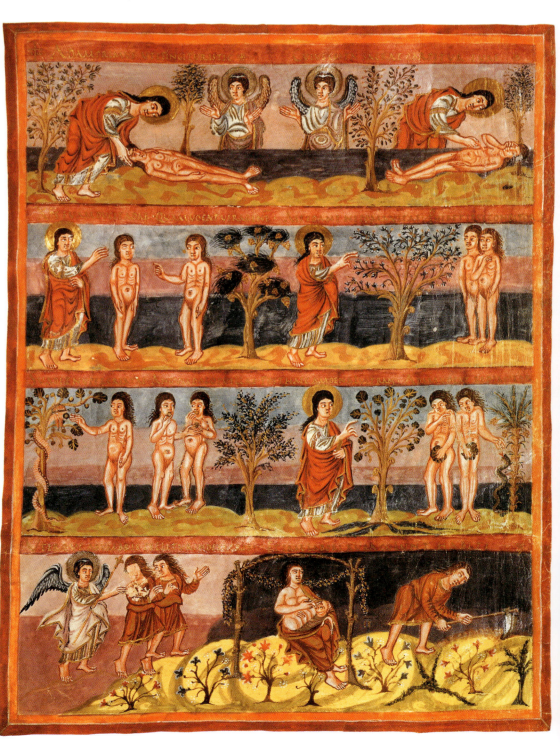

80

auf den noch unbeseelten und damit schutzlosen Leib los, als wäre er sein allerschlimmster Feind: Er stocherte im Abbilde Gottes, das unser Vorfahr äußerlich ja war, unbarmherzig herum.

Nach dieser Untat verschwand der Teufel, voll Jubel darüber, daß er, wie er meinte, Gottes Absicht gründlich durchkreuzt hatte. Dieser war auch, als er mit der unsterblichen Seele vom Himmel zurückkam, voller Entsetzen über den Schaden. Doch in seiner ewigen Weisheit wußte er sofort guten Rat: Er pflückte die Kräuter, die im Umkreis wuchsen und der Schmuck der Schöpfung waren. Mit ihnen verstopfte er sorgfältig all die Risse und Löcher, die der Teufel in seiner blinden Wut dem Leib Adams zugefügt hatte. Jetzt war der Körper des ersten Menschen wieder vollkommen und konnte mit der unsterblichen Seele aus dem Himmel belebt werden.

Weil aber der Teufel das wunderschöne Bild überall geschädigt hatte, sind wir an allen Teilen unseres Leibes von unzähligen Übeln gefährdet. Kein Glied ist an uns, das nicht von Krankheiten angegriffen werden kann, und es ist keines, in dem nicht Qualen für den Menschen entstehen können. Mancher meint darob, schon auf Erden in der Hölle zu sein: Verzweifelt kommt ihm der Gedanke, dem Teufel sei es gelungen, die guten Absichten des Schöpfers völlig zu durchkreuzen und sein edles Kunstwerk für alle Zeiten zu schädigen.

Doch wir dürfen nie vergessen, daß Gott es in seiner Weisheit verstanden hatte, die Schäden am Menschenbild mit Hilfe der

Ganz oben: Tiki ist der Menschenschöpfer der Maori Neuseelands, die ein Zweig der weitreichenden Meereskultur der Polynesier sind. Auch er bildete die ersten Menschen aus nassem Lehm (British Museum, London).

Oben: Die berühmte Darstellung der Erschaffung des Menschen, wie sie Michelangelo für die Sixtinische Kapelle schuf. Die himmlische Gottheit, von Engeln getragen, überträgt mit ihrem Zeigefinger ihre Kraft in den auf einem Berg erwachenden Urmenschen.

Rechts: Die Griechen benannten als den Bildner der ersten irdischen Menschen Prometheus, den schöpferischen Geist der Erde – aber auch den Schmiedegott Hephaistos. Hier formt die göttliche Urkraft zuerst das Skelett als festes Gerüst des neuen Lebewesens (3.–2. Jh. v. Chr.; British Museum, London).

Kräuter zu beheben, die im Paradies wuchsen. Darum können auch wir gegen jede teuflische Schädigung die Gesundheit wiederfinden, wenn wir uns nur in Wald und Feld nach den richtigen Heilpflanzen umschauen.

Auch in den Mythen der Ewe, die in Westafrika leben, erschuf Gott den Menschen am Anfang der Schöpfung. Dies war aber kein einmaliger Vorgang, sondern er geht noch heute mit unverminderter Kraft weiter. Jeder Mensch wird von Gott neu fertiggestellt, freilich in winziger Gestalt, und diese winzige Gestalt wird von ihm jedesmal in einen Frauenleib eingesenkt, damit er heranwachse: Das Schöpfungswunder der Urzeit wiederholt sich mit jedem neuen Kind.

Die Stammesmutter der Huronen

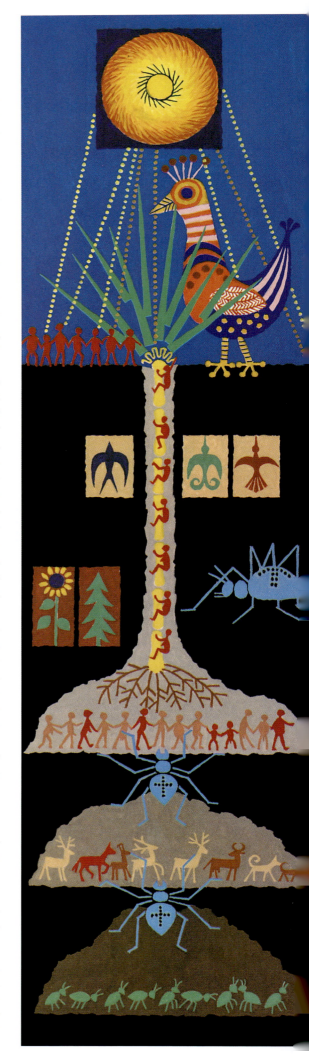

Es gibt recht ursprüngliche Mythen, in denen der weibliche Teil der Gottheit eine Hauptrolle bei der Schöpfung unserer Welt und des Menschen spielt. Hier nur ein Beispiel aus der religiösen Sagenwelt der nordamerikanischen Huronen, das vom katholischen Priester Paul Le Jeune 1636 in Europa veröffentlicht wurde. Er stellte fest: „Sie erkennen für das Haupt ihres Volkes eine gewisse Frau, die sie Ataensic nennen, die ihnen, so sagen sie, vom Himmel zufiel."

Ihr Name bedeutet „altes Weib", was wir wahrscheinlich als „Ur-Frau" zu verstehen haben, denn dieser Name bezieht sich nicht auf ihr Aussehen. Sie scheint nach den Sagen der Huronen, gleich den göttlichen oder himmlischen Wesen bei fast allen Völkern, genauso aussehen zu können, wie es ihr beliebt – also auch blühend jung und glänzend schön.

Gelegentlich wurde Ataensic von den Indianern auch der fruchtbaren Erde oder dem Mond gleichgesetzt. Sie lebte ursprünglich in einer „oberen" Welt, die aber der unseren gar nicht unähnlich war. Aus verschiedenen Gründen, gelegentlich vernehmen wir gar: „aus Neugier", läßt sie sich in einen unheimlichen Abgrund fallen. Nach einem längeren Sturz kommt sie endlich in unsere Welt, die aber völlig mit Wasser bedeckt ist. Es handelt sich dabei nicht etwa um die Wasser einer Sintflut, die auch in den Indianersagen recht häufig eine lasterhafte Zivilisation wegfegt. Es sind vielmehr die geheimnisvollen Fluten des Anfangs.

Solche heiligen Geschichten finden sich, ziemlich ähnlich, auch bei anderen ursprünglichen Völkern des nordamerikanischen Erdteils. So handelt es sich bei den Irokesen bei dem auf die Erde fallenden Mädchen um die Tochter des himmlischen Häuptlings. Die hilfreichen Geschöpfe – es werden Biber, Schildkröte, Kröte, Wasservogel genannt – wollen der von oben herabgefallenen Frau helfen. Sie tauchen in die Tiefe, um Erde heraufzuholen, und dank ihnen entsteht unsere Welt, eine Insel auf dem endlosen Meer. In indianischen Mythen erscheint darum die Vorstellung, daß der trockene Boden von einer Schildkröte über den Fluten emporgehalten wird. (Auf dem Rücken eines solchen riesenhaften Tieres schwimmen auch in der hinduistischen Mythologie die Erdteile, die zusammen eine Lotosblüte bilden.)

Die Himmelsfrau gebar nun – bei unverminderter Jungfräulichkeit – das erste irdische Zwillingspaar. Der eine Bruder wurde in einem wilden Kampf getötet (was die Christen gern als einen Überrest der Legende von der mörderischen Auseinandersetzung zwischen Kain und Abel deuten). Auf den unbesiegbaren Krieger, der aus dem Streit hervorging, führen nun die Huronen ihr Volk und auch sämtliche ihnen bekannten Künste zurück: die Benutzung des Feuers, die Jagd, das Fischen, die Landwirtschaft und überhaupt die Kenntnis der für den Menschen nützlichen Eigenschaften der Pflanzen, die Schiffahrt, das Herstellen der Werkzeuge und namentlich der Waffen.

Solche Vorstellungen, wie wir sie bei den Indianern in einer berauschenden Vielfalt vorfinden, können wir verstandesmäßig kaum einleuchtend deuten. Erinnern wir uns an die Phantasie unserer eigenen Träume, stehen uns solche mythischen Bilder aber erstaunlich nah. Ich erinnerte mich, als ich die Geschichte der neugierigen Himmelsprinzessin Ataensic niederschrieb, an das wohl berühmteste englischsprachige Märchen „Alice im Wunderland" des stark zur Mystik neigenden Dichters Lewis Carroll. Die Heldin des so beliebten Buches schläft ein und gerät in eine andere Wirklichkeit.

Sie folgt einem weißen Kaninchen in eine Höhle. Sie stürzt nach einer kurzen unterirdischen Wanderung in einen Abgrund und landet im Meer einer anderen Welt. Sie kann sich aber durch Schwimmen, nicht ganz ohne die Hilfe von redenden Tieren, retten und ist nun im eigentlichen „Wunderland". Hier ist alles möglich, und sie erlebt phantastische Abenteuer ohne Zahl – bis sie erwacht und sich in ihrem Elternhaus wiederfindet.

Ein modernes Bild aus der Mythologie der nordamerikanischen Hopi-Indianer zeigt, wie Tawa seine Strahlkraft auf die unteren Welten ergießt, die eigentlich übereinanderliegende Höhlen sind. Zuunterst liegt das Reich der Insekten, dann kommt das der höheren Tiere und endlich das der verschiedenen Menschenstämme: In dieses reichen die Wurzeln des Weltenbaumes, an dem die Seelen zum Himmel Tawas emporsteigen.
Die Spinne ist hier eine Botin des Sonnengeistes und hilft den Wesen auf die übereinanderliegenden Ebenen, wobei sich von Stufe zu Stufe ihr Bewußtsein der Schöpfung erweitert. Auch in anderen Mythologien ist die „webende" Spinne ein Bild für die Entfaltung der Welt.

Völker vor Adam und Eva

In den zahlreichen Schöpfungssagen gibt es offenbar keinen Mythos von einem völligen Neubeginn unserer Welt: Vor der belebten und bewohnten Erde, wie wir sie kennen, gab es immer schon zahllose andere. Die Gottheit oder die Götter schufen das Heimatland für die Ahnen, indem sie Erfahrungen und auch Bausteine aus einem vergangenen Kosmos verwendeten. Sogar das erste Menschenpaar erscheint recht häufig als nicht neu gebildet, sondern als Überlebende aus Entfaltungen des Lebens, „das vorher war".

Sehr häufig anzutreffen ist gerade in der Sage der Afrikaner die Herabkunft unserer eigentlichen Vorfahren aus dem Himmel, „wobei davon ausgegangen wird, daß

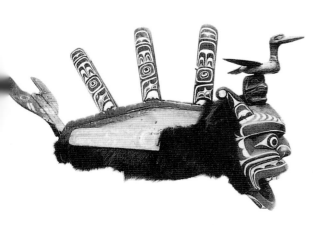

der Himmel von menschenähnlichen Wesen bewohnt wird". Nach H. Baumann besitzen unter den Schwarzen nicht weniger als vierzig Völker Überlieferungen, nach denen die ersten Ahnen „himmlischen Ursprungs" sind.

Um dieses Wunder zu erklären, gibt es ganz verschiedene Vorstellungen. Das Volk der Dschagga läßt seinen Vorfahren als Spinne an einem Faden auf den Erdboden herabkommen. In anderen afrikanischen Sagenkreisen steht ihm zu gleichem Zweck ein Seil oder auch eine Kette zur Verfügung. Gelegentlich finden wir auch hier, ähnlich wie jenseits des Ozeans bei den Indianern, die Vorstellung, der Mensch sei einfach aus der oberen Welt heruntergefallen.

Der Afrikaforscher Heinrich Loth stellte fest: „Der Schöpfungsvorgang, wie ihn der Mythus schildert, wird als ein Ereignis hingenommen, das keiner Erklärung bedarf." Auf die Frage nach der Entstehung unserer Welt geben die Mythen dieser Art lediglich die Antwort, daß vor ihr andere waren, die ihr im übrigen offenbar in mancher Beziehung glichen. Ohne weiteres kann man sich also vorstellen, daß die Menschheit keinen wirklichen Beginn hat, sondern in einem verwirrenden Universum nur dauernd ihre Aufenthaltsräume vertauscht.

Im Orient versuchten die Märchendichter, die sich offensichtlich mit den Mythen der ihnen bekannten Völker beschäftigten, etwas wie die Geschichte der Welten „vor Adam und Eva" zu verfassen. Sie wurden durch die Anregungen bestätigt, die sie im Koran des Propheten Mohammed vorfanden und die davon ausgingen, daß feinstoffliche Geschöpfe, die Dschinnen, existierten: Genau wie die Gottheit (Allah) den Menschen aus Erde erschuf und seine Engel aus reinem Licht, bildete er den Ahnen der Geistervölker aus Feuer.

Die Dschinnen besaßen nach der Sagenwelt der Iraner, Araber, Ägypter, Türken und Tataren, also der Länder des morgenländischen Islams, lange vor der Entstehung des Menschen die Macht über die ganze Erde. Wie der biblische Salomo als Sinnbild und Höhepunkt „unseres" Weltzeitalters gilt, sollen in „voradamitischen" Jahrtausenden mächtige Herrscher ohne Zahl ihre Reiche besessen haben; die phantastische Vorgeschichte des Orients schwelgte in Schilderungen von Dynastien aus den Geschlechtern der Dschinnen: Es wurde von scheinbar allmächtigen Königen berichtet, von vierzig oder siebzig „Salomonen", die einander nachfolgten und von denen jeder eine Lebensdauer erreichte, die für Menschen fast undenkbar ist.

Die Völker, die ihnen untertan waren, sollen in jeder Beziehung schier unglaublich ausgesehen haben. Sie werden beschrieben als: „Vielköpfig, vielarmig, vielfüßig, vielleibig, mit Löwenrachen und Drachenschwingen, Pferdehufen und Bocksfüßen." Überreste dieser Stämme gebe es noch heute: etwa in den verborgenen Tälern abgelegener Gebirge oder in unerforschten Teilen Afrikas. Stellen aus türkischen Märchenbüchern, die Joseph von Hammer-Purgstall veröffentlichte, beweisen, daß die volkstümliche Mythologie des Orients ihre Anregungen aus den Bildwerken der vorislamischen Zeit bezogen hat: In Ägypten, Babylon, Assyrien gab es zahlreiche uralte Werke in Stein, die man leicht als Darstellungen von tiermenschlichen Dschinnen verstehen konnte.

Ursprüngliche und sehr hochentwickelte Kulturen neigten also gleichermaßen zur Überzeugung, daß die Geburt der ersten Menschen vielleicht nur der Anfang eines neuen Kapitels in der endlosen Geschichte des Lebens der Welten gewesen war. (Eine Ausnahme bildet hier freilich die jüdisch-christliche Tradition. Ihr zufolge hat Gott die Welt „aus Nichts" erschaffen, aus der Erde den ersten Menschen gebildet und aus diesem dann den zweiten.)

Wohl alle Mythologien der Welt kennen Wesen, die kaum zu Tieren oder Menschen gezählt werden können. Sie gelten als Verkörperungen unbegrenzter schöpferischer Kraft.

Oben links: Ein Seegeschöpf nach einer Holzmaske der Kwatikul-Indianer aus British Columbia (Kanada). Seine Bedeutung für den Menschen liegt im Glauben, daß dieses Wesen im Frühling die Lachse zu den Küsten treibt.

Oben rechts: Eine moderne Eisenplastik von Thomas Häfner; sie stammt von 1967, erinnert aber an uralte Vorbilder wie griechische Harpyien oder orientalische Luft-Dschinne.

Die Vielfalt bewohnter Welten

Recht verbreitet ist in den Mythen die Auffassung, daß die göttliche Schöpferkraft in ihrer Fülle und Vielseitigkeit vom Menschen gar nicht erfaßt werden kann. Zu der Fülle der sichtbaren und für uns erforschbaren Welt bildete sie zahllose andere Welten hinzu. In hinduistischen Vorstellungen lehrt der Gott der Götter, Vishnu, daß wir eher die Sandkörner an den Ozeanen zu zählen vermögen als die Universen, die er aus sich hervorgebracht und in denen er einen Körper angenommen hat, um sie für Lebewesen bewohnbar zu machen.

Der biblische König Salomo erscheint in den jüdischen Legenden, die dann im ganzen Orient, bei Arabern, Persern, Türken gleichermaßen beliebt wurden, als ein großer Erforscher aller Geheimnisse des Kosmos. Wie kaum einem anderen Sterblichen vor oder nach ihm habe Gott ihm die Möglichkeiten verliehen, einen Einblick in die wahrhaft zahllosen Schöpfungswunder zu gewinnen. Solche Geschichten, von Märchenerzählern herumgeboten und auch in umfangreichen Büchern gedruckt, erfüllten zeitweise das ganze Morgenland. Mit den Reisen des großen Königs durch die endlosen Sternenweiten erinnern sie gelegentlich an die phantastischen Romane und die von ihnen inspirierten Filme unserer eigenen Gegenwart.

Der bedeutende Orientalist Joseph von Hammer-Purgstall gehört zu den ersten, die vor allem nach türkischen Veröffentli-

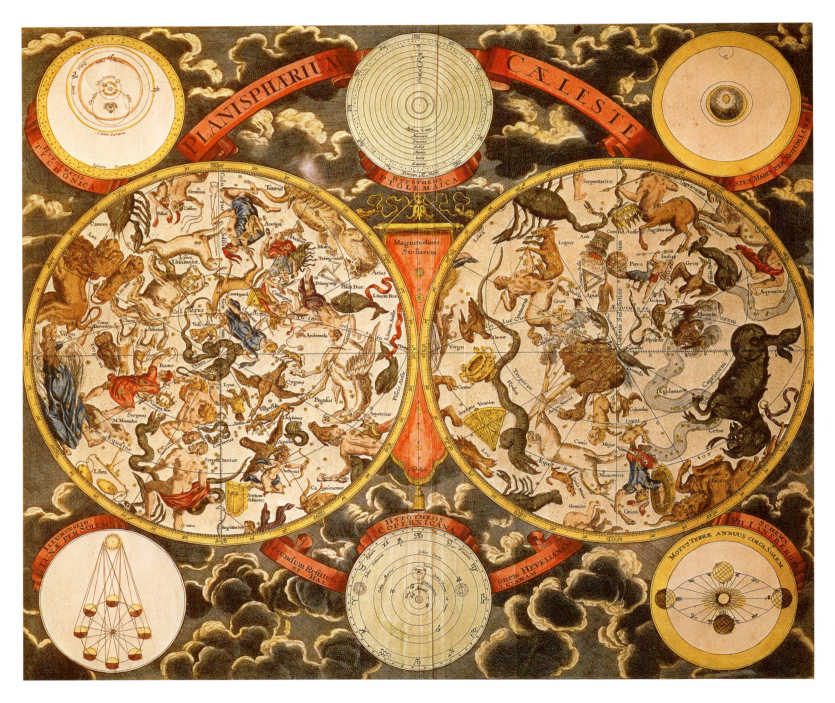

Oben: Die alten Himmelskarten, noch immer die Grundlagen der Astrologie, sind von Wiedergaben der Stern-Bilder erfüllt. Sie verweisen in der Regel auf Götter und deren Eigenschaften oder aus den Mythologien bekannte Sagen: Diese sind wiederum sinnbildliche Darstellungen des Spiels der Kräfte, die von den verschiedenen Bereichen des Himmels strömen sollen, um das Weltspiel zu beeinflussen. (Beispiel aus der astrologischen Himmelskarte von G. C. Einhart).

Seite 85, links: Rembrandt schuf 1651 die Radierung eines den Geheimwissenschaften seiner Zeit ergebenen Forschers, in dem man u.a. Doktor Faust erkennen wollte. Wie in anderen Übergangszeiten waren während der Renaissance Menschen voll Sehnsucht nach Erkenntnis häufig anzutreffen – Leonardo da Vinci, Paracelsus, Agrippa von Nettesheim und viele andere (Preußischer Kulturbesitz, Berlin).

chungen den Sagenkreis um König Salomo in Europa bekanntmachten. Zu diesem Sagenkreis gehört die Überzeugung, daß dieser neugierige, wissensdurstige Herrscher, der die Sprachen der Tiere nicht weniger kannte als die der Geistervölker, eine echte Freundschaft mit dem „Paradiesvogel" Humai gepflegt hat. Von diesem unvorstellbaren und weisen Geschöpf erhielt er sogar die Beschreibung „der verschiedenen Völker der Planeten und der Bewohner der sieben Himmel".

Das himmlische Wesen berichtete König Salomo, daß die Wundertiere der menschlichen Märchen – etwa er, Humai, aber auch der wunderbare Helden-Reitvogel Simurgh, oder auch der den Ägyptern und Griechen bekannte Phönix – gar nicht einzigartig waren!

Das Salomo-Märchen der Orientalen läßt den Humai sogar verkünden: „Die himmlischen Vögel haben ihre Welt so gut wie die Menschen die ihrige. Weil sich nur von Zeit zu Zeit einer derselben [der Märchengeschöpfe] aus den oberen Regionen auf die Erde verirrt, so meinen die Menschen, es gebe nur einen Simurgh, nur einen Humai, nur einen Phönix." Was wir also als außergewöhnlich und märchenhaft ansehen, kann anderswo als Selbstverständlichkeit und alltägliches Ding gelten.

Überall in unserer Welt soll es geheime Pforten zu anderen Welten geben; nur durch die Erkenntnis ihrer unvorstellbaren Vielfalt können wir den Reichtum der sie alle erfüllenden Schöpferkraft ahnen. Gegenden, die wir als völlig unwegsam und wild ansehen, enthalten in den orientalischen Märchenromanen die Tore zu Wundern, wie sie für den beschränkten Verstand des Menschen undenkbar sind.

Besonders beliebt waren als Eingänge in diese Reiche, in denen Feenmärchen und Realität verschmelzen, das Gebirge Kaf, das vielfach mit dem Kaukasus unserer Geographie gleichgesetzt wird, dazu die Wüsten und Urwälder Afrikas: Die islamischen Völker sahen in den mythischen Geisterwesen, Göttern und Wundergeschöpfen der schwarzen Stämme echte Ahnungen geheimnisvoller Kräfte. Was sie an den einheimischen Religionen Afrikas falsch fanden, war nur die religiöse Verehrung dieser geheimen Mächte.

Offen verherrlichen die auf uralte Mythen zurückgehenden, vielfach wörtlich verstandenen Märchen des Orients die Größe der Geisterwelten. Friedrich Heinrich von der Hagen veröffentlichte aus persischen, türkischen und arabischen Quellen die Märchensammlung von „Tausend und ein Tag". Hier vernehmen wir von den Feenländern: „Dschinnistan ist ein von uns entferntes Reich; gleichwohl umgibt es uns und berührt uns von allen Seiten. Es besteht aus so weiten Räumen, daß es mit dem kleinen Raum, welchen wir (die Menschen!) einnehmen, nicht zu vergleichen ist."

*Das Gestirn
erleuchtet den Menschen
in den Künsten und Geheimnissen
des natürlichen Lichtes
und zeigt ihm
die herrlichen Wunderwerke der Natur.
Darum soll es für den Menschen
die höchste Freude sein, zu leben,
und er soll dem Tode feind sein,
da dieser ihn hinwegrafft
von der Erkenntnis
der natürlichen Geheimnisse
und Wunder.*

Paracelsus

Rechts: Im Tierkreis umwandeln auf dieser französischen Miniatur des 15. Jh. die sieben Planeten auf ihren Wegen die Erde. In der Reihenfolge der Wochentage sind es: Mond, Mars, Merkur, Jupiter, Venus, Saturn, Sonne (Bibliothéque nationale, Paris).

85

Das Leben – ein bunter Traum: Indische Mythen um Vishnu und Lakshmi

Die Veden, die heiligen Schriften der Hindus, sind nach ihrer religiösen Überzeugung „vor allen Zeiten" entstanden; sie verkörpern also ewiges Wissen. Die Mächte der Zerstörung, die Asuras, wollen sie mit allen nur erdenklichen Mitteln vernichten, um die Ordnung des Weltalls in ein sinnloses Chaos zu verwandeln. Doch die unsterblichen Götter (devas) und die mit ihnen unauflösbar eng verbundenen irdischen Helden und Heldinnen wissen diese zahllosen Anschläge zu verhindern und entstanden, versuchten, die Mythen auf mannigfaltige Art zu deuten. Sie kreisten um ein gewaltiges Sinnbild, das wir heute in Indien fast allgegenwärtig finden: in den steinernen Darstellungen der Tempel von den Hängen des Himalaja bis zu den tropischen Wäldern von Kambodscha, Java und Bali, in den rührend bunten Bilderdrucken, wie wir sie auf den Jahrmärkten und in den ärmlichsten Bauernhütten finden, schließlich in den Sagen der noch immer wandernden Pilger (Sadhus),

Vishnu, der Erhalter der Welten, ruht mit seiner Gattin Lakshmi auf der kosmischen Schlange Ananta, die auf dem Milchmeer schwimmt. Gottheiten und wunderbare Tiere, die alle zusammen die Gesamtheit der Schöpfungsvorgänge darstellen, umgeben das Paar. In der volkstümlichen Mythologie der verschiedenen indischen Kulturen, aber auch in deren hochentwickelter Philosophie der Weisheitsschulen erscheint das ganze Universum als Wechsel zwischen Traum und Erwachen der Gottheit (Rajastan, Indien, 17. Jh.; Nationalgalerie, Prag).

damit das Weiterbestehen des Kosmos zu sichern. Auf jeden Untergang folgt darum ein Neuanfang. Das heilige Wissen der Veden kann scheinbar noch so gründlich verlorengehen – ihr heiliger Inhalt wird von den Sehern wiedergefunden und den Menschenvölkern wiedergeschenkt. Das ist im wesentlichen der Inhalt der zahllosen indischen Mythen.

Die Philosophien, die durch die Jahrtausende im Umkreis dieser Vorstellungen die die Mythen in die hintersten Winkel ihres Erdteils bringen.

Dieses auf unzählige Arten geschaute und doch meistens erstaunlich übereinstimmende Bild kennt man in der Regel unter dem Namen: die Gottheit Vishnu, die auf dem Urmeer ruht. Vielfach stellen sich die Inder vor, daß dieser „Gott der Götter" schläft und man sich darum alle Vorgänge der Schöpfung, das Entstehen und Vergehen der Welten, nur als eine endlose Kette seiner bunten Traumbilder vorstellen muß.

Das Urmeer soll nach dem verbreiteten Mythos aus Milch bestehen, was auch in anderen indischen Sagenkreisen eine Verdichtung der gesamten Lebensenergien der Gottheit bedeutet. In der Mitte dieses Ozeans ohne Ende wächst eine wunderbare Lotosblüte, und in ihr „ruht" das erste (und letztlich einzige) bewußte Wesen des Kosmos, eben Vishnu. In dieser Vorstellung bilden die weiblichen und männlichen Elemente ein vollkommenes Gleichgewicht, und alle Liebesverhältnisse der aus Vishnu entstehenden Welten sind nur die entsprechenden Ausstrahlungen: Zu Füßen des Gottes sitzt seine ewige Gattin, die Glücks- und Liebesgöttin Lakshmi. Die selige und entspannte Ruhe der beiden bewachen Wundertiere: der an die Greifen erinnernde Wunderadler Garuda und die kosmische Schlange, die mit ihren (meistens) sieben Häuptern, wie mit einem Sonnenschirm, das selige Paar beschützt.

Vishnu und Lakshmi sind Shakta und Shakti, schenken einander die Energien, so daß jedes ihrer gemeinsamen Traumbilder Wirklichkeit, allerdings eine vergängliche Wirklichkeit, gewinnt. Aus dem Nabel der schlafenden Gottheit entsteigt Brahma, der nur der schöpferische Teil des Urwesens Maha-Vishnu ist. Wie ein Künstler bildet er alle Welten, und seine Gattin Sarasvati erfüllt sie mit Musik und Schönheit aller Art. Ein Sohn dieses Ur-Paares ist dann Gott Shiva, der in der indi-

Oben links: Vor Jahrmillionen stiegen die Wasser, und die Veden wurden vom Asuraherrscher Hajagriva geraubt: Da verkörperte sich Vishnu als Fisch und rettete das Wissen, das „älter ist als die Welt" (Pigmentmalerei auf Papier, Meister Kripal von Nipur, um 1700; Rietberg-Museum, Zürich).

Oben rechts: In jeder der sich wiederholenden Schöpfungen erzeugt Vishnu durch seine zehn Verkörperungen (Avatare) das Gleichgewicht. Seine Begleiter sind stets Lakshmi und Garuda (Archeological Garden, Balitpur, Nepal).

Links: Besonders in den tantrischen Kulten erscheint eine Gestalt, die die Einheit des göttlichen Erhalters Vishnu oder Hari (links im Bild) und des Zerstörers Shiva oder Hara (rechts) bedeutet. Hari-Hara ist damit das Sinnbild des Kreislaufs der Welten und auch der Verkörperungen und des Vergehens der Wesen, die ohne Ende sind und gleichzeitig Vielfalt und Einheit bedeuten (Malerei, Jammu-Kaschmir, ca. 17. Jh.).

schen Volksreligion meist als ein großer Tänzer und Magier angesehen wird. Er ist der Zerstörer, der dafür sorgt, daß alles Vergängliche zur richtigen Zeit seine Auflösung findet. Er und seine leidenschaftlich-wilde Gattin Kali, was „die Schwarze" bedeutet, werden also nicht etwa als böse Kraft verstanden: Sie vernichten nur das Welke, das verschwinden muß.

Kali und Shiva helfen in den indischen Mythen, von denen die Dichter sehr viele in den unsterblichen Werken Ramayana und Mahabharata vereinigten, sehr häufig den Asuras, den tückischen Feinden der Götter. Sie tun es aber immer nur zum gleichen Zweck – damit nach allen chaotisch gewordenen Zuständen eine möglichst vollkommene Erneuerung ihren Raum finden kann.

Weltenspiel ohne Ende

Dieser Mythos rechnet damit, daß in den verschiedenen Traumwelten des ewigen Paares Vishnu – Lakshmi oft auch das Zerstörerische überwiegen kann. Die Asuras stürzen, ähnlich wie die griechischen Titanen oder die skandinavischen Jöten, die Götter der Ordnung. Dadurch entstehen Zeitalter, die alle Wesen als quälend empfinden und so die Hoffnung auf ein glückliches Dasein verlieren. Das heilige Wissen der Veden wird von den Mächten des Bösen geraubt, und an die Stelle der Religion, die den Geschöpfen den Sinn des Lebens schenkt, treten Lügen.

Nun besitzt aber Vishnu die mystische Fähigkeit, seine zu quälenden Alpdrücken gewordenen Träume bewußt wieder in eine harmonische Ordnung zu bringen. Das sind die berühmten Verkörperungen (avataras) des „Gottes der Götter", die einen wesentlichen Teil der indischen Religion und der aus ihr entstandenen Volkskunst darstellen.

In jedem der großen Zeitalter (kalpas), die die Inder mit der Zahl von 4 320 000 Menschenjahren angeben, soll es zehn Gestaltwerdungen der Gottheit geben, durch die sie die gestürzten Götter und die mit ihnen verbundenen Menschen vor deren vollkommener Vernichtung rettet. Als erster dieser „Avatare" gilt die Erscheinung Vishnus als ein gewaltiger Fisch. Dieser warnt eine gerechte Familie vor der zerstörenden Sintflut und rettet sie dann in einem Schiff vor den gewaltigen Wogen, die alle Untaten einer verderbten Schöpfung wegfegen.

Von jeder der weiteren Verkörperungen gibt es umfangreiche Dichtungen, erschaffen von den großen Sängern an den indischen Königshöfen und bis heute lebendig lebendig gehalten durch die Märchenerzähler der Dörfer und die Puppen- und Schattenspieler in Indonesien. Am berühmtesten sind die Taten Ramas und Krishnas, die als siebente und achte der großen Verkörperungen gelten. Als die vorletzte preisen die Vertreter der indischen Kultur das Erscheinen von Buddha Sakyamuni, dessen Leben zweifellos geschichtlich ist und vor ungefähr 2 500 Jahren stattfand: Nach der Überlieferung war diese Inkarnation notwendig geworden, weil die Religion immer äußerlicher wurde und vor allem nur noch aus grausamen Tieropfern bestand. Die letzte der Erscheinungen der Gottheit wird am Ende des großen Zeitalters sein.

Sie wird notwendig, wenn das Zeitalter des Verfalls (Kali-Yuga) die widerlichsten Formen annimmt, worüber die indischen Mystiker umfangreiche Schriften verfaßten: Diese schildern, wie dann die echten und ehrlichen Priester von den Knechten der Asuras verfolgt und ermordet werden, es keine liebevolle Verbindung von Mann und Frau mehr gibt und schon die kleinen Kinder geschändet werden. Dann erscheint Vishnu unter dem Namen Kalki auf seinem strahlenden und geflügelten Götterroß und zermalmt alle Schänder der Lebensgesetze. Das Zeitalter von 4 320 000 Jahren findet damit sein schreckliches Ende – und ein neues Zeitalter von gleicher Länge beginnt mit einem neuen „goldenen", glücklichen Zustand.

Die Weltschöpfungen und Weltuntergänge wechseln in diesem Mythos gleich Tag und Nacht, Sommer und Winter. Für einige der zahllosen indischen Deutungsversuche entsprechen sie jedesmal einem der Atemzüge der Gottheit. Die Zeit bewegt sich demnach in einem endlosen Kreis, der oft als eine Schlange dargestellt wird, die ihren Schwanz mit dem Maul festhält. Darin sahen viele Völker die Bestätigung ihrer Auffassung, daß auch das Dasein der sterblichen Geschöpfe keinen Abschluß finden kann und jedem Tod eine Wiedergeburt folgt.

Hier ist noch zu ergänzen, daß Lakshmi, die Geliebte Vishnus im ewigen Lotos des Milchmeeres, ihren Gatten bei seinen irdischen Verkörperungen begleitet und ihm die entscheidende Hilfe gewährt: Sie ist die schöne Sita, wenn er der Held Rama ist, oder die Hirtin Radha, wenn er (nach der indischen Zählung vor etwas mehr als 5 000 Jahren) die Erde von gottlos gewordenen Herrschern befreit.

Oben links: Eine Darstellung der weiblichen Kraft, die ohne Ende die Welt auflöst und wiedergebiert. Candi (Durga, Kali) ist die liebende Große Mutter und die Zerstörerin in einem. Um ihren Hals baumelt die Girlande aus abgeschlagenen Menschenköpfen; unermüdlich schwingt sie das Opferschwert. Sie ist das Bild der endlosen Energien der Vernichtung und zugleich der Ermöglichung des Lebens in all seinen Formen (Candi; Malerei aus Rajastan, 18. Jh.).

Oben rechts: In Kali („der Schwarzen") oder Bhairavi, der Verkörperung der göttlichen Energien Shivas, sind die Gegensätze aufgehoben. Ihre Hände drohen und segnen, halten das tötende Schwert und die lebenspendende Samenschale. Sie gilt als „Liebe zu allen Geschöpfen" und trägt gleichzeitig den „Kranz von abgeschnittenen Häuptern" um ihren schönen Hals (Malerei, Himachal Pradesh, 18. Jh.).

Seite 89: Auf ihrem Himmelsadler Garuda fliegen die Götter Vishnu und Lakshmi durch alle Zeiten und Räume. Gern wird dieses ewige Liebespaar, das Vorbild aller Liebenden der Welt, in den Gestalten ihrer berühmtesten Verkörperungen in den verschiedenen Zeitaltern vorgestellt: Rama und Sita, Krishna und Radha usw. (Victoria and Albert Museum, London).

Seite 91: Nach den Mythen der afrikanischen Pygmäen wäre die Sonnenkraft eigentlich längst verbraucht: Doch die Gottheit selber erneuert sie jährlich durch den Sternenstoff von der Milchstraße her.

Jeder Schritt der Entfaltung und Entwicklung unserer wunderbaren Welt bedarf in den Mythologien vieler Völker der Überwindung ungeheurer Widerstände in der Natur. Die Götter, Feenwesen oder Engel der Volkssagen können unsterblich sein oder Fähigkeiten besitzen, die sich ein „Sterblicher" kaum vorstellen kann. Doch auch ihre Aufgaben sind entsprechend gewaltig; sie müssen die Gesamtheit ihrer Kräfte also nicht weniger anspannen als die winzigen, vergänglichen Menschen, wenn sie ihr Lebenswerk zu einem glücklichen Abschluß bringen wollen.

einandersetzung die Erde und die Gestirne, sichtbare und unsichtbare Lebewesen hervorgehen.

Der Donnergott, mit einem kosmischen Schmied eine Einheit bildend oder zumindest mit ihm verbündet, erscheint sehr häufig als der König der „himmlischen" Götter, der sie mit seinen Waffen aus Blitzfeuer in schweren Kämpfen von einem Sieg zum andern führt. Die Dichtung der kaukasischen Kabardiner scheint dies besonders deutlich hervorzuheben: „Von tückischen und grausamen Bösewichten sagten die Menschen früher: Es stürze sie

DIE ENTFALTUNG DES KOSMOS

Der gottgeborenen Leuchte,
welche weithin schaut,
dem Sonnengott,
dem Sohn des Himmels,
singt ein Lied.

Rig-Veda

Die griechische Mythenwelt kennt die verschiedenen Titanen- und Gigantengeschlechter, die sich der Entfaltung der Erde, wie die olympischen Götter sie vorsehen, entgegenstellen. Doch wäre es zweifellos falsch, diese Gegenspieler der „Himmlischen" als Verkörperung des Bösen, des Schlechten anzusehen! Zum einen sind sie, wie uns ausführliche griechische Stammbäume beweisen, aus den gleichen Verbindungen der Urkräfte hervorgegangen wie alle anderen Geschöpfe. Zweitens besitzen sie häufig viele Erkenntnisse über den Ursprung der Welt: Es gibt genug Sagen, nach denen die „jüngeren" Götter allerlei bei ihren uralten und mächtigen Vettern lernen müssen.

Bei der enormen Bedeutung, die der Liebe, dieser grenzenlosen Anziehungskraft zwischen den Wesen, in den Sagen zukommt, sind enge Beziehungen zwischen den Abkömmlingen der Götter und ihrer Widersacher möglich. Sogar Titanensprossen, die sich der „himmlischen" Ordnung widersetzten, können nachträglich in den Kreis der Götter aufgenommen werden, und Liebschaften zwischen beiden verfeindeten Geschlechtern sind möglich – und können offensichtlich zu glücklichen Verbindungen führen.

Dies wird in den Sagenkreisen oft sehr betont. Götter und Riesen erscheinen damit häufig recht ausgeprägt als Kinder derselben Schöpferkraft, die alles hervorbringt und erhält. Beide sind also für die Welt gleich wichtig, damit aus ihrer Aus-

der Hammer des Tleppsch! Die Leute sagen dies noch heutzutage..."

All die gewaltigen Riesen, in den skandinavischen Sagen klar erkennbar mit den Gewalten von Eis und Schnee verbunden, erscheinen damit als Kräfte der Urzeit, die noch dem Chaos „am Anfang" nahestehen. Sie müssen von den Kräften der Schöpfung, die eine einigermaßen harmonische Entwicklung der Lebewesen ermöglichen, in jedem Zeitalter neu überwunden werden. Das Glück der Geschöpfe ist damit jedesmal ein Sieg über die bösen Mächte.

Meine Großmutter, deren Vorfahren in Wolhynien und den angrenzenden Ländern zwischen westlichen und östlichen Slawen gelebt hatten, erklärte mir als Kind immer wieder: „Unsere Alten pflegten von mächtigen Himmelskönigen, ihren Frauen und Kindern zu erzählen, die in furchtbaren Kämpfen die Gewalten von Eis und Schnee nicht weniger als deren Ungetüme niederzwangen – erst so ist der Raum für uns Menschen entstanden. Doch vor allem sind dann auch die Sterblichen zu preisen, die ihre Nachkommen lieben und in jeder Generation neu die Zustände besiegen, die aus dem Leben der Völker die Liebe vertreiben, das Dasein von innen kalt werden lassen, so daß die Seelen erfrieren."

Jeder junge Mensch auf der ganzen Welt, der noch alte Sänger und Erzählerinnen hören durfte, hat gelernt, daß die Entwicklung des Kosmos ewig weitergeht, weil die Götter nicht nur die Erde belebten, sondern den Menschen immer neu beistehen.

90

Es werde Licht!

Sonne und Licht wurden von den Menschen in ihren mythischen Traditionen nicht unbedingt einander gleichgesetzt. „Es werde Licht!" ist am Anfang der Bibel ein Wunsch der Macht, die das Weltall erschafft – die Sonne kommt erst später. Als die europäische Zivilisation im 18. und 19. Jahrhundert den Übergang zu einem naturwissenschaftlich-materialistischen Weltbild vollzog, wurde gerade diese Stelle dazu benutzt, das Alte Testament als urzeitlich-naiv darzustellen: Wie habe das Licht vor der Sonne entstehen können?

Doch wenn wir uns mit der Unzahl der Schöpfungssagen beschäftigen, erscheint in ihnen recht häufig das Licht als das Ursprüngliche, das oft zur Gottheit des Anfangs selber gehört. Auf volkstümlichen Darstellungen der Inder, die die Gottheit Vishnu und Lakshmi außerhalb aller Zeit zeigen, zu einem Zeitpunkt, da unsere Erde noch gar nicht bestand, geht von dem Paar eine Art Heiligenschein aus: Sonne, Mond und Sterne sollen nur der Widerschein dieser ersten Urkraft sein.

Ein eigenes Licht, älter als Tag und Nacht auf unserer spätgeborenen Erde, schrieb die Sage meistens den Sternen zu, die sehr häufig als die Begleiter oder Helfer der Gottheit erscheinen. Eine Fülle von Lichterscheinungen, die kaum unmittelbar etwas mit der Sonne zu tun haben, sah der Urmensch überall, und sie wurden zum unerschöpflichen Quell der Anregungen für die Entstehung immer neuer Märchen und Legenden: Die Gewitterblitze und die völlig überraschend vom Himmel stürzenden Meteore wurden zu Sinnbildern der höheren Mächte.

Die Sammler, Jäger und Fischer, die einen wesentlichen Teil ihres Lebens in der nächtlichen Finsternis verbringen mußten, waren wohl die ersten Entdecker und Beobachter der rätselhaften Lichterscheinungen in ihrer Umwelt. Sie sahen die Bewegungen leuchtender Insekten und das Schimmern des verfaulten Holzes, den könnten darum das nächtliche Treiben der „Licht-Elfen" erkennen.

Das Licht galt den Völkern als das ursprüngliche Element, das für den Volksglauben auch in der finstersten Nacht weiterbestand, auch wenn es für unsere schwachen Augen kaum wahrnehmbar war! Die Eule war den Griechen, Etruskern und Römern das heilige Tier der großen Göttin Athena oder Minerva, die die Weisheit unter den Menschen verbreitete und dadurch die schützende Mutter der Künste und Wissenschaften war; diese Verbindung weist darauf hin, weshalb dieser Nachtvogel bewundert wurde: mit seinen großen, runden, aufglänzenden Augen nimmt er auch in der Finsternis wahr.

Im heiligen Werk der alten Perser (Awesta) sind Lichterscheinungen wie der Blitz und die Morgenröte nur der für uns sichtbare Ausdruck des Himmelsfeuers, das die ganze Natur durchdringt. Sogar das Gold, das in den Bergen entsteht, soll das gleiche Urelement sein, nur fest und darum faßbar geworden. Von den alten

Links: Das Auge der Gottheit, das von Geier und Schlange gehütete Sonnensymbol, gewährt den Geschöpfen der Welt Schutz und glückliches Gedeihen (West-Theben, 18. Dynastie, 1336–1327 v. Chr.; Ägyptisches Museum, Kairo).

Mitte: Auch bei den Stämmen von Burkina Faso wird das „leuchtende Antlitz der Sonne" von einer bewußten göttlichen Kraft emporgehalten.

Rechts: Ein Höhepunkt der Erscheinungen des Polarlichts am Himmel des Nordens ist die Korona-Bildung.

Seite 93: Mit einer machtvollen Gebärde trennt die Gottheit im Werk Michelangelos Himmel und Erde – sie scheidet Licht und Finsternis, die einander im Chaos noch durchdrungen haben (Sixtinische Kapelle, Vatikan).

geheimnisvollen Tanz der Irrlichter auf den Mooren. Wir haben dieses „Funkeln in der Nacht" ziemlich vergessen, weil wir in Städten leben, die Tag und Nacht künstlich erleuchtet werden. Für die Menschen, die uns vorangingen, waren aber diese „Lichter in der Natur" jedesmal wichtige Hinweise auf das Geheimnis der Schöpfung. Solche geheimnisvollen Erscheinungen häufig wahrzunehmen, galt in der Urzeit, die nur das Lagerfeuer oder die Glut des Herdes als Mittel der Helligkeit kannte, als Gabe besonderer Menschen: In Irland und der Bretagne, beides Länder der keltischen Kultur, sagte man von solchen Menschen, sie hätten „Katzenaugen" und

Völkern Persiens wurde sogar angenommen, daß Sonne, Mond und Sterne „Öffnungen im Himmelsgebirge" waren, durch die die kosmische Feuerkraft sichtbar wurde.

Dieses alles durchdringende Licht, ohne das es kein Leben auf Erden geben könnte, ist damit für viele Sagenkreise älter als unsere Sonne, die nachträglich als eine Verdichtung dieses Ur-Lichts entstand: In der Sage der zentralafrikanischen Pygmäen, die wir bereits erwähnten, droht ja die Sonne jährlich durch den Verbrauch ihrer Lichtkraft zu verlöschen; die große Gottheit selber muß sie durch den Sternenstoff der Milchstraße neu aufheizen.

Der erste helle Tag

Die Entstehung der Sonne – und damit der Gesetzmäßigkeit des Wechsels von Tag und Nacht, von Sommer und Winter, des Kreislaufs der Zeitalter – gilt als der Sieg der Schöpfung über das Chaos, das Wirrwarr der ungeordneten Mächte der Urzeit: Die Sonne schenkt durch ihren ewigen Weg am Himmel, der sich bis an das Ende des Zeitalters wiederholt, allen Wesen, „die unter ihrem strahlenden Antlitz wandern", ihre Weise zu leben.

Bei den Slawen des Balkans finden wir die Behauptung, daß man das Gestirn des Tages „Gott auf Erden" nennen kann: Erst nach dem Sündenfall der ersten Menschen habe Gott die Sonne am Himmel hervortreten lassen als die sichtbare „Spur" seiner Schöpferhand. Sie solle nicht nur Licht und Wärme spenden, sondern uns auch fortlaufend mahnen, uns an die ursprünglichen Gesetze des Lebens zu halten.

Ein Bauernglaube aus der Bretagne versetzt gar das Paradies in die Sonne. Und eine altrussische Heiligenlegende weiß zu berichten: „Das Licht leuchtet uns von Gottes Augen; die Sonne strahlt von Gottes heiligen Gewändern." Die Sonne ist auch sichtbare Wirkungsfelder der Geister, die eine enge Beziehung zu den Menschenstämmen und auch den anderen Geschöpfen unterhielten.

In einem Märchen aus Malta, auf das der Sagenforscher Dähnhardt hinwies, ist die Sonne die „Fahne" des großen Schöpfers: Gemeint ist zweifellos, daß sie das sichtbare Zeichen für die Tatsache ist, daß Gott die Welt, wie sie ist, bildete und sie bis heute sein Besitz ist. Nur aus diesem Grunde sei die Sonne unbewohnbar, „während es möglich ist, daß Mond und Sterne lebende Wesen hervorbringen".

Weil der Mensch an der Sonne die kosmischen Gesetzmäßigkeiten besonders deutlich erkannte, wurde sie ihm geradezu das Sinnbild der menschlichen Gerechtigkeit. Die Griechen – sooft ihre Stämme, Königreiche und Stadt-Republiken miteinander im Krieg lagen – versuchten ihre Streitfälle vom Orakel in Delphi schlichten zu lassen: Eine Seherin saß hier auf einem Dreifuß, den der Schmiedegott Hephaistos selber hergestellt haben soll. In Verzückung sprach sie ihre Eingebungen, die von niemand anderem stammen soll-

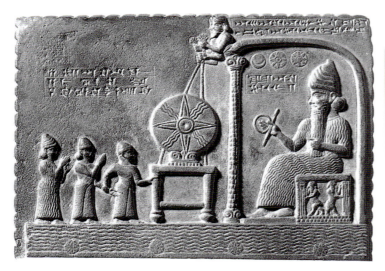
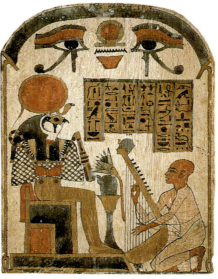

Oben: Bei den Azteken gab es in jedem Zeitalter eine neue Sonne, die jedesmal einem anderen Element entsprach. Auf dem runden Steinrelief sehen wir die Gottheit des Lichtgestirns mit ihrer prächtigen Krone aus Adlerfedern. Ihre Zunge ist ein Opfermesser aus Stein, bereit, von ihren Verehrern Gaben zu empfangen (Museo nacional de antropologia y historia, Mexiko-Stadt).

Oben links: Auf dem Tisch (Altar) vor dem assyrischen Sonnengott Schamasch sehen wir die Scheibe seines Gestirns, die von oben durch einen Helfer emporgehoben wird. Die Gottheit selber hält ein Zeichen der Ewigkeit in der rechten Hand und erhält Verehrung von den Menschen (Abu Habbah, 9. Jh. v. Chr.; British Museum, London).

für verschiedene Stämme der nordamerikanischen Indianer der strahlende Sitz des Großen Geistes; gelegentlich wurden auch hier beide miteinander gleichgesetzt.

Vom Volk der Mandanen schreibt Catlin, dieser große Verehrer der Indianerkulturen, deren Untergang zu seiner Zeit bereits besiegelt schien: „Den Sitz des Herrn des Lebens glaubten sie in der Sonne, weshalb sie auch besonders die Sonne verehrten." Gelegentlich wurde wegen solcher Beobachtungen der Indianerrasse von oberflächlichen Christen eine Vergötzung der Naturerscheinungen vorgeworfen. Das stimmt für die meisten ihrer Mythen kaum; die Indianer hielten Sonne, Mond und Sterne für Wohnungen und

ten als vom Sonnengott Apollo selbst. Ein riesiger Kulturkreis, in dem mehr oder weniger die späteren europäischen Entwicklungen wurzeln, galt also als direkt durch die Weisheit des Lichtgestirns regiert.

Der große Hammurabi herrschte über Babylon und wollte durch seine Gesetze eine gerechte Ordnung verbreiten. An einer Säule, die erhalten geblieben ist, sehen wir denn auch diesen König, wie er vor dem Thron des Sonnenherrschers Schamasch steht. Die Weisheit und die zeitlose Gültigkeit der babylonischen Gesetze wurde also auch hier aus dem Glauben abgeleitet, daß sie vom Sonnengott selber den Menschen offenbart worden waren.

Seite 94, Mitte: Der falkenköpfige Horus, der siegreiche Sohn von Isis und Osiris, sitzt auf seinem Götterthron. Er hält mit seinem Haupt die rote Sonnenscheibe empor. Über ihm schauen wir die beiden Horusaugen, die in ihrer Mitte das Zeichen für die Ewigkeit tragen. Vor ihm preist ihn ein Mensch (Priester?) mit Klang und Gesang (Ägyptische Stele, 21.–22. Dynastie; Louvre, Paris).

Seite 94, rechts: Die Mithras-Religion, eine Zeitgenossin des Urchristentums, führte zu einer Erneuerung des uralten Sonnenkults. Das römische Steinrelief (3.–4. Jh. n. Chr.) zeigt Sol, Helios oder Apollo mit sieben Strahlen auf seinem Lockenkopf: Die Peitsche in seiner Linken dient wohl dem Antreiben seiner Himmelsrosse (Mithraeum Piazza Dante, Rom).

Links: Der Pharao Echnaton versuchte, die ägyptische Religion zu einem einheitlichen Sonnenkult zu vereinfachen. Auf dem Bild bringt er Opfer mit seiner Gattin Nofretete und fleht die Himmelskraft um Segen an. Die Strahlen der Sonne gehen in Hände aus, die der Erde Lebenskraft spenden. Zwei der Sonnenstrahlen halten die glückbringen-

den Ankh-Symbole vor die Stirnen von König und Königin (Flachrelief, Amarna, um 1350 v. Chr.; Ägyptisches Museum, Kairo).

Oben: Der Sonnengeist Tawa, von den Pueblo-Indianern noch immer durch reichen Brauch und Tanz gefeiert, erscheint selber wie eine bunte Himmelsblume. Er gilt auch als Schöpfer und Vorfahr des Menschen (Smithsonian Institute, National Anthropological Archives, Washington).

Erneuerung der Sonne

Die Sonne erscheint in vielen Naturreligionen als ein Sinnbild der ewigen Jugend, der dauernden Erneuerung, damit der Unsterblichkeit. Am Abend des Tages, besonders auch im Herbst, sahen die Menschen, daß ihre Strahlen immer mehr von ihrer Kraft verloren. Doch trotz des Erkaltens der Umwelt, des Welkens und des Absterbens der Pflanzen gewannen die Menschen eine Gewißheit, die auch in ihren Mythen faßbar wird: Genau wie der ermüdete Mensch wird die Sonne jetzt ruhen und sich dadurch wieder mit neuer Kraft erfüllen. Die Sinnbilder des sich dauernd erneuernden Lichts gaben den Menschen die Gewißheit, daß jedem Tode ein kommendes Leben voll frischer Energie folgen müsse.

In Osteuropa finden wir die tief verankerte Überzeugung, daß es für den Menschen ohne das regelmäßige Bad keine Gesundheit gibt. Auch die Hütten armer Bauern hatten einen Raum aus Holz, in welchem sie sich heißem Dampf aussetzten, um sich dann mit kaltem Wasser abzukühlen. Um den Kreislauf zu beleben, schlugen sich die Badenden, wenn die Hitze im Bad stieg, mit frischen Birkenruten: Dies sollte helfen, die Gifte aus dem Körper auszuscheiden und gleichzeitig die Lebenskräfte zu „wecken".

Von den Litauern haben wir die verhältnismäßig alte Nachricht, daß die große Mutter des Donnergottes (Perkuna tete) jeden Abend die müde Sonne in ihr Bad aufnehme: Hier werde sie wieder in den Zustand versetzt, der es ihr ermögliche, am neuen Morgen wieder erfrischt und verjüngt der ganzen Welt Licht und Wärme zu spenden. Eine große Göttin wird hier also als die Ursache dafür angesehen, daß das Leben der Erde kein Ende nimmt und die gesamte Schöpfung einen Neuanfang findet.

In Märchen der slawischen Völker sowie der Sinti und Roma – ich hatte das Glück, viele von ihnen von meiner Großmutter erzählt zu bekommen – sagt der Sonnen-Kaiser (Zar Solnze), kaum daß er seinen täglichen Weg über den Himmel beendet hat, zu seinem „Mütterchen" oder auch zu seiner jungen, „von Schönheit strahlenden Gattin": „Viel habe ich mit meinen rotgoldenen Strahlen auf Erden gut machen müssen; ich bin erschöpft, hast du mir das Bad schon bereitet?"

Auch hier scheint kaum nur eine Spielerei des phantasievollen Volksmärchens vorzuliegen, sondern ein Denken, das noch ganz unter dem Einfluß der uralten Mythen steht. Woycicki versicherte 1837, daß „noch heut zu Tage" die Russen überzeugt seien, daß Sonne und Mond eine ständige Erneuerung erleben: Sie müßten „in unterirdischen Räumen voll des kalten Wassers sich reinigen, damit sie immer mit hellem Licht glänzten".

Der Gelehrte Matthaeus Praetorius, der 1635–1707 lebte und über die vormals „heidnischen" Preußen schrieb, kennt in seiner Schilderung der vorchristlichen baltischen Stämme „Szlotrazys, den Gott, der die Besen handhabet, so noch ihre voll-

kommenen Blätter bewahren, deren sie sich im Bad gebrauchen und viel davon halten." Hier ist das anregende Schlagen mit der Birkenrute gemeint, dem Badequast, durch den – nebst richtigem Gebrauch von heißem Dampf und kaltem Wasser – sogar die Gestirne jede Abnahme ihrer Energie auffangen.

Die Menschen, noch völlig von mythischen Vorstellungen erfüllt, sahen in ihren Erfahrungen mit den Mächten der sie umgebenden Natur den Ursprung und die Anregung der Bräuche ihres Alltags. Wenn sich, beinahe bis in die Gegenwart, die Menschen aus den baltisch-slawischen Volkskulturen am Abend im Bad „neu machten", kamen ihnen die „alten Geschichten" in den Sinn, nach denen auch die Gestirne das gleiche taten, „um die Schöpfung zu erhalten".

Seite 96: Nach dem Sonnenuntergang im Westen wurde das Taggestirn (Re) bei den Ägyptern feierlich von Tiergöttern auf unterirdischem Weg nach Osten getragen – und dort von den Geschöpfen am neuen Morgen ekstatisch begrüßt (Papyrus aus dem Neuen Königreich, 1500–1090 v. Chr.; Bibliothèque nationale, Paris).

1 Auf dem Gemälde von Short Bull, dem Häuptling der Oglala, Dakota und Sioux, bewegt sich in der heiligen Mitte des Zeltdorfes der Kreis der Sonnentänzer (American Museum of Natural History, New York).

2 Aus Ärger über den Sturmkrieger Susano zog sich die japanische Sonnengöttin Amaterasu

zurück – und die ganze Welt wurde finster. Die Wolkengeister ersannen vielerlei Späße und lockten damit endlich die Göttin wieder hervor.

3 Voll Zuneigung beugt sich die Himmelsgöttin Nut über die Erde. Dort verkörpert sich ihre Kraft als Hathor, das jeden Tag neu geborene Sonnenlicht (Reliefdeckenmalerei, 1. Jh. v. Chr.; Tempel der Hathor, Dendera, Ägypten).

4 Die Sonne, bei den germanischen Stämmen als goldene Scheibe vorgestellt, wird von einer Himmelskraft, hier als ein Roß auf Rädern versinnbildlicht, in Bewegung gehalten (Trundholm, 4. Jh. v. Chr.; Nationalmuseum, Kopenhagen).

5 Der Phönix war den Ägyptern das Bild der Sonne, die ewig wieder aufersteht. Die griechische und mittelalterliche Alchimie sah hier ein Bild des Lebens, das sich dank der Himmelskraft dauernd aus sich selber erneuert (Bodleian Library, Oxford, Ms. Ashmole 1511, fol. 68 r).

War doch der Mond zuerst?

Seite 99: Eine prächtige, goldene Zeremonialaxt aus der Quimbaja-Kultur, Südamerika. Das stilisiert dargestellte Wesen wird als Darstellung der göttlichen Mondkraft gedeutet (British Museum, London).

In unzähligen Volksglauben und Sagen gibt es Hinweise für das Wirken des Mondes auf der Erde. Er bewegt in Ebbe und Flut alle Meere und beeinflußt bei den monatlichen Blutungen und während der Schwangerschaft den Organismus der Frauen. Er sendet uns schwere und wahrsagende Träume und wirkt entscheidend auf das Wetter und die Fruchtbarkeit der Pflanzen und Tiere. Er läßt sogar die Metalle in den Bergen „wachsen" – wer in einem naturverbundenen Beruf arbeitet und die Kraft des Mondes vergißt, wird völlig glücklos sein und bleiben.

„Der Mond ist voll der schöpferischen

Himmel und unsere Erde mit seinem milden Silberschein. Er war auch hier der eigentliche Gefährte Gottes bei der Schöpfung der Dinge, wie wir sie heute kennen. Als der Schöpfer aus himmlischen und irdischen Stoffen unser Urelternpaar bildete, stand auch der Mond dabei und war der Zeuge dieses Vorgangs: Darum erblicken wir noch heute auf seiner glänzenden Fläche seltsame Flecken, die eine undeutliche Menschengestalt bilden.

Als Gott mit seiner Arbeit fertig war, wünschte der Mond zu prüfen, ob er beim großen Werk wirklich genau genug beobachtet hatte. Er wollte seine Kunst eben-

Links: Die Mondgazelle, für die Inder ein wichtiges Symbol der Mondgottheit, zieht über ihren himmlischen Weg den Wagen von Chandra, dem Mond (Aquarell, Kalkutta, um 1885; Victoria and Albert Museum, London).

Rechts: Die maya-sprachigen Huaxteken Mexikos beteten zur Mondgöttin Tlazolteotl um Fruchtbarkeit und Kindersegen. Auch in den anderen mexikanischen Kulturen scheint das Nachtgestirn besondere Verehrung durch Frauen erfahren zu haben (Museo de antropologia de la Universidad veracruzana, Jalapa, Veracruz).

Kraft", sagten die alten Leute in der Ukraine. „Das kommt davon, daß er so lange Gott bei der Schöpfung begleitete und darum mit seinem Silberleib sehr viel von dessen Kraft, alle Dinge nach seinem Gutdünken zu bilden, aufnahm." Es soll in diesem Sinn viele Märchen gegeben haben, in denen bei der Schöpfung der männlich gedachte Sonnenherrscher und die weiblich gedachte Kaiserin Mond ein Liebespaar sind, die zusammen „verspielt" die Wunder der Welt erfinden und gestalten. Dann wiederum ist der Mond eher ein seltsamer Kobold, der wegen seines närrischen Wesens vielerlei durcheinanderbringt und dadurch auf Erden chaotische Zustände erzeugt.

In einem litauischen Volksmärchen steht ebenfalls ausdrücklich, daß der Mond älter als die Sonne ist. Allein erleuchtete er den

falls im Bilden lebendiger Gestalten versuchen. Er fühlte genug der ursprünglichen Schöpferkraft in sich! Und er wußte ebenfalls ein Kunstwerk so zu bilden, daß die alles beseelende Lebenskraft in dieses hineinrann und ein neues Geschöpf entstand.

Bei der Entstehung der Menschengestalt aber hatte er offensichtlich nicht gut genug zugeschaut, zumindest nicht im entscheidenden Augenblick. Darum bildete der Mond ein Wesen ohne Füße, das nur kriechen konnte. So erklärt das litauische Märchen die Entstehung der Schlange, die zwar eine Wirbelsäule besitzt wie wir, sich aber nicht vom Erdboden aufrichten kann.

Wegen dieses gescheiterten Versuchs wurde der Mond von der Seite Gottes verbannt. Erst jetzt schuf der Schöpfer die Sonne. Diese stellte nun das zarte Licht des untreuen Gefährten in den Schatten und

Ganz oben: Dieses aztekische Haupt gilt als Bild der Mondgöttin Coyolxauhqui. Auf ihrer Stirn sehen wir eine Anspielung auf die ineinander übergehenden Mondphasen (Museo nacional de antropologia y historia, Mexiko-Stadt).

Oben: Die Mondgöttin des alten Persien wurde als Frauengestalt dargestellt, die über der Mondsichel erscheint.

ließ die Menschen vergessen, was für eine hervorragende Bedeutung der Mond schon gehabt hatte, als es Adam und Eva noch nicht gab.

Es ist möglich, daß die Auffassung, die Schöpfung der Schlange sei ein Fehler und eine Missetat, kirchlich beeinflußt ist. Während die Christen zur Ansicht neigten, die Schlange sei ein schlechtes Tier, das Adam und Eva im Paradies verführt habe, besitzen wir genug Berichte darüber, daß in Litauen und den benachbarten baltischen, finnischen und slawischen Ländern noch lange „heilige Schlangen" verehrt wurden. Die Schlange erschien hier eben als Verkörperung des geheimen Lebens in Wasser und Erde, wie sie gerade Fischervölker in ihrem Alltag besonders brauchten. Sie brachten diese „unsichtbar strömenden Kräfte" mit dem Mond in Zusammenhang; das vorliegende Märchen kann also von Mythen der Urzeit abstammen.

Der Mondgott als Völkerheld

Es gibt Völker, bei denen die Verehrung des Mondes beinahe die der strahlenden Sonne zu übertreffen scheint. Bei etlichen Stämmen kann man in diesem Zusammenhang nachweisen, daß sie schwere Verfolgungen und Unterdrückungen zu erleiden hatten. Sie fühlten sich aber auf ihren Wegen, die oft versteckt bleiben mußten, durch die Nacht und den Mond beschützt. Auch glaubten sie, daß ein Wissen um die Naturvorgänge des Wachsens und Vergehens ihnen gegen ihre Feinde besonders helfen könne – und als den Meister dieser Weisheit sahen sie eben den Mond an, und zwar unabhängig vom Geschlecht, das sie dem Nachtgestirn gaben. Es kann bekanntlich männlich sein wie in der deutschen Sprache, aber auch weiblich, wie etwa bei Slawen und Romanen. (Die Römer kannten – wie man weiß – das Paar Lunus und Luna.)

Bei den norwegischen Nomaden, den sogenannten Tatern, fand der Prediger Eilert Sundt schon 1852 eine eigenartige Verehrung des Mondes. Bei den anderen Zigeunervölkern Europas wurde bis heute keine Spur davon entdeckt. Wahrscheinlich muß man annehmen, daß es sich bei den Tatern um ein „fahrendes" Volk handelt, das sich nach einer langen Zeitspanne im Norden nach eigenen Gesetzen herausgebildet hat.

Der große Gott, den alle Nomaden kennen und verehren, hat nach den Tatern einen Sohn Dundra, den er in Menschengestalt auf die Erde sandte, um den Sterblichen sein geheimes Gesetz zu offenbaren. Für dieses Gesetz soll er auch die Nomadenvölker gewonnen haben, und diese sollen dem ihnen offenbarten Willen der Gottheit bis heute, und zwar auf der ganzen Welt, treu folgen...

Als er den Auftrag seines Vaters befolgt hatte, stieg Dundra wieder in den Himmel hinauf. Er heißt seither Alako und ist der Herrscher seines Reichs, das sich im Mond befindet. Seine Feinde, die gleichzeitig auch die Zigeunerstämme auf Erden hassen, versuchen ihn mit all ihrer Tücke aus seinem Gestirn zu vertreiben. Durch ihre Zudringlichkeiten nimmt der Mond ab, und Alako ist zum Rückzug gezwungen. Doch der unbesiegbare Sohn der Gottheit kann sich jedesmal durchsetzen, und so wächst das Nachtgestirn von neuem, die Nächte werden wieder heller. Wenn der silberne Mond von neuem rund und damit mächtig ist, kommt die heilige Zeit der Tatern.

Die norwegischen Nomaden, die um diese gegenüber dem seßhaften Volk gut gehüteten Geheimnisse wissen, fallen in ihren Wäldern vor Dundra auf die Knie. Sie preisen den Herrn des Mondes, der sich immer von neuem als der große Sieger erweist. Die Tatern scheinen zusätzlich, wie wiederum der Prediger Sundt aufschrieb, von der Überzeugung erfüllt zu sein, daß Dundra oder Alako der eigentliche Häuptling ihres Volkes ist: Sie sind überzeugt, daß der Mondgott sie in ihre ursprüngliche Heimat führen wird, aus der sie einst in die kälteren Länder vertrieben wurden. Das Land ihres Ursprungs suchen sie offenbar im Morgenland, also im Osten, und die Stämme, die sie einst vertrieben, identifizieren sie mit den Türken.

Im Namen dieser Gottheit der ewigen Erneuerung sollen die einstigen Nomaden bei ihren Zusammenkünften in der Mitte des Sommers die neuen Paare geweiht und ihre Kinder getauft haben. Die Seelen der Verstorbenen gelten als Alako besonders nahestehend, durch seinen Aufenthalt auf Erden ist er ihnen unmittelbar verwandt. Wenn der Tod den Tatern naht, kommen sie in das silberne Reich ihres göttlichen Beschützers.

Der Traum von wunderbaren Silberreichen auf dem Mond findet sich bei den verschiedensten Völkern der Welt: Nach einer schönen Sage aus Südtirol heiratet der Sohn eines Alpenkönigs eine Mondprinzessin. Da sie sich aber auf Erden nach der Schönheit ihrer himmlischen Heimat sehnt, verwandelt er einen Teil seines Landes in eine Art Mondlandschaft: So erklärt die Volksdichtung das märchenhaft-silbrige Aussehen eines Teils der Dolomiten.

Oben links: Die schöne Selene, Mondgöttin der Griechen, soll sich „sterblich" in den Hirten Endymion verliebt haben. Sie besuchte ihn fleißig zwischen Traum und Wachen und gebar durch diese Begegnungen nicht weniger als 50 Kinder (Malerei in der Casa dell'Ara, Pompeji).

Unten: Wenn der Mond untergeht, soll die griechische Mondgöttin Selene mit ihrem Himmelsroß in die Fluten niedersteigen, um sich zu erneuern (British Museum, London).

Oben: Der Stierkult im Mittelmeerraum scheint – schon wegen der gebogenen Hörner des stolzen Tieres – mit der Mondverehrung verbunden gewesen zu sein. Auch auf der Flanke der Tonfigur aus der minoischen Kultur erscheint der zunehmende Mond (Palast des Phaistos, Kreta).

Links: Im Mond mit seinen „Flecken" schauen die chinesischen Dichter und Denker eine ganze Götterwelt. Da ist der Kassiabaum und die Göttin Heng-O. Da ist der Mondhase, ein großer Meister der alchimistischen Wissenschaften: Er bereitet in seinem Gefäß unermüdlich Wundertränke (Bronzespiegel, Tang-Dynastie, China, 618–907; Victoria and Albert Museum, London).

Der strahlende Regenbogen

In der Bibel (Genesis 9,12–17) erscheint der Regenbogen als ein Kunstwerk, das der Schöpfer nachträglich am Himmel hervortreten läßt: Nach der Sintflut werden die Völker bis auf die Sippe des Urvaters Noah weggefegt. Als „Zeichen seines Bundes" mit den überlebenden Menschen „und allem lebendigen Getier" läßt Gott seinen Bogen zwischen den Wolken erscheinen.

Im neuen Volksglauben erscheint der strahlende Regenbogen als „Himmels des Himmels, die Engel, zu uns kommen, um uns vor allem im Traum wichtige Mitteilungen zu überbringen. Auch sonst gilt der „Bogen" oder „Ring" als so heilig, daß er einer Landschaft, über der er aufleuchtet, nichts als Glück und Fruchtbarkeit bringt.

Besonders in keltischen Ländern – Irland, Schottland, Bretagne – scheint der Glaube verbreitet zu sein, nach welchem „dort, wo der Fuß des Regenbogens den Erdboden berührt", ein Schatz entsteht: Das soll ein glänzender Kupferkessel voller Goldstücke oder Edelsteine sein, „die alle Farben des Regenbogens besitzen".

Täglich reiten auf dieser Brücke die Götter, die Asen, aus ihren mächtigen Burgen, die in den Wipfeln der Weltesche Yggdrasil liegen, zu den Wurzeln des gewaltigen Baumes, die sich in die Tiefen der Erde wühlen. Hier liegt schließlich der Brunnen der Schicksalsfrauen, der Nornen, aus dem die heiligen Wasser sprudeln, die alles verjüngen. Hier liegt die Gerichtsstätte, auf der die Götter ihr Recht sprechen, wodurch die Ordnung der ganzen Erde im Gleichgewicht gehalten wird.

Die Regenbogen-Brücke soll, dem Verkehr entsprechend, dem sie dient, sehr fest sein, wenn auch für die meisten Geschöpfe

ring". Osteuropäische Vorstellungen – in Siebenbürgen scheinen sie unter Sinti und Roma, Ungarn, Rumänen und Deutschen gleichermaßen verbreitet gewesen zu sein – sehen hier eine Art „Ehering", der das Paar Himmel und Erde auf ewige Zeiten verbindet „...und damit allen Lebewesen zeigt, daß sie gleichzeitig von oben und unten den Segen bekommen". Im Fall des Regenbogens mögen sich also christliche und einheimische „heidnische" Legenden verschmolzen haben, ohne daß die Völker hier einen Widerspruch erkannten.

Allgemein wird noch immer geglaubt, daß diese Verbindung „zwischen den Welten" den menschlichen Seelen ermöglicht, nach dem Tode in den Himmel zu steigen. Ebenso können auf diese Weise die Boten

Manchmal sollen auch in Deutschland, besonders im Alpenraum, auf dem Boden, „auf dem der Regenbogen steht", kleine goldene Schüsselchen zu finden sein, an die die Schlüsselblumen erinnern sollen. Als Beweis dafür, „daß der Regenbogen eine Verbindung zur goldenen Himmelswelt darstellt", verwies man auf früh- oder vorgeschichtliche Münzen, deren Fund Glück versprach.

In den skandinavischen Götterdichtungen der Liedersammlung Edda erscheint der Regenbogen Bifröst, „Bebende Rast" – wobei „Rast" soviel wie eine Wegstrecke bedeutet. Diese Brücke verbindet auch hier die Welten, ist die strahlende Straße, die dauernd unter den Hufen der himmlischen Rosse bebt.

verständlicherweise unzugänglich. Sie wird erst bersten, wenn am Ende eines Zeitalters die Flammen der Feuerwelt (Muspelheim) sie erreichen. Das ist dann der entscheidende Auslöser, der nicht nur unsere Erde, sondern auch die anderen, von den Göttern und Elfen bewohnten Welten zerstört. Ähnlich wie in der Bibel der Regenbogen das Zeichen dafür ist, daß die Sintflut ein Ende hat, ist den skandinavischen Dichtungen das Verschwinden des Regenbogens ein entscheidendes Zeichen: Nun kann nichts mehr das Chaos der Naturkräfte aufhalten, das über die Erde fegt.

Übereinstimmend erscheint also an verschiedenen Orten der Erde der vielfarbige göttliche Bogen: Er ist ein Bild des Lebens in seiner ganzen Buntheit und Vielfalt.

Seite 102: Auch für die mittelalterlichen Christen war der Regenbogen ein kosmisches Sinnbild, vermittels dessen sich die Gottheit den Menschen offenbarte: In der Bibel steht das Himmelszeichen für den erneuerten Bund Gottes mit den Menschen nach der Sintflut („Wiener Genesis", Nationalbibliothek, Wien).

1 Die tibetischen Yogis sollen dem Ende ihres Körpers völlig bewußt und gefaßt begegnen können. Sie gehen in die kosmischen Kräfte ein, sowie diese in den Farben des Regenbogens sichtbar werden.

2 Die Pueblo-Indianer Nordamerikas stellen sich den Regenbogen vor, wie er als Bild des Himmelssegens und als schützender Bogen über den heiligen Maiskolben erscheint.

5 Iris bringt über die Regenbogen-Brücke die Botschaften von Zeus und Hera zu den Sterblichen (griechische Vase).

6 Wuluwaid und Bunbulama können für die australischen Eingeborenen Regen von der „Regenbogenschlange" erwirken (Rindenzeichnung; State Library of South Australia, Adelaide).

3 Als am Ende eines Weltzeitalters der Himmel einzustürzen drohte, erschien der Gott Quetzalcoatl und stützte mit seinen unvorstellbaren Kräften das Sternengewölbe (Mixtekisch; Codex Vindobonensis Mexicanus).

4 Die Helden ziehen durch das Tor des Regenbogens in Walhalla ein (Runenstein; Historisches Museum, Stockholm).

7 Der Bogen am Himmelsgewölbe wird nach der Vorstellung des alten Peru vom Jaguargott emporgehoben (Webearbeit aus der Chimukultur).

Lichtertanz
der Unsterblichen

Zu den Erscheinungen der Umwelt, die die Völker zu immer neuen Mythen zwangen, gehört – nicht weniger als die Luftspiegelungen in den Wüsten – das Nordlicht. Von Völkern des hohen Nordens, die die Möglichkeit gehabt hatten, sich südlichere Heimatländer zu gewinnen, wurde schon behauptet, sie würden freiwillig in ihren rauhen Ländern bleiben; sie wollten die himmlischen Lichter so wenig missen wie die Wunder ihres kurzen Frühlings und Sommers – oder die Tierwelt in ihrem Umkreis, mit der sie sich geradezu verwandt fühlten.

1830 veröffentlichte der weiße Nordamerikaner James Athearn Jones, der einen Teil seiner Jugend in Freundschaft mit Indianern verbracht hatte, die Sage vom „Paradies der Tetonen": Das Jägervolk, bei dem er sie, zusammen mit vielen Erinnerungen an uralte Naturphänomene, gehört hatte, waren die Tetonen, einer der wichtigen Stämme der einst mächtigen Dakota-Sioux.

Die Tetonen glaubten an die Möglichkeit, durch das gesteigerte Flackern des

Nordlichts, das sie in bestimmten Jahreszeiten am Nordhimmel erlebten, die Geheimnisse des Großen Geistes tiefer erkennen zu können. In den frostigen Lüften öffnete sich ihnen zufolge für die sterblichen Augen sozusagen ein Fenster, das den Blick ins Jenseits freigab. Diese physikalischen Vorgänge waren ihnen der Beweis, daß die Seelen der sterbenden Indianer mit den Kräften zwischen Erde und Sternen verschmolzen und so ewig und lustvoll weiterbestanden.

Der Zeuge des Nordlichts wird nach den Tetonen „anfänglich einen schwachen Strahl pfeilschnell im Norden aufschießen sehen, dem Schaume gleich, welcher hoch aufspritzt, wenn sich die Wogen an der Felsenstirn des Ufers zerschlagen. Allmählich jedoch verbreitet er sich immer mehr, bis der halbe Himmel, manchmal auch der ganze, im ungemeinen Glanze prächtig strahlt. Dann wird er ein Geräusch wie von unterdrücktem Gelächter in der Luft hören, bisweilen auch, wiewohl seltener, leichtbeschwingte, fröhlich lachende Luftgestalten erblicken, welche sich in verworrenen Tänzen durch die Gruppen leuchtender Sterne hindurchwinden. Dieser Anblick erfüllt die Seele des Indianers mit großer Freude. Nach seiner Überzeugung wird dieses Schauspiel von den Geistern seiner hingeschiedenen Freunde veranlaßt."

Die in die Unsterblichkeit eingegangenen Seelen seines Volkes können, nach dem Glauben der Indianer des Nordens, immer noch, und zwar in stark gesteigerten Ausmaßen, „das Vergnügen genießen, welches ihnen schon auf der Erde das liebste war, und lustig nach der Musik der Sterne tanzen".

Die „sanfte Röte", die während der sichtbaren Erscheinung der Sternentänze am Himmel voller unsagbarer Anmut auftaucht, deutete die poetische Weltanschauung der Tetonen als den Schein der Feuer, den die fröhlichen Geister entfachen: Sie tue dies, um den „gefrorenen Nebel" aufzutauen, denn schließlich würde dieser den leichtfüßigen Tanz der gestorbenen Verwandten über die weiten Himmelsflächen behindern! Jenes seltsame Geräusch, das das Nordlicht begleiten kann, deuteten die Indianer als das „freudige Lachen der Geister", die sich „beim Genuß ihres höchsten Vergnügens" an unsere sterbliche Welt erinnern: Dort hatten sie schließlich zu ihren Lebzeiten den Weg in die Ewigkeit gefunden, „welcher ihr glückliches Los herbeiführte". Durch ein irdisches Dasein voller Taten, die im Sinn ihrer Überlieferung gut waren und das Leben ihres Stammes erleichterten, hatten sie ihren neuen Aufenthalt im Himmel gefunden. Sie waren zu seligen Wesen geworden, die sich über ihren Zustand, der keinen Tod mehr kennt, nicht genug erfreuen können.

Erfahrungen mit der Umwelt, deren genaue Kenntnis das Dasein erst ermöglichte, und der Glaube an das „ewige" Leben der Geister bildeten bei Völkern wie den Tetonen eine Einheit.

Seite 104, links: Steinfigur eines toltekischen Kriegers. Solche Säulen dienten als Stützen der Pyramide, die dem Gott Quetzalcoatl geweiht war. Dieser soll in der Mythenwelt des alten Mexiko den Himmel vor dem Einstürzen bewahrt haben (7.–9. Jh. n. Chr., Tula).

Seite 104, Mitte: Man stellte sich vor, daß Gott den Kreis der Gestirne mit seiner Hände Arbeit erschuf – wie ein irdischer Künstler sein Werk (Mosaik, 12. Jh.; Monreale, Sizilien).

Seite 104, rechts: Als Hera Herakles stillte, biß er sie. Dabei verspritzte etwas ihrer Milch und bildete die Milchstraße („Die Entstehung der Milchstraße", 1582; Ölgemälde von Tintoretto, 1518–1594; National Gallery, London).

Oben: Erstaunlich ist die Kenntnis der Sternbilder in grundverschiedenen Kulturen. Hier eine Darstellung des Orion und der Plejaden auf einer australischen Rindenzeichnung der Mini-Mini von Groote Eylandt (National Gallery of South Australia, Adelaide).

Links: „Der Aufstieg der Seelen in das himmlische Paradies" von Hieronymus Bosch (1450–1516) (Dogenpalast, Venedig).

105

Blitzadler und Donnervogel

Bei verschiedenen Völkern wird der „Geist" der Naturmacht Gewitter fast noch häufiger als die Sonne aus der „die Welt beherrschenden Gemeinschaft ihrer Geschwister" hervorgehoben: Dann wird diese Naturmacht mit der Schöpfergottheit, „die alles um uns hervorbrachte", verschmolzen und sozusagen zu einem Vorsitzenden des großen Rates der Götter und Geister.

Dies scheint uns verständlich. Sonne, Mond und Sterne, die man als höhere Wesen ansah oder zumindest als deren „Himmelswagen", scheinen schon für den Urmenschen festen Bahnen zu folgen. Ihr Wirken verkörpert eine gewisse Ordnung, jene Gesetzmäßigkeit, die im ganzen Kosmos herrscht. Das Gewitter, dessen auffallendste Erscheinungen Blitz und Donner sind, wirkt hingegen unberechenbar. Es die Erdoberfläche und deren Bewohner kümmert.

Der „Geist des Donners" besitzt auch in den Mythen der nordamerikanischen Indianer seine besondere Bedeutung. Er kann menschliche Gestalt besitzen oder zumindest zeitweise annehmen. Häufig ist er aber der „Donnervogel", ein unvorstellbar gewaltiger Adler. Obwohl die indianischen Völker bis zur Ankunft der Europäer wohl nicht anders lebten als die Völker der Alten Welt in der Steinzeit, gibt es kaum einen Widerspruch der Mythen: Auch der griechische Zeus oder der römische Jupiter wurden mit einem Adler zusammen abgebildet, und ursprünglich scheinen auch hier Mensch und Riesenvogel als gleichwertige Erscheinungen der Gewittermacht angesehen worden zu sein.

Wie der Indianer Schwarzer Hirsch schildert, haust der Donnervogel – wiederum gleich dem griechischen Donnerherrn Zeus, dem nordgermanischen Thor, dem dendes Licht hervor, das die Feinde der Götter restlos auslöscht.

Wenn in waldigen Gegenden von Weißrußland der Blitz in einen Baum einschlug, glaubte man noch im 19. Jahrhundert: „Perun hat eingeschlagen, weil sich wahrscheinlich ein Geschöpf der ‚unreinen Kraft' unter der Rinde versteckte." Perun wird in slawischen Sprachen noch immer gern als ein Wort für Blitz verwendet; es ist aber der durch Christen wohlbezeugte Name des „heidnischen Gewittergottes" bei den östlichen Völkern. Auch bei den baltischen Preußen, Litauern und Letten, die so zäh an ihrem vorgeschichtlichen Glauben hingen, hieß die Macht hinter Blitz, Donner und Gewitterregen Perkunas oder ähnlich.

Daß die Vorstellung von der Macht des Gewitters in verschiedenen Erdteilen ähnlich aussieht, braucht kaum durch eine gegenseitige Beeinflussung der Völker erklärt zu werden. Das ähnliche Leben der

kann zerstören und dann wieder die Regenbogenwolken steuern, die Fruchtbarkeit und damit Reichtum bringen. Schon früh sahen die Menschen, daß es Überschwemmungen erzeugen kann, aber durch sein Ausbleiben auch die Trockenheit und die Versteppung des Bodens. Es erschien den frühen Völkern darum naheliegend, hinter dem Gewitter ein denkendes Bewußtsein zu ahnen, das sich um indischen Indra – auf seinen für Sterbliche unzugänglichen Berghöhen: „Seine Stimme ist der Donnerschlag, und rollender Donner wird durch den Schlag seiner Schwingen auf die Wolken verursacht. Er hat ein Auge, und sein Blick ist der Blitz..." Wir erinnern uns auch hier an den Sagenkreis um den indischen Shiva, der als ein Zerstörer des Bösen gilt: Wenn er sein einsames „Stirnauge öffnet, bricht ein blen- ursprünglichen Völker in einer „wilden" Umwelt ließ überall wesensverwandte Erlebnisse mit den Elementen entstehen. Der hohe, „königliche" Flug des Adlers und sein „blitzartiges" Niederstürzen auf die Beute lassen ihn bei den nordamerikanischen Indianern wie im antiken Mittelmeerraum zwischen Europa, Afrika und Asien zum Sinnbild der Blitzgottheit werden.

Seite 106, links: Indianische Maske des Donnervogels. Der Schnabel konnte vom Tänzer, der ihn trug, geöffnet werden: So wurde im göttlichen Wesen gleichzeitig dessen tierische und menschliche Seite angedeutet (Centennial Museum, Vancouver, Kanada).

Seite 106, rechts: Der afrikanische Donnergott Schango, heute auch in den Kulturen des Schwarzen Amerika zunehmend beliebt, trägt die Axt auf seinem Kopf: Er ist das Gewitter selbst (Holzaxt der Yoruba, Nigeria).

Links: Der nordamerikanische Donnervogel, den in ähnlicher Form viele Indianerstämme kennen, bringt den Blitz mit seinem Adlerschnabel und erzeugt durch sein Flügelschlagen den Donner (Holzschnitzerei; British Museum, London).

Oben: Auch die kleine, 6 cm hohe isländische Bronzeskulptur aus der Wikingerzeit (um 1000) gilt als Bild einer Fruchtbarkeits- und Gewittermacht (Nationalmuseum, Reykjavik).

Der Gewittergott und seine Macht

Die Bedeutung von Gewitter und Gewitterwolken für das Dasein aller Lebewesen des Erdbodens erklärt uns, zumindest teilweise, die Verehrung, die der Donnergott in den verschiedensten Kulturen genoß: An den abgelegensten Orten der Welt entdecken wir in den Mythen die Neigung, diese scheinbar von der höchsten Lebenskraft erfüllte Gottheit als Freund und nahen Verwandten erkennen zu wollen.

Auf diese Tendenzen stoßen wir etwa in der alten Religion des westafrikanischen Kulturvolkes der Yoruba, die heute in den „neuen" Volksglauben der Schwarzen auf den Karibischen Inseln oder in Brasilien erstaunliche Auferstehung feiert: Der Donnergott Schango (Xango) soll als

mächtiger Mensch und gewaltiger Krieger auf der Erde gelebt haben – ähnlich wie im Zeitalter der griechischen Kulturen auf Kreta die Geburtsstätte und das Grab von Zeus gezeigt wurden, da auch er ein Leben lang unter Menschen geweilt habe.

Bei den Yoruba war der Donnergott zu den Zeiten, als er das Dasein eines sterblichen Menschen auf sich genommen hatte, ein sagenhaft berühmter König von Oyo, der einstigen Hauptstadt eines westafrikanischen Reiches. Er galt als unbesiegbar, war unvorstellbar großzügig, aber auch für sich und andere gefährlich hitzköpfig. Aus diesem Grunde soll Schango ein ähnliches Schicksal erlebt haben, wie es einer Reihe wesensverwandter Helden beschert war: Als er mancherlei Verrat und die Unbeständigkeit des Volkes erleben mußte, soll er sich selber getötet haben! Oder war der Tod durch eigene Hand ein Selbstopfer, durch das Schango seine Göttlichkeit wiedergewinnen wollte? Auf alle Fälle soll er nach dem Glauben von Millionen schwarzer Verehrer, die heute in Amerika und Afrika leben, als der mächtige Donnergott auferstanden sein.

Bei den Kubanern, die offen dem Geisterglauben der Santeria anhängen, verkörpert Schango, der Herr des Blitzes, alle „stürmischen", aktiven Eigenschaften, als deren Sinnbild man das Gewitter ansah. Wichtige Hauptzüge seines Wesens sind demnach die Treue zu seinen Freunden, die Gastfreundschaft ohne Grenzen, die überschäumende Leidenschaft in der Liebe, die maßlose Freude am Fest; die Ähn-

lichkeiten zum Charakter der Gewitterkönige in aller Welt, zu Zeus, Jupiter, Thor, Indra, können hier kaum bestritten werden.

Ähnlich enge Beziehungen zu den irdischen Wesen pflegt auch der Donnerherr, Donnermeister oder Donnerherzog der Chinesen, der als Helfer der Menschen schon häufig von Dichtern besungen wurde. Sein Name Feng Lung gilt als ein Lautbild des rollenden Donners. Die Künstler stellten ihn wiederum als mächtigen Helden dar: In der rechten Hand schwingt er seinen Hammer, mit dem er die einzelnen wuchtigen Donnerschläge auslöst. Mit der linken zieht er an einer Schnur, an der Trommeln aufgehängt sind. Diese erzeugen dann das lange anhaltende Donnergrollen...

Das Volk der Yao verbindet, wie anscheinend auch andere Kulturen Chinas, mit seinem Donnergott den wohl über die ganze Welt verbreiteten Mythos von der Sintflut: Ein Mann besaß die magische Fähigkeit, den Gewitterherrscher mit einer Zange zu packen und in einen engen Eisenkäfig zu sperren. Der Zaubermann befahl seinen Kindern, Brüderchen und Schwesterchen, sehr streng, niemals auf das Bitten des hilflosen Gefangenen einzugehen und ihm namentlich keinen Tropfen Wasser zu geben. Doch die mitleidigen Kinder brachten es nicht übers Herz, den eingesperrten Gott verdursten zu lassen. Sie gaben ihm zu trinken. Dadurch bekam der Herr der Wolken seine einstige Kraft zurück und sprengte spielend die Gitter.

Vom Donnergott erhielten die Kinder als Dankesgabe einen riesigen Flaschenkürbis, der sie sicher durch die Fluten der hereinbrechenden Sintflut trug. Sie überlebten das schreckliche Strafgericht des Himmels, während die Eisenarche, das Gefährt ihres den Gott hassenden Vaters, zerschellte. Bruder und Schwester wurden ein Ehepaar, und von ihnen stammt das Menschengeschlecht ab. Auch in den chinesischen Überlieferungen überleben jene Menschen, die keinerlei Störungen der Weltordnung mitmachen, die grauenhaften Katastrophen am Ende der Zeitalter: Er kann sogar, gleich den Göttern, „Unsterblichkeit erlangen".

Seite 108, links: Der keltische Donnergott Taranis hält den Blitz und ein Rad (Sinnbild der Natur-Kreisläufe?) in seinen Händen (Gallo-römische Bronzestatuette aus Le Châtelet, Haute-Marne; Musée des Antiquités Nationales, Saint-Germain-en-Laye).

Seite 108, rechts: Der Donnergott der Japaner ist ein wildes Wolkenwesen, das mit seinen Trommeln die Gewittermusik erzeugt (Gemälde von Ogata Korin, 1658–1716; Nationalmuseum, Kyoto).

Ganz oben: Zeus hält den zweispitzigen Donnerkeil in der Rechten. Er galt als Leitbild eines von Kraft erfüllten Mannes. Auch die Olympischen Spiele sollen von Herakles als Zeusfest begründet worden sein (Bronzefigur aus Dodona, Griechenland, um 470 v. Chr.; Staatliche Museen, Berlin).

Oben links: Der Blitz- und Wettergeist der australischen Ureinwohner läßt Kraftströme aus seinem Kopf fließen (Rindenmalerei, Australien).

Oben rechts: Die skandinavische Bronzezeit kennt Felsgravierungen, in denen eine Gottheit mit Stierhörnern (Thor?) einen Hammer trägt (Nationalmuseum, Kopenhagen).

Links: In der Gestalt eines orientalischen Großkönigs erscheint der assyrische Gewittergott Adad, der dem sumerischen Enlil zu entsprechen scheint. Er steht auf dem Stier und schwingt Blitzbündel (Basaltrelief an einer Stele, 8. Jh. v. Chr.; Arslan-Tasch, Syrien).

Wasserfrauen im Wolkenland

Der „König" über Donner und Blitze, wilde Gewitter und fruchtbare Regen erscheint in der Regel als eine männliche Macht, die über das Weltall „regiert". Dadurch, daß man den großen Eroberer Alexander von Mazedonien zum Sohn des Zeus und später Jupiter zum Beschützer des römischen Kaisertums erklärte, traten die übrigen Naturgottheiten stark zurück: Man vergaß häufig, wie wenig in den alten Mythen der „Donnerer" ohne seine weibliche Seite, Hera oder Juno, die ihm, eng verbunden, die nötige Lebenskraft gibt, denkbar ist.

Die baltischen Völker – Litauer, Preußen, Letten – kannten eine Mutter des „Herrn über Blitz und Donner", „Perkuna Tete". Wie wir bereits erwähnten, verwaltete sie anscheinend das bei osteuropäischen Bräuchen, z.B. bei den Hochzeitsritualen, so wichtige, auch die Götter erneuernde Schwitzbad. Perkuna Tete entsprechen bei den „Sterblichen" die „Weisen Frauen", die bei feierlichen Waschungen, vor allem bei der Waschung der Braut vor der Hochzeit, eine wichtige Rolle spielten. Genau wie diese fast verschwundenen Meisterinnen der Heilkunst und des Schatzes der Überlieferungen soll jene „Mutter des Blitzes" gelehrt haben, wie sich die Lebewesen „dank des Wassers, aus dem Gott alles entstehen ließ", verjüngen können.

Der indische Gewittergott Indra wird vor allem für seine Haupttat gepriesen, daß er, trotz aller Anschläge der Mächte der Zerstörung, das freie Strömen der Wasser ermöglicht. Der Ausdruck seiner Kraft (Shakti) ist seine Gattin Indrani, mit der er eine Einheit darstellt. Sein himmlischer Hof wird vor allem gebildet aus den schönen „Wolkennymphen", den Apsaras. Ihre Bildwerke in der indischen Kunst gelten noch immer als der Ausdruck des indischen Schönheitsideals. Ähnlich wie die Feen, Elfen und Schwanenjungfrauen der keltischen, germanischen und slawischen Sagen nehmen sie gern die Gestalt von besonders schönen Wasservögeln an. Sie helfen irdischen Helden in ihren Nöten, retten sie vor scheinbar unvermeidlichen Toden und stellen die Verbindung mit Götterwelten her.

Wenn sich diese Helferinnen des Gewittergottes mit einem Menschen verbinden, bedeutet dies dessen Glück im Diesseits und Jenseits. Auf solche Apsara-Ehen wurden große Geschlechter zurückgeführt, die wichtige Beiträge zur Begründung und Ausbreitung großer Kulturen leisteten. Ohne diese Geschöpfe könnte man sich eigentlich weder die Bildende Kunst noch die Märchendichtung des gewaltigen indischen Kulturkreises vorstellen.

Ich selber vernahm als Kind ein Märchen aus dem ostslawischen Wolhynien. In diesem Märchen thront der Donnerer im „Kaiserreich der himmlischen Wolken". Um ihn herum ist der Kreis der Wasserfrauen (russalki), die „wegen ihrer Nachbarschaft zu Gottes Paradies noch viel schöner sind als die Nixen der irdischen Flüsse".

Die Gattin des nordgermanischen Blitzschleuderers Thor ist Sif, deren Namen der Sagensammler Karl Simrock mit „Sieb" übersetzte. Diese Deutung wurde von anderen Sprachforschern bestritten, doch gibt es im nördlichen Europa die verbreitete Sage, nach der die Hexen durch Lüfte und Wolken fliegen und dabei Wasser durch ihre Siebe schütten. Dadurch können sie den Erdbewohnern Gewitter und Regenfall erzeugen.

Als ein Schatz der Burjäten gelten „vom Himmel gefallene" Gegenstände, die als Pfeile des Donnergottes Chuchedej Mergen angesehen werden. Als solche betrachtet das sibirische Volk auch urgeschichtliche Fundgegenstände, ob sie nun aus der Stein- oder der Bronzezeit stammen: Sie sollen ihren Findern und Besitzern Glück und Reichtum ohne Begrenzung bringen.

In Zeiten der Trockenheit werden diese „Himmelsgeschosse" sorgfältig gebadet und gereinigt, wodurch der fruchtbare Regen angezogen werden soll. Dazu tanzen neun schöne Mädchen, die die „Töchter" des Donnergottes darzustellen haben, ihren Reigen nach uraltem Brauch.

Links: Die vier Regengeister, wie sie in der Malerei des nordamerikanischen Navaho-Volkes abgebildet werden, verbinden den Segen des Himmels mit der Erde: Aus ihren Händen strömt das himmlische Wasser (Museum of Navaho Ceremonial Art, Santa Fe).

Mitte: Auf einem Zeremonienbild, in Simbabwe gefunden, betet ein Regenmacher um himmlischen Segen für Erde und Gewächse. Eine Himmelsgöttin neigt sich zu ihm und läßt das Wasser niederströmen (Frobenius-Institut, Frankfurt a.M.).

Rechts: Auf einer geschnitzten Prachtpforte stehen drei Regengöttinnen mit zum Himmel erhobenen Händen. Man deutete sie auch als Frauen, die um den Segen des Himmels beten (Dogon, Mali; Musée de l'Homme, Paris).

Links: Der aztekische Gott Tlaloc ist Herr über Regen, Donner und Blitz. Er erschuf sich „viele Diener, klein von Gestalt", die Regenkobolde. Er hält ein Paradies (Tlalocan) bereit, wo die Menschenseelen „glücklich sind und keine Not leiden". Für mexikanische Bauern, die von Mais, Kürbissen und Tomaten lebten, war das „Wasser, das vom Himmel strömt" ein Sinnbild der Seligkeit (Fresko aus der Teotihuacan-Kultur, 1.–6. Jh.; Museo nacional de antropologia y historia, Mexiko-Stadt).

Unten links: Menschlich dargestellte Regenmacht der nordamerikanischen Navahos. Für die Akkerbau treibenden Stämme war Bitten und Danken für die himmlischen Ströme der Fruchtbarkeit ein Mittelpunkt ihrer Bräuche (Musée d'éthnographie, Genf).

Unten: Doppelgestaltig dargestellt ist der Gott des Nilstroms, Hapi: Der Fluß nimmt das Wasser vom Himmel auf und verbreitet es über die Felder Ägyptens (Skulptur, 19. Dynastie; Abu Simbel).

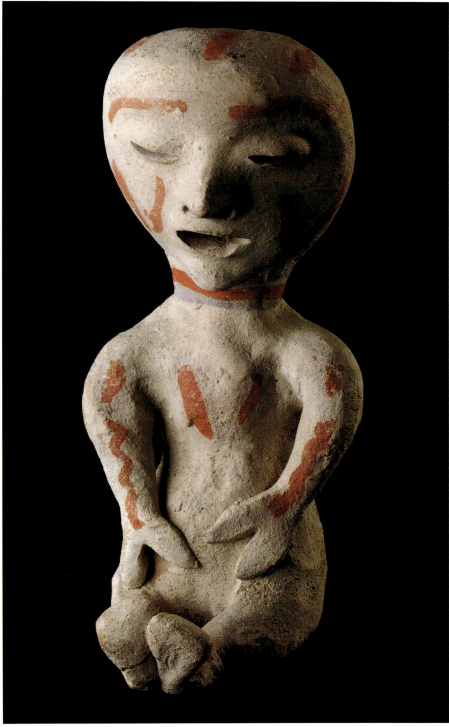

Ata Emit, Gottheit,
Du hast uns den Regen geschenkt,
sei gepriesen!
Daß der Regengeist,
Boekiin Husil,
sei gepriesen!
Unsere Vorfahren,
die uns das Leben geben,
seien gepriesen!

Gebet der Diola im Senegal,
nach dem Regen.

Bäume des Lebens und des Geistes

1 Der Mensch befindet sich zwischen den Ästen verschiedener Bäume – Symbol für seine Stellung zwischen dem ewigen Wachsen und Welken in seiner Umwelt (Etruskische Schale, 6. Jh. v. Chr.).

Die Bäume grünten, blühten, trugen Früchte, welkten. Doch der Mensch träumte von einem „Baum der Bäume", der unsterblich ist, von dem alle Pflanzen ihre Lebenskraft erhalten. Dieser Baum wurde zum Sinnbild des Daseins, das ewig ist. Auch wir zünden schließlich im Winter Lichter, die an Sonne, Mond und Sterne erinnern, auf einem immergrünen Baum an. Er gibt uns Trost in einer Zeit, in der für den Menschen früher die Nahrung immer knapper wurde und in der auch die meisten Pflanzen und Tiere unter der Kälte leiden.

Zu den schönsten Sagen der osteuropäischen Zigeunerstämme, die wir im übrigen oft als die geborenen Märchenerzähler der Slawen, Ungarn und Rumänen antreffen, zählte Heinrich von Wlislocki die Überlieferung über den „Allsamenbaum". Von ihm sollen nicht nur sämtliche Gewächse der Erde abstammen; seine ihm am Anfang aller Zeiten verliehene Lebenskraft wirkt auf alle Wesen. Sein bloßer Anblick verjüngt auch die Menschen, die ihn schauen dürfen.

Seine Hauptbedeutung, von der die Sagen zu berichten wissen, liegt in seiner Aufgabe bei schweren Unglücken und Naturkatastrophen, die ganze Länder treffen. Verwelken die Pflanzen auf dem Boden, droht also eine schwere Hungersnot, so können ein Held oder eine „Weise Frau" helfen, wenn sie den abenteuerlichen Weg zum Baum der Bäume wissen und auch zu beschreiten wagen. Von ihm können die Möglichkeiten zu einer neuen Aussaat gewonnen werden. Auch wenn die Pflanzen unfruchtbar werden und verdorren: Solange der geheimnisvolle Allsamenbaum weiterbesteht, gibt es für die grüne Welt eine Auferstehung.

Eine Schlange hält seine Wurzel in ihrem Rachen – erinnern wir uns, daß auch bei den Roma- und Sinti-Stämmen die Schlange als ein Sinnbild der Lebenskraft in Erde und Wasser gilt; und die Nomadenfrauen kannten den Schlangentanz, bei dem sie ihren ganzen Körper, namentlich die Hüften, kreisen ließen – dies sollte die Kräfte und Säfte in ihrem Leib in Bewegung bringen. Ähnlich kennen die Yoga- und Tantra-Systeme in Indien das „Wecken der Schlangenkraft (kundalini)", die durch entsprechende Übungen „von unten her" die Wirbelsäule „gleich einem Berg oder Baum" emporsteigen soll.

Doch der Allsamenbaum ist nicht nur mit den Fruchtbarkeitskräften der Tiefe verbunden; seine Zweige reichen bis zum Himmel! So erhält er mit seinen Wachstumskräften die Welt. Wir wundern uns nicht, wenn wir vernehmen, daß dank dieses Baums auch die „Weisen Frauen" die Heilkräuter besitzen. Diese Heilkräuter sind, der Heilkunst der Zigeuner zufolge, von einer ursprünglichen Lebenskraft erfüllt, die den Kranken ihre zerstörte Gesundheit wiederschenken kann.

Der Held, der zum Allsamenbaum will, findet im Fluß eine Pforte, durch die er auf eine Wiese gelangt, auf der sich dieses Ziel seiner Wünsche entfaltet. Auch hier finden wir einen entscheidenden Hinweis: Der Baum wächst unter der Erdoberfläche, in jener Tiefe, aus der die schöpferischen

2 In der Mitte des sibirischen Schamanengewandes sehen wir den Lebensbaum: Auf ihm soll die Seele des Trägers zu den Toten- und Tiergeistern empor- oder niedersteigen können (American Museum of Natural History, New York).

3 Ein Weltenbaum, dargestellt auf einem Zeremonialgewand aus Sumatra.

4 Dank der Palme des Paradieses sollen die Gerechten die Früchte des ewigen Lebens genießen können („Comentarios al Apocalipsis del Beato da Liebana"; Kathedrale von Gerona, Spanien).

5 Der „Baum der Erkenntnis von Gut und Böse". Von ihm sollen die Ureltern der Menschheit gegen das Gebot der Gottheit die Frucht gegessen und dadurch den Tod auf sich gezogen haben (Codex Vigilianus; El Escorial, Spanien).

Links: Die mystische Vision des 17. Jh. zeigt uns den „Baum der Seele" (the tree of the soul). Aus der Welt der Dunkelheit und des Irrtums, die von unserer sichtbaren Sonne beschienen wird, wächst unser Wesen der höchsten göttlichen Erkenntnis zu (British Museum, London).

Rechts: Im javanischen Schattentheater (wayang) heißt dieser Gegenstand *gunungan* (Berg) oder *kekayon* (Baum). Beides bedeutet die ewige Welt: In seinem Umkreis findet die Götterlandschaft, die Welt der Mythen und Märchen, ihre schauspielerische Darstellung (Gunungan aus Leder, 18. Jh.).

Energien der Mutter Erde stammen. Doch seine Äste streckt er, gleich betenden Armen, Sonne und Sternen zu – so daß in ihm eine dauernde Verschmelzung der Kräfte und damit eine Fortsetzung der Weltschöpfung stattfindet.

Wenn er alte Bräuche mit viel Begeisterung neu zu begehen versteht, kann der Mensch nach der Überzeugung der osteuropäischen Mythen den Allsamenbaum schauen und seine Wirkungen erleben. Dazu muß man unter anderem ein Weidenbäumchen und eine Tanne nebeneinander eingraben, „miteinander verheiraten". Dieses pflanzliche Liebespaar, die magische Verschmelzung der weiblichen und männlichen Naturkräfte, wird am folgenden Tage verbrannt: Die Asche gilt als sehr nützlich, um die Fähigkeit der Frauen zum Gebären zu steigern.

So kann der Mensch von der Unsterblichkeit des Lebensbaums auch Kraft für sich selber beziehen. Seine eigene Energie und Gesundheit wächst, wenn er erkennt, wie die ganze Schöpfung eine Einheit bildet und alle Wesen sich gegenseitig beeinflussen. Auf dem Hintergrund solcher Mythen werden uns viele Dichtungen der großen Kulturvölker verständlicher.

Die Weltesche Yggdrasil

Die skandinavischen Geschichtsschreiber des Mittelalters (Snorri Sturlason, Saxo Grammaticus) hatten die gleiche Ansicht, wie wir sie bei den Kulturvölkern der anderen Erdteile finden, bei Griechen und Römern, Indern und Chinesen, den afrikanischen Yoruba und den amerikanischen Inka und Azteken: Die Götter, die von ihren Himmelsburgen das Schicksal ihrer Völker steuern, hatten während entscheidender Zeitalter unserer Vergangenheit auch als Menschen gelebt und ihren Völkern die Grundlagen der Kultur geschenkt. Wer sich mit den Mythen beschäftigt, weiß, wie sehr sie sich mit den Nachrichten über geschichtliche Vorgänge vermischen können.

So soll der nordgermanische Gott Odin, der Bringer von zahllosen Weisheiten, mit seinem Gefolge über das weite Land nördlich des Schwarzen Meeres nach Nordeuropa eingewandert sein. Es wurde sogar

In der Mitte der Welt steht für die Dichtungen der skandinavischen Edda die Weltesche Yggdrasil. Sie wird von Gestirnen umkreist, spendet allen Geschöpfen die Nahrung und läßt sie, so verschieden sie sind, als Wesen des gleichen Universums erscheinen (Zeichnung: Franz Coray).

versucht, „Asen", den Stammesnamen dieses Göttergeschlechtes, mit dem Namen des Erdteils Asien in Zusammenhang zu bringen. Dies ist nach moderner Auffassung etymologisch kaum richtig. Vielleicht ist aber in den alten Berichten eine Erinnerung verborgen, nach der Beziehungen der skandinavischen Sagen zu den Mythen der östlichen Kulturen bestehen.

Das Weltbild, das uns in der Edda entgegentritt, wirkt auf alle Fälle urtümlich und erinnert in manchem an die Geschichte der sibirischen und anderer Schamanen verbunden sind. Diese wächst in der Mitte des Universums und verbindet, wie in verwandten Sagenkreisen, Himmelszelt und Unterwelt. Um sie im Kreis liegt die Erdoberfläche. Allseits ist diese Insel von einem endlosen Meer umgeben. In diesem Ozean liegt auch die Midgardschlange, das Urbild aller Ungetüme der Tiefen. Sie wird sich am Ende des Zeitalters aufbäumen und durch Überschwemmungen furchtbare Zerstörungen hervorrufen.

Von der Weltesche heißt es, sie sei der beste und größte Baum von sämtlichen Götterlied. Ganz unten am Weltenbaum befindet sich der Drache Nidhöggr: Die Spannung zwischen beiden Wesen wird erzeugt und unterhalten von einem wunderbaren Eichhörnchen. Es läuft am Stamm hin und her und vermittelt dem Ungetüm der Tiefe das Wissen des Himmelsvogels.

Oben, wo sich die Blätter des Baumes bilden, sind vier Hirsche, die dauernd die Knospen der Esche abweiden, die wohl darum nach der Dichtung Wöluspa „allernährender Weltenbaum" heißt. Die Überlieferung sagt darum: „Die Esche Yggdra-

1

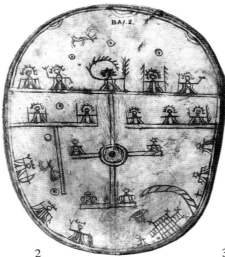
2

3

4

5

1 Noch in unseren Märchen steigen Helden und Zauberer dank phantastischer Bäume dem Himmel zu. In Indonesien schmücken solche Motive die Stoffe für Zeremonien und Alltag (Zeremonialtuch, Ausschnitt; Soemba, Indonesien).

2 Auf dieser Schamanentrommel aus Lappland sehen wir die verschiedenen Welten durch einen kosmischen Baum zur Einheit verbunden.

3 Auf dieser Malerei, beeinflußt vom sibirischen Schamanismus, erkennen wir die Große Mutter als Hüterin und Pflegerin des blühenden Weltenbaums (Eremitage, St. Petersburg).

4 Auch die Skythen, deren Stämme zwischen Ukraine und Zentralasien lebten, verehrten als heiliges Symbol den Lebensbaum (Skythische Schwertscheide, Ausschnitt; Melgunowschatz, untere Dnjeprregion, 6 Jh. v. Chr.).

5 Das Zelt der Schamanenfamilie wird von einer heiligen Birke, die zum Himmel ragt, getragen. Sie erinnert an die sagenhaften „Heime der Götter", die sich an den Ästen des Weltenbaumes befinden (Tungusen-Zeichnung, Mandschurei).

Seite 116: Das unsterbliche Wesen thront umgeben von Lotospflanzen und Opfergaben. Es scheint mit dem blühenden Himmelsbaum zu einer Einheit verschmolzen zu sein (Grab des Senufer, Theben, Ägypten).

und Schamaninnen. Ausdrücklich wird uns in dieser Sammlung, obwohl sie erst in der christlichen Frühzeit Skandinaviens niedergeschrieben wurden, als Quelle die Sehergabe geheimnisvoller Menschen geschildert: Häufig ist es Odin selber, der sich hellsichtigen Frauen und Männern naht, um mit ihnen über das Entstehen und Vergehen der Welten zu reden.

Es ist die Rede von neun Reichen („Heimen") der Schöpfung, in deren jedem ganz andere Wesen leben und die doch in ihrer Gesamtheit eine Einheit bilden, da sie durch die Wurzeln und Äste der unvorstellbar gewaltigen Weltesche Yggdrasil

Bäumen. Ihre Zweige breiten sich über die ganze Welt aus und reichen sogar „über" die Himmel. Sie besitzt drei gewaltige Wurzeln, die diesen Baum aller Bäume tragen und ihm Lebenskraft und Nahrung aus der dunklen Unterwelt saugen: „Hel wohnt unter einer [d.h. der Wurzeln], Hrimthusen unter der anderen, aber unter der dritten Menschen."

Zuoberst auf der Esche sitzt der Adler, der uns an den Donnervogel der nordamerikanischen Indianer, an Garuda, das Reittier des Gottes Vishnu, an den Blitzadler von Zeus oder Jupiter erinnert. Als „der viel der Dinge weiß" bezeichnet ihn das

sil duldet Unbill, mehr als die Menschen wissen." Die vier Hirsche, wohl das Sinnbild aller Lebewesen in den vier Elementen, leben von ihr, und unten „nagt" Nidhöggr an den Wurzeln. Eine Seite der Esche ist deshalb hohl, wodurch die Vergänglichkeit angedeutet ist.

Um die Zerstörung auszugleichen, wohnen drei „Weise Frauen", die Nornen, an ihrem Fuße: die Vergangenheit, die Gegenwart und die Zukunft. Sie entnehmen dem Brunnen der Urd heiliges Wasser und besprengen täglich den Baum, auf daß er nicht verdorre: „Davon kommt der Tau, der in die Täler fällt."

Bestes Bild des Universums: Himmelsturm oder Baum?

Seite 119: Auch der sagenhafte Turm von Babylon war offensichtlich ein Abbild des siebenstufigen Weltenbergs. Er sollte der Verehrung der sieben Planeten dienen und eine mystische Verbindung zwischen Erde und Himmel bedeuten („Turmbau zu Babel", 1563. Gemälde nach biblischer Überlieferung von Pieter Brueghel d. Ä., 1525–1569; Kunsthistorisches Museum, Wien).

Auf der Grundlage der in die phantastischen Urzeiten zurückreichenden Gesichter der Schamanen oder Seher versuchten die Priester der verschiedenen Kulturvölker, eine umfassende Vorstellung des gesamten Weltalls zu gewinnen.

In alten chinesischen Werken, die eine mystische Geographie enthalten, ist die Menschenwelt viereckig und trägt auch vier Pfeiler, auf denen der rund gedachte Himmel gleich einem Dach ruht. Er setzt sich wiederum aus neun Stockwerken zusammen. Vom irdischen Weltenberg K'unlun führt eine Pforte ins erste überirdische Geschoß. Zuoberst ist der Palast Gottes, sich bewußt die Welt, in der er sich in seinem nächsten Dasein verkörpern wird. Auch hier ist, ähnlich wie in den Märchen der schamanistischen Stämme Sibiriens, die Seele eine Reisende, die in jedem ihrer Leben einen Teil des Kosmos erlebt.

In die Mitte der Welten setzten die Seherinnen und Seher gern den Weltenberg, eine aufgerichtete Weltenachse oder eben den Weltenbaum, wie die Esche Yggdrasil. Um dieses Zentrum kreisten gleich Gestirnen die von vielerlei Wesen bewohnten Reiche der Geschöpfe, von denen manche lange vor den Menschen entstanden waren.

Ganz oben: Die drei ägyptischen Pyramiden des Cheops, Chephren und Mykerinos in Giseh galten schon der Antike als Weltwunder.

Oben links: Den Maya in Mittelamerika, großen Verehrern der Astronomie, galt der Stufentempel von Chichen-Itza als genaue Mitte der Welt. Diese Pyramide war dem Gott Kukulkan heilig, der dem Quetzalcoatl der Tolteken und Azteken entspricht.

Oben rechts: Das Minarett von Samarra im Irak ist islamisch, scheint aber bauliche Anregungen aus vorherigen Kulturen übernommen zu haben: Als runder Stufenturm steht es über dem Quadrat, dem Grundriß des babylonischen Zikkurats.

der Ti-kung. „An der Unterseite des Himmels fließen die Gestirne wie auf der Erdoberfläche die Flüsse" (W. Münke). Die Übergänge von Stockwerk zu Stockwerk werden von grimmigen Panthern und Tigern bewacht.

Die buddhistischen Lehren zwischen Indien und der Mongolei entwickelten, besonders auf den Hochebenen von Tibet, die „Totenbücher". Diese schildern recht ausführlich die Bilder von Landschaften, die der Sterbende sieht. Ist seine unsterbliche Seele nicht zu sehr von der Last der Untaten beschwert, kann er sich einer dieser Gegenden nähern: Damit erwählt er

Drei Wurzeln hat in der skandinavischen Mythologie die Esche, an denen sich je eine der unteren Welten befindet. Da ist einmal die Schattenwelt, über die die Göttin Hel herrscht, die wohl der Frau Holle im deutschen Märchen entspricht. Die träge Pechmarie wird an ihrem Tor von klebriger Schwärze übergossen, und das fleißige, zu allen Wesen gütige Mädchen mit strahlendem Gold! Sind dies die Bilder der Seelen, die je nach ihren Taten dunkel oder voller Licht werden?

An der anderen Wurzel ist das Reich der Hrimthursen, der Frostriesen, die alle Lebewesen mit Kälte und Erstarrung bedro-

hen. Endlich ist da die Menschenwelt, die bezeichnenderweise an die Länder der Todesgöttin und die des ewigen Winters grenzt und die ebenfalls voller Nebel und Not ist. Der Regenbogen ist aber die Brükke, die aus diesen finsteren Ländern führt und für die Seelen sinnbildlich die Möglichkeit aufzeigt, ins Helle aufzusteigen.

Dort, wo die Esche aus dem Boden wächst, sind wiederum drei Welten: Da ist am Meer die Welt der Jöten, der gewalttätigen und verfressenen Riesen. Da ist Wanaheim, das Land des Feenvolkes der Wanen, deren Fürsten die Liebesgötter Frija und Freyr sind. Dort, wo der Stamm gegen den Sternenhimmel zu wächst, liegt Midgard, die Landschaft der Mitte, das Reich jener Menschen, die im Universum die Einheit des Lebens erkennen.

Der Baum streckt endlich seine drei gewaltigen Äste nach oben; sie tragen die drei himmlischen Welten: Muspelheimr, die Welt der Feuergeister, Liosalfarheimr, die Welt der Lichtelfen, deren Haupt der Frühlingsgott Freyr ist und die also offensichtlich mit den Wanen zusammenhängt, und Asaheimr, das Land der Asengötter. In ihm befindet sich Walhall, wohin die im Kampf gefallenen Helden von den Heldenjungfrauen, den Walküren, zu ewigen Festen gebracht werden. (Eine bezeichnende Vorstellung für das frühe Mittelalter, als die Wikinger mit ihren leichten Schiffen von Skandinavien aus ihre kriegerischen Schiffahrten unternahmen.) Die machtstolzen und kriegerischen Asen lebten gelegentlich im Spannungsverhältnis zu den friedlicheren und sinnlicheren Wanen, deren Mythologien man später in Skandinavien sogar mit denjenigen um Astarte und Adonis verglich: Für die Seherinnen und Seher der Dichtungen um den Weltenbaum ist dieser auch ein Sinnbild für die verwirrende Vielfalt und die Verschiedenheiten im gleichen Universum!

Die Länder der Geister

Im Himmel, der ihr Licht am klarsten weist, hab ich geweilt;
Und Dinge sah ich viele, die wiedersagt kein heimgekehrter Geist.
Im Kreis, drin Gott läßt seinen Frieden walten, dreht sich ein Körper,
dessen Kraft enthält das Sein von allem, was in ihm enthalten.
Das nächste, sternbesetzte Himmelszelt zerteilt dies Sein in
einzelne Wesenheiten, von ihm geschieden, doch hineingestellt.

Dante, Göttliche Komödie, Paradies, 1. Gesang

Oben: Das Weltbild der sibirischen Tschuktschen: Über den Polarstern führt die „Achse" zwischen Morgen (oben) und Abend (unten). Die Milchstraße ist ein Verbindungsweg, und wir sehen in der Ecke des Bildes den Schamanen ein Jagdopfer darbringen (Tschuktschen-Zeichnung, Sibirien).

Seite 121: Der Mahajana-Buddhismus kennt das westliche Paradies Sukhawati des Buddha Amida in der unvorstellbaren Pracht von „Edelstein-Farben". Schon die Betrachtung von Bildern, die es zeigen, hilft dem Menschen zu einem Leben, das ihm zum Übergang in diese Glückswelt hilft (Taima-Mandara, Japan; Musée Guimet, Paris).

„Geisterländer", in denen geheimnisvolle, unsterbliche Wesen hausen, „die schon bestanden, als es noch keine Menschen gab", sind auf der ganzen Welt bekannt. Sie sind schwierig zu erreichen, auf alle Fälle für Menschen, „deren Seelen noch in sterblichen Leibern gefangen sind". Doch es soll immer „magische" Leute mit besonderen Gaben gegeben haben, die den Weg in die jenseitigen „Reiche der Unsterblichen" kannten. Selbstverständlich nahm man bei ganz verschiedenen Stämmen die Träume von wunderbaren Ländern ernst. Man betrachtete den Traum als realen Besuch der Seele in einer anderen Wirklichkeit.

Stämme, die am Fuß gewaltiger Gebirge lebten, neigten dazu, den Weg zu den Burgen der Götter im Bereich dieser Massive zu suchen. Die Griechen hatten ihren Olymp, die Inder, Tibeter, Mongolen ihren Meru – der in vielen Sagen über die halsbrecherischen Pfade des Himalaya zu erreichen ist. Wo es keine Höhen gibt, die alle menschlichen Länder zu überragen scheinen und deren Gipfel in den himmlischen Wolken verschwinden, gab man den unsterblichen Göttern und den seligen Toten Wohnsitze anderer Art.

Ein gutes Beispiel bieten die Mythen der Südsee, der fast endlosen Wasserwelt des Stillen Ozeans. So kennen etwa die Bewohner der Tonga-Inseln, die zum Meervolk der Polynesier gehören, die märchenhaft schöne und für Menschen nur selten zugängliche Insel Bolotu. Sie soll nordostwärts von Tonga liegen. Ist das die Richtung, aus der die Ahnen mit ihren zerbrechlichen Schiffen kamen, als sie auf der Suche nach geeigneten Heimatländern durch die Wasserweiten „wanderten"?

Ähnlich wie bei den Stämmen der Indianer Nordamerikas handelt es sich bei der Zauberwelt von Bolotu um eine Art „Ewiger Jagdgründe". Alles, was man hier schauen kann, gibt es auf den Inseln der Sterblichen auch, nur ist im Land der Geister alles farbiger, schöner, vollkommener, eben würdig der unsterblichen Wesen, die hier seit unvorstellbaren Zeitaltern wohnen: Uns Menschen bleibt nichts anderes übrig, als von der seligen Insel Bolotu zu träumen.

Herrliche Blumen, von einer Pracht, die wir nicht kennen, erfüllen die Lüfte mit angenehmen, berauschenden Düften. Köstliche Früchte locken die Bewohner zu unvorstellbarem Genuß. Vögel mit glänzenden Federn schweben von Baum zu Baum. Sie erfüllen den Himmel des glücklichen Bolotu mit ihrem paradiesischen Gesang, der die vollkommenste Musik ist.

Auch ganze Herden von hübschen Schweinen sind zu erblicken, also von Tieren, deren Fleisch bei den Polynesiern noch immer als Krönung ihrer festlichen Mahlzeiten angesehen wird. Doch innerhalb der Grenzen von Bolotu ist eben alles unsterblich, und der Tod, der unter uns allmächtig zu sein scheint, bedroht hier kein Wesen der Schöpfung: Pflückt jemand eine Blüte, so ist dies für die Pflanze kein Verlust, da sie sofort eine neue hervorbringt. Werden die Schweine oder auch köstlich schmeckende Vögel für den Genuß erlegt, entstehen sie sofort wieder zu einem neuen und fröhlichen Weiterleben.

Die selige Insel Bolotu liegt so weit von Tonga, daß die Reise dorthin, die an sich als möglich gilt, die Leistungsfähigkeit der Schiffe der Eingeborenen weit übersteigt. Auch die kühnsten Seeleute können sie nicht finden, außer wenn es ein besonderer Beschluß der Götter will, die über die Weiten des Stillen Ozeans herrschen. Und jene Menschen, die nach den Sagen wie durch ein Wunder den Sandstrand des Götterlandes betreten konnten, vermochten zwar etliche Wunder zu sehen, konnten sie aber nicht genießen. Die Früchte und die anderen Köstlichkeiten von Bolotu sind eben aus so feinem Stoff erschaffen, daß sie für unsere Hände nicht fester sind als Luft: Der sterbliche Mensch ist für die Götterländer eben von zu grober Substanz.

Auch bei anderen Völkern, die die Seefahrt pflegten, finden wir Anklänge verwandter Mythen, sei es in der griechischen Odyssee, sei es in den orientalischen Märchen um Sindbad. Die Suche nach dem Reich der ewigen Jugend reizte die Seefahrer zu ihren verwegenen Reisen. Verschiedene europäische Entdecker träumten nicht weniger davon, die „Inseln der Seligen" zu finden, als die kühnen Polynesier.

Seite 123: In Wolhynien sagte man: „Das Feuer im Herd und die Liebe sind das Gleiche – sie retten uns vor dem Erfrieren."

Bis in die Gegenwart hinein erhielt sich – zumindest auf Inseln, wo die Überlieferungen mündlich weitergegeben wurden – die Botschaft der ursprünglichen Geschichten. Noch von einem hochgebildeten Iren habe ich es vernommen: „In unserem Volk, sogar dort, wo es nach Amerika ausgewandert ist, leben noch immer begnadete Erzählerinnen und Erzähler der Märchen und Heldengeschichten, durch die die Hörer die Aussageabsichten der uralten keltischen Mythologie spüren. Sie erzählen so überzeugend und malerisch, daß man schon ein sehr bedeutender Schrift-

endlich beschäftigte sich vor allem mit den unterhaltenden Lustspielen (Komödien), der Kunst der Feste, nach einigen Autoren auch mit der Anlage der alle Sinne erfreuenden Gärten.

Die Wirkungskreise der einzelnen Musen scheinen gelegentlich austauschbar zu sein, oder sie überschneiden sich für den heutigen Menschen oft etwas verwirrend. Auch werden die neun Göttinnen am liebsten gemeinsam besungen oder dargestellt: Sie kreisen und tanzen um den musizierenden Sonnengott Apollo – womit vermutlich der Gedanke illustriert ist, daß

VERMITTLER VON MAGIE, KUNST UND KULTUR

Durch Flammen wirst du geboren, o Leuchtender. Du bist Gott Agni, höchste Lebenskraft. Groß bist du, Agni, groß sind deine Werke, mit deiner Kraft erfülltest du die Welten.

Rig-Veda

steller sein müßte, den genauen Sinn der Überlieferungen schriftlich wiederzugeben. Diese sollen ihren Urhebern im Traum oder an einsamen Orten eingegeben worden sein, an denen die Feen oder Elfen tanzen."

Dies sind ganz sicher nicht nur schöne Redewendungen. Bei den alten Griechen riefen die Dichter und Musiker, sogar die sich häufig mit Naturwissenschaften beschäftigenden Philosophen, die Musen an: Diese waren schöne Nymphen, die Hüterinnen heiliger Quellen, die „Mütter" der verschiedenen „freien Künste". Die Menschen beschworen sie in ihren Heiligtümern, wenn sie Werke schaffen wollten, die auch für die künftigen Zeiten Dauer erhalten sollten.

Die verschiedenen Künste und die schon von den Griechen betriebenen Wissenschaften wurden unter den göttlichen Schwestern aufgeteilt – wobei freilich die erhalten gebliebenen Nachrichten nicht immer übereinstimmend sind: In der Regel ordnete man die ernsthafte Heldendichtung der Kalliope zu, die Geschichte der Klio, die Chöre in den Tragödien der Eutrepia. Der Melpomene unterstand die Kunst der schönen, eindringlichen, klangvollen Worte, die Rhetorik. Der Tanz war die Welt der Terpsichore, die erotischen Dichtungen die der Erato; Polymnia oder Polyhymnia betreute die harmonischen Gesänge. Urania war die Göttin der „himmlischen" Sternenwissenschaften und der damit verbundenen Sagen, Thalia

jede große Kunst von allen anderen Anregungen bezieht.

Auch der Held der Kultur des Mittelmeerraumes, Herakles, erscheint in einem römischen Tempel als ein Verehrer und Geleiter der Musen. Hier kann man wohl den Gedanken vermuten, daß wir ohne die Geister der Dichtung und Musik kaum etwas von den Taten der Urzeit wüßten – und daß die Helden der Vergangenheit durch ihre Siege über die „Barbarei" erst den Raum für die Schönen Künste gewannen.

Bis in unsere Gegenwart hinein versichern große Künstler, sie würden oft lange Jahre um ihre Schöpfungen ringen, ohne je zu einem Ergebnis zu kommen. Auf einmal aber kämen zu ihnen „wie eine Flut" die beglückenden Ideen, die sie dann befähigten, ihre wichtigen Werke zu vollenden. Sie sagen dann oft – und für sie ist es sehr häufig keine bloße Redewendung – , „eine Muse habe sie geküßt" oder „mit Leidenschaft umarmt".

In den verschiedenen Mythologien, die sich seit der Entstehung von Kulturen entwickelten, gibt es darum eine übereinstimmende Deutung der hervorragenden Leistungen des Menschen. Sie werden erklärt aus der unserer Seele angeborenen Fähigkeit, sich in besonderen Augenblicken von aller Schwere unseres stofflichen, materiellen, irdischen Daseins zu befreien. Das „Unsterbliche in uns" nähert sich dann der Welt des Göttlichen; es „erinnert" sich damit sozusagen seines himmli-

122

schen Ursprungs, kann ewige Ideen zumindest teilweise begreifen und findet sogar Mittel, diese unsterblichen Gedanken auszudrücken.

Dieser Teil des Menschen galt bald als die ihn belebende Seele oder als sein Genius, bei den Griechen wurde er auch „Dämon" genannt. Er wurde in den Auffassungen der Völker bzw. der Philosophen bald als unser eigenes, sich höchstens in besonderen Augenblicken oder weisen Träumen offenbarendes Wesen gedeutet. Sehr häufig betrachtete man diesen Genius als ein besonderes, uns bei der Geburt beigegebenes Geschöpf – fast wie den christlichen Schutzengel – , als eine Verbindung zwischen uns Irdischen und dem Himmlischen.

Der Glaube an diese Geisterwelt, die Brücke zwischen uns und dem „Jenseits", lebte besonders deutlich überall dort, wo für die Menschen die Mythen und Märchen noch Unterhaltung und Genuß waren. Vom Vortrag der Märchen des sibirischen Jakutenvolkes, meist noch sehr deutlich mit den Götter- und Heldensagen der Schamanen verbunden, berichtet A. Kulakowskij (1925): „Die Zuhörer vergaßen ihre Sorgen, jeden Kummer. Sie wurden entrückt in die wunderschöne Welt der Zauberahnungen. ... Der Märchenerzähler selber war – wie ein echter Dichter – mehr als die anderen begeistert. ... In den Augen der Zuhörer hatte sich der Erzähler vollkommen verwandelt. ... Er war nicht mehr der gewöhnliche Gefährte Ujban, sondern ein übernatürliches, herrliches Wesen, umgeben von einem geheimnisvollen Strahlenkranz."

Ähnlich schilderte noch im 19. Jahrhundert die italienische Schriftstellerin Maria Savi-Lopez die Erzähler in den Hütten der romanischen, deutschsprachigen und slawischen Alpen: „Ihre ausdrucksvolle Stimme, ihre poetische Redeweise, ihr funkelnder Blick lassen vermuten, daß sie bei der Wiederholung der Märchen ihrer Ahnen durch eine Art Halluzination [!] die Menge der Dämonen und Hexen ... wirklich erblicken und hören." Solche Wachträume waren für den ursprünglichen Menschen zweifellos der Beweis dafür, daß in der Tiefe seiner Seele etwas Unsterbliches lebe und wirke: Es ermögliche ihm, „zeitlose" Dinge zu ahnen und mit seinem Geist zu erschauen.

Die schöpferische Kraft der Worte und Töne, die aus solchen begnadeten Volksdichtern ungestüm hervorbrach, galt ihren Hörern als der beste Beweis dafür, daß hier „ewige" Wahrheiten hervortraten, die der Mensch in der Not des Alltags nur allzu leicht vergessen kann.

Hermes, Bote der Weisheit

Der griechische Hermes, in der Antike gleichgesetzt mit dem römischen Merkur, wurde als der Bote der Götter angesehen, der als der große Heros den Sterblichen ihre Kulturen brachte. Als sich seine Verehrung vom Mittelmeer aus in alle Richtungen ausdehnte, wurden ähnliche Gestalten in den Mythen der anderen Völker mit ihm identifiziert, etwa der Thot der Ägypter, der Odin der Germanen.

Seine Verehrung und „seine" Weisheiten, namentlich die Gesetze der frühen Naturwissenschaften, beeindruckten das Altertum so gründlich, daß sie sogar in die neueren Religionen eindrangen. Die christlichen Astrologen und Alchimisten kannten ihn als Hermes Trismegistos, also den „dreifach größten", und betrachteten ihn als einen König aus der ägyptischen Urzeit, der ihnen ihre Künste hinterlassen hatte. Auch die Gelehrten im islamischen Raum kannten ihn als Idris.

Als Hermes' Mutter gilt die schöne Maja; sie und Zeus schenkten der Welt in einer Höhle des Hirtenlandes Arkadien dieses Wunderkind. Viele Geschehnisse aus seiner Kindheit erinnern uns an die ältesten Mythen: Die wunderbaren Nymphen, Feenwesen der Berge, baden ihn in drei Brunnen. Aufgezogen wird er unter dem Baume Andrachne, der uns an den geheimnisvollen Welten- und Lebensbaum der verschiedenen Sagenkreise erinnert. Schon in der Wiege beweist er eine unglaubliche List und unternimmt Streifzüge; er raubt verschiedenen Göttern ihre Sinnbilder oder magischen Gegenstände. Seinem Bruder, dem Sonnengott Apollo, stiehlt er die Rinder sowie den stets treffenden Bogen und die Pfeile, die sehr häufig als die Sonnenstrahlen gedeutet wurden. Dem Ares (Mars) nimmt er, ohne jemanden um Erlaubnis zu fragen, das Schwert, dem Meergott Poseidon seinen Dreizack, dem Hephaistos die zum Schmieden notwendige Zange, dem Zeus (Jupiter) sein göttliches Königszepter, der Schönheits- und Liebesgöttin Aphrodite ihren Gürtel, der sie zum anziehendsten der himmlischen Wesen macht. Als seine Mutter Maja die Klagen über die Streiche ihres Kindes vernimmt, streitet sie seine Schuld mit viel Energie ab, weil er zur Zeit seiner Raubzüge ja noch ein Säugling gewesen sei...

Als Apollo seine Taten aufdeckt, gewinnt der kleine Hermes recht schnell seines strahlenden Bruders Herz: Er spannt Saiten auf einen Schildkrötenpanzer und baut so die erste Leier. Apollo ist von ihrem Klang so sehr bezaubert, daß er dem göttlichen Kind seine Untaten nicht nur großzügig verzeiht, sondern es noch mit weiteren Geschenken überhäuft.

Für seine Verehrer wurde Hermes durch solche Geschichten leicht zu einem „Gott der Götter", der in sich die Fähigkeiten und Künste aller Unsterblichen vereint und sie folglich seinen menschlichen Anhängern schenken kann. Noch Paracelsus von Einsiedeln (1493–1541), dieser große Geist der Renaissance, erzählt, wie Merkur uns im Traume erscheinen und uns eine

1

2

3

4

1 Der unsterbliche Rishi (Nerada), im Hinduismus oft als Verkörperung des „Gottes der Götter" Vishnu angesehen, gilt als Sohn Brahmas, als Erfinder der Vina (Laute) und als Beschützer der Tonkunst (Archeological Garden, Balitpur, Nepal).

2 Orpheus galt den Griechen als Bringer des Gesangs, der Musik und einer Weisheit, ohne die ihre Kultur gar nicht möglich gewesen wäre (Römisches Mosaik; Solunto bei Palermo).

3 Der Sonnengott Apollo galt in der Antike als der Musiker der Götterwelt. Die Beliebtheit seines Bildes – hier nach einem Fresko von Raffael Santi (1483–1520) – wurde in der Renaissance zu einem Zeichen für die große Aufwertung von Kunst und Künstlern (Vatikan).

4 Das Flügelroß Pegasos war für die Griechen ein Sinnbild des hochfliegenden Geistes, der menschliche Dichter mit göttlichen Gedanken erfüllt (Griechische Münze, 330 v. Chr.).

5 Hermes erscheint den frühen Griechen auch als Gott der Hirten. Er trägt einen Widder im linken Arm, möglicherweise als Anspielung auf die „Widderzeit": Die Sonne steht im Frühling in diesem Tierkreiszeichen und ist damit Schutzmacht der antiken Kultur (Griechische Statuette; Museum of Fine Arts, Boston).

6 Auf einem etruskischen Silberspiegel erscheint neben Apollo und Jupiter (Zeus) Merkur (Hermes) mit seinen noch heute von der Astrologie verwendeten Symbolen, Flügelhut und Schlangenstab (Museo archeologico nazionale, Florenz).

1 Die buddhistische Göttin Tara – hier ihr Sandstein-Bild aus Angkor im Land der Khmer – gilt als Bild vollkommener Weisheit und grenzenlosen Erbarmens für die zahllosen Wesen, die noch im Ozean des Scheins (Maya) gefangen sind (Ende des 12. Jh. n. Chr.; Musée Guimet, Paris).

2 Das Paar der chinesischen Küchengötter sorgt nicht nur für das Gedeihen des Herdes, sondern berichtet über die Menschen in „seinem" Hause an die oberen Götter (British Museum,

3 Die Göttin Maat ist in Ägypten die Hüterin der Weisheit, die die Gerechtigkeit der Weltordnung zeigt (Museo archeologico nazionale, Florenz).

4 Bei den Babyloniern verkörperte Nabu die Weisheit der Götter und galt überhaupt als allwissend (9. Jh. v. Chr.; British Museum, London).

5 Athena war die griechische Göttin der Weisheit. Ihr überlegenes Denken offenbarte sich unter anderem in der Lehre einer Kriegskunst, die vor allem der Verteidigung der menschlichen Kultur diente (Tempel der Ceres, Paestum).

6 Die etruskisch-römische Minerva wurde der griechischen Athena gleichgesetzt. Sie brachte den Menschen Wissen, vor allem die Künste der Gewerbe, namentlich des Webens (Bronzeskulptur, 6. Jh. v. Chr.; British Museum, London).

7 Der schakalköpfige Anubis, oft mit Hermes verglichen, arbeitet an einer Mumie, wohl um den Verstorbenen auf den Weg der Unsterblichkeit zu bringen (Gemälde im Grab von Sennedjem, 19. Pharaonen-Dynastie, 13.–12. Jh. v. Chr.).

8 Cakrasamwara, eine tantrische Gottheit des esoterischen Buddhismus von Tibet, wird meistens in der „ewigen" Vereinigung mit seiner Gefährtin (Shakti) dargestellt (Malerei auf Stoff, 18. Jh.; Sammlung Joseph Campbell, New York).

Steigerung des Wissens verleihen könne! Im übrigen weist uns die geheimnisvolle Geburt des Gottes auf die Geburt des indischen Gottes Krishna hin, der unter den schönen Hirtinnen, den Gopis, die in ihrer Art ganz an die griechisch-römischen Nymphen erinnern, aufwächst. Seine Spiele sind zwar kindlich, zeugen aber von einem Tiefsinn, der sogar die größten Weisen erstaunt.

In seinen Tempeln beteten die verschiedensten Leute zu Hermes: die Kaufleute und die Diebe (die seine unerschöpfliche List brauchten), die Astronomen und die Philosophen, weil er den Menschen so ziemlich jede Wissenschaft geschenkt haben soll – sogar die ersten Buchstaben soll er aus dem Anblick fliegender Kraniche entwickelt haben; ja, man behauptete, er habe über 36 000 Bücher geschrieben, in denen jede Art von Gelehrsamkeit bis auf ihre Wurzeln erklärt war.

Rasch in Gedanken und Taten, worauf die Flügel an seinem Hut und den Füßen hinweisen, bringt Hermes die Botschaften der Götter aus dem Jenseits zu uns und begleitet umgekehrt die Seelen der Menschen ins Jenseits: Denn auch der Tod selber wurde von den Alten als Weg zu neuen Erkenntnissen gedeutet.

Das Feuer kommt in Menschenhände

Ganz oben: Tonfigur des aztekischen Feuergottes Huchueteotl (Cerro de las Mesas, Veracruz, Mexiko).

Oben links: Der indische Feuergott Agni wurde in den heiligen Schriften (Veden) geradezu als höchste Gottheit angerufen. Hier sieht man ihn zweihäuptig: gleichzeitig als durch Feuer verehrte Gottheit und selbst als Opferfeuer (Holzrelief, Indien; Musée Guimet, Paris).

Oben rechts: Der Krater von Kilauea gilt den Hawaiianern als Behausung der Feuergöttin Pele. Für die Polynesier galten die Vulkane als mächtigste Offenbarungen der Kräfte des Erdinnern (Holzskulptur, Hawaii; Musée Guimet, Paris).

In allen Erdteilen befassen sich viele Sagen mit der Frage, wie sich der Mensch das Feuer aneignen konnte. Denn erst durch diese „Erfindung" weitet sich die Grenze zwischen unseren unmittelbaren Vorfahren und deren Verwandten im Tierreich.

Die Flamme im Herd gilt als ein Geschenk der himmlischen Kräfte. Nach einer Sage der ostdeutschen Wenden bitten die Menschen die Vögel, nach Möglichkeit ihnen von der Sonne das Feuer zu bringen. Dies gelingt dem Storch, und wir finden hier eine der zahllosen Begründungen, warum dieser stets besonders geehrt wurde und sein Wohnen auf einem Dach als glückbringend galt: Sein roter Schnabel und sein winterliches Verschwinden in der Richtung des „feurigen Südens" haben ihn in enge Beziehung zur Himmelsflamme und zum Blitz gebracht.

Die Litauer hatten (nach E. Veckenstedt) die mythische Vorstellung von einem göttlichen Mann mit Namen Ugniedokas, also dem Feuerspender. Er zeigt den Menschen, wie sie das lebensnotwendige Element von den Sternen des Himmels holen können, wo es doch in endloser Menge vorhanden ist: Mit einem Stück Holz tritt er vor die Hütte, murmelt seltsame Worte, und schon schießt ein Strahl auf die Erde und entzündet seinen Brennstoff.

Einer der gewaltigsten Mythenkreise, mit prägenden Auswirkungen auf die Dichtung, entstand um den griechischen Titanensohn Prometheus. Er gilt bezeichnenderweise nicht nur als Schöpfer oder Vermittler von verschiedenen Wissenschaften, sondern geradezu als diejenige Kraft selber, die den Menschen hervorbrachte. Nach einigen Quellen und Darstellungen entstanden die Sterblichen durch seine geschickten Hände aus Wasser und Erde. Nach anderen brauchte er dazu alle möglichen Tiere, und die Göttin Athena oder Minerva schenkte dann dieser ersten Gestalt die unsterbliche Seele.

Doch als Prometheus seinen Geschöpfen das Feuer schenkte und sich über Zeus und die anderen olympischen Götter zu stellen beschloß, wurde er von Hephaistos mit unzerstörbaren Ketten an den Kaukasus geschmiedet, und ein Adler begann, seine Leber anzufressen und ihm schreckliche Qualen zu bereiten. Gleichzeitig brachte die ebenfalls vom Schmiedegott erschaffene Pandora in ihrer Büchse den Menschen alle Leiden der Welt.

Entsprechend dem vorwiegend tröstenden Gehalt der Mythen ist aber der Schrecken, der über die Welt kam, endlich. Der göttliche Held Herakles, der Sohn des Zeus, wanderte auf der Suche nach den Äpfeln der ewigen Jugend zu den Hesperiden und befreite Prometheus von den Qualen. Der „Vater der Menschheit" wurde frei. Zur Erinnerung an seine Leiden als Gefangener der irdischen Materie trug er nur noch einen winzigen Kaukasusstein am Finger; er gilt darum auch als Erfinder der Ringe, die wir als Schmuck tragen.

Fast noch bunter und vielschichtiger ist der Kreis der Mythen um Maui, der sich in der Südsee ausgebreitet hat, und zwar auf den Inseln der polynesischen und melanesischen Kulturen. Dieser Held, ein Sohn der großen Erdmutter, entstand aus einer Frühgeburt, die im Meer versank und dessen Kräfte aufsog. Das Geschöpf, das sich daraus entwickelte, wurde zu einem Helden ohnegleichen, der für den Menschen zahllose Inseln entdeckte oder erschuf; so auch Neuseeland, das er mit seinen Titanenkräften aus dem Ozean fischte. Er verlangsamte, zum Segen der Welt, den Lauf der Sonne und wurde zum Erfinder der Menschensprache.

Um den Menschen das Feuer zu schenken, wandert er zu seiner Großmutter, die die Herrin der Feuers ist. Sie schenkt dem listenreichen Wundermann mit der Zeit alle ihre Nägel von Fingern und Zehen, aus denen die Flammen strömen. Als sie erkennt, daß sie einen guten Teil ihrer Macht weggegeben hat, erschafft sie ein Meer von Flammen, denen Maui nur mühsam, in den Gestalten von Vogel und Fisch, entfliehen kann. Mauis Vorfahren, welche die Herrscher der Elemente sind, retten ihn durch Sturm und Regen. Seither gehört das Feuer nicht mehr der großen Feuermutter allein, sondern die Menschen können es durch Holzreiben stets neu hervorbringen.

Der maßlose Maui will auch der Göttin des Todes ihr Geheimnis entreißen. Er kriecht, während sie schläft, in ihren Schoß. Durch Bauch, Brust und Hals wandert er durch die Riesin, doch ein Vogel, der seinen Taten zuschaut, muß ob seiner Abenteuer lachen. Die mächtige Frau erwacht, beißt ihre Zähne zusammen und tötet damit Maui, der fast schon ihren Körper durchkrochen und damit den Tod überwunden hat...

Maui entsteht also wie das ganze irdische Leben aus der Verbindung der göttlichen Schöpferkräfte, aus dem Ozean. Als Energie, die durch alle Verwandlungen hindurch zum Menschen führt, will er zuletzt die Grenze zwischen den Irdischen und den Unsterblichen aufheben, ähnlich wie der Titane Prometheus. Er ist der Held jener Inselvölker, die in beispiellosem Mut und Abenteuergeist mit ihren winzigen Booten endlose Meere und deren Gefahren bezwungen haben.

Oben links: Um das Feuer zu holen, soll Prometheus zum Himmel emporgestiegen sein (Flämische Illustration zu Ovids „Metamorphosen", Ende 15 Jh.; Samml. des Earl of Leicester, Norfolk).

Oben rechts: In Peru wurde der Jaguar als Feuerbringer verehrt (Mochica-Kultur, 1. Jh.; Völkerkundemuseum, Basel).

Oben: Die Sandzeichnung der Navaho zeigt die Taten des Kojoten, des weisen tierischen Bringers der Kultur. Er steigt zu den Göttern empor und holt für die Sterblichen das Feuer aus dem Himmel (Museum of Navaho Ceremonial Art, Santa Fe).

Links: Geschnitzte Holztür aus der polynesischen Kultur von Neuseeland. Es zeigt den göttlichen Helden und Magier Maui, der den Menschen das Feuer bringt und sogar die Unsterblichkeit erringen will – durch die weibliche Gottheit Hina aber sein Ende findet (Museum für Völkerkunde, Hamburg).

129

Der kluge Schmied: Vorbild unserer Intelligenz

Seite 131, links: Der Gott des Eisens und des Krieges der Yoruba-Kultur. Die religiösen Vorstellungen Westafrikas erinnern stark an die der Mythologien des frühen Mittelmeerraumes, hier an Ares oder Hephaistos (Mars und Vulkan der Römer). Sie beeinflußten auch die modernen schwarzen Volksreligionen von der Karibik bis Brasilien (Schmiedeeiserne Skulptur; Musée de l'Homme, Paris).

Seite 131, rechts: Als Wunder erscheint dem heiligen Eligius der Schmied Christus, der den Huf eines Pferdes am abgeschnittenen Bein beschlägt (Fresko um 1300, Jütland, Dänemark; Nationalmuseum, Kopenhagen).

Nach einigen antiken Sagen wird die Macht der himmlischen, „olympischen" Götter von den Titanen angefochten, die aus dem Urchaos der ungezähmten Naturmächte hervorgegangen sind. In furchtbaren Kämpfen um die Zukunft unserer Welt suchen Zeus und sein Geschlecht nach Verbündeten.

Ohne männliche Zeugung läßt Hera den Schmiedegott Hephaistos hervorgehen, der fähig ist, einzigartige Waffen und Rüstungen zu schmieden, die ihren übermenschlichen Besitzern die Herrschaft über die Erde sichern. Der neue Herr des Feuers und aller Möglichkeiten, die in diesem Element stecken, schafft für die Olympier all die Werkzeuge, die ihre Eigenschaften unendlich steigern: ihre Throne, die strahlenden Wagen der Gestirne, den Schönheitsgürtel der Venus.

In diesen Sagen erscheint der große Hephaistos als ein Weltschöpfer, dessen Erfindergeist und Können den sichtbaren Dingen ihre Formen verleihen. Doch für die schönheitstrunkene Kultur der Griechen trennte ihn von der höchsten Ehre eine wichtige Eigenschaft: Er galt – zumindest seinem Aussehen nach – als weniger vollkommen denn seine zahlreichen göttlichen Verwandten, die traumhaften und sorglosen Bewohner des Olymp.

Hera soll schon bei der Geburt ob seines Aussehens erschrocken sein und ihn unvorsichtig genug behandelt haben: Er stürzte aus gewaltiger Höhe auf die feste Erde und brach sich ein Bein. Nach einer anderen Überlieferung mischte er sich in eine der großen Auseinandersetzungen zwischen den göttlichen Eltern, Zeus und Hera, ein. Der erzürnte Gewittergott räumte ihn aus dem Weg, und so kam es zu seinem berühmten Sturz, an den sein trauriges Hinken erinnert.

Dieser „Fall vom Himmel" kann auf eine „naturwissenschaftliche" Erfahrung der Menschheit verweisen. Handelte es sich um die Erinnerung an den Sturz eines flammenden Meteors, der in einer bestimmten Gegend die Schmiedekunst begründet hatte? Es scheint eindeutig, daß in alten Kulturen das Handwerk der Metallbearbeitung dank eisenhaltiger Gesteine begann, „die vom Himmel kamen". Liegt

Oben: Der Schmiedegott Hephaistos bearbeitet mit seinen Mitarbeitern, den „einäugigen" Kyklopen, den berühmten Schild des Achilles. Links von ihm steht Athena, die Göttin einer Kriegskunst, die vor allem der Abwehr dienen will (Museo nuovo nel Palazzo dei Conservatori, Rom).

hier auch die Wurzel der Sagen von den siegverleihenden Waffen, die große Helden als „himmlische Gaben" erhalten?

In der Religion der westafrikanischen Yoruba gibt es die sehr angesehene Gottheit Ogun. Ihr Wesen sind das Eisen und der Krieg. Ihre Anhänger setzten sich früher vor allem aus Schmieden und Jägern (und in der neueren Zeit aus Kraftfahrern)

zusammen. Ogun ist sehr künstlerisch und darum ein besonderer Freund der Holzschnitzer, die bei vielen Stämmen in ihrem einträglichen Brotberuf Schmiede sind.

Seine Sinnbilder sind Eisenwerkzeuge, Hacken, Hämmer, Macheten, auf Kuba neuerdings auch Eisenbahnen, Autos, Panzerwagen, Flugzeuge. Weil er verständlicherweise ebenfalls Schlosser ist, wird er von den teilweise christlichen Bewohnern der Karibik gern mit dem sehr beliebten Apostel Petrus gleichgesetzt, der auf kirchlichen Bildern den Schlüssel der himmlischen Reiche in seinen starken Händen hält.

W. B. Seabrook führt ein Lied oder Gebet an, das auf Haiti an Ogun gerichtet wird: „Du hast den Schlüssel der Sturmwolken in Verwahrung... Du machst den Donner und den Blitz." Da nun häufig in den Bräuchen der Karibik der eigentliche Gewittergott Schango ist, scheinen sich

beide zu ergänzen: Auch der griechischrömische Hephaistos (Vulkan) stellt die himmlische Feuerwaffe her, und Zeus setzt sie ein.

Im alten China schätzte man den Schmiedegott K'um-wu, den Herrn der unterirdischen Esse und aller Erzarbeit: Er stellt mythische Schwerter her und auch eine goldene Gesetzestafel, die für die sagenhafte Frühgeschichte der ostasiatischen Völker ihre Bedeutung besitzt.

Die Arbeit mit Feuer und Metallen zwang den Menschen zu einer vermehrten Beobachtung aller Naturdinge, die er um sich entdeckte. Es kam zu den ersten Versuchen, die Vorgänge in der Umwelt zu erklären. So ist es nicht verwunderlich, daß nach einer Überlieferung des Altertums, die uns Diogenes Laertius mitteilt, Hephaistos auch als Begründer der Philosophie galt.

Die Kulturbringerin der Tetonen

„Die Feen (Wilen) müssen über den Menschen wachen, damit er sich nicht verschlechtere."

Aus der Tradition der Balkanslawen
(nach F. S. Krauss)

Von links nach rechts:

Der chinesische Gott K'uei-hsing wirkt als Helfer der Dichter. Er erscheint auf dem Bild geradezu als lebendiges Schriftzeichen.

Die Götter nehmen oft menschliche Gestalt an, auch wenn dies für sie Qualen und den Tod bedeuten kann, um die Sterblichen auf eine höhere Entwicklungsstufe zu bringen – so auch Bacchus (Dionysos), der Bringer des Weinbaus und von Theaterspielen, die den Geist des Menschen „ekstatisch" erheben (Casa del Centenario, Museo nazionale, Neapel).

Die Kulturheroen und Kulturheroinnen finden sich rund um die Welt bei sämtlichen Rassen, zumindest jenen, deren Mythen noch rechtzeitig vor ihrem Verfall aufgeschrieben wurden. Sie bringen sozusagen „den Himmel auf Erden". Sie schenken die für das Überleben notwendigen Werkzeuge und damit den Menschen Muße, über Gott und die Welt nachzudenken: Nach ihrem Tode werden sie unter die Götter versetzt, als deren Nachkommen oder irdische Verkörperungen sie oft gleichzeitig gelten.

In einer Sage des nordamerikanischen Sioux-Volkes der Tetonen, die schon die Gebrüder Grimm für ihre dichterische Kraft bewunderten, erscheint bei ihrem Stamm eine wunderbare Frau. Sie stellt sich ihnen als der „Geist des Landes des Schnees" vor. „Sie war weit schöner als alles, was je die Einbildungskraft der Sterblichen erschaffen hatte." Sie will ein Leben lang das Schicksal der Tetonen teilen und wirbt um einen berühmten Jäger und Krieger; denn sie lebte, seit der mächtige Geist

kennenlernen zu wollen, da sie ja offensichtlich die wilden Leidenschaften und die Freuden der Zärtlichkeit eher steigerten...

Trotz langjährigen Lebens unter den Indianern behält sie genug der Eigenschaften aus den Geisterländern: „Zorn, Rache, Grausamkeit, Eifersucht und die übrigen stürmischen Leidenschaften und Gefühle stören nie den heiteren Frieden ihres Innern." Sie gibt Rat in Frieden und Krieg, zeigt, wann das Wetter gute Ernten verspricht und wann die Jagd in jeder Beziehung glücklich sein wird. Durch ihre Weisheit und Voraussicht, die sie aus ihrer Götterwelt mitgebracht hat, „beherrscht das schöne Weib die Tetonen zu ihrem Ruhm und Glück".

Da erscheint einmal unter den Indianern ein Mann, der der Geisterfrau gleicht „wie ein Bruder seiner Schwester", und sucht nach seinem Weib, das er „seit gestern" nicht mehr gesehen hat. Als er belehrt wird, daß die Schöne schon jahrzehntelang bei den Menschen lebt, antwortet

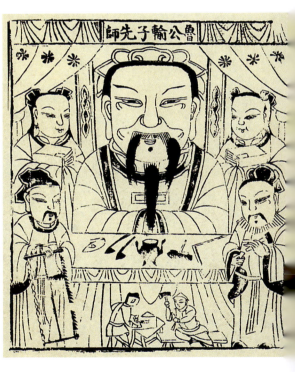

Das göttliche Urpaar Fu-hsi und Nu-kua soll noch nicht ganz die menschliche Gestalt gehabt haben, die in vielen Mythologien erst nach einer langen Entwicklung entstand. Sie brachten einer Sage zufolge, die in China lange als geschichtliche Tatsache galt, der Welt die Schrift und die gesellschaftliche Ordnung (Steinabreibung, China).

Die Schutzgötter der verschiedenen Handwerke und der in diesen fortwirkenden Erfinderkünste sollen nach chinesischen Legenden als Meister ihrer Künste unter den Menschen gewirkt haben und dann in die Reihen der Himmlischen aufgenommen worden sein (Holzschnitt, China).

„die Erde von dem Grund des Ozeans heraufbrachte", in einem der himmlischen Geisterländer. Sie ist nun neugierig, die Leiden und sinnlichen Freuden der Sterblichen kennenzulernen.

Sie redet mit einem Indianerweisen, der sie von ihrem Unternehmen abhalten will, indem er ihr erklärt, daß das wenige Glück der irdischen Geschöpfe durch seelische und körperliche Schmerzen teuer genug erkauft wird. Doch die schöne Unsterbliche erklärt, nicht zuletzt auch die Qualen

der Geistermann: „Zehn deiner Jahre sind bloß ein Tag, ja bloß eine Stunde, ja bloß eine Minute in den Augen der Geister. Nach meiner Rechnung ist es gestern, daß der schöne Geist des Schnees meine Wohnung verlassen hat."

Der wunderbare Mann – er ist der Geist der Stürme des kalten Nordens – zürnt seinem Weib zunächst, begreift dann aber, daß sie die irdische Last kennenlernen will. Alles wird sich nach ihm von selber in Ordnung bringen: „Wenige Jahre, und du

wirst deine irdische Behausung verlassen, um wieder frei und ungezügelt unter den schimmernden Sternen umherzuschweifen". Er läßt also seine schöne Gattin bei den Sterblichen, deren Dasein für die ewigen Geister nur der Traum eines Augenblickes ist.

Sie bleibt ganze vierzig Jahre bei den Tetonen, die sie „beinahe" über den Großen Geist stellen... Ihr menschlicher Gatte stirbt als Greis, umgeben von 27 Kindern, die ihm seine unsterbliche Frau geboren hat. Bevor sie aber zu ihrer „früheren Sternenwohnung" zurückkehrt, verkündet sie den Indianern die Botschaft vom unsterblichen Dasein, das für sie alle in der Welt der Naturgeister bereitliegt. Auf sie selbst wartet ein Reich, von dem sie sagt: „Jener Himmel war einst mein – morgen werde ich die Herrschaft über ihn wieder antreten." So verläßt sie ihren Stamm, mit dem sie eine enge Verwandtschaft eingegangen ist: einmal durch ihre zahlreichen Kinder und dann durch das Wissen um die Unsterblichkeit des Geistes, das sie den Tetonen vermittelte.

Oben: Auch die Helden und Halbgötter der Antike brauchen mit Tier- und Götterwelt in Verbindung stehende Lehrer, um ihre übermenschlichen Begabungen voll entfalten zu können: Hier der Heros Achilles im Unterricht des Kentauren Cheiron (Wandgemälde; Herculaneum, um 75 n. Chr.).

Links: Die gütige Göttin Tara, die den Menschen auf seinem Weg durch die Welten bemitleidet und ihm hilft, entstand aus Trauer und Tränen des Buddha Amitabha über die Zustände unter den Lebewesen in den Welten der Vergänglichkeit (British Museum, London).

Weise Mondfrauen, Hüterinnen der Erfahrungen

Alle ursprünglichen Stämme verfügten über Menschen, die durch Anlage oder Ausbildung in Beziehung zu den Kräften in der Natur standen. Sie wußten um Heilmittel und Gifte und kannten die Sagen der Ahnen, die voll Erfahrungen waren.

In den klassischen Mythen der großen Kulturvölker hören wir verhältnismäßig wenig über die Menschen, die in jedem Stamm oder Dorf die Quellen der volkstümlichen Weisheit waren. Ob bei Griechen, Kelten, Germanen, Slawen, Tataren, Chinesen, Indern – wir werden zuerst einmal bezaubert von den Dichtungen, die den Siegeszug großer Helden und Halbgötter besingen.

Doch das Dasein unzähliger Hexen und Medizinmänner wird in den Mythen als Hintergrund vorausgesetzt, da sie es sind, die die Wege zu den Geheimnissen der Schöpfung kennen. Zu ihnen geht der strahlende Held, wenn er bei seinem Streit mit Ungetümen eine Zauberwaffe braucht. Von ihnen erhält er den entscheidenden Rat für den richtigen Weg, wenn er seine Geliebte retten will. Sie sind es auch, die ihn mit ihrem uralten Wissen wiederherstellen, wenn er verwundet mit dem scheinbar unvermeidlichen Tode ringt.

Als die Romantiker im 18. und 19. Jahrhundert Geschichten über das grausam unterdrückte europäische „Hexenwesen" zu sammeln begannen, entstand ein Gelehrtenstreit. Die Brüder Grimm sahen überall das Fortbestehen des germanischen Heidentums. Andere Wissenschaft-

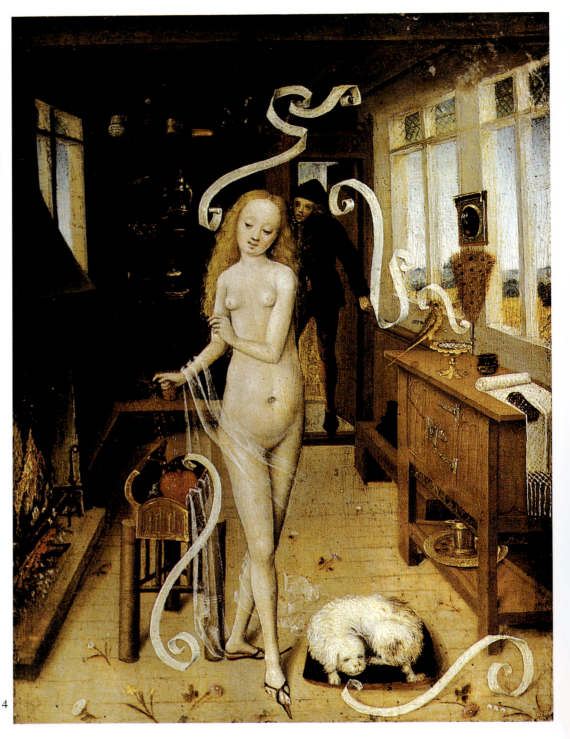

1 Im Mittelalter „fliegen" Hexen angeblich mit Geistern, deren Hörner an die Waldgeister (Pane, Satyre) des Altertums erinnern, durch die „wilden Lüfte" (Holzschnitt, 1493).

2 Eine Hexe reitet auf einer riesigen Tigerkatze und bläst das Jagdhorn (Wandgemälde; Dom zu Schleswig).

3 Schon das voreuropäische Mexiko soll die Vorstellung der „auf Besen reitenden" Hexen gekannt haben.

4 Ein Mädchen begeht den Liebeszauber. (Ist der Jüngling in der Tür schon der magisch angezogene Liebste?) Das Blumenopfer am Boden und ein Tier als Begleiter „auf nächtlichen Pfaden" sind noch in modernen Hexensagen als Hilfsmittel bekannt (Flämische Schule, Mitte 15. Jh.; Museum der Bildenden Künste, Leipzig).

ler verwiesen auf die zahlreichen Schilderungen der Hexen, wie wir sie in griechischen und römischen Schriften vorfinden. Nach ihnen wäre das Treiben der „Weisen Frauen" am Schwarzen Meer entstanden, als die Kultur des Mittelmeers die „barbarischen" Stämme stark beeinflußte.

Heute wissen wir, daß auch außerhalb Europas, wohl in allen Erdteilen, der Großteil des Wissens um die Gesundheit in den Händen von Frauen lag. Überall waren es die weisen Hebammen, die als in alle Geheimnisse des Liebeslebens und der Schwangerschaft, der Geburt und der Pflege der Kinder „eingeweiht" galten. Sehr häufig wurde der Mond, letztlich die Mondgöttin, als der Ursprung dieses erstaunlichen Wissens um die Quellen des Lebens betrachtet. Gelegentlich wurden in den Hochkulturen die Hexen durch die männliche Priesterschaft der Tempelreligionen verdrängt, ihre Beliebtheit verloren sie aber nie ganz. Ein Echo dieser endlosen Auseinandersetzungen finden wir noch in Mozarts „Zauberflöte".

Durch das ganze Mittelalter, lange bevor die blutigen Verfolgungen gegen die Hexen ausbrachen, wetterte auch in Nordeuropa die Kirche gegen die Frauen, die regelmäßig mit der schönen Mondgöttin Diana durch die Wälder zogen. Diese Liebe zur Göttin der Jagd und der (auch tierischen!) Fruchtbarkeit kann erklären, daß man den Hexen häufig eine übertriebene Tierliebe und die ketzerische Auffassung vorwarf, auch die Wesen in Wald und Feld seien von der schöpferischen Urkraft mit einer Seele ausgestattet worden.

In Shakespeares „Macbeth" steuern die ins Erschreckende verzeichneten Hexen, die die griechische Mondgöttin Hekate anbeten, das Schicksal von Königen und Königreichen. Hier ist noch, im Schatten einer grausamen Zeit, etwas von der uralten Auffassung zu finden, daß die „Weisen Frauen" zwar stets im Hintergrund der Stammesgeschichte bleiben, aber die Lebenskräfte zu wecken, zu steuern und zu steigern wissen: Noch während des Zweiten Weltkrieges entstand in England die Sage, nach der die überlebenden Hexen die Landung deutscher Armeen auf ihren Inseln durch Anrufung der Naturkräfte „verhindert" hätten.

1

2

3

4

5

6

7

1 Die griechische Mondgöttin Hekate wurde – nach den verschiedenen Erscheinungsformen ihres Gestirns – dreifach vorgestellt. Sie erscheint noch in Shakespeares „Macbeth" als eigentliche Göttin der Hexen (Museo Capitolino, Rom).

2 Der biblische König Saul ging, um Rat zu holen, zu der Hexe von Endor. Auch diese Geschichte aus dem Alten Testament wurde von den Verfolgern des 15.–18. Jahrhunderts zur Begründung ihrer Morde an angeblichen Hexen mißbraucht (Stich von Salvator Rosa, 1615–1673).

3 Die Pythia von Delphi war das Orakel, durch das Apollo die griechischen Stämme beriet, die sich nicht zuletzt dadurch als einheitliches Volk empfanden. Der feste Glaube an die intuitiven Kräfte der Frauen steht am Beginn des später entstellten und verfemten Hexenglaubens (Schwarz bemalte Tafel; Staatliche Museen, Berlin).

4 Durch ihre magischen Künste soll die chinesische Kulturbringerin Ma-kuh Land vom Meer gewonnen und ihren Maulbeergarten angelegt haben (Gemälde, Hsiang Kun, China; British Museum, London).

5 Die Nacktheit der Hexen bei ihren Bräuchen ist geradezu sprichwörtlich: Sie sollen nach alpenländischen Sagen „alle Kräfte um sie herum mit ihrem ganzen Leib empfinden" (Stich, 18. Jh.; Bibliothèque nationale, Paris).

6 In ihre Wissenschaft eingeführt werden die Hexen in verschwiegenen Kreisen (Stich von A. Dürer, 1471–1528; British Museum, London).

7 In einem auf dem Erdboden gezeichneten magischen Kreis rufen auch die modernen Hexen die „Kräfte des Kosmos" zum Segen für ihren Bund an.

Der Schamanismus: Brücke zum Jenseits

Unten: Auf türkischen Miniaturen sehen wir den Geistertanz aus vorislamischer Zeit: Beim ekstatischen Wirbel kann es sich um (maskierte) Schamanen oder auch um sichtbar gewordene Wesen aus dem Jenseits handeln (16. Jh.; Topkapi-Museum, Istanbul).

Der Schamanismus war einst als Religion über ganz Sibirien und auch bei den Indianern von Nordamerika verbreitet. Seit dem Vorrücken der europäischen Zivilisation in diese Räume, also seit dem 16. Jahrhundert, scheint er in seiner ursprünglichen Art dem Untergang geweiht. Besonders der Alkohol zerstörte die seelischen Voraussetzungen dieser Religion. Die Verfolgungen, die er unter dem Stalinismus erlebte, scheinen in der Grausamkeit den europäischen Hexenverfolgungen vergleichbar zu sein...

schichte nicht unterschätzt und vergessen werden.

Der Schamanismus war zumindest dort, wo er nicht von den entwickelten Zivilisationen beeinflußt wurde, keine Religion in unserem Sinne, d.h. keine Religion „mit festen Glaubenssätzen". Er war eher eine Seelentechnik, und bestimmte Männer wie Frauen waren überzeugt, dank dieser Seelentechnik mit der Geisterwelt in Verbindung treten und sogar diese selber besuchen zu können. Verwendet wurden dazu – besonders von Menschen, die aus dazu

Unten links: Auch das altsteinzeitliche Europa kennt eine menschenähnliche, gehörnte Gestalt, die als maskierter Schamane gedeutet wird (Grottes des Trois Frères, Frankreich).

Unten rechts: In Tiermasken beschwören die vorgeschichtlichen Schamanen Glück in Jagd und Krieg. Ähnliche Vorstellungen verbanden das eiszeitliche Europa mit den Kulturen Sibiriens und Nordamerikas (Zeichnung vom Onegasee).

Eine verbreitete Ansicht sieht im Schamanismus lediglich die Fortsetzung jener Weltorientierung, mit der bereits die Jäger und Fischer der Urzeit ein Bild über die sie umgebende Geisterwelt zu gewinnen suchten. Er wurde in den Hochzivilisationen nach und nach überwunden und erhielt sich vor allem in den kalten, kaum für den Ackerbau geeigneten Gebieten, die lange kein Großreich den ursprünglichen Stämmen streitig zu machen suchte.

Es ist aber sehr wichtig festzustellen, daß Dschingis-Khan – der im 12. Jahrhundert dank seiner Fähigkeit, verschiedene Nomadenvölker zu vereinen, mehrere asiatische und europäische Staaten überrannte – vor allem bei Schamanen Rat suchte und selber Anlagen zum Schamanen hatte. Da seine Nachkommen christliche, islamische, buddhistische und andere Reiche nicht nur beherrschen, sondern in diesen sogar entscheidende Anregungen für die Kultur entwickelten, darf diese „steinzeitliche" Weltanschauung von der Weltge-

begabten Sippen stammten – vor allem Trommelschläge, ekstatisches Tanzen und gelegentlich auch der vorsichtige Genuß toxischer Mittel aus der Pflanzenwelt, namentlich des unter vielerlei Bräuchen gepflückten Fliegenpilzes.

Die Seele des Schamanen oder der Schamanin soll durch diese Mittel die Fähigkeit erhalten, den „schweren" menschlichen Körper zu verlassen, „als wäre dieser bereits gestorben". Sie „fliegt", bald in der Gestalt eines Vogels und dann wieder ein märchenhaftes Götterroß benutzend, in andere Welten, berät sich mit Naturgöttern, Tierdämonen und Ahnengeistern. Wenn sie nach Reisen, die sehr gefährlich sein können, wieder in den Leib zurückkommt, bringt sie ihren Stammesgenossen wichtige Ratschläge mit.

Im übrigen können nun die „zurückgekommenen" Zaubermenschen ihren neugierigen Freunden Auskunft über die Zustände im Jenseits geben. Wichtig ist auch eine weitere Fähigkeit, die sie auf ihren

Wanderungen zwischen den Welten erlernen, nämlich den Kranken zeigen zu können, wie man seine eigene Lebenskraft wieder ins Gleichgewicht bringt und dadurch gesund wird. Gelegentlich wird uns von den Kennern des Schamanismus und seiner geheimen Überlebenstechniken, etwa im chinesischen Taoismus oder im japanischen Shinto, eine wichtige Beobachtung mitgeteilt: Schamanen haben oft einen körperlichen Schaden – wie etwa auch der hinkende Hephaistos, der Zauberschmied der Griechen. Nun ist ein solcher Schaden in der Gesellschaft der voll im Lebenskampf stehenden Jäger und Fischer für einen Menschen eine Entwertung. Nur durch eine für alle nützliche Steigerung seiner geistigen Fähigkeiten kann ein solcher „Krüppel" seine Angehörigen beeindrucken und sogar ihre Verehrung gewinnen!

Wohl aus den Erlebnissen des Schamanentums entstand die Überzeugung, daß der Mensch mit den Göttern sprechen, sie sogar in ihren Reichen besuchen kann, weil er mit ihnen verwandt ist. Bei den sibirischen Jakuten führt das Volk seinen Stammbaum auf die himmlischen Gestirne Sonne und Mond zurück. In einem mongolischen Lied heißt es: „Das mongolische Volk, dessen Vater der junge Mond, dessen Mutter die goldene Sonne ist..."

Der Schamanismus gab seinen Völkern das Gefühl, den mächtigen Himmlischen verwandtschaftlich nahezustehen. Daraus schöpften die Völker, die unter unvorstellbar schweren Naturbedingungen leben mußten, das Gefühl, alle Widerstände überwinden zu können.

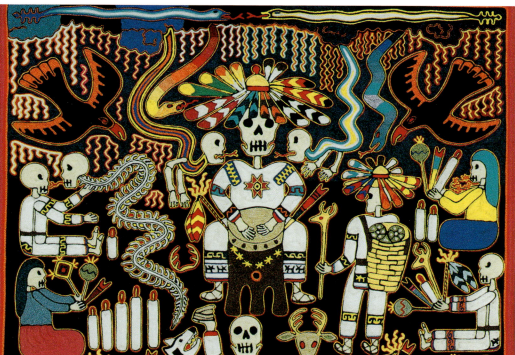

1 Der Schamane, hier mit der Trommel auf einem Gobelin des indianischen Künstlers Huichol, empfindet sich als einer, dessen Bewußtsein auf die Ebene der Geister emporsteigt: „Sein Geist ist die Pforte zwischen den Welten" (20. Jh.).

2 Vollständig erhaltenes Schamanenkleid und Maske der Ewenki-Tungusen vom Baikalsee. Es ist, europäischen Fastnachtstrachten vergleichbar, mit Eisenstücken und Glocken behangen, deren Klang eine „Brücke zur Geisterwelt" herstellen soll (Nationalmuseum, Kopenhagen).

3 Der Schamane der Samojeden aus dem nördlichen Ural reitet hier, auf seinem Tamburin einen magischen Klang erzeugend, in die Unterwelt.

4 Schamane des sibirischen Volkes der Tungusen mit der Trommel und dem emporragenden Kopfputz. Abergläubische Weiße sahen hier gern „Teufelshörner"; doch es handelt sich um ursprüngliche Zeichen der Verbindung mit der Umwelt und namentlich mit den wilden Tieren.

5 Statue eines Schamanen der Tsimschian aus British Columbia, Kanada. Nach einer anderen Vermutung zeigt sie seinen magischen Freund oder Schutzgeist, der ihm bei seinen Bräuchen Hilfe leistet (Musée de l'Homme, Paris).

Das Dasein im wilden Wald

Schon die steinzeitlichen Höhlen Europas zeigen, teilweise außerordentlich künstlerisch gestaltet, die Darstellungen von Jagdtieren und gelegentlich auch von menschlichen Jägern, die sie verfolgen. Die menschlichen Gestalten, die in diesem Zusammenhang abgebildet sind, können ein geheimnisvolles Aussehen besitzen, während die Geschöpfe, die dem Urmenschen als Beute dienten, erstaunlich wirklichkeitsgetreu erscheinen. Häufig wurde vermutet, daß wir die Darstellung von Schamanen, „Medizinmännern", vor uns haben, die durch ihre Tänze und andere magische Bräuche ihrem Stamm das Jagdglück „herbeizaubern" sollen. Vielleicht handelt es sich aber auch um Bilder der Götter aus der Steinzeit, die darauf schauen sollten, daß es immer genug Beute gab.

Wahrscheinlich deckt sich diese Kultur der Eiszeit mit der Kultur der Jägervölker, die die Europäer der neueren Jahrhunderte noch in abgelegenen Teilen der Welt antrafen: in Afrika wie in Australien, in Südamerika wie im Norden der Inuits und der ihnen im Lebensstil nahestehenden sibirischen Stämme. Da hier noch überall der Jäger als Held erscheint, der unter unvorstellbar harten Naturbedingungen das Leben seiner Angehörigen erhält, stellt man sich vor, daß auch die Götter, die Vorbilder der Menschen, der gleichen Beschäftigung nachgehen. Von ihnen sollen die Vorfahren die Waffen erhalten haben, die dem Erbeuten der Nahrung dienten. Sie sollen in Urzeiten auch die heiligen Gesetze mitgeteilt haben, die die Ausrottung der Tiere unmöglich machten.

Sogar der „Große Geist", die oberste Ordnungsmacht der Welt, erscheint bei zentralafrikanischen Pygmäen auf einer entsprechenden Kulturstufe: mit Jagdwaffen. Von den göttlichen Gattinnen der großen Naturgeister der Indianer, die in „himmlischen Zelten" hausen, vernehmen wir, daß sie wunderschöne Röcke aus feinstem Büffelleder tragen. Sie sind also nicht viel anders angezogen als die Frauen der großen irdischen Jäger, die man wegen ihres Geschickes bewunderte.

Göttinnen und Götter, die dem Menschen zur Beute verhelfen und gleichzeitig seine übertriebene Gier nach Beute begrenzen, finden wir überall auf der Welt. Der deutsche Geistliche Paul Einhorn wetterte zu Beginn des 17. Jahrhunderts gegen die Bräuche der Letten Kurlands, die noch immer ihre heidnischen Götter ehrten. Zu diesen gehörte die Waldgöttin Meschamaat, von der wir dank dieses Eiferers vernehmen: „Die Wildschützen und Jäger, wann sie in den Wald gehen, rufen sie die Meschamaat, die Mutter oder Göttin der Wälder, an. Sie beten, daß sie ihnen Glück geben und verleihen wolle, das Wild zu fangen oder zu schießen."

Mit ausgesprochenen Jagdwaffen sehen wir auch die großen Götter der antiken Griechen, die Geschwister Apollo und Artemis, die die heutigen Europäer meistens unter ihrem lateinischen Namen Diana kennen. Diese Mondgöttin eilt, immer wachsam, durch die nächtlichen Wälder, und ihr Bogen ist immer zum tödlichen Schuß bereit. Doch ihre Waffe richtet sich vor allem gegen die Tiere, die geschwächt sind – und auch gegen die Menschen, die das Gleichgewicht der Natur stören.

Der wilde Jäger Akteon soll die jungfräuliche Diana in ihrem Waldbad geschaut haben, und diese bestrafte ihn dadurch, daß seine eigenen Hunde ihn als Hirsch wahrnehmen und zerrissen. Man deutete diesen Tod nicht nur als Vernichtung eines Sterblichen, der einer Göttin ohne Achtung genaht war. Es war auch eine Strafe, die als Warnung dienen sollte: Auch den Tieren war zu bestimmten Zeiten Ruhe zu gönnen.

1 Auf einer Birkenrinde sehen wir den Jagdzauber der australischen Wili-Wilia. Das Tier, hier ein Känguruh, wird von den Urbewohnern nicht „unter den Menschen" gestellt, da die steinzeitlichen Waffen und das Fehlen von Reittieren jede Auseinandersetzung als ewiges Traumspiel der göttlichen Kräfte erscheinen lassen (State Library of South Australia, Adelaide).

2 Die Geisterfrau Nujalik, hier auf einer Eskimozeichnung, ist eine Schutzgottheit der Tiere. Sie hilft den Menschen, sie für ihren Lebensunterhalt zu erjagen, und verhindert gleichzeitig ihre rücksichtslose Ausrottung.

3 Dieses keltische Standbild zeigt einen Mann, der als Gott der Jagd gedeutet wurde (Statue aus La Celle-Mont-Saint-Jean, Sarthe; Musée des Antiquités Nationales, Saint-Germain-en-Laye).

4 Ein großer Jäger und Krieger ist der mexikanisch-aztekische Gott Camaxtli, hier mit Pfeil, Bogen und Jagdtasche (Biblioteca nacional, Madrid).

5 Der ägyptische Gott Onuris mit hohem Federschmuck. Er galt als großer Jäger und gleichzeitig – wie wohl die meisten Beschützer des Waidwerks, das dem Urmenschen unentbehrlich war – als mächtiger Krieger (Ägypten, um 700 v. Chr.; British Museum, London).

6 Urzeitliche Künstler verwendeten Jagdszenen, um das Leben als stete Bewegung darzustellen. Solchem Denken erscheint nur der Tod – wenn auch nur auf den ersten Blick – als Stillstand (Mähnenspringerjagd, Felsmalerei; Séfar, Sahara).

Auch vom Liebesgott Eros oder Amor lesen wir bei Plato: „Er ist tapfer, keck und rüstig, ein tüchtiger Jäger, der immer auf irgendeine List sinnt." Sind Pfeil und Bogen in der Hand dieses Gottes eine Erinnerung an den engen Zusammenhang, in dem in steinzeitlichen Kulturen die Jagd mit Liebe und Leidenschaft steht? Eine gute Beute bedeutete glückliche Tage des Überflusses: Frauen und Männer hatten nun überschüssige Energie, die Muße zu genießen und sich aneinander zu freuen.

sika) recht schwer zu erreichen. Der Tote, der seine sterbliche Körperhülle verlassen hat, kommt zu einem „steilen Berg", den er mit unsagbarer Mühe erklettern muß – das ist ein Abenteuer „von vielen Monden". Wenn eine Seele die Last von vielen Untaten tragen muß, ist der schreckliche Weg, auf dem man dauernd hinabrutschen kann, für sie kaum zu überwinden.

Doch wenn die Indianer endlich den Gipfel erreichen, liegt vor ihnen das wahre „Land der Toten": Neue Zelte sind dort

In den Ewigen Jagdgründen

Die Vorstellung der „Ewigen Jagdgründe" wurde von vielen Stämmen der nordamerikanischen Indianer geteilt, und sie ist durch unzählige Jugendbücher, wie etwa die Werke von Karl May, auch bei uns bekannt geworden. Es ist möglich, daß die Beliebtheit dieser Vorstellung einen wichtigen Grund hat: Wie uns die Sagen und der fortwirkende Volksglaube beweisen, sind auch in Europa und Asien ähnliche Vorstellungen erhalten geblieben, zumindest dort, wo die Jagd eine wichtige Bedeutung besaß.

Die Ewigen Gründe sind nach der alten Meinung der Schwarzfüße (Blackfeet, Sik-

auf einer Hochebene aufgeschlagen, an schönen Flüssen entlang. Überall vernimmt man das Summen der Bienen über den bunten Blüten, die die Ufer bedecken. Der Gesang der Vögel erfüllt die Lüfte. Der „immer blühende Baum mit weißen Blüten" gibt beglückenden Schatten und beschützt vor den Strahlen der Sommersonne.

Die Bewohner der Zelte bemerken, wenn ein neuer Gast auf der Höhe des gewaltigen Berges angekommen ist. Die Verwandten und Freunde, die vor ihm in den Ewigen Jagdgründen ankamen, eilen von allen Seiten herbei, ihn freudig zu begrüßen. Der Neue vergißt augenblicklich die Mühen seines Todes und des steinigen Weges; es ist ihm, als sei er heimgekommen. Jetzt lebt der neue Bewohner des Geisterlandes sein Leben, wie er es auf Erden getan hat, nur ohne die unzähligen täglichen Schwierigkeiten und Nöte, die wir Sterblichen nun einmal haben. Im übrigen ist die Schwelle zwischen den Welten nach dem Willen des Großen Geistes, Wakan Tanka, gar nicht unüberwindbar: Naht auf unserer Erde einem Menschen das Ende, kann ihm ein seliger Geist aus den Ewigen Jagdgründen, der ihm nahesteht, im Traum sichtbar und hörbar werden. Im Schlaf unterrichtet er den Sterblichen vom Glück der Unsterblichen und ermahnt ihn, seinen Todeskampf mit Fassung und sogar Vorfreude zu bestehen. Schon bald, so erfährt er, komme die Vereinigung mit den „seligen Seelen deines Geschlechts in dem Tale des gütigen und liebevollen Wakan Tanka".

J. A. Jones, der seine Jugend bei den Indianern verbrachte, schildert, wie eine nordamerikanische Eingeborene ihren weißen Geliebten zum Glauben ihres Stammes zu bekehren versucht. Ewig, so versichert sie ihm, könne er nun seinen Vergnügungen frönen: „Dort kannst du den Hirsch über Wiesen und grasbedeckte Hügel verfolgen, ohne daß du mit den Hindernissen zu kämpfen hast, welche der Jäger auf Erden zu überwinden hat. Eine schöne Hütte wird dort an dem sanftfließenden Strom jenes Landes für uns errichtet sein – und auf dem grünen Ufer, im Schatten des weitästigen, immergrünen Lärchenbaumes und der Zypresse werden wir ruhen. Komm in meinen Himmel, mein geliebter Gatte."

Einige Sagensammler versichern uns, daß das Glück der roten Jäger nicht etwa durch ein dauerndes Töten des Wilds erkauft wird. Auch die Hirsche, die Büffel und die anderen Tiere genießen, nicht weniger als ihre menschlichen Jäger, die Freuden der Unsterblichkeit. Alles ist wie ein schöner Traum: Der Mann bringt seiner Gattin im Zelt die Beute und verspeist sie fröhlich. Doch der „erlegte" Hirsch meint, er sei dem Indianer entkommen, er springt umher und liebt seine Hirschkuh So sind in den Ewigen Jagdgründen durch ein Wunder des Großen Geistes alle gleichzeitig und jeden Tag aufs neue glücklich.

Orion, von den Göttern als Sternbild an den Himmel versetzt, erscheint hier mit dem ebenfalls jagdbegeisterten himmlischen Zwillingspaar Apollo und Diana. Für die Kultur des französischen Adels, die hier ihren Ausdruck findet, wurde die Jagd im 16.–17. Jahrhundert zu einer „königlichen Lust" (Zeichnung, Schule von Fontainebleau; Musée des beaux-arts, Rennes).

Fischende Götter, göttliche Fischer

Halb fischgestaltige Frau aus dem Nahen Osten, 18.–17. Jh. v. Chr. Ähnliche Gestalten von Wasserfrauen sehen wir heute noch in den traditionellen Gaststuben der Fischer des Mittelmeeres, oft als Deckenleuchter (British Museum, London).

In verschiedenen Mythologien, zumindest in den volkstümlichen Vorstellungen, sind die Götter nicht unbedingt mit dem Beschützen der Sterblichen beschäftigt. Sie sind ein geheimnisvolles und glückliches Volk, das mit eigenen Spielen beschäftigt ist, die wir Sterblichen verständlicherweise nicht ganz begreifen können. Auf den Hawaii-Inseln sang man darüber: „Geboren der Mensch wie ein Blatt [also der Vergänglichkeit, dem Verwelken hingegeben], / Geboren die verborgenen Götter. / Graubärtig, grauhaarig der Mensch, / Rot erglänzt die Stirne der Götter": Sie sind also stets voller Blut und Lebenskraft und kennen kein Altern.

Nach einer Auffassung, die wir auf den polynesischen Inseln finden, sehen etwa die Menschen, wie die Unsterblichen auf dem Meer dem Fischen nachgehen. Eine Verbindung zu ihnen scheint unmöglich, weil sie offenbar in einem bestimmten Sinn zwar stofflich sind, aber eben nicht in unserem Sinn; ein Boot der Südsee-Insulaner kann nicht mit ihnen zusammenstoßen, es kann nur durch sie und ihre Schiffe hindurchfahren, was aber unhöflich wäre und Unglück auf dem Wasser bringen könnte.

Da die Götter in den Weiten des Stillen Ozeans zu Hause sind, sind sie verständlicherweise häufig mit dem Fischen beschäftigt. Selbstverständlich handelt es sich bei ihrer Beute um Geisterfische, die für den Menschen meistens unsichtbar oder zumindest unfangbar sind.

Ganz ähnliche Märchen für Fischer scheint es auch bei den Inuit-Stämmen in Nordamerika oder Sibirien gegeben zu haben. Die fischenden Geister scheint der fischende Mensch nicht ungern geschaut zu haben. Ihr Anblick galt als nicht ungefährlich, aber er versprach reiche Beute. Einige sahen ihn als einen Vorboten des Todes, was anscheinend für die Fischer nicht unbedingt ein Unheil bedeutete. Hatte er sein Dasein gelebt und wurde langsam alt und schwach, freute sich der Mensch auf den Tod. Ähnlich, wie sich in europäischen Sagen leidenschaftliche Jäger der Wilden Jagd anschließen und mit ihr ewig durch die Wälder reiten, schlossen sich offenbar Meerfischer nach ihrem Ende den Geistern an, die keinen Zeitablauf mehr kennen.

Wir können sicher sein, daß bei den Fischern des Altertums, die das Mittelmeer befuhren, die „fischenden Götter" als Vorbilder der Menschen eine hohe Geltung hatten. Erst durch die Entwicklung der Zivilisation, als nicht mehr eine Mehrzahl der Uferbewohner vom Fang der Meeresbeute lebte, traten diese Wassergeister in den Hintergrund. Immerhin besitzt Poseidon oder Neptun, an Macht fast dem Donnergott Zeus gleichgestellt, als Abzeichen seinen vom Schmiedegott hergestellten Dreizack. Das ist nichts anderes als die ursprüngliche Jagdwaffe, mit der der Mensch lernte, nach großen Fischen zu stechen. Es ist wahrscheinlich, daß der große, von den Künstlern gern abgebildete Meeresgott ursprünglich auch ein Lehrer und Beschützer der Fischerei war.

Im ganzen Mittelmeergebiet, bis nach Spanien, war Glaukos bekannt, ein Gott der Fischer und Schiffer. Seine Verehrung ging anscheinend von der böotischen Küste aus, wo er auch als einfacher Fischer im Dorf Anthedon gelebt haben soll. Einmal schüttete er seine Netze am Ufer aus und sah dabei mit wachsender Verwunderung, wie die bereits fast toten Fische plötzlich munter wurden, wenn sie ein bestimmtes Kraut berührten. Er war neugierig genug, ebenfalls von der Wunderpflanze zu essen. Eine göttliche Begeisterung ergriff ihn, und er sprang ins Meer. Die gewaltigen Götter der Meere, Okeanos und Thetys, nahmen ihn auf und verwandelten ihn in einen Unsterblichen.

In der griechischen Sage über die Argonauten, die durch das Schwarze Meer nach dem Goldenen Vlies fuhren, kommt ihm eine Schlüsselrolle zu: Er baute und steuerte das wunderbare Schiff Argo, auf dem die wichtigsten Helden der Urzeit mitfuhren. Man stellte sich ihn als einen starken Mann mit zottigem Haupthaar und Bart vor, dessen Unterleib in einen Fischschweif auslief. Er gilt als ein großer Freund der Wasser-Jungfrauen, der Meer-Nixen oder Nereiden, mit deren glänzendem Gefolge er unermüdlich durch die schäumenden Wellen zieht.

1 Wandbild einer Nixe in der Kirche von Vigersted (Dänemark), um 1450. Da die Gestalt von Sternen umgeben ist, galt sie möglicherweise als Bewohnerin des häufig als „nächtlichen Ozean" gedachten Himmels (Nationalmuseum, Kopenhagen).

2 Die Holzplastik aus Dahomey, Westafrika, zeigt die Gestalt des Behanzin, die die Vorstellungen von Gott, Mensch und Haifisch zu einer Einheit verschmilzt (Musée de l'Homme, Paris).

3 Poseidon hat als Abzeichen den Dreizack, mit dem die Griechen den Thunfisch jagten (Silberstater; Poseidonia / Paestum, 540 v. Chr.).

4 Die polynesischen Fischer setzten an die Spitze ihrer Boote gern das Bild ihres Schutzgottes Taringa-nui (British Museum, London).

5 Auch der Seegott Olokun der Benin hat Beine, die an Schlangen und Fische erinnern (Bronzestatuette, Westafrika, 16. Jh.; Rijksmuseum voor Volkenkunde, Leiden).

6 Der Dignuk, ein Helfer der australischen Nachtfischer, abgebildet auf Baumrinde (State Library of South Australia, Adelaide).

Das Zeitalter des „heiligen Hirtentums"

Ein entscheidender Schritt in der Entwicklung der Kulturen war zweifellos die Entstehung des Hirtentums. Die ältesten großen Dichtungen, die wir besitzen, legen Zeugnis davon ab, und sie sind voller Dank gegenüber den ersten Haustieren, die sie als Geschenke der Götter preisen, sie sogar als den Göttern geheimnisvoll verwandt ansehen.

Wenn Götter als Menschen auf der Erde geboren werden, werden sie – etwa von Nymphen – liebevoll aufgezogen, wobei diese bald als feenhafte Wesen, etwa als Beschützerinnen der Quellen und Waldberge, erscheinen, und dann wieder wirklichkeitsnah als Hirtinnen. Für die skandinavische Sage steht die Kuh geradezu am Beginn der Schöpfungssage: Als der urweltliche Kampf zwischen Hitze und Kälte abklingt, entsteht geheimnisvoll die Kuh Audhumbla. Aus ihrem gewaltigen Euter rinnen die vier Milchströme, aus denen sich der Urriese Ymir ernährt, dessen Leib dann unsere Welt bildet.

Die Kuh beleckt, um das Leben ernähren zu können, die salzigen Eisblöcke. Aus diesen erwächst nun langsam der Mann Buri, der seinerseits dann den Sohn Bör gewinnt. Dieser wiederum hat nun drei Söhne, die zu den ersten Göttern werden: Sie sind es, die aus zwei Bäumen die ersten sterblichen Menschen entstehen lassen.

Die Kuh Audhumbla verwandelt also in ihrem Leib die Stoffe ihrer Umgebung in die Kräfte und Säfte des Lebens. Sie ist älter als Götter und Menschen, da diese durch sie hervorgingen. War dies eine zufällige Verschmelzung der Stoffe, oder lebte im ersten Rind die göttliche Weisheit der Großen Mutter der Natur? Schließlich berichtet auch der römische Schriftsteller Tacitus über die germanische Erdgöttin Narthus, deren Wagen bei religiösen Bräuchen von Kühen gezogen wurde.

Die Griechen hatten in der Urzeit ihren Hirtengott Pan, den die Völker des römischen Italien in ähnlicher Weise als Faunus verehrten. Er steht für ein Zeitalter, das im Mittelmeerraum trotz des Wechsels der Zivilisationen sehr lange fortlebte. Die Mythen, die diesen Beschützer der Ziegen- und Schafherden und namentlich ihrer Fruchtbarkeit verehrten, spiegeln eine sehr sinnliche Weltschau wider: Eine der Nymphen, die ihm in Liebe zugetan ist, wird in das Echo verwandelt, das ihm aus der ganzen Umwelt dauernd die Antwort erklingen läßt. Eine andere Nymphe, die Syrinx, verwandelt sich in die Panflöte, und der Gott spielt auf ihr seine Weisen, die die Hirten bei ihren Festen nachzuahmen versuchten.

Die Pan-Religion verschmolz mit dem ursprünglichen Glauben des klassischen Griechenland an die Olympier um Zeus und Hera. Beim Niedergang des Heidentums lebte sie nicht nur auf abgelegenen Inseln, sondern auch in den Zentren der antiken Kultur: Longus schrieb in dieser Spätzeit seine zärtliche Liebesgeschichte „Daphnis und Chloë", in der die jungen Liebenden in der sinnlichen Welt des Pan und der Nymphen aufwachsen. Und die Mystiker gingen davon aus, daß man das griechische Wort „pan" als All verstehen kann und machten den Ziegengott zu einem Gott der Götter...

Der Olymp um Zeus ist wohl undenkbar ohne die Kultur der Rinderhirten, für die ihre Herden fast der wichtigste Schatz auf Erden waren. Bei Homer wird die große Göttin Hera „kuhäugig" genannt, und

Von links nach rechts:

Hermes trägt als Hirte ein Schaf. Er wurde bei den Griechen als göttlicher Beschützer der Herden verehrt. Man betrachtete ihn zugleich als Führer der ohne ihn ratlosen Seelen durch den Irrgarten der Welten (Ca. 6. Jh. v. Chr.; British Museum, London).

Etruskisches Bild des Naturgottes und Flötenspielers Pan, der oft als Hirte der wilden Tiere, Gespiele der schönen Nymphen und Spender aller Lebenskraft (sogar für die Götter) erscheint (4. Jh. v. Chr.; British Museum, London).

Unter dem heiligen Kalamba-Baum spielt Krishna vor den entzückten Hirtinnen (Gopis). Seine „Hirtenspiele" gelten in Indien als Sinnbilder der höchsten Zustände des menschlichen Geisteslebens (Um 1790; Punjab Government Museum, Simla).

Hethitisches Bild eines (wohl göttlichen?) Hirten aus Karatepe in der heutigen Türkei (8. Jh. v. Chr.).

Zeus selber verwandelt sich in einen Stier, um die phönizische Königstochter Europa zu rauben. Das Ionische Meer brachten die Griechen mit Io, einer weiteren Geliebten des Zeus, zusammen, die ihren Mythen zufolge nach Ägypten kam und dort als die Göttin Isis verehrt wurde.

Für die alten Inder war die Kuh das Sinnbild und die Verkörperung der Erde, und sie nannten beide „Go". Einige der schönsten Dichtungen aus dieser Kultur besingen die Kindheit von Krishna, dieser Menschwerdung des großen Gottes Vishnu, bei den Kuhhirten und Kuhhirtinnen (Gopas und Gopis). Die reichliche Milch seiner Zieheltern ermöglicht ihm eine glückliche und verspielte Kindheit. Zu einem Jüngling herangewachsen, hat er als Kuhhirte genug Zeit zu einem fröhlichen Liebesleben, vor allem mit der Hirtin Radha, die ihrerseits bis heute als eine Menschwerdung der Glücksgöttin Lakshmi gilt.

Oben: Für die Inder wurde der flötenspielende Kuhhirte (Gopala) Krishna zum Schutzgott der Herden, aber auch des Wirklichkeit und Mystik verbindenden Liebesspiels (Lila-Rasa) (Holzschnitzerei von Rad eines Zeremonialwagens, 17. Jh.; Musée Guimet, Paris).

Links: Gott Pan unterweist den jungen Hirten Daphnis im Flötenspiel (Plastik von Eliodoro; Museo nazionale, Neapel).

Der Ackerbau als Himmelsgeschenk

1 Der hethitische König versucht durch sein Opfer, den Wettergott für sein Reich freundlich zu stimmen (Hethitisches Flachrelief; Archäologisches Museum, Ankara).

2 Die vier Naturgötter von Hatra (Irak) bringen in ihren Händen Feldfrüchte.

3 Eine kretische Göttin der Pflanzenwelt trägt auf ihrem Haupt eine Mohnkrone (Terrakotta, Gazi bei Iraklion; Archäologisches Museum, Iraklion).

Ein wichtiger Teil der meisten Mythologien vergöttert die Vorfahren, die die ersten Grundlagen der Kultur legten. Als wichtig gelten vor allem die Überbringer oder Schöpfer der Grundnahrungsmittel, die nach den Sagen häufig aus anderen Welten stammen.

Oft gelten diese Helden und Heldinnen, von ihren Sagenkreisen hoch über die kriegerischen Retter der Völker gestellt, als Menschen, die für ihre Entdeckung einer „neuen" Lebensweise nach ihrem Tod in den Himmel steigen; gelegentlich gelten sie auch als Verkörperungen ewiger Gottheiten, die alle Lasten und Leiden des irdischen Daseins auf sich nehmen, um den Sterblichen einen Weg zum glücklicheren Leben zu zeigen.

Außerordentlich reich waren die mythischen Bilder, die im Mittelmeerraum die Landwirtschaft und deren göttlichen Ursprung umgaben. Sie waren offensichtlich auch bei den Teilen der griechischen Völker populär, die sich nicht vorzüglich dem Ackerbau widmeten. Sie und ihre tiefsinnigen Deutungen waren die wichtigen Bestandteile der Mysterien von Eleusis.

Wohl die wichtigste Gestalt im Bereich dieser Mysterien war die große Demeter, von den Römern mit ihrer Ceres gleichgesetzt, die Erdmutter des Wachstums. Sie offenbarte den Menschen den Nutzen des Getreides und lehrte sie die Bereitung des Brotes. Ihre Tochter ist die wunderschöne Persephone, die Proserpina der Römer. Diese soll sich einmal, umgeben von den

4 Das römische Götterpaar Liber und Libra bringt Wein und Ähre (Plastik aus Dschemila, Algerien, 2.-3. Jh.; Loyola University of Chicago, Jesuit Community).

5 Hades und Persephone galten den Griechen als Torhüter der Mysterien des Ackerbaus.

6 In vier Bildern durchwandert der aztekische Maisgott das Jahr, wobei ihm die verschiedenen Wettermächte bei seinen Verwandlungen helfen (Codex Fejervary-Meyer, Mexiko; Merseyside County Museum, Liverpool).

7 Auf dem griechischen Vasenbild belehrt die Göttin Demeter (Ceres) den Helden Triptolemos über den Segen des Ackerbaus. Sie leiht ihm ihren geflügelten Luftwagen, damit er diese Weisheit der Unsterblichen rasch auf Erden verbreite (Skyphor aus Hieron, Griechenland).

8 Figur des jungen Maisgottes der Maya aus Copan. Er gilt als Schöpfer der lebenswichtigen Pflanze (British Museum, London).

9 Auf dem efeugeschmückten Schiff des Dionysos kommt der Wein zu den Menschen (Rotfigurige Schale, Mitte 6. Jh. v. Chr., Exekias, Griechenland; Deutsche Fotothek, Dresden).

10 Die aztekische Göttin Xilonen erscheint in Mexiko als Verkörperung der bei den Indios vor allem verehrten Kulturpflanze Mais.

Bei den Völkern, aus denen die Chinesen historisch hervorgingen, gab es z.B. den göttlichen Bauern Shen Nung und seine Mutter Jen Szu, hinter der sich möglicherweise die große Erdgöttin der ostasiatischen Frühzeit verbirgt. Ein Kommentar zum berühmten chinesischen „Buch der Wandlungen" (angeführt von W. Münke) schildert, wie nach dem Zeitalter der Fallensteller und Jäger die Sippe des „Gott-Bauern" aufstieg: „Sie bebaute Holz und schuf die Pflugschar, krümmte Holz und schuf den Pflugsturz... Sie hielt Markt ab, wenn es Mittag wurde, rief die Menschen unter dem Himmel herbei, häufte die Güter unter dem Himmel an. Man tauschte und zog sich zurück. . Ein jeglicher erhielt seinen Teil..."

Selbstverständlich war die Zeit, in der dieser Gott-Bauer wirkte und seine Umwälzung des menschlichen Lebensstils durchführte, nicht mit dem kurzen Dasein der heutigen Sterblichen zu vergleichen. Der Philosoph Shih-tzu behauptete, daß die Sippe dieses Helden „siebzig Generationen lang" den Erdboden, die Welt „unter dem Himmel", beherrschte – also Bebauung des Bodens im Sinn ihres Ahnen verwirklichte und ausbreitete.

Meerjungfrauen, den Okeaniden, auf der Erdoberfläche belustigt haben, und zwar mit dem Pflücken von Blumen. Sie entdeckte eine Narzisse, „die besonders stark duftete". Um die einzigartige Blüte zu gewinnen, entfernte sich das Mädchen von den Gefährtinnen. Da öffnete sich auf einmal ein Tor der Unterwelt und ihr Herrscher, Hades, der König der Schatten, entführte die Jungfrau. Er riß sie auf seinen Wagen und verschwand in den Tiefen.

Voll Schmerz über den Verlust ihres geliebten Kindes irrte nun die Mutter Demeter als elende Bettlerin durch die Welt. Das Unglück der Göttin vergiftete die Welt und erzeugte Mißwuchs und Hungersnot, so daß die Olympier Angst hatten, die ganze Menschheit würde aussterben. Zum guten Ende einigten sich die Unsterblichen: Zwei Drittel des Jahres verweilte von da an Persephone in der blühenden Oberwelt, den dritten Teil, den Winter, verbrachte sie bei ihrem stürmischen Gatten im Totenreich der Erdtiefen.

Doch das Suchen der Demeter brachte den Erdmenschen viel Glück: Wo man sie freundlich aufnahm, schenkte sie die Ähren, lehrte das Säen und Pflügen und die Zubereitung des Brotes.

3

4

5

Die Arzneikunst besiegt das Sterben

Seite 149: Die Götter des langen und glücklichen Lebens bilden in China eine Gruppe, die sich unausgesetzter Verehrung erfreut. Ein weibliches Wesen trägt auf ihrem Stab die Kürbisflasche mit den magischen Heilmitteln. Der Weise im Vordergrund reicht dem Kind den Pfirsich der Unsterblichkeit. Ein Altern in „bewahrter Jugendkraft" galt als hohes Menschenziel der taoistischen Alchimie, die in China, Korea und Japan die ganzheitliche Medizin prägte (Bibliothèque nationale, Paris).

Links: Hera Eileithya (oder Juno), die Gattin des Himmelsgottes Zeus, ist als Beschützerin der Ehen auch die Helferin der Frauen bei den Geburten ihrer Kinder (Terrakotta-Statuette, Paestum, Italien; Museum von Paestum).

Mitte: Belam ist eine Heilgottheit der Melanau aus Sarawak in Malaysia. Er reinigt die leidenden Seelen und schafft damit die Voraussetzungen auch für deren leibliches Gedeihen und Gesunden (British Museum, London).

Rechts: Stab und Schlange des römischen Aeskulap (des griechischen Sonnensohnes Asklepios) sind noch heute die bekanntesten Symbole der Heilkunst und der emporsteigenden Lebenskraft.

In den Sagenkreisen naturverbundener Völker leben Pflanzen, Tiere, Menschen und Götter fast wie Geschwister zusammen. Die Himmlischen steigen auf den Erdboden, um dessen Leidenschaften kennenzulernen, und die Helden der Erde werden nach vielerlei Prüfungen – ich erinnere nur an Herakles und Psyche – in den Kreis der Olympier aufgenommen.

Die Griechen sahen im Sonnengott Apollo den Beschützer der menschlichen Künste, auch der Heilkunst, die als eine „hohe Kunst" angesehen wurde. Da die Tätigkeit dieses himmlischen Herrschers nicht weniger verwirrend vielseitig war als die seiner Schwester, der Mondgöttin Diana, trat auf dem Gebiet der Medizin sein Sohn hervor, Asklepios, bei den Lateinern Aeskulap, der Besieger der Krankheiten.

Obwohl es von ihm erstaunlich wenige Mythen gibt, erfreute er sich gerade am Ende des antiken Zeitalters einer unvorstellbaren Beliebtheit. Wie kaum ein anderer Gott hatte er ein Herz für die Menschen, tat alles für ihr Glück und störte aus Liebe zu ihnen sogar die Weltordnung und verlor sein irdisches Leben.

Die Grundlagen seiner hohen Wissenschaft lernte er im Waldgebirge beim Kentauren Cheiron, diesem halbtierischen Kenner aller Heilkräfte der Natur. Mit dem Kunstsinn seines göttlichen Vaters verwandelte er diese uralten Erfahrungen in eine Wissenschaft, die jedem menschlichen Leiden abhelfen konnte. Nun wanderte er durch die weite Welt und ließ jeden Kranken, den er antraf, frisch und fröhlich wieder auf die Beine springen.

Nicht einmal der Tod selber konnte etwas gegen ihn ausrichten. Lag ein Mensch, von seinen Angehörigen bitter beklagt, auf seinem letzten Lager, ließ ihn Asklepios auferstehen und sein Dasein unbegrenzt fortsetzen... So begann, nicht weniger als beim Ansturm der zerstörerischen Titanen, die Weltordnung aus dem Gleichgewicht zu kommen – und zwar nur, weil der Wunderheiler die Sterblichen zu sehr liebte. Hades, der Herr des Totenreiches, beklagte sich beim Donnergott Zeus darüber, daß sein Land immer leerer wurde.

Zeus vernichtete den Sonnensohn, der aus Güte die Welt gefährdete, mit seinem Blitz. Doch nun wurde der Arzt, der so unvorstellbare, wahrhaft göttliche Leistungen vollbracht hatte, in den Kreis der Olympier aufgenommen. Aber er verbrachte kaum Zeit unter seinen seligen Verwandten im Kreis der ewigen Wonnen des Olymp. Jeden Tag eilte er zu den Leidenden der Erde, um ihnen zu raten, wie sie sich selber helfen könnten.

In seinen Heiligtümern wurde – wie in den Tempeln der mit ihm verbundenen Gesundheitsgöttin Hygieia – von den Priesterinnen und Priestern der „Heilschlaf" gelehrt. Mit den Mitteln der Kunst und der richtigen Ernährung lernten hier die Leidenden die völlige Entspannung. Sie blieben im Tempel, bis sie in ihren Träumen „den Besuch der Götter" erhielten, die ihnen den Weg zu ihrer Gesundheit zeigten, z. B. mit weisen Worten, an die sie sich nach ihrem Erwachen klar erinnerten. Die Mitteilung konnte auch durch Sinnbilder geschehen, die dann von der Priesterschaft ihren Erfahrungen entsprechend gedeutet wurden.

Die Eingebungen im Schlaf bezogen sich auf ganz verschiedene Heilmittel oder waren Hinweise, wie der Kranke seinen ganzen Lebensstil zu ändern hatte. Beachtenswert ist, daß die ganze Heilkunst der Antike auf den Gott Asklepios zurückgeführt wurde; seine Priesterinnen und Priester, die über die unverfälschte Weitergabe seiner Ideen wachten, sollen seine Nachkommen gewesen sein. Die Tempel der Gesundheitsgötter lagen in schönster Umgebung. Schon dadurch fühlte der Kranke die Nähe der Götter.

Die Mongolen und Tibeter rufen ihre „Buddhas der Medizin" an, Erleuchtete, auf die die Heilwissenschaft mit Kräutern und Steinen zurückgehen soll. Obwohl es sich bei diesen Wesenheiten um hochentwickelte Seelen handelt, bleiben sie „aus endlosem Mitleid" in der Nähe der Menschen, um ihnen zu helfen. Die körperliche Gesundheit gilt in Ostasien nicht nur als Tor zu einem sorglosen Leben. Sie schenkt auch die Möglichkeit, während des irdischen Daseins der göttlichen Weisheit Schritt für Schritt zu folgen.

1 Bhaisajya Tathagata galt für die tibetischen Buddhisten als der Erforscher einer hochentwikkelten Medizin. In der Rechten trägt er einen Zweig der „lebensverlängernden" Myrobalane chebula. In der Linken hat er eine Schale mit Amrita, dem Trank der Erleuchtung und Unsterblichkeit (Newari-Thangka von Surendra Bahadur Shahi. 20. Jh., Ausschnitt).

2 Der rauchende Gott von Palenque. Er soll den Maya-Schamanen das Rauchen verschiedener Kräuter als Grundlage für ihre Heilkunst offenbart haben („Gott K", Relief, ca. 9. Jh., Ausschnitt).

3 Die aztekische Erdgöttin erscheint als Hebamme und Beschützerin der Geburten (Relief im großen Tempel von Tenochtitlan, Mexiko, 15. Jh.).

4 In Nordamerika und Eurasien ist der göttliche Bär ein Entdecker der wirksamsten Heilpflanzen (Indianische Bernsteinschnitzerei, Zuni, 20. Jh.).

5 Schon das Bild der Heilgottheit der hinduistischen Balinesen soll vor Krankheiten schützen (Holzschnitzerei auf einer Arzneidose, Bali, 20. Jh.).

6 „Heilende" Statue eines Buddha im Tempelbezirk von Kamakura (Tokio).

151

Seite 153: Die steinzeitliche Furcht vor übermächtigen Raubtieren findet ihr Sinnbild und ihre Bewältigung im urtümlichen Mythos, der den Triumph des Herakles, des Sohnes des Blitzgottes Zeus, über den wilden Kerberos, den Wächter der Totenwelt, besingt (Griechische Vasenmalerei; Louvre, Paris).

Die große Schöpferkraft und ihre Helfer

In den Höhlen der Eiszeit sind es vor allem die Darstellungen der mächtigen Tiere, der Mammute, Hirsche und Rinder, die uns einen Eindruck von der hohen Kunst der damaligen Zeit vermitteln. Unter diesen Darstellungen sehen wir auch das Bild des Menschen, der die Tiermaske trägt – zweifellos, um der von ihm überall geahnten göttlichen Kraft durch Tanz und Brauch näherzukommen.

Bei den großen Jägerstämmen in Nordamerika und Nordsibirien erscheint häu-

Nach einem chinesischen Märchen, das wohl auf einen Mythos zurückgeht, tobten in der Welt wieder einmal chaotische Zustände. Der heilige Buddha rief daraufhin „alle" Tiere dazu auf, bei der Neuordnung der Welt seine treuen Helfer zu sein. Es hörten auf ihn und kamen: Ratte, Stier, Tiger, Katze, Drache, Schlange, Roß, Ziege, Affe, Hahn, Hund, Schwein.

Jedem dieser zwölf Geschöpfe soll ein Zwölftel der Menschheit entsprechen. Jeder von uns hat also, nach der chinesischen Astrologie, in seinem Charakter und seinen Verhaltensweisen gewisse Überein-

TIERE DER ERDE UND DES HIMMELS

Diese Bezirke durchkläfft aus dreifachem Rachen das Untier Kerberos, grausig gelagert ganz vorn in der Kluft gegenüber. Als die Seherin sah, wie Nattern am Halse sich bäumten, warf zur Betäubung sie ihm einen Brocken aus zaubergetränktem Mehl und Honig vor. Danach schnappt er mit dreifach gestrecktem Rachen, rasend vor Hunger.

Vergil, Äneis

fig der „Große Geist" in Gestalt eines Tierwesens. Und die verschiedenen Geschöpfe aus den Naturreichen sind seine treuen Freunde, Helfer und Mitspieler beim großartigen Werk, das die gesamte Schöpfung umfaßt. Die entsprechenden Sagen wirken bis in die Gegenwart nach. Es erscheint den Jägervölkern noch heute völlig unmöglich, gleichzeitig an die nahe Beziehung der „Urzeit-Tiere" zum Schöpfer zu glauben und gegenüber den Nachkommen dieser Tiere jede Rücksicht zu vergessen.

Auch bei den auf urtümliche Wurzeln zurückgehenden Hochkulturen, wie etwa bei der Kultur der Inder oder der Kultur der Ägypter, sind zahlreiche wichtige Götter „tiergestaltig" (zoomorph). Die Griechen und Römer gaben ihren übermenschlichen Mächten, den „Olympiern", meistens die vollkommene Menschengestalt. Doch auch sie sind meistens noch mit „ihren" Tieren verbunden: so Zeus mit dem Adler, seine Gattin Hera mit dem Pfau, Aphrodite mit Taube, Schwan, Hase und sogar Spatz, Dionysos mit dem Ziegenbock, Helios mit den Sonnenrossen, Apollo mit Wolf und Rabe usw. Sehr früh bewunderte darum der Mensch in den Bewegungen der Tierkörper das Spiel der allgegenwärtigen Energien des Kosmos: Die Bildhauerei der Griechen, die sich sehr früh auch dem Studium des Muskelspiels der nichtmenschlichen Geschöpfe zuwandte, war in ihren Wurzeln durch und durch religiös.

stimmungen mit „seinem" Tier. Genaue Beobachtungen der Bewegungsmuster dieser „Zwölfheit" und auch anderer Geschöpfe führten in Ostasien nicht nur zu einzigartigen Tierzeichnungen: Auch die Kampfkünste holten sich von den Tieren wichtige Anregungen, die im menschlichen Körper verborgene Kräfte wecken.

Aus der ganzen Alten Welt kennen wir den „Tier-Kreis" (Zodiakos). Man hat früher lange und geistreich darüber gestritten, wo er ursprünglich entstand. War es in Griechenland, Ägypten, Sumer, Babylon, Indien oder Ostasien? Für uns ist entscheidend, daß für eine Kultur, die ganze Erdteile beeinflußte, „himmlische Tiere" den Sternenraum über uns erfüllten und durch ihre Energien die Schicksale der Völker steuerten. Auch in unserer Astrologie, die noch immer (oder wieder?) sehr volkstümlich ist, bilden unter den zwölf Himmelszeichen die geheimnisvollen Tiergestalten die Mehrheit: Widder, Stier, Löwe, Krebs, Skorpion (bei den Griechen Adler), Steinbock, Fische.

Für das Judentum, das Christentum und den Islam entstanden die ersten Menschen im Kreis der – vor ihnen – erschaffenen Tiere im Paradiesgarten des allmächtigen Schöpfers. Gott selber stellte dem Paar Adam und Eva die anderen Lebewesen vor. Die Geschöpfe der eigenen Umgebung zu erkennen, gilt für diese drei Weltreligionen als Beginn der menschlichen Weisheit. Noch der Philosoph und Naturwissenschaftler Paracelsus (1493–1541)

1 Artemis, die Herrin der Tiere, hier auf einem im Alpenraum (Grächwil bei Bern, um 600 v. Chr.) gefundenen Bronzekessel, einem Prachtstück griechischer Kultur (Historisches Museum, Bern).

2 Athena Hippia galt als die göttliche Lehrerin der Aufzucht und Bändigung der Rosse. Sie zeigte den Menschen, wie man die Pferde vor Wagen spannt, und war die Patronin des Pegasos, des geflügelten Reittiers der Helden und Dichter (Vasenbild, Capua, Italien, 460 v. Chr.; Staatliche Museen, Preußischer Kulturbesitz, Antikenabteilung, Berlin).

versuchte aus dieser Überlieferung sein Weltbild aufzubauen: Aus der Gesamtheit der Lebewesen, die alle seine Kunstwerke seien, habe der Schöpfer den Menschen erschaffen. Die Tiere seien darum in ihrer Gesamtheit dem Menschen „Vater" (also Urahn), Spiegel und Lehrer! In unseren so verschiedenen Trieben und Eigenschaften äußern sich demnach die Anlagen der vor uns entstandenen Geschöpfe. Der Mensch hätte als Hauptaufgabe, in seine verschiedenartigen tierischen Neigungen durch seinen Geist Ordnung zu bringen.

3 Naturgottheit mit Hirschhörnern, dazu Ring und Schlange als Zeichen ihrer Macht in den Händen, umgeben von Tieren; als keltisch-germanischer Gott Cernunnos gedeutet (Silberkessel aus Gundestrup, Dänemark; Nationalmuseum, Kopenhagen).

4 Adam segnet die in Gruppen geordneten Tiere und verkündet ihnen ihre fortan gültigen Namen (Aberdeen University Library).

5 Der göttliche Schöpfer erschafft die Fische und die Wasserjungfrauen, also auch die Geisterwelt, die die Meere bevölkert (Gewölbedekoration, Gjerrild-Kirche, Jütland, um 1500; Nationalmuseum, Kopenhagen).

Seite 155: Das Dasein auf unserer Welt wurde gern als eine von der Gottheit erschaffene Einheit vorgestellt. Der geflügelte Sonnengeist reitet hier auf dem Löwen, dem „König der Tiere" (der in der Astrologie dem Tierkreiszeichen der Sonne entspricht) – das kosmische Reittier ist aus verschiedenen Lebewesen zusammengesetzt. Die indische Miniatur aus dem 17.–18. Jh. ist gleichermaßen von der moghulisch-islamischen wie der hinduistischen Überlieferung beeinflußt (Pierpont Morgan Library, New York).

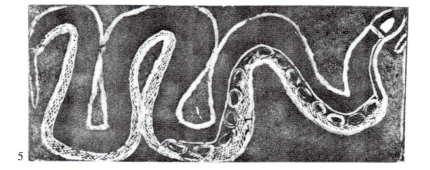

4 Zwei Geschöpfe, die an Vögel erinnern, sollen polynesischen Kunstwerken zufolge den ersten Menschen vom Himmel zur Erde gebracht haben (Felsrelief, Osterinsel).

5 Australische Stämme glauben, die gewaltige Weltenschlange habe aus sich heraus den Kosmos entfaltet (Eingeborenenmalerei, Australien).

1 Der Weisheitsgott wurde von den Ägyptern als Ibis Thot dargestellt. Er galt als Emanation des Schöpfergottes Ptah und soll den Menschen die Kunst des Schreibens vermittelt haben.

2 Der „Große Hase" erscheint bei kanadischen Indianern als übermenschlicher Held, ohne den die Schöpfung undenkbar ist (Felsmalerei; Royal Ontario Museum, Toronto).

3 Das Trinkgefäß mit Hundekopf, ein Kunstwerk der peruanischen Mochica-Kultur (1.–9. Jh.), verweist ebenfalls auf die Rolle der Tiere bei der Schöpfung – in den naturverbundenen Indianerkulturen eine Selbstverständlichkeit (Rietberg-Museum, Zürich).

6 Die Begräbnisurne aus der zarpotekischen Kultur Mexikos besitzt die Gestalt und das Antlitz eines Fledermausgottes – auch in osteuropäischen Sagen ist die Beziehung zwischen Totengeistern und Fledermäusen teilweise sehr deutlich (Sammlung K. Stavenhagen, Mexiko).

7 Die Tabakpfeife für kultisches Rauchen stammt aus der voreuropäischen Kultur der „Mount Builders" von Kentucky. Da die Wolken von den Wassern aufsteigen, können für den Urmenschen gerade Frösche auch mit dem Regen in mythischer Beziehung stehen (Mississippi-Kultur, ab 200 v. Chr.; British Museum, London).

8 Der Sonnengott Amun-Re (Ra) ist als himmlischer Widder ein Kraftspender der Pharaonen (1413–1337 v. Chr.; Staatliche Museen, Berlin).

9 Der griechische „Höllenhund" Kerberos beeindruckte noch neuere Künstler wie William Blake (1757–1827) (Aquarell zu Dantes „Inferno"; Tate Gallery, London).

10 Der Prachtschild der kriegerischen Azteken, geschmückt mit Gold und Federn, zeigt den Kojoten, den Helfer der Geister bei der Schöpfung.

11/12 Auf der alten griechischen Münze erkennen wir auf der einen Seite das Antlitz der Athena (Minerva der Römer) – auf der anderen eine Eule, Sinnbild nächtlicher Weisheit, die der Göttin heilig ist (5 Jh. v. Chr.; Bibliothèque nationale, Paris).

Gleichgewicht zwischen Tag und Nacht

Seite 159: Bis zu ihrer Erlösung und dem Eingang in den Zustand des „Nicht-Leidens" (Nirvana) bewegt sich die Seele für den Buddhismus im ewigen Kreislauf der Wiedergeburten. Die elementaren Energien, die dieses ewige Kreisen erzeugen, werden häufig als mythische Tiere dargestellt (British Museum, London).

In vielen Mythen wird angedeutet, daß bei der Weltschöpfung auch alle die Vorgänge begonnen wurden, die erst am „Ende aller Zeiten" ihren Abschluß finden werden. Glück und Unglück aller Wesen, alle die zahllosen Möglichkeiten, die in ihnen stecken, sind ihnen demnach bereits von Anfang an mitgegeben worden. Die Welt ist in der Vorstellung der Mythen sehr häufig ein gewaltiges göttliches Kunstwerk, das sich durch die Jahrtausende nach jenen den Sterblichen kaum verständlichen Gesetzen entfaltet, die ihm von Beginn an „mitgegeben" wurden.

Bei der Weltschöpfung, so erzählt auch ein rumänisches Märchen, hätten gewisse Tiere von der Gottheit wichtige Aufgaben erhalten. Eine besonders verantwortungsvolle erhielt auch der Igel: Er bekam zwei Spulen in seine Vorderpfoten gedrückt, von denen die eine voll weißen, die andere voll schwarzen Fadens war. Die erste bedeutete den Tag, die andere die Nacht.

Der Igel erhielt nun die recht schwere Aufgabe, den hellen und den dunklen Faden von den Spulen auf ein Knäuel zu wickeln. Die Schwierigkeit der Arbeit bestand darin, daß das Tier stets gleichmäßig schnell zu arbeiten hatte – sonst würde künftig das Gleichgewicht von Tag und Nacht gestört, und damit auch der Gang des Lebens auf der Welt... Die Fäden hatten im übrigen die Eigenschaft, sich gegenseitig anzuziehen, sich zu vereinigen, auf dem Knäuel der zukünftigen Zeit eine Doppelschnur zu bilden. Nur so war es möglich, daß unsere Welt von ihrem Anfang bis zum Ende Licht und Finsternis, die beide für das Leben gleichermaßen wichtig sind, im richtigen Verhältnis erhielt.

Nicht weniger als 10 000 Jahre dauerte die Arbeit des Igels, bis endlich sein Knäuel durch den Doppelfaden gefüllt war. Jetzt begann er sich in der richtigen Geschwindigkeit abzuwickeln, und das tut er bis heute. So haben die Menschen und die anderen Geschöpfe Jahr um Jahr den Wechsel von Tag und Nacht. Erst wenn das Knäuel völlig abgewickelt ist, gibt es keinen dauernden Kreislauf von Licht und Finsternis mehr! Dann ist auch das Ende unserer Welt da.

Doch während dieser Arbeit, die zehn Jahrtausende dauerte, wurde der Igel mit der Zeit doch etwas müde und schläfrig. Er dämmerte dahin und träumte und merkte dabei gar nicht, daß er recht lange nur mit der rechten Pfote und damit nur an einer der beiden Spulen weiterdrehte. So entstand schon während der Schöpfung ein recht schwerer Fehler, der sich Jahrtausende später voll auswirken sollte.

Denn wegen der Ermüdung des Igels kam nur der schwarze Faden auf das Knäuel. So konnte es kommen, daß in einer späteren Zeit, als sich der Faden abzuwickeln begann, der ganze Vorgang des Wechsels für eine lange Folge von Jahren verhängnisvoll gestört wurde: Wenn nur

Links: Ein Held mit zwei menschengesichtigen Stieren auf einem Lautenklangkörper in den Königsgräbern von Ur, um 2500 v. Chr. Diese großartige Einlegearbeit erinnert an die großen Heroensagen um den sumerischen Gilgamesch, den griechischen Herakles (Louvre, Paris).

Rechts: In Indien sind Shiva und Parvati (auch Kali, Durga usw.) oft als Verschmelzung männlicher und weiblicher, weißer und dunkler Kräfte dargestellt. Sie erscheinen häufig in der Einsamkeit des Himalaya und gelten als Beschützer der wilden Tierwelt, deren Energien der Mensch in sich wecken und steuern muß (Kangra-Malerei, Himachal Pradesh, 18. Jh.).

der schwarze Faden ablief, verschwand auf Erden die Helligkeit, allein die Nacht und der Tod herrschten. Die Blätter der Pflanzen wurden fahl, kein erfrischender Regen fiel, vergeblich flehten die unglücklichen Menschen um Licht und Wärme.

Gottlob erwachte der Igel schließlich, und er ahnte voller Entsetzen, welche schlimmen Folgen künftig aus seiner Nächlässigkeit entstehen würden. Alle seine schönen Stacheln erhoben sich vor Schrecken und Entsetzen, nicht anders als die Haare bei einem Menschen in Todesangst. Und dies geschah so nachhaltig, daß die Stacheln bei seinen Nachkommen noch immer aufrecht stehen.

Selbstverständlich hat sich dann der Igel gründlich auf die Wichtigkeit seiner Arbeit besonnen, und er hat sie auch mustergültig weitergeführt: Darum herrscht auf Erden durchschnittlich doch ein erfreuliches Gleichgewicht zwischen Tag und Nacht. Die Nächte und Winter ohne Ende bilden doch eher eine Ausnahme: Die ganz große Finsternis, die es einmal gab, ist nahezu völlig aus dem Gedächtnis der Menschheit verschwunden.

Die ganze Gestalt des Igels erinnert uns aber noch immer an das Knäuel der Zeit, an dem er einst so lange arbeiten mußte. Darum gibt es bis heute recht viele Menschen, die dem kleinen Tier, wenn sie es erblicken, Achtung entgegenbringen. Es verdient sie auch, weil es am Anfang der Welt so selbstlos für alle anderen Geschöpfe gearbeitet hat.

Der Tod – ein Mißverständnis?

Die Mythen um die Weltschöpfung enthalten in der Regel auch die Philosophie der Völker, die diese Sagen dichteten, d.h. wir vernehmen auch die Erklärung der Übel, die dunkle Schatten auf das Dasein der Lebewesen werfen. Ursprüngliche Erzählungen dieser Art kommen dabei oft ohne die Schilderung böser, teuflischer Mächte aus. Sogar der Tod kann in solchen Mythen durch ein zufälliges Mißverständnis auf die Welt gekommen sein.

Der Große Gott besaß z.B. nach dem Glauben des Bantuvolkes der Kamba am Anfang der Schöpfung gegenüber seinen Geschöpfen ein Erbarmen voller Güte: Er hatte in seiner Weisheit beschlossen, daß die Menschen zwar, genau wie die Pflanzen und Tiere in seinem Umkreis, das Alter oder das Verwelken kennen sollten. Er wollte aber, daß sie mit diesem Vorgang des Verfalls keinerlei Ende fänden, sondern den Anfang zu einer Auferstehung.

Als seine Gefährten besaß der Große Gott zwei Wesen aus der Tierwelt, das Chamäleon und den Webervogel. Er hatte beide, die am Anfang der Zeiten selbstverständlich denken und reden konnten, gut kennengelernt. Und er sah, daß der Vogel gerne viele Worte machte und in diesen die Lügen das Übergewicht hatten. Das Chamäleon dagegen besaß einen sehr bedeutenden Verstand, dachte darum eher tief und langsam – log aber überhaupt nie.

Darum wurde dieses bedächtige Tier von Gott auch zu seinem Boten erwählt. Der Schöpfer sprach zu ihm: „Geh zu den Leuten und verkünde ihnen meinen festen Willen. Erkläre ihnen, daß sie alle, wenn sie sterben, wieder eine Auferstehung erleben werden." Das Chamäleon war aber, eben weil es so nachdenklich war, in seinen Bewegungen und Worten unglaublich langsam. Aus diesem Grunde brauchte es für den Weg zu den Menschen eine recht lange Zeit, und dann mußte es erst noch die richtigen Worte für seine wichtige Mitteilung finden.

Der rasche und geschwätzige Webervogel hatte den Willen Gottes ebenfalls gehört, und er sagte listig zum Schöpfer, er müsse jetzt rasch beiseite gehen. Schnell, wie ihn seine Flügel trugen, eilte auch er zu den Menschen. Bevor sich noch das Chamäleon richtig fassen konnte, schwatzte der Vogel schon los: „Wenn die Leute tot sind, vergehen sie vollständig und endgültig, genau wie die Wurzeln der Aloe."

Was nützte es nun dem klugen und ehrlichen Chamäleon, daß es doch noch die wahre göttliche Botschaft unverfälscht den Menschen mitteilte? Die Elster bestätigte die verhängnisvollen Worte des Webervogels und überredete die Menschen, den Spruch über die Sterblichkeit als den allein wahren und gültigen anzunehmen: So ist die Nachricht von der Auferstehung nicht geglaubt und die Lüge des oberflächlichen und geschwätzigen Vogels als Wahrheit angenommen worden.

So besitzt in einer Unzahl der Mythen die Schöpfung, in der wir leben, ihre Schattenseiten schon von Anfang an. In einem sizilianischen Märchen fragt Gott bei der Weltschöpfung einen seiner Helfer: „Was tun die ersten Menschen?" Die Antwort lautet: „Sie weinen!" „Dann ist es nicht die Welt, wie ich sie haben will", antwortet der Schöpfer, und ändert auf Erden dies und das. Dann schickt er wieder einen seiner heiligen Helfer in die Welt. Wiederum fragt er ihn: „Was tun die Menschen jetzt?" „Jetzt lachen sie!" lautet diesmal der Bericht. „Das ist noch nicht die Welt!", antwortet Gott wie das andere Mal, und er ändert wiederum einiges an seiner Schöpfung. Zum dritten Mal sendet er seinen Boten, und wiederum hört er dessen Nachricht an. Diese lautet jetzt: „Ein Teil der Leute weint, der andere lacht." So schildert der Helfer Gottes die irdischen Zustände. Und der Schöpfer ist mit dem Zustand unserer Welt endlich zufrieden: Sie ist nun genau so, wie er sie ausgedacht und geplant hat.

Unten: Die ägyptische Papyrus-Malerei aus dem Totenbuch des Neferrenpet zeigt die unzerstörbare Seele (Ba) in Gestalt eines Vogels mit Menschenkopf (19. Dynastie, 1295–1186 v. Chr.; Musées Royaux du Cinquantenaire, Brüssel).

Rechts: Peruanische Mumie in hockender Stellung, wie sie auch z.B. bei den Germanen bekannt ist (Musée de l'Homme, Paris).

Seite 161: Der Vogel Garuda, der mit seinen Krallen die zerstörerischen Kräfte niederhält. Auf dem linken Flügel erscheint Vishnu, der Erhalter, auf dem rechten Shiva, der Zerstörer. Auf der Brust des Vogels sehen wir Devi, die große Göttin, mit Schild und Schwert: Sie bewahrt das kosmische Gleichgewicht (19. Jh.).

Tiergottheiten am Nil

Im östlichen Mittelmeerraum herrschte schon früh, auf alle Fälle seit der Blüte der minoischen Kultur auf der Insel Kreta, ein sehr reger Verkehr. Dieser diente zweifellos nicht nur dem Handel und dem Krieg, sondern auch der verhältnismäßig engen Verbindung der Kulturen. Schon die vielgereisten Philosophen Pythagoras und Plato betrachteten die ägyptische und ihre eigene Religion als miteinander verwandt, weil sie sich nur in ihren äußeren Bräuchen in verschiedene Richtungen entwickelt hätten.

Die Gewohnheit der ägyptischen Priester und Künstler, ihre Götter mit Tierhäuptern, gelegentlich sogar ganz tiergestaltig (theriomorph) abzubilden, wurde in der antiken Welt eher für tiefsinnig als für „primitiv" in unserem Sinne gehalten. Schon in der gelehrten Astrologie des Altertums galt es z.B. als gleichwertig, die „himmlische Kraft", die kühn und angriffslustig machen sollte, als einen männlichen Krieger (den schönen Gott Ares) oder als kämpferischen Widder darzustellen.

Als eine Schlüsselsage Ägyptens galt schon im Altertum die tragische Geschichte um den lichten und guten Gott Osiris, den sein dunkler und boshaft neidischer Bruder Set umbringt und tückisch verbirgt. Die Schwester und Gattin des Toten, die schöne Isis, sucht seine sterblichen Überreste und kann sie mit der Weisheit, die sie unermüdlich einsammelt, wieder beleben. Sie gebiert, auf dem Höhepunkt des Mythos, den Horus-Knaben – mit dem Knaben auf den Knien wurde sie auch häufig abgebildet. Horus, den die Ägypter in Tiergestalt als strahlenden Falken darstel-

Seite 162: Auf der goldenen Sonnenscheibe zeigt sich der göttliche Skarabäus, hier auf einer Darstellung aus der 19. Dynastie (Grab des Tutenchamun). Er besitzt die Flügel des ewig siegreichen Sonnengottes Horus, der wider alle störenden Kräfte die Welt in Ordnung bringt. Vor seinem Haupt leuchten als eine Art Sternenkrone die Ankh-Zeichen, die Sinnbild der Erneuerung und des ewigen Lebens sind (Ägyptisches Museum, Kairo).

Links: Der Horus-Falke, Bild des Sohnes von Isis und Osiris, der die Welt mit seinem gewaltigen Flügelschlag durchmißt und den Schattengott Set stürzt (Tempel von Edfu, Ägypten).

Oben: In der ägyptischen Stadt Bubastis fand jährlich die Verehrung der Katzengöttin Bastet statt. Sie war – neben der löwenhäuptigen Sekhmet – sehr beliebt und galt auch als eine Seite der Göttin Isis (Kalksteinstatue, 13.–10. Jh. v. Chr.; Fitzwilliam Museum, Cambridge).

len, besiegt nun auch den finsteren Set und reinigt damit die Welt von aller Bosheit.

Isis erscheint damit nicht „nur" als die Göttin der Fruchtbarkeit, sie ist auch die schöne Geliebte, die Himmel und Erde für die Wiedergeburt ihres Liebsten in Bewegung setzt und ihren Sohn dazu erzieht, das von Osiris begründete Sonnenreich gegen alles Böse zu beschützen.

Gelegentlich mit Isis gleichgesetzt wurde die freundliche Bastet, als deren irdische Hauptstadt der Ort Bubastis galt. Sie besaß einen Katzenkopf und war die Ursache dafür, daß die Ägypter ihre Katzen, zumindest diejenigen, die mit der Familie besonders verbunden waren, zärtlich liebten und mit einer ausgesuchten Ehrfurcht behandelten. Nicht weniger bekannt war die Göttin Sekhmet, die mit dem Haupt einer gefürchteten, da im Kampf um ihre Jungen besonders gefährlichen Löwin dargestellt wurde: Sie war offenbar eine große Kämpferin gegen die Gefahren, die ihren „Kindern", also den sie verehrenden Menschen, drohten.

Sehr berühmt war der Gott Anubis, der den Kopf eines Caniden, also eines hundeartigen Geschöpfs, trägt und zweifellos ein Hüter des Totenreichs ist. War er ursprünglich ein „wilder Hund", etwa ein Schakal, der sich aasgierig um die Leichenstätten herumtrieb? War er der treue Hund, der um die Gräber seiner menschlichen Gefährten schlich und sie vor der Schändung bewachte? Die Griechen verglichen ihn auf alle Fälle mit ihrem Hermes, der die Toten als „Seelenführer" ins Jenseits begleitet, und nannten ihn darum Hermanubis. Erstaunlicherweise gaben später die christlichen Griechen, die Byzantiner, ihrem Heiligen Christophorus einen Hundekopf. Er trägt auf seinem mächtigen Rücken das Christkind, das schließlich den Sieg über Tod und Hölle bedeutet.

Sogar der Mistkäfer Skarabäus erhielt einen Platz in dem Versuch, die Tierwelt zu einem Spiegel der göttlichen Himmelskräfte werden zu lassen. Nicht nur hochgeschätzte Haustiere und besonders auffallende Raubtiere wurden davon „betroffen", auch der Skarabäus hatte seinen Ruf der Göttlichkeit, und es wurde zu seiner Verherrlichung eine tiefsinnige Weisheit aufgebracht, die im 17. Jahrhundert den universalgelehrten Jesuitenpater Athanasius Kircher in nicht geringes Erstaunen versetzte.

Mit seinen Hinterpfoten rollt dieses Insekt mit großem Geschick den Mist zu hübschen Kugeln, in die es sein Ei legt. Das Auge der Ägypter, das überall göttliche Zusammenhänge sah, erkannte hier ein Bild der kosmischen Kraft, die alle Gestirne bewegt und damit das Leben immer neu erzeugt.

1

2

3

4

1 Die Göttin Hathor, auf einem Relief im Grab des Königs Seti I., West-Theben. Es heißt, sie sei in Kuhgestalt aus der Liebesverbindung von Himmel und Erde hervorgegangen, und sie gilt als Gestalterin und Ernährerin der Welt (19. Dynastie, um 1294–1279 v. Chr.).

2 Sehr wichtig unter den Tiergöttern des alten Ägypten war in Krokodilopolis der Krokodilgott Sobek (Papyrus; British Museum, London).

3 Am Nil lag die heilige Stadt Hermopolis. Hier befanden sich Heiligtümer des Thot, den die Griechen mit ihrem weisen Hermes gleichsetzten. Der ibisköpfige Gott war nicht „nur" Mitgestalter der Weltentstehung, sondern ermöglichte den Menschen durch seine „Erfindung" der Schriftzeichen zudem, Erfahrungen und Lehren aufzuschreiben (Relief, 19. Dynastie, Tempel von Pharao Sethos I; Abydos, Ägypten).

4 Jede der heiligen ägyptischen Städte scheint die Schöpfung mit eigener Akzentsetzung verstanden zu haben. In Memphis erscheint die löwenhäuptige Sekhmet in enger Verbindung mit der Gottheit Ptah (Granitstatue, um 1400 v. Chr.; Staatliche Museen, Berlin).

5 Auf einer Steinplatte aus Gerze, 4 Jh. v. Chr., erkennen wir die Hörner der Göttin Hathor.

6 Ptah-Sokaris kann dreigestaltig erscheinen: Als Amun mit Widderhörnern, als Ptah mit Menschenleib und als der vogelgestaltige Horus (6.–4. Jh. v. Chr.; Fitzwilliam Museum, Cambridge).

7 Vom Sonnenvogel Horus nahm man an, daß er jeden neuen Pharao bei dessen Einsetzung segne und mit seiner Kraft erfülle (Memphis, 1587–1375 n. Chr.; Louvre, Paris).

8 In Elephantine galt der widderköpfige Chnum als Schöpfer der Welt und der Menschen (British Museum, London).

9 Als Schutzherr der Gräber und der ägyptischen Totenbräuche galt der schakalhäuptige Anubis (Um 1000 v. Chr.; Museum Hildesheim).

10 Amun-Re thront mit seiner Gattin Mut (19. Dynastie; Louvre, Paris).

Leidenschaften dunkler Tiefe

Aus der Verbindung des Gewittergottes Zeus mit der phönizischen Königstochter Europa erwuchs für die griechischen Sagen nicht „nur" die ganze Kulturgeschichte unseres Erdteils, sondern eine ganze Welt von „übermenschlichen" Liebesleidenschaften. Der erste Sproß dieser halbgöttlichen Rasse war Minos, der König von Kreta. Er gilt der Überlieferung nach als der Schöpfer geistvoller Gesetze, die eine bewundernswürdige Ordnung in das menschliche Zusammenleben brachten.

Als er, von seinen Untertanen geradezu vergöttert, starb, soll sein Grab als das Grab seines himmlischen Vaters Zeus verehrt worden sein – wahrscheinlich galt er als eine irdische Verkörperung des Königs der Olympier. Nach seinem Tode wurde er für die griechische Religion zu einem Richter der Seelen, der den Verstorbenen,

je nach ihren irdischen Verdiensten, ihre Plätze im Jenseits zuordnet.

Aus seinem Geschlecht entstand später ein gleichnamiger Minos, dessen Gattin eine Tochter des Sonnengottes Helios, Pasiphae, wurde. Nachteil war allerdings, daß das Geschlecht dieser Göttertochter mit der Königin der Liebe und Schönheit, mit der großen Aphrodite oder Venus, im Streit lebte. Die einen erklären diesen un-

glücklichen Zustand durch das Faktum, daß Pasiphae diese Göttin zuwenig oder überhaupt nicht verehrte. Andere behaupten, daß die Feindschaft daraus entstanden sei, daß der „alles schauende" Sonnengott Aphrodites Liebesabenteuer mit Ares ihrem Gatten, Hephaistos, verraten habe. Nun hatte das Geschlecht des Helios auf eine Hilfe der Liebesgöttin wenig zu hoffen, was bekanntlich auf Erden schreckliche Folgen haben kann.

Die arme Gattin des Königs von Kreta führte eine denkbar unglückliche Ehe, da Minos anscheinend seine Leidenschaften überall bedenkenlos stillte. Als das halbgöttliche Paar die Wundertöchter Phaedra und Ariadne zeugte und gebar, wurden auch diese in schreckliche Liebesabenteuer hineingerissen. Am schlimmsten war aber das Schicksal der Pasiphae; sie wurde für die Griechen zum Beispiel, das zeigt, wohin der Verlust des Sinns für das Maß führen kann:

In den Viehherden des Minos war ein wunderbar stark und stolz wirkender Stier, der zur Zucht des Meeresgottes Poseidon gehörte. Seine königlichen Besitzer wollten ihn zuerst opfern, brachten es aber wegen seines prächtigen Aussehens nicht übers Herz. In dieses Tier verliebte sich

nun die unglückliche Königin, doch vorerst völlig hoffnungslos – die Künstler stellten etwa dar, wie sie verzweifelt auf den Stier blickt, während er nur Augen für eine hübsche junge Kuh hat...

Doch Minos besaß als Helfer einen magischen Techniker, Daidalos, einen Gott Hephaistos auf Erden, für den keine Aufgabe zu schwer war. Er konnte unvorstellbare Bauwerke ebenso herstellen wie Vor-

richtungen, mit denen man durch die Lüfte zu schweben vermochte! Als die verliebte Pasiphae sich in ihrer wachsenden Not an ihn wandte, reizte den ersten Techniker die schier unüberwindliche Aufgabe: Er schuf die Gestalt einer schönen Kuh, in deren Inneres die Königin eintreten konnte. Der mächtige Stier verfiel der Täuschung, stürzte sich auf sie – und zeugte mit ihr, dank der Kunst des Daidalos, den schrecklichen Minotauros, der zur Hälfte ein Stier war.

Als Wohnsitz erhielt der Minotauros den berühmten Irrgarten, das Labyrinth. Sieben Jünglinge und sieben Jungfrauen aus dem von Minos unterworfenen Athen wurden ihm alle neun Jahre geopfert, bis der Held Theseus und Ariadne (immerhin die Halbschwester des furchtbaren Stiermannes!) den Unfug beendeten. Und Minos zerstritt sich mit Daidalos, was zum Untergang seines Reichs führte.

Die Geschichten über das Geschlecht der Könige von Kreta waren eine wichtige Fundgrube für die Dichtung, das Theater und die Bildende Kunst in Griechenland. Sie sollten zeigen, daß der Trieb des Menschen zur Liebe ihn nicht nur in unvorstellbare Höhen führen kann, sondern auch in Abgründe der Hoffnungslosigkeit.

Ihr Götter, den Gesunkenen hebt Ihr, o Götter, wieder auf – und den, der Sünde hat verübt, macht Ihr, o Götter, wieder neu!

Rig-Veda

Links: Der Sieg über den Minotauros durch den Helden Theseus und seine Gefährtin Ariadne war den Griechen eine historische Tatsache. Durch sie war der Aufstieg von Athen, ursprünglich vom minoischen Kreta bevormundet, ermöglicht worden (Rotfigurige griechische Vase, 5. Jh. v. Chr.; Britisch Museum, London).

Mitte: Für Pasiphae schuf der Wunderschmied Daidalos eine künstliche Kuh, um damit einen schönen Stier für die Liebesvereinigung mit der Königin in Leidenschaft zu versetzen (Palazzo Spada, Rom).

Rechts: Der Sieg gegen übermächtige Tiere und Tiermenschen ermöglicht den Helden – hier Theseus im Kampf gegen einen Kentauren – die Ausbreitung des Lebensraums für menschliche Kulturen (Rotfigurige griechische Schale, 5. Jh. v. Chr.; Glyptothek und Antikensammlung, München).

Seite 166: Vor Königin Pasiphae von Kreta steht der Erfinder Daidalos, ein großer Wissenschaftler und Zauberschmied, und hat im Sinn, die Frau mit einem Stier in sinnlicher Leidenschaft zu vereinigen. Obwohl in den Mythologien des Mittelmeerraums Tiere, Menschen und Götter sich ineinander verwandeln, zeigt diese Sage, daß die Liebesverbindung zwischen Rind und Frau – diese zumal aus dem Geschlecht des Sonnengottes Helios – kein Glück bringen kann. Auch hier zeigt uns die Mythologie eine Urerfahrung des Menschen (Wandgemälde; Haus der Vetti, Pompeji, 70–79 n. Chr.).

Die himmlischen Rosse

1 Die keltische Epona galt als Schutzmacht der Pferde (Staatsmuseum, Luxemburg).

2 Das Roß Sleipnir des durch die Lüfte reitenden Odin besaß für die Nordgermanen acht Beine (Alskoga, Gotland, Schweden, um 700 n. Chr.).

2 3 4

5 6 7

8 9 10

3 Der Erzengel Gabriel mit Heiligenschein und Regenbogen (Russische Palechmalerei, um 1700).

4 Auf dem Roß Al-Burak ritt der Prophet Mohammed in den Himmel (Persische Miniatur, 1502; Seattle Art Museum).

5 Das Bild des Helios und seiner Sonnenrosse beeinflußte noch die christliche Kunst des Mittelalters stark (Metope des Athena-Tempels, Ilion; Staatliche Museen, Berlin).

6 Die wilden Rosse des Meergottes Poseidon (Hier nach Niccolo dell' Abbatte, 1512–1571; Galleria Estense, Modena).

7 Die Himmelfahrt des Elija (Schwedische Bauernmalerei; Nordiska Museum, Stockholm).

8 Horus wurde auch als reitender Held abgebildet (Ägyptisches Flachrelief; Louvre, Paris).

9 Nach der indischen Mythologie wird am Ende des „Zeitalters der Verdunkelung" Vishnu auf seinem weißen Roß Kalki erscheinen (Indisches Manuskript; Bayerische Staatsbibliothek, München).

10 Auch Buddha erscheint auf einer Bronzestatuette aus Burma auf seinem Roß Kanthaka.

Die Zähmung wilder Rosse entfesselte eine der gewaltigsten Revolutionen der ganzen Menschheitsgeschichte. Rasche und leicht bewaffnete Reiterscharen ermöglichten nun die Eroberung und Beherrschung von Reichen mit gewaltiger Ausdehnung. Noch im 20. Jahrhundert ist die Sicherung der Grenzen von ausgedehnten, einheitlich verwalteten Ländern, etwa von Nordamerika oder Rußland, nur durch den Einsatz von Kavallerie verständlich. Nichts schien den Reitern unmöglich.

Bei den Griechen war Hippios (von hippos, Pferd) ein Beiname des Gottes Poseidon (römisch Neptun), der das Reiten, nach einigen sogar das Roß selber, erfunden haben soll. Hippia war ein Beiname der Göttin Athene oder Minerva, weil sie als erste lehrte, die Pferde an Wagen zu spannen. Als die Götter eine furchtbare Schlacht gegen die Titanen kämpften, erschien sie mit einem zweispännigen Kampfgefährt und leistete damit einen entscheidenden Beitrag für den Sieg der Himmlischen.

Auch sonst sind „Roßnamen" in der griechischen Kultur außerordentlich häufig. Hippolita, Tochter des Ares, war eine Königin der Amazonen. Überhaupt soll ihr Volk, in dem die Frauen in die Schlacht zogen, im Reiten einzigartig gewesen sein. Auch in den ostslawischen Liedern erscheinen außerordentlich kühne „Kosakinnen" oder „Heldenjungfrauen" (devy-bogatyri), die im „weiten Feld" fast unbesiegbar sind.

Überhaupt erscheinen die Götter, so unter anderen das Zwillingspaar der Dioskuren, gern beritten. Das Roß wird für Jahrtausende zum Sinnbild der Geschwindigkeit. Schon die ältesten Mythen der Griechen preisen das geflügelte Roß Pegasos, das sie als einen Gott ansehen. In der „Theogonie" des Hesiod heißt es von diesem Wundergeschöpf, es wohne im Hause des großen Zeus und bringe ihm Donner und Blitz.

Gelegentlich erscheint der Pegasos als eine der schöpferischen Kräfte, die die Welt in Ordnung bringen. Als der Berg Helikon durch die Musik der Musen so fröhlich wurde, daß er bis in den Himmel zu wachsen begann, mußte ihn das Flügelroß auf Befehl des Gottes Poseidon niederstampfen. An der Stelle, an der es mit seinen Hufen den Erdboden schlug, entstand der Brunnen Hippokrene: Wer von seinem reinen Wasser trank, wurde, glaubte man, sofort ein Dichter.

Dank des Rates und der Hilfe der weisen Athene (Minerva) können große Helden wie Bellerophon oder Perseus das göttliche Reittier benutzen, wenn erschreckende Ungetüme die Völker gefährden. Sonst zieht es den Wagen der schönen Göttin Eos (lateinisch Aurora), deren leuchtende Erscheinung jeden Morgen die Welt beglückt.

Die mythischen Götterrosse wurden für die antike Welt wieder lebendig, als der historische Alexander von seinem Vater Philippos (ein Name, der übrigens „Liebhaber der Rosse" bedeutet!) das Pferd Bukephalos erhielt. Der Prinz allein konnte es zähmen, und so erkannte der König von Mazedonien in ihm den würdigen Erben, der noch seine eigenen Taten übertreffen würde. Als dieses Wunderroß, das ihn bis nach Asien getragen hatte, starb, sah Alexander darin ein Vorzeichen für das Ende seines eigenen Erdenwandels.

Pferde von unvorstellbaren Eigenschaften erfüllen die Märchenwelt der Steppenvölker, der Russen und auch der angrenzenden, turko-tatarischen und mongolischen Nomaden wie etwa der Kasachen: Auch hier trägt jeder Sprung des Rosses meilenweit, bei seinem Hufschlag strömen reine Quellen aus dem Boden, und mit menschlicher Stimme gibt das Tier dem Helden unfehlbaren Rat: „Ohne sein Roß findet kein Held sein Ziel!"

Die Bedeutung des Pferdes im Umkreis der arabischen Kultur ist weltbekannt. Der Reiter beklagt dessen Tod als den eines nahen Familienangehörigen und hofft sogar, es im Jenseits einmal wieder antreffen zu dürfen.

Ganz oben: Das französische Heldengedicht des Mittelalters kennt das Roß Bayard, das alle vier Söhne des Herzogs von Aymon tragen konnte – und doch schneller als alle anderen Pferde war! (Handschrift, 12. Jh.; Bibliothèque nationale, Paris).

Oben: Der Sonnenwagen des Helios wird von geflügelten Rossen gezogen (British Museum, London).

Links: Die Urchristen entlehnten viel aus der antiken Bildkunst. So erscheint Christus, das „Licht der Welt", als Lenker jenes Sonnenwagens, auf dem bei den Griechen Helios fuhr (Mosaik im Mausoleum der Julier, Vatikanische Nekropole, um 300).

Heilige Kühe – heilige Stiere

Die Zähmung der Kuh, die vielfach als ein Geschenk der Unsterblichen angesehen wurde, bedeutete wohl keine geringere Revolution als der Gewinn des Pferdes. Sie schenkte den Menschen den verhältnismäßig sicheren Genuß eines Grundnahrungsmittels.

Kühe wurden meistens durch die heranwachsende Jugend auf die Weide getrieben; den Jugendlichen blieb dabei, nach vielen erhaltenen Sagen, viel Muße für Tanz, Gesang, Musik und Liebesspiele. Vom Alpenraum bis in die Ukraine, in allen klassischen Ländern der Viehhaltung also, entstand die Überzeugung, daß namentlich die Kühe ein solches Treiben, je munterer desto besser, besonders schätzten. Sie waren nach den Sagen für Unter-

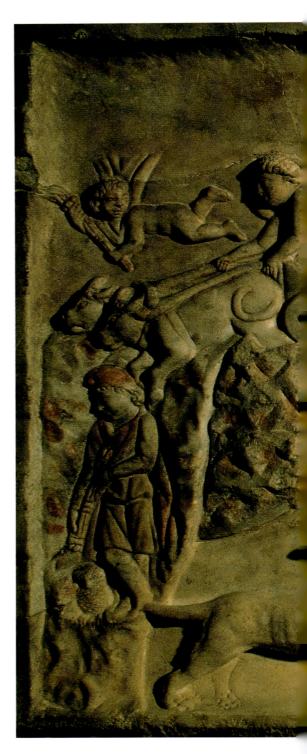

Oben links: Der Apisstier, dessen lebendige Abbilder in heiligen Tempelställen gehalten wurden, war im ägyptischen Memphis das Tier des Schöpfergottes Ptah. Zwischen seinen Hörnern erscheint die strahlende Scheibe des Sonnengottes Re (British Museum, London).

haltung sehr dankbar und zeigten ihre Gefühle durch eine besonders hochwertige Milch.

Der „König der Götter", Zeus, verwandelte sich in einen schönen Stier, als er die phönizische Königstochter Europa nach Kreta brachte und damit, nach dem Mythos, zum Begründer der Kultur unseres Erdteils wurde. Daß die Ägypter ihren Apis-Stieren eine göttliche Verehrung erwiesen, erschien den griechischen Reisenden als eine Erinnerung und Bestätigung dieser Schlüsselsage. Aber auch Hera oder Juno, die Gattin des Zeus, wurde als die „Kuhäugige" gepriesen.

Zu den wichtigsten Mythen der Inder, die uns schildern, wie dank Vishnu die Welt ins Gleichgewicht kam und das Chaos besiegt wurde, gehört die Geschichte von der Quirlung des Ozeans. Eine Sintflut hatte die Welt der Urzeit zerstört. Vishnu selber tauchte in die Tiefe der Fluten, indem er sich in eine gewaltige Schildkröte (Kurma-Avatara) verwandelte. Auf ihrem Panzer fand nun der Berg Mandara einen festen Halt. Die Götter und Asuras schlangen um diesen Quirl die Weltenschlange Vasuki, zogen sie nach beiden Seiten – und so wurde das Meer immer rascher umgerührt.

Aus dem Meer erschienen all die wunderbaren Dinge, ohne die nach dem Glauben der Inder das Bestehen der Götter

Seite 170, unten: In den Höhlen des europäischen Westens erscheinen schon in der Altsteinzeit Felsbilder von Rindern, so in Lascaux in Frankreich („Zweiter Stier des großen Saales").

Oben: Auf zahlreichen Bildern der ausgehenden antiken Welt, auch in den keltischen und germanischen Provinzen, erscheint der Held Mithras, der einen Stier opfert. Aus diesem Tier sollen (nach besonders von römischen Kriegern geschätzten Mysterien, in denen griechische und orientalisch-iranische Kultur verschmolzen) alle Lebewesen entstanden sein (Relief; Museo nazionale romano, Rom).

Feenwesen und Menschen gar nicht denkbar wäre. Da stieg aus den Fluten der Götter-Arzt Dhanvantari, auf den eine uralte, bis heute benutzte Sammlung von medizinischen Regeln (Ayurveda) zurückgeführt wird. In seinen heiligen Händen trug er die Schale mit Amrita, dem Trank, der Unsterblichkeit verleiht.

Dann stieg aus dem Meer, auf Bildern geradezu „schaumgeboren" wie die europäische Venus, Lakshmi, die Göttin des Glücks und der Schönheit. Weiter erschien der wunderbare Edelstein Kaustubha, den die Mythologen mit dem Gral unserer mittelalterlichen Sagen verglichen. Dann kam noch Surabhi dazu, die Urkuh, die den Wohlstand für die Menschen und sogar „den Überfluß" bedeutete.

Noch heute reicht in Indien der Hausvater, der die Bräuche kennt, seinen Kühen Trank und Futter „mit der gleichen Verehrung, wie man den Göttern in den Tem-

Oben: Schon die kretische Kultur kannte Stieropfer und Stierspiele (Fresko, Palast von Knossos, 1700–1400 v. Chr.; Museum von Iraklion).

Unten: Wein und Tiere wurden den Göttern dargebracht und galten dann als geheiligte Speisen bei Festen (Bemalter Steinsarkophag, Hagia Triada, um 1400 v. Chr.; Museum von Iraklion).

Ganz unten: Zeus in Stiergestalt brachte die phönizische Königstochter Europa nach Kreta (Rotfiguriger Krater; Museo nazionale, Tarquinia).

Seite 173: Die Sage von der Liebe des Zeus-Stiers zu Europa gehört zu den Stierkulten des Mittelmeerraums (Stierkopf aus Kato Zakros, Ostkreta, Rhyton, um 1450 v. Chr.; Museum von Iraklion).

peln opfert". Er preist dabei die Kuh als „rein und heilig" und nennt sie sogar eine Tochter der Urkuh Surabhi. Ähnliche religiöse Anrufungen hört das Tier, wenn es auf die Weide getrieben wird. Es wird ihm versichert, daß diese schönen Worte auf die Weltengottheiten Vishnu und Lakshmi zurückgehen, als sie in der Menschengestalt von Krishna und Radha selber Kuhhirten waren. Rinder sollen als erste die Göttlichkeit des Paares erkannt haben.

Das sibirische Volk der Jakuten hat einen Mythos von einem Ahnen und Helden Ellej, der von seinem sterbenden Vater göttliche Weisheit erhielt, mit seinem Volk in ein

Land zu ziehen, in dem die Viehhaltung eine wachsende Bedeutung bekommen würde. Er tat es und kam in die Gegend des Flusses Lena; dank der Rinderzucht wurde sein Stamm zu einem bedeutenden Volk.

Solche Erfahrungen, die sich wohl an verschiedenen Orten der Welt wiederholten, erklären uns die geradezu religiöse Verehrung, die die Kuh gewann. „Die Bibel hat recht", sagte noch zu Anfang unseres Jahrhunderts ein kluger Hirt aus den Karpaten, der dem ostslawischen Volk der Huzulen angehörte: „Schön leben läßt es sich nur in Ländern, in denen Milch und Honig strömen."

Sternentiere

1

Nach der chinesischen Philosophie entsteht die Welt aus dem ewigen Zusammenspiel von zwei Energien. Diese sind die weiblich gedachte Yin-Kraft, die stets zuerst angeführt wird, und die männliche Yang-Kraft. T'ai-chi war für die Konfuzianer das Eine, Allererste, aus dem dann die Zweiheit (Yin–Yang) hervortrat. T'ai-chi wurde, besonders dank der Arbeiten der Shao-lin-Schule, die Bezeichnung für seelisch-körperliche Übungen, die den Schülern helfen sollen, in sich selber das Gleichgewicht der beiden Energien herzustellen und sich damit eine gesteigerte Widerstandskraft anzueignen.

Als die „Haupttiere" gelten in den Märchen und in der Bildenden Kunst von China, Korea und Japan sehr häufig die verständlichen Sinnbilder dieser Urkräfte. So ist z.B., wenn wir das ostasiatische Denken nachvollziehen, der Winter ein Überwiegen des Yin. Die strahlende Sonne erhebt sich immer weniger über dem Horizont, sie scheint sich im Wasser und in der Erde zu „verbergen". Die Tiere, die diese Jahreszeit bezeichnen, sind Schildkröte und Schlange. In seltsamen Geschichten erscheinen diese beiden Geschöpfe sogar als eine Art Liebespaar, weil sich angeblich die Schildkröten-Weibchen gern mit Schlangen-Männchen verbinden.

Der Panzer der Schildkröte erinnerte die chinesischen Weisen an den „harten" Boden, und ihr empfindlicher, durch die Schale geschützter Leib an das Innere der Erde, das man sich entsprechend lebendig und weich vorstellte. Sogar die vierundzwanzig Randplatten verglichen die Ostasiaten mit den zwei mal zwölf Abschnitten ihres landwirtschaftlichen Kalenders (nach W. Eberhard). Gelegentlich erschien der gewölbte Rücken des bewunderten Tieres als ein Hinweis auf das himmlische Dach, das die Erde bedeckt. Die Unterseite des Panzers würde demnach der Erde entsprechen, die sich die Ostasiaten als eine ziemlich flache Schale, als eine Scheibe, dachten.

Schließlich schwimmt auch auf alten indischen Bildern die Erde wie eine gewaltige Schildkröte im Ozean. Auf ihrem Rücken, auf dem wir die Erdteile erblicken, wachsen die Gebirge empor, in der Mitte das höchste, der Götterberg Meru. Auch bei den Chinesen entsprechen die Erhöhungen, die dem Himmel mit seinen Gestirnen zustreben, dem aktiv-handelnden Grundelement, dem Yang: Als eine von dessen Ausprägungen unter den Tieren galt im übrigen der „feurige" Tiger, dessen Blut von flammendem Mut erfüllt sein sollte und den verschiedene Götter als ihr rasches Reittier benutzten.

Der chinesische Tierkreis ist, wie wir bereits sahen, aus zwölf Tierbildern zusammengefügt – ihm entspricht auch der Tageskreis, sozusagen das verkleinerte Jahr, der zwölf Doppelstunden besitzt. Das Dutzend Krafttiere dient in seiner Gesamtheit der ostasiatischen Naturkunde zur Illustration dafür, wie sich die Lebenskraft durch Jahr und Tag bewegt. Jeder der Zeitabschnitte wird in seinem Wesen bestimmt durch das Auf und Ab der polaren Energien von Yin und Yang.

Nach der jüdischen Überlieferung führten sechs prächtige Stufen zum Thron des weisen Salomo, des „Königs der Könige". Auf jedem Absatz des kunstvollen Bauwerks kauerten je zwei Tiere, von denen eins als eher sanftmütig, das andere als angriffslustig galt. Diese Paare, alle gleichermaßen aus dem Sonnenmetall Gold hergestellt, waren: Löwe und Stier, Wolf und Schaf, Panther und Kamel, Adler und Pfau, Katze und Hahn, Habicht und Taube. In dem Wunderwerk „war noch ein goldener Drache enthalten – in der Gestalt eines kreisenden Rades" (Micha Josef bin Gorion).

Stieg der Herrscher über die Stufen der zwölf Tiere empor und trug er seine Krone auf dem Haupt, dann wurde das Werk in Bewegung gebracht und für den Betrachter mit Leben erfüllt. Es begann „der Drache sich zu drehen mit den Rädern, die künstlich gefertigt waren, und auch die Löwen und Adler drehten sich mit dem Räderwerk. Die goldene Taube flog herab, öffnete die Bundeslade und nahm die Thorarolle heraus, sie dem König Salomo zu bringen."

Auch hier erscheinen die zwölf verschiedenen Tiere als Bilder der himmlischen

2

3

Energien, die unsere Welt beleben und damit seit den ersten sieben Schöpfungstagen in Bewegung halten. Im Gegensatz zu vielen Mythen ist hier aber ein Grundgedanke besonders betont: Die Kräfte dienen alle dem höchsten Gott und huldigen der Thora, seinem ewigen Gesetz, der Weltordnung.

1 Geister, Tiere und Götter der Elemente können in indianischen Mythologien ineinander übergehen. Das Gemälde der kanadischen Nootka-Indianer zeigt am Himmel Blitzschlange, Donnervogel und den Wolf der dunklen Wolken, unter ihnen den Wal (Bemaltes Holz, um 1850; Museum of Natural History, New York).

2 Die Astrologie Ostasiens zeigt als Bilder der zwölf Monate ausschließlich Tiere (Tierkreiszeichen; Japan).

3 Unter dem Jahresbaum (der Kiefer), dem Zeichen für langes Leben, stehen die zwölf Tiere des chinesischen Kalenders (Teak und Porzellan; Museum für Völkerkunde, Wien).

4 Auch das ägyptische Deckengemälde zeigt Tiergötter in eigenartigen Verbindungen. Wir erkennen in ihnen Sternbilder (Grabmal Sethos' I., Tal der Könige, Theben).

5 In China, Korea und Japan werden Tierbilder zur Darstellung der Polarität des Yin-Yang, der Jahreszeiten und der zwölf Zeichen des Tierkreises verwendet. So wird der Winter durch zwei Geschöpfe versinnbildlicht, Schildkröte und Schlange, die den Yin-Elementen Erde und Wasser entsprechen (Reliefabreibung; British Museum, London).

6 In der islamisch-arabischen Astrologie sind die Sterne, ähnlich irdischen Geschöpfen, von Leben erfüllt: Auf unserem Bild treffen sich Jupiter und Mond im Zeichen des Schützen, der hier den Hinterleib einer Großkatze hat (Aus einem Manuskript von Abu Ma'shat, Kairo, um 1250).

Wundergeschöpfe

Die Grenze zwischen Tieren, Menschen und Göttern wird in vielen Mythen verwischt. Der große Pan, der in seinem ganzen Wesen und auch seinem Aussehen die drei Welten verbindet, soll die olympischen Götter gelehrt haben, auch in der Gestalt von vierfüßigen Geschöpfen oder von Vögeln aufzutreten. Zum Dank versetzten die Unsterblichen das Bild des gehörnten Gottes an den Sternenhimmel – darum haben wir das Tierkreiszeichen des Steinbocks.

Die Möglichkeit solcher Grenzverwischungen, solcher von den Dichtern gepriesenen Verwandlungen (Metamorphosen) der Wesen, mag der Grund dafür sein, daß in keinem der großen Kulturkreise die Wirklichkeit von Wundertieren in Zweifel gezogen wurde. Man betrachtete sie als Masken von feenhaften Geschöpfen oder auch als Überlebende der Urzeit, der Jahrtausende „vor der Sintflut".

In den chinesischen Geschichtswerken wurden die Erscheinungen von Drachen, Einhörnern oder Phönixvögeln verzeichnet und galten als sichtbare Offenbarungen der Yin-Yang-Kräfte, die das Entstehen und Vergehen im Weltall bestimmen. Das Einhorn hat in China zwar Pferdehufe wie in den Sagen des europäischen Mittelalters, besitzt aber eher den Leib eines Hirsches. Nie soll es sein Horn auf der Stirn für den Kampf verwenden: Es verkörpert Freundlichkeit und die Liebe zum Frieden.

Das Einhorn in den Sagen unseres Erdteils gilt als eher gefährlich und als eine Beute, auf die Jagd zu machen mehr oder weniger hoffnungslos ist. Doch wenn es eine „reine Jungfrau" schaut, zeigt es auch hier sein liebenswürdiges Wesen. Es naht ihr freundlicher als jedes Haustier. Zärtlich legt es ihr sein starkes Horn auf den Schoß und ist ihr gegenüber mit Zärtlichkeit erfüllt. Der geheimnisvolle Mythos, der sehr weit zurückzureichen scheint, beeinflußte sogar die kirchliche Kunst: Die Christen machten das Einhorn zu einem der Sinnbilder der reinen Jungfrau Maria und sogar des Erlösers selber.

Der ägyptisch-griechische Phönix gilt als Bild der Sonne; er ist der einzige Vogel, dem Unsterblichkeit beschieden ist. Wenn er Alter und Tod nahen fühlt, wirft er sich in einen brennenden Scheiterhaufen. Er verbrennt sich selber zu Asche und entsteht von neuem aus der Asche, leuchtend schön und wieder jung.

Der chinesische Phönix, Feng, gilt als ein Vogel von berauschender Schönheit und überhaupt als der eigentliche König der ganzen gefiederten Welt. Phönixmännchen und -weibchen sollen unzertrennlich und zärtlich sein und gelten als ein Vorbild für Mann und Frau, gemeinsam die Einheit zu leben. Aus diesem Grund verwendeten chinesische Philosophen und Alchimisten das Phönixmärchen in ihren Symbolen, weil sie aus der Verbindung männlicher und weiblicher Energien den Gewinn der Unsterblichkeit erwarteten.

In der griechischen Dichtung „Aithiopika" von Heliodor finden wir einen mystischen Hinweis, nach welchem man annehmen könnte, daß der ostasiatische und der dem Mittelmeerraum entstammende Phönix-Mythos innerlich verwandt sind: Die Liebenden, die im übrigen mit Sonne und Mond verglichen werden, finden sich nach unvorstellbaren Abenteuern und Prüfungen. Möglicherweise als Sinnbild ihrer Vereinigung findet für den mystisch-erotischen Dichter auch gleichzeitig die Auferstehung des Vogels Phönix aus den reinigenden Flammen statt. Wahrscheinlich finden wir hier jene Überzeugung, die in den Mythen dauernd mitschwingt: Solange trotz aller unübersteigbarer Hindernisse die Liebe auf Erden möglich ist, hat die Welt ihren Sinn, und die himmlischen Kräfte gewähren allen Wesen stete Erneuerung.

  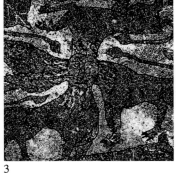  

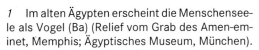 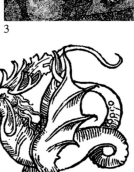  

1 Im alten Ägypten erscheint die Menschenseele als Vogel (Ba) (Relief vom Grab des Amen-eminet, Memphis; Ägyptisches Museum, München).

2 In der indischen Mythologie entsprechen die Ghandarven den Kentauren, den Roßmenschen des Mittelmeerraumes (Relief aus Mathura, ca. 2. Jh. n. Chr.; Lucknow Museum, Indien).

3 Das Mittelalter und die Renaissance sind voller phantasievoller Bilder der seltsamsten Mischwesen. Das italienische Mosaik (Otranto, 12. Jh.) zeigt vier Löwen mit nur einem Haupt.

4 Der Greif, Mischwesen von Adler und Löwe, war in Europa ein beliebtes Wappentier der Mächtigen (Madonna della Luce, Perugia, Italien).

5 Der Vogel Simurg ist in der iranischen, zentralasiatischen und islamisch-indischen (moghulischen) Mythenwelt ein Helfer von Helden: Als Zeichen seiner Stärke trägt er neun Elefanten (Gouache auf Papier, Kangra-Schule, 18. Jh.).

6 Der Basilisk war aus Hahn und Schlange zusammengesetzt – ein Träger mörderischer Gifte (Holzschnitt, Nürnberg 1510).

7 Der Phönix soll sich alle 500 Jahre selber verbrennen und aus der Asche neu erstehen (Holzschnitt, Deutschland).

8 Wesen, in denen Adler, Löwe und Roß verschmolzen, standen für den Traum, jede Strecke überwinden zu können (Holzschnitt, Italien, 17. Jh.).

1 Bis in das Zeitalter der Entdeckungen hinein waren die Menschen überzeugt, daß in fernen Ländern Roßmenschen (Kentauren) und andere Wunderwesen fortleben (Holzschnitt, England, um 1520).

2 Das Erscheinen eines Geschöpfs, das an das abendländische Einhorn erinnert, galt in China als gutes Vorzeichen: Große Weise konnten nun geboren werden (Tuschezeichnung).

3 Ein Brustabzeichen hoher Beamter (Mandarine): Der Drache, die Verkörperung machtvoller Naturenergien, umkreist die strahlende Perle. Zehn Fledermäuse, die Glückssymbole sind, umflattern das Sinnbild des Gleichgewichts von Yin und Yang (17. Jh.; Privatsammlung).

4 Für die Minnedichtung, die sich gleichermaßen um irdische Liebe und Mystik drehte, war das Einhorn eine Schlüsselgestalt. Es sollte durch Gewalt unbezwingbar sein, einer „reinen Jungfrau" aber „sanft wie ein Lamm" sein Haupt in den Schoß legen: Bald betrachtete man dies als naturwissenschaftliche Tatsache, bald als Sinnbild der Vereinigung Gottes mit Maria, der Mutter Christi (Bildteppich, Ende 15. Jh.; Musée nationale de l'Hotel de Cluny).

5 Die Einhörner erscheinen sogar noch in der volkstümlichen Kunst der weißen Siedler von Nordamerika (Aquarell und Tusche auf Papier, Ostpennsylvanien, um 1795–1830; Henry Francis du Pont Winterthur Museum).

6 Der wilde Mann, nur mit seinen Körperhaaren bekleidet, reitet auf dem Einhorn. Beide Geschöpfe galten noch im ausgehenden Mittelalter als Bewohner der „heidnischen" Wildnis (Spielkarte des Meisters E. S.).

7 Sphinx aus dem assyrischen Kulturkreis, mit Flügeln, Pranken, Menschen- und Löwenkopf (auf der Brust). Solche Mischwesen müssen häufig von griechischen und anderen Helden überwunden werden: So kämpft Bellerophon mit der Chimäre (Archäologisches Museum, Ankara).

177

Geheimnisvolle Schlangen

1 Eine aztekische Göttin trägt einen Kopfschmuck, der aus einer Unzahl eng verflochtener Schlangen gebildet wird (Museo nacional de antropologia y historia, Mexiko-Stadt).

2 Um seine geliebte Andromeda zu gewinnen, kämpft der griechische Held Perseus mit der schrecklichen Gorgone Medusa, deren Haare lebendige Schlangen sind und deren bloßer Anblick die Lebewesen versteinert (Plastik von Gian Lorenzo Bernini, 1598–1680; Palazzo dei Conservatori, Rom).

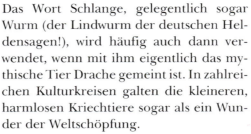

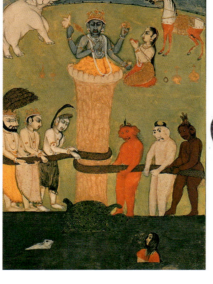

3 Um die Schöpfungskräfte zu entfesseln, quirlen in der Urzeit die Götter und die sonst lebensfeindlichen Asuras gemeinsam den Milchozean. Sie brauchen dabei als Sehne die Weltenschlange Vasuki. Oben, den Quirl und den ganzen Vorgang in Gleichgewicht haltend, wacht Vishnu mit seiner Gattin Lakshmi (Hinduistische Miniatur, 18. Jh.; Musée Guimet, Paris).

4 Ein magisches Wesen aus der westafrikanischen Benin-Kultur: Schlangen kommen gespenstisch aus Augen und Nasenlöchern hervor (Bronzekopf; British Museum, London).

Das Wort Schlange, gelegentlich sogar Wurm (der Lindwurm der deutschen Heldensagen!), wird häufig auch dann verwendet, wenn mit ihm eigentlich das mythische Tier Drache gemeint ist. In zahlreichen Kulturkreisen galten die kleineren, harmlosen Kriechtiere sogar als ein Wunder der Weltschöpfung.

In der Bibel ist die Schlange ein Tier mit einer gefährlichen Weisheit, für die ersten Menschen eine Gefährtin, die sie versucht und damit das Weltspiel in Gang setzt. Dadurch, daß Adam und Eva auf ihre listigen Worte hin die Früchte des Erkenntnis-Baumes verzehren, verlieren sie den Paradiesgarten und müssen auf Erden während ganzer Zeitalter herausfinden, was gut und was böse ist.

Christliche Denker versuchten sehr häufig, die Schlange als ein Sinnbild des Bösen zu deuten, doch die ursprüngliche jüdische Überlieferung scheint zu zeigen, daß eigentlich keines der von Gott erschaffenen Wesen als völlig schlecht angesehen wurde. Die alte Überlieferung der Hebräer, wie sie Rahel und Emanuel bin Gorion liebevoll übersetzten, läßt gelegentlich eine Schlange als sichtbaren Ausdruck der göttlichen Kraft erscheinen, und zwar während eines entscheidenden Augenblicks der biblischen Weltgeschichte:

Mose findet im Garten Reguels den Gottesstab, der, mit köstlichen Saphiren besetzt, aus der Erde wuchs. „Siehe, der unverstellte Name Gottes war auf ihm eingeschnitten. Das war der Stab, mit dem alle göttlichen Werke vollbracht worden waren, nachdem vollendet worden war die Schöpfung von Himmel und Erde, von Meeren und Flüssen und den Fischen, die drin wohnen." Mit dem „Gottesstabe" ziehen nun Mose und Aaron zum harten Pharao, dem Herrscher von Ägypten, um von ihm das Recht auf den Auszug des auserwählten Volkes zu bekommen. Zum Beweis, daß sie wirklich „Gesandte Gottes" sind, werfen sie ihren Stab auf den Boden, „und der ward zu einer großen Schlange". Zwar werfen nun die ägyptischen Zauberer ihre Stäbe ebenfalls auf die Erde, und es entstehen daraus andere Schlangen, doch das Tier des Propheten erweist sich als mächtiger!

Ein Geistlicher namens Arnkiel versicherte 1703 in einem Werk, in dem er sorgfältig Nachrichten über vorchristliche Religionen zu sammeln suchte: Genau wie die Christen „zur Einsegnung und Einweihung der Örter" das Kreuz benutzen, hätten die Heiden zum gleichen Zweck das Bild der Schlange verwendet. An „allen" heiligen Orten hätten sie den Brauch gehabt, Darstellungen dieses Tiers anzubringen, das ihnen besonders heilig war.

In alten Tierbüchern, an denen sich das märchenfreudige Volk bis in die Neuzeit ergötzte, erneuert sich die Schlange bei jedem Wechsel ihrer Haut und ist, wenn sie kein gewaltsames Ende erlebt, unsterblich. Sie gleitet durch das Wasser und über den Erdboden und nimmt dauernd Lebenskraft auf, ja, sie wird zu deren Sinnbild.

Hermes oder Merkur, der antike Gott aller Naturgeheimnisse, trägt an seinem magischen Stab zwei sich verschlingende (sich liebende?) Schlangen. Schlangen begegnen uns auch als die Sinnbilder der Heilkunst der griechischen Götter Aeskulap und Hygieia.

Der wohl wichtigste Punkt der alten Mittelmeer-Kultur war der Ort Delphi, an dem der Sonnengott Apollo seinen Rat gab. Dieser heilige Platz war entstanden, wo der strahlende Himmlische die Schlange Python besiegt hatte: Das Ungetüm, nach einigen aus dem Schlamm entstanden, den die Sintflut zurückgelassen hatte, soll eine ungeheure Größe besessen haben! Ganze Flüsse konnte es aussaufen und wiedergeben, seine Krümmungen bedeckten die Gebirge, seine Mähne berührte die Gestirne... Vom Lichtgott unterworfen, dienten seine Energien dann der menschlichen Kultur.

Im Indischen „schläft" oder „ruht" das heilige Paar der Weltengottheiten, Vishnu und Lakshmi, auf der Weltenschlange. Die göttliche Verkörperung auf Erden, Krishna, „tanzt" auf der Riesenschlange Kaliya, die den Strom Yamuna beherrscht: Diese Mythen zeigen, wie das Göttliche die Lebenskräfte in der Natur in eine kosmische Ordnung brachte und damit die irdischen Elemente – Erde und Wasser – für die menschliche Kultur erschloß.

Mitte: Die kretische Göttin mit zwei Schlangen in den Händen erinnert an ähnliche Darstellungen, die wir aus der klassischen Kultur kennen (Palast in Juonos, Kreta, 1700–1400 v. Chr.; Museum von Iraklion).

Ganz links: Die dreihäuptige Königin der Naga (Brillenschlangen), die in der hinduistischen und buddhistischen Mythologie bis heute eine Rolle spielen (Khmer-Kunst, Kambodscha; Musée Guimet, Paris).

Rechts: Der biblische Baum der Erkenntnis des Guten und Bösen wächst zwischen den Sinnbildern von Maria und der Erlösung einerseits und Eva und des Todes andererseits: Zwischen beiden windet sich die halb menschengestaltige Schlange (Gemälde von Berthold Furtmeyer, um 1481; Bayerische Staatsbibliothek, München).

Im Reich des Drachen

Von den Feenwesen der islamisch-orientalischen Mythen soll der „König der Könige", der große Salomo, die genaue Auskunft über den „Weltendrachen" erhalten haben. Die Sterne sind seine Schuppen, sein Schweif ist das Chaos. Alles, was ist, umschlingt er und ist in sich selber verschlungen. Er ist das Sinnbild der Unendlichkeit „oder die Unendlichkeit selbst" (Joseph von Hammer-Purgstall).

Auf den Weltendrachen führt man im Orient die gewaltigen Umwälzungen zurück, die jedes Zeitalter beenden und wieder ein neues erzeugen. Er umfaßt das ganze(!) Universum und besitzt 700 000 Flügel aus biegsamen Edelsteinen, die er ins Unendliche streckt. Auf jeder Feder eines jeden der Flügel steht ein Engel mit einer Lanze aus Feuer, und sie alle zusammen preisen Gott in seiner unvorstellbaren Macht. Alle 700 000 Jahre sagt auch der Drache selber: „Allah ist groß!" und „Lob sei Allah!" Das sind die Jubeljahre des Weltalls. Wenn der Drache ausatmet, speit er die sieben Höllen aus, was auf der Oberfläche unserer Erde große Zerstörungen verursacht. Wenn er einatmet, wird Ruhe und Ordnung von neuem hergestellt.

Man kann annehmen, daß dieser Weltendrache der orientalischen Märchen vielen Sinnbildern in ägyptischen, sumerisch-babylonischen und indischen Mythen entspricht. Er ist die von Lebenskräften erfüllte materielle Welt, die durch den Willen Allahs durch die Ewigkeiten „fliegt". Da die Sterne nur Schuppen auf seiner Haut sind, bewegt er sich wohl nicht durch den Raum – sondern durch die Zeit...

Ganz oben: Das „Drachen-Ei von Luzern". An einem „schwülen Sommertag" des Jahres 1420 soll dieser runde Stein auf den Boden der Gemeinde Rothenburg gefallen sein. Der berühmte Naturforscher J. J. Scheuchzer nannte ihn „die merkwürdigste aller Merkwürdigkeiten aller Museen" – noch heute glauben viele Menschen an Heilkräfte, die vom Drachenstein (Draconit) ausgehen sollen (Natur-Museum, Luzern).

Oben: Die Johannes-Apokalypse erwähnt bei ihrer Schilderung des Weltenendes das Erscheinen des „siebenköpfigen Drachen". Für den sumerischen, babylonischen und assyrischen Kulturkreis besiegt die Gottheit Marduk den Drachen Tiamat, ein Sinnbild des Chaos am Weltenanfang. Der große Drache, der wieder erscheint, würde in der Sprache des Mythos die Rückkehr des ungeformten Chaos bedeuten (Codex von Gerona, Spanien).

Für die Chinesen wurde der Drache zur Verkörperung der himmlischen Zeugungskraft Yang. In seinem Wörterbuch verzeichnet Lo Yüan (1136–1184) die neun Geschöpfe, mit denen der Drache Ähnlichkeiten besitzen soll: „Geweih wie vom Hirsch, Kopf wie vom Kamel, Augen wie vom Dämon, Hals wie von der Schlange, Bauch wie von der Muschel, Schuppen wie vom Fisch, Krallen wie vom Adler, Pranken wie vom Tiger und Ohren wie vom Rind" (nach W. Münke).

Der Drache (Lung) wird benutzt, um sonst unerklärliche Vorgänge der Schöpfung und die Kreisläufe der Naturenergien anschaulich werden zu lassen. Die Erdgöttin Yü, selber häufig in Schlangengestalt gedacht, fährt auf ihrem Wagen um die Welt, von einem himmlischen Drachenpaar gezogen.

Der Thron der chinesischen Kaiser hieß folgerichtig Drachenthron; das Gesicht des Herrschers, der als das irdisch-lebendige Bild der Gottheit galt, nannte das Volk Drachenantlitz. Im Frühling soll der Drache zum Himmel aufsteigen. Geht er zu hoch empor, verdorren die Felder. Gegen Ende des Herbstes verbirgt sich das Geschöpf in den Gewässern der Tiefe und ruht dort bis zum kommenden Lenz. Der Drache kann überhaupt, ganz nach Wunsch, auf die Größe der Seidenraupe schrumpfen oder riesenhaft anschwellen, bis er Himmel und Erde umschließt.

Sehr wichtig scheint uns der Hinweis, den wir ebenfalls Wolfgang Münke verdanken, daß in der Chou-Zeit die Gesandten der einzelnen chinesischen Fürstentümer Metallsiegel verwendeten, die dem Wesen ihrer Länder entsprachen. So verwendeten Bergstaaten Tigersiegel und die Staaten in Sumpfgebieten Drachensiegel!

Der Drache, wie wir ihn aus den europäischen Sagen kennen, ist meistens ein geflügeltes Reptil. Doch auch er steht in unmittelbarer Beziehung zu den Naturgewalten: Er haust vielfach in Sümpfen, aus denen unheimliche Nebel aufsteigen. Wenn im Alpenraum die Bergflüsse Überschwemmungen erzeugten, sagten die Menschen: „Der Drache ist ausgefahren." Flog er durch die Lüfte, tobte ein Gewitter.

1 Der gehörnte Drache auf einem altchinesischen Tonsiegel scheint neben Schuppen die Federn eines Himmelsvogels zu besitzen (Graues Steingut, China, Han-Dynastie; Victoria and Albert Museum, London).

2 Bild eines fliegenden Drachen von einem koreanischen Grabmal (Wandbild bei Pjöngjang).

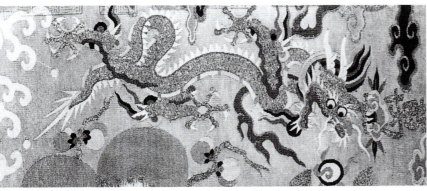

3 Der Drache auf chinesischen Wandteppichen erscheint als Glücksbringer (Sung-Dynastie; Nationales Palastmuseum, Taipeh, Taiwan).

4 Der Uroboros-Drache, der sich in den Schwanz beißt, wurde für die griechisch-orientalische Gnostik und die alchimistische Mystik zum Sinnbild des ewigen Kreislaufs der Welt (Griechisches Manuskript; Bibliothèque nationale, Paris).

5 Auf einem akkadischen Siegel kämpft der siebenköpfige Drache mit den Göttern (2360–2180 v. Chr.; Generaldirektorat für die Altertümer, Bagdad).

6 Drache von einem Temperabild aus Ostturkestan (Stupa von Bäzäklik; Museum für indische Kunst, Berlin).

7 Bei den Schilderungen in der Offenbarung des Johannes wurden die uralten Drachensymbole neu gedeutet (Wandteppich, Angers, 1377).

Seite 183: Neben Brahma und Vishnu ist Shiva ein Teil der hinduistischen Dreieinigkeit (Trimurti). Er gilt als Zerstörer und ist gleichzeitig, zusammen mit seiner als lieblich gedachten Gattin Parvati, ein Inspirator der tantrischen Erotik und von deren Künsten. – Ein indischer Gott, der nicht von Liebeslegenden umflochten ist, scheint undenkbar (Gouache mit Gold und Silber auf Papier, Basohli-Stil, Indien, spätes 17. Jh.).

In den heiligen Mythen und auch in den mit diesen übereinstimmenden Volksmärchen hat die Liebe – ein vielschichtiges Wort, das hier in jeder seiner Bedeutungen verstanden werden muß –, eine vorherrschende Bedeutung.

Durch sie erscheint – von der ersten Verbindung von Yin und Yang, Himmel und Erde, Wärme und Kälte, den vier Elementen her – alles Leben. Sämtliche Wesen werden so als Verwandte empfunden! Die Liebe steht im Herzen der wohl meisten Mythologien, die uns oft nur als eine endlose Geschichte der Leidenschaften der

der er die äußere Gestalt des Götteradlers Garuda gab.

Der Liebende mußte sich nun so verkleiden, wie auf zahllosen indischen Bildern der „Gott der Götter", Vishnu-Krishna, dargestellt ist: Vor dem Einnachten sollte er so zum Schlafzimmer im siebenten Stockwerk fliegen und dort um die Liebe der schönen, aber wohlgehüteten Königstochter werben.

Die Flugmaschine trug nun den Jüngling tatsächlich auf das Dach. Die Prinzessin war über den Götterbesuch entzückt und bereit, „Krishna" zu heiraten. Doch

SINNLICHE UND ÜBERSINNLICHE LIEBE

Wie manch geheimer Kraft es schon gelungen, die, dem Magneten gleich, nicht zu erschauen, unwiderstehlich alles an sich reißt. Drum bin, vom Glauben an die Lieb' durchdrungen, ich voller Zuversicht und voll Vertrauen, daß jeder Mann des Eros Allmacht preist.

Pietro della Vigna

Götter und der von ihnen häufig „abstammenden" Helden und Heldinnen vorkommen müssen: „Eros ist es, der alles begonnen", meinten die Griechen. Im Mittelalter verstanden etwa die Minnedichter den antiken Götternamen Amor geradezu als „A-mort", also als Überwindung des Todes.

Eine sehr menschliche, fast „tierische" Leidenschaft kann sich im Fortgang einer Dichtung so sehr steigern, daß sie zu einem mystischen Erlebnis wird und die Geschöpfe der Gestirne, selbst die „Gottheit der Götter", also etwa Zeus und Hera, zur Bewunderung oder gar zum Eingreifen zwingen.

Hier nur ein gutes und leider kurz zusammengefaßtes Beispiel aus der indischen Märchensammlung „Pantchatantra", die in abgeschwächter Form nach Europa kam – nach einer modernen Vermutung durch „fahrende" Geschichtenerzähler, die das seßhafte Volk vereinfachend als „Zigeuner" bezeichnete.

Ein armer Jüngling kam in die Hauptstadt eines prachtliebenden Königs. Er fiel in Ohnmacht und Krankheit, als er dessen wunderschöne Tochter schaute: Zu seiner Verzweiflung vernahm er aber, daß sie im siebenten Stockwerk ihres Schlosses schlief, an dessen wohlbewaffneten Wächtern keine Maus vorbeikam. Doch er erzählte von der Ursache seines Leidens, das lebensgefährlich zu werden begann, dem treuen Freund, einem genialen Handwerker. Dieser bastelte eine „Flugmaschine",

der versicherte, dies sei bloß Zeitverschwendung – sie sei schließlich die Glücksgöttin Lakshmi-Radha und bilde mit ihm schon seit Ewigkeiten ein Paar: Also verloren sie keine Zeit und ergaben sich gleich der Liebeslust.

Sie trafen sich so jede Nacht, bis die Eltern der „göttlichen" Tochter in ihrem Gesicht Anzeichen von Erschöpfung entdeckten. Sie belauschten die beiden, waren dann aber über die kosmische „Verwandtschaft" entzückt. Im Vertrauen auf Vishnu wurde der königliche Vater gegenüber den Nachbarreichen übermütig – und bald tobte der Krieg: Er erwies sich aber als schwächer, und schon belagerten die Feinde seine Stadt. Der Jüngling sah die Folgen seiner Tat und beschloß, mit seiner schwachen Flugmaschine gegen die Übermacht zu fliegen, obwohl er überzeugt war, schon bald abgeschossen zu werden.

Hier aber wird der Gaunerschwank zum Mythos: Der echte Vishnu und sein „Reitvogel" Garuda fanden das Vorgehen des jungen Mannes zwar etwas zweifelhaft, aber doch verständlich, mutig und folgerichtig: Als der falsche Krishna über seinen Feinden schwebte, kam ihm der echte mit einem Kraftstrahl seiner Göttermacht zu Hilfe, und die feindlichen Armeen stoben in wilder Flucht davon.

Ende gut, alles gut. Und wenn sie nicht gestorben sind, leben sie alle noch heute. Die Liebe ist bei den Geschichtenerzählern eine Kraft, die Welten verschmilzt und alles möglich macht.

Die große Mutter der Fruchtbarkeit

Die Ureinwohner Australiens lebten vor der Ankunft der Weißen auf einer Kulturstufe, die der Kultur unserer eigenen Vorfahren während der Steinzeit entspricht. Das religiöse Denken dieser Sammler und Jäger drehte sich offensichtlich sehr stark um die Vorgänge von Zeugung und Geburt bei Menschen und Tieren.

So feierten die Watschandi ein Fest um die Mitte des Frühlings, wenn die Yamspflanzen reif sind, die Jungen der Tiere immer zahlreicher werden und es auch genug Eier und andere Nahrungsmittel gibt. In der Erde wurde eine Grube ausgehoben und mit Büschen so geschmückt, daß sie an die stark vergrößerten weiblichen Geschlechtsteile erinnerte. Die Männer tanzten feierlich und mit allen Zeichen starken körperlichen Begehrens um das Loch herum. Jeder trug einen Jagdspeer so vor sich, daß er an das männliche Zeugungsorgan erinnerte. Mit Gesang und Geschrei stieß er ihn in das Erdloch.

Das Fest dauerte die ganze Nacht, und die Tänzer verausgabten sich bis zur völligen Erschöpfung. Anscheinend diente der

1 Die kanaanitische Fruchtbarkeitsgöttin Kodschu im Kreis der entsprechenden Symbole (Ägyptische Skulptur, um 1300 v. Chr.; British Museum, London).

2 Der geflügelte Eros (Amor der Römer) erzeugt in maßlosem Spiel Liebesverbindungen, die ihren „Opfern" gleichermaßen Glück und Unheil bringen (Griechisch).

3 Venus mit ihrem Sohn Priapos, einem Gott unerschöpflicher Zeugungskraft (Pompeji, 200 v. Chr.; Museo nazionale, Neapel).

4 Die Geburt des Amor oder Cupido durch Aphrodite-Venus wurde von Künstlern als Offenbarung der Liebe zwischen den Geschlechtern verherrlicht (Schule von Fontainebleau, um 1540–1560; Metropolitan Museum of Art, New York).

Brauch, dem die weißen Kolonialisten ziemlich ratlos gegenüberstanden, einem doppelten Zweck. Einmal sollte er der Fruchtbarkeit der Umwelt, der Erneuerung der Pflanzen- und Tierwelt helfen. Andererseits erwartete der steinzeitliche Mensch von der Erdkraft, die er erweckte, eine Steigerung seiner eigenen Lebensenergie.

Bei europäischen Ausgrabungen fand man uralte Kunstwerke der Eiszeit, die als Darstellungen der Großen Göttin gedeutet wurden. Es sind dies weibliche Gestalten, bei denen die Künstler vor allem das Geschlechtliche hervorhoben: Den gebärenden Schoß, starke Hüften und einen entsprechenden Hintern, den schwangeren Bauch und die großen, milchspendenden Brüste. Wie in den erwähnten Bräuchen der Australier wird hier vor allem die Fruchtbarkeit verehrt und in weiblicher Gestalt dargestellt.

Neben dieser Religion der Geburt und Zeugung, die den Hintergrund vieler Mythologien bildet, entdeckte offensichtlich schon der Urmensch die fast magische Anziehung zwischen den Geschlechtern, die durch den Trieb zur Fortpflanzung allein kaum gedeutet werden kann. Es ist der Zustand, den die Antike als das „Getroffensein durch die unsichtbaren Pfeile des Eros" erklärte und offensichtlich zu verlängern versuchte. So entstand ein gewisser Gegensatz zwischen der Großen Mutter, der Erdgöttin, und der Venus – bzw. der vorderasiatischen Astarte, der indischen Lakshmi – , die die Liebe fördern.

Die Liebe ist in verschiedenen Ausprägungen denkbar; das antike Zeitalter brachte dies in den verschiedenen „Söhnen" der schönen Aphrodite zum Ausdruck. Da ist einmal Priapos, der Zeugungsgott jener Verbindungen, bei denen vor allem das Geschlechtliche die Hauptbedeutung besitzt. Wie man weiß, wurde auf Darstellungen sein Zeugungsglied als besonders lang und umfangreich abgebildet, und er scheint im Mittelmeerraum viel verehrt worden zu sein. Noch der Gnostiker Justin von Monoimos setzt ihn im zweiten nachchristlichen Jahrhundert dem Schöpfergott gleich.

Hymen oder Hymenaeos soll als Mensch ein guter Musiker und Sänger gewesen sein und in glücklicher Verbindung mit einer Athenerin gelebt haben, nachdem er sie und andere Mädchen von Seeräubern und Frauenhändlern befreit hatte. Auf ihn wurden die fröhlich und künstlerisch begangenen Hochzeiten zurückgeführt, die die Liebenden öffentlich feierten, um von da an in festen Ehen zu leben.

Nicht zu vergessen ist der Gott Hermaphroditos, der so schön war, daß die Nymphe Salmacis sich mit rasender Leidenschaft in ihn verliebte. Sie wünschte, mit dem Ziel ihrer Zuneigung jeden Augenblick zusammen zu sein, und der Beschluß der Götter verschmolz beide zu einem einzigen Geschöpf. Es entstand ein an sich vollkommenes Wesen, das aber gleichzeitig die männlichen und weiblichen Geschlechtsmerkmale besaß. Bis in die Gegenwart ist er (oder sie!) das Sinnbild für all die Zwischenformen, die nun einmal im menschlichen Liebesleben auftreten.

Noch berühmter als seine Brüder wurde der Venus-Sohn Eros, der Amor der Römer. Er konnte sogar mit Protogenos, dem ersten bewußten Wesen des Weltalls, gleichgesetzt werden. Er war noch vor der Trennung von Himmel und Erde (Uranos und Gaia). Durch die von ihm ausgehenden Gefühle der Sympathie, Zuneigung, Liebe, die jedem Atom innewohnen, fan-

2 Aphrodite, Eros und Pan konnten für ihre Verehrer eine Einheit bilden, in der sinnlich-übersinnliche Energien aus verschiedenen Ebenen zusammenwirken (Nationalmuseum, Athen).

1 Artemis (Diana) galt als Jungfrau und wurde in Ephesos zugleich als vielbrüstige Ernährerin der Welt verehrt (Alabaster und Bronze, römisch, 2. Jh.; Museo nazionale, Neapel).

3 Auf dem Triumphwagen der Liebesgöttin: Das ewige Paar Amor und Psyche zieht durch die Lüfte auf Aphrodites Gefährt, das von Hermes (Merkur) begleitet wird (Tonrelief, Lokri, Italien, 5. Jh. v. Chr.; Museo di Reggio Calabria).

4 Die Liebe der Aphrodite zum schönen Hirtenjüngling Adonis schenkte den Menschen farbenfrohe Naturfeste (Gemälde von Tizian, 1477–1576; National Gallery of Art, Washington).

5 Nach Auffassung der Römer gingen ihre Vorfahren auf den trojanischen Prinzen Anchises zurück. Dieser soll sich mit Aphrodite verbunden haben (Detail eines Deckengemäldes von Annibale Carracci, 1560–1609; Palazzo Farnese, Rom).

6 Die „Venus von Milo" ist durch die letzten Jahrhunderte wohl das am meisten bestaunte Götterbild der Antike (Hellenistisch, 2.–1. Jh. v. Chr.; Louvre, Paris).

185

den die Elemente zu allen Dingen der Schöpfung zusammen.

Dank seines Einflusses, seiner Pfeile, verlieben sich alle Wesen. Als schöner Knabe oder Jüngling an der Seite seiner Mutter Venus verbreitet er dauernd das Liebesglück oder schafft auch unvorstellbare Verwirrung. Als Gott der Erotik liebt er aber selber nur einmal, freilich sehr abenteuerlich und vielseitig: die Prinzessin Psyche.

Er setzt buchstäblich Himmel und Erde in Bewegung, damit dieses Mädchen von den Olympiern, namentlich auch von seiner stolzen Mutter, als echte Göttin anerkannt wird. Der Roman, den der Philosoph Apuleius im 2. Jahrhundert darüber schrieb, scheint nach neueren Forschungen auf sehr alte Quellen zurückzugehen: Ähnlich wie die Herakles-Sagen schildert er, wie Liebe sogar die Sterblichkeit besiegt.

jeder Beziehung vollkommen, die Göttin der Schönheit und Liebe entstieg.

Alle unsterblichen Wesen wollten sie zur Gattin, doch schließlich bekam sie der Schmiedegott Hephaistos, weil ohne dessen schöpferische Kräfte die Welt der Himmlischen, der Olympier, gar nicht zu ihrer Pracht hätte erwachsen können. Trotz dieser Ehe liebt sie im geheimen, „das Licht des Sonnengottes scheuend", den schönen und leidenschaftlichen Gott der Krieger, den Ares oder Mars.

Ihre Ehe und ihre Liebschaft betreibt sie aber beide jeweils so vollkommen, daß sogar der Momus, eine Art Hofnarr auf dem Olymp, „der an allem herumtadelt", an ihr nur ein einziges Ding auszusetzen hat: daß nämlich ihre Sandalen, selbstverständlich auch ein vollkommenes Kunstwerk, zu laut klappern.

me zu jedem beseelten Geschöpfe, daß es zum Lichte sich ringt und geboren der Sonne sich freuet."

Wenn sie, die große „Spenderin des Lebens", nahe, dann fliehe das trübe Gewölk, die Meerflut lache der Göttin entgegen und die Erde bilde duftende Blumen zu einem vollkommenen Teppich: Dann öffne sich des neuen Frühlings strahlende Pforte. Alle Geschöpfe folgen nun dem Einfluß der Venus und werden durch ihren Willen gelenkt, ihr Liebreiz bändigt sie alle! „Also lenkst du, o Göttin, allein das Steuer des Weltalls." Ohne sie kann nichts Frohes, Beglückendes auf unserer Erde entstehen.

Sie habe auch allein die Macht über den wilden Kriegsgott Mars. Sosehr dieser bei allen Unruhen auf der Welt mitwirke, so herrsche doch sofort überall Friede, wenn

Die weiße und die schwarze Aphrodite

Die große Göttin Aphrodite trägt den Namen „Schaumgeborene". Die Samen ihres Vaters Uranos oder Coelus, also des Himmels, fielen ins Mittelmeer. Daraus entstand in der Nähe von Zypern wunderbares Leben in den Gewässern – und am Ende eine Muschel, der, erwachsen und in

Seine berühmte Dichtung „Von der Natur" begann der römische Dichter und Philosoph Lucrez mit einem begeisterten Preis der Venus, die sein Volk mit der griechischen Aphrodite gleichsetzte. Er nennt sie, von der sich die lateinischen Stämme herleiteten, „Wonne der Menschen und Götter", die da „waltet im Sternengeflimmer": „Du befruchtest die Kei-

er seiner Geliebten nahe. Von der Liebe ohne Ende bezwungen, die keine Zeit zu schwächen vermag, lehne sich Mars oft in den heiligen Schoß seiner ewigen Gattin zurück. Seine Augen blicken dann unverwandt ins Antlitz der Göttin: Jetzt erst werden auch bei den sterblichen Menschen die Werke der Liebe und des Friedens möglich.

Der Aphrodite bzw. Venus sehr gut vergleichbar ist Oschun, die Liebesgöttin der Yoruba. Während die große Göttin Yemaya ebenfalls mächtig, schön, aber vor allem mütterlich ist, ist Oschun die Meisterin in sämtlichen Liebesdingen.

Sie herrscht über das süße Wasser der lieblichen Quellen und Flüsse. Sie trinkt Honig, und die bunten Blüten sind ihr allerliebstes Opfer. J. Jahn stellt fest: „Ihre Farbe ist wie das Gold, das man in den Flüssen findet, ihr Symbol ist der Fächer." Gern badet sie in den reinen Quellen, weil sie stets von der Vorfreude auf immer neue Liebesvereinigungen erfüllt ist. Im klaren Wasser der Teiche spiegelt sie sich gern und kämmt ihr Haar. Sie schätzt Goldreifen, die ihr Schmuck sind, und diese erklingen gleich himmlischer Musik, wenn sie sich nähert.

Oben: Aphrodite und Ares erscheinen schon in der Dichtung Homers als Inbegriff der geheimen Liebhaber, deren Leidenschaft durch Überwachung nur gesteigert wird (Pompejanisches Fresko, um 70 n. Chr.; Museo nazionale, Neapel).

Links: Die Darstellungen von Venus und Amor aus verschiedenen Jahrhunderten zeigen uns u.a. die Wechsel der zeitgenössischen Schönheitsideale (Lukas Cranach d.J., 1515–1586, „Venus und Amor", Gemälde auf Lindenholz; Alte Pinakothek, München).

Seite 186: Aphrodite, vom Samen des Himmelsgottes Uranos gezeugt, soll dem Schaum des Meerwassers entstiegen sein. Für den heutigen Menschen ist hier eine ursprüngliche Ahnung belegt, daß alle Lebewesen dem Meer entstammen („Geburt der Venus" von Sandro Botticelli, 1444/45–1510; Uffizien, Florenz).

Himmlische Zeugung

Die Zeugung großer Helden und Seher, die ihr Zeitalter verändern sollten, erinnert in den Mythen häufig an die Vorgänge bei der Weltschöpfung; schließlich bedeuteten die Taten solcher Menschen, die Entscheidendes für andere vollführten, jedesmal eine Art Erneuerung des Kosmos.

Von der Verkörperung des geschichtlichen Buddha, des Gautama Siddharta, in einem Himalaya-Reich des sechsten vorchristlichen Jahrhunderts, gibt es außerordentlich märchenhafte Darstellungen. Die Königin Maya sah im Traum eine ungeheure Macht, die sich zu ihrem Leib niedersenkte. Ein weißer Elefant näherte sich ihrem Lager und umschritt sie feierlich dreimal. Dann trat er in ihren Körper, und von da an fühlte sie sich mit dem künftigen Buddha schwanger.

In der volkstümlichen Mythologie, die Siddharta als neunte Verkörperung der Gottheit Vishnu ansieht, ist der königliche weiße Elefant ein Bild des Gewittergottes Indra. Auch hier stellt man sich also vor, daß der große Erleuchtete durch eine himmlische Kraft gezeugt wurde.

Nicht unähnlich sollen die Vorgänge um die Zeugung des geschichtlichen „Königs der Könige", des Alexander von Mazedonien gewesen sein, der mit seinem unbesiegbaren Heer die Welt von Ägypten bis Indien durchzog: Eine gewaltige, leuchtende Schlange, die die Kraft des Blitzgottes selber gewesen sein soll, flog in die Schlafkammer von Mutter Olympia. Diese glaubte von da an, mit einem Göttersohn schwanger zu sein, und dieser gab sich offenbar mit allen seinen Taten Mühe, sie nie zu enttäuschen.

Als der große Bodhisattva Avalokiteshvara – von Indien über Tibet, China, die Mongolei, Korea und Japan die himmlische Verkörperung des endlosen Mitleids zu allen Wesen – die Not der Seelen erkannte, vergoß er Tränen der Trauer. Aus

Die geheimnisvolle Zeugung von Buddha Sakyamuni kündigt sich an in einem Traum seiner künftigen Mutter, Königin Maya: Ihr erscheint ein glänzend weißer Elefant, der in ihren Leib eintritt (Relief, 8. Jh.; Borobudur, Java).

diesen erwuchs, ihm zur ewigen Gefährtin, die in fast ganz Ostasien verehrte Göttin Tara (in Tibet Dölma), „die Retterin". Sie erscheint also sozusagen ohne Eltern, die reine Verdichtung des Erbarmens, die allen Geschöpfen zu helfen vermag.

In der Mystik aller Kulturen entstand die Neigung, die wunderbaren Vorgänge bei der Zeugung und Geburt der Götter zu glänzenden Sinnbildern der Vorgänge in jeder Menschenseele werden zu lassen. Der Dichter und Gottsucher Angelus Silesius schrieb es nieder: „Und wäre Christus tausendfach in Bethlehem geboren / Ist er's nicht auch in Dir / So bist Du doch verloren."

Für die taoistische Alchimie, die sich auf den Philosophen Lao-tzu zurückführt, besteht der Weg (Tao) des Menschen in der Erzeugung eines unsterblichen Wesens in uns selber. Durch die Übungen der Vorstellungskraft, die Atemtechniken, das Steuern der Lebensenergie (Ch'i) und der Säfte in unserem Leib entsteht „in uns" ein göttlicher Keim zu einem „höheren", „unsterblichen" Wesen. Für die Übungen, die zur „Zeugung" dieses Embryos führen sollten, verbanden sich Männer und Frauen in der Überzeugung, daß nur so das notwendige Gleichgewicht von Yin und Yang entstehen konnte.

Der Keim, den die Taoisten in sich erschufen und der zur Geburt eines „Unsterblichen" (Hsien) führen sollte, wird als eine aufleuchtende Perle geschildert. Wenn sich dieses „Kind" entwickelte, entstand nach und nach der Jünger der mystisch-magischen Wissenschaften sozusagen neu. Es erwuchs in ihm ein unzerstörbarer feinstofflicher Körper, der am Ende die Welt der sterblichen Stoffe verließ.

Chinesische Bilder zeigen diese „Unsterblichen", nach den Alchimisten die höchste Entwicklungsstufe für den irdischen Menschen, wie sie auf Kranichen zum Himmel steigen. Von diesem Vogel behauptete die ostasiatische Naturkunde, daß er älter werden könne als ein Jahrtausend. Er gilt darum als Reittier für Weise, deren Körper nicht mehr aus dem leicht zerstörbaren Stoff gebildet ist, sondern aus reiner Lebenskraft.

Oben: Der geflügelte Eros erscheint einer verschleierten Braut, um ihr Liebesverlangen zu entzünden. Das Bild ist möglicherweise eine Anspielung auf die eigene Romanze des Liebesgottes mit der Jungfrau Psyche (Griechisches Terrakottarelief, Tarentum, Italien, 5. Jh. v. Chr.; Ashmolean Museum, Oxford).

Oben: Die Möglichkeit der Erlösung aller Lebewesen durch Buddha Gautama wurde durch den Traum seiner Mutter von ihrer Verbindung mit einer göttlichen Kraft vorverkündet (Säulenmedaillon an der Stupa Bharhut, Indien, um 100 v. Chr.).

Links: Maria, die Mutter Christi, wird als Einheit von geistiger und körperlicher Reinheit verehrt. Leibhaftig schwebt sie durch Wolken und Engelscharen in den Himmel („Immaculata von Aranjuez" von Bartolomé Esteban Murillo, † 1682; Prado, Madrid).

Übernatürliche Geburt

Die Geburt der ersten Götter wurde dadurch verherrlicht, daß sie im menschlichen Sinn als elternlos bezeichnet wurden. Oft ließ man sie aus dem Chaos des Weltenanfangs entstehen, und ihre Erscheinung soll die Geburt der Welt und ihrer Lebewesen ausgelöst haben.

Die Griechen kannten den Phanes, den „Erstgeborenen", den sie gelegentlich mit dem Liebesgott Eros gleichsetzten. Schon der große Sänger der Urzeit, Orpheus, soll ihn gepriesen haben. Man ging davon aus, daß er aus der Luft hervorgegangen sei, ohne die es ja kein Leben in unserem Sinn geben kann. Vor ihm sei nichts gewesen, wurde er gepriesen, und aus ihm sei alles entstanden. In der Kunst wird er dargestellt, wie er aus dem kosmischen Ei tritt. Die Schale des Eis, der Rahmen für den erscheinenden Gott, wird durch die aneinandergefügten Sinnbilder der zwölf Tierkreiszeichen gebildet. Ist er ein Kind dieser Sternenkräfte oder gehen sie, gleich Strahlen, von ihm aus?

Ähnlich wurde auch der geheimnisvolle Mithras dargestellt, dessen Verehrung am Ende des griechisch-römischen Altertums nicht nur die Mittelmeerwelt beeinflußte. Den Söldnern, die auf Befehl der römischen Kaiser die Grenzen des Imperiums immer mehr nach dem keltischen und germanischen Norden schoben, scheint gerade diese Religion viel Trost und die Erklärung ihres Lebenssinns geschenkt zu haben. Aus diesem Grund finden wir heute die Überreste der Mithras-Verehrung besonders häufig in den Grenzgebieten des einstigen Römischen Reichs.

Mithras tritt auf den Bildern aus einer geheimnisvollen Höhle, ist schon bei seinem ersten Auftreten „unüberwindlich" und damit ein Vorbild für jeden Menschen, der siegreich durch sein ganzes Dasein zu schreiten wünscht. Auch im Fall dieses Gottes war die Geburtshöhle mit den zwölf Tierkreiszeichen geschmückt; sie war damit, nach einer in der späten Antike bekannten Deutung, ein Bild der Welt. Mithras galt als ein Sonnengott und die Kraft des Lebens, die aus der Materie, der Erde, hervortritt und unsterblich ist.

Eine große Beliebtheit gewann in den chinesischen Sagen der Affe Sun-hou-tzu, der gelegentlich an den indischen Affengott Hanuman erinnert. Die große Dichtung, die Wu Ch'eng-En im 16. Jahrhundert über ihn verfaßte, beginnt mit der ausführlichen Schilderung seiner Geburt. Sie sei aus einem Felsen erfolgt, der offenbar „seit der Erschaffung der Welt" an einem günstigen Platz gelegen hatte.

Die reinen „Essenzen des Himmels", die feinsten Düfte und Dünste der Erde, die Strahlen der Sonne und das anmutige Licht des Mondes umströmten das Gestein so lange, bis es immer mehr des Lebens enthielt und schwanger wurde. Der Fels barst auseinander, und ein steinernes Ei „von der Größe eines Spielballs" wurde geboren. Der befruchtende Atem der Winde bewirkte, daß daraus ein Affe wurde.

Dieser wird nun zum König seiner Art, und es gelingt ihm, durch Fleiß und Begabung magische Macht ohne Maß zu sammeln. Die chinesische Götterwelt, organisiert wie der alte chinesische Kaiserstaat, will ihn zwar anerkennen und aufnehmen, doch der Übermut des aus den besten Energien der Erde geborenen Affen macht die guten Absichten zunichte. Ein furchtbarer Kampf entbrennt, bei dem die Affenkrieger nach und nach die Heerscharen der Himmlischen zurückdrängen. Erst Buddha selber kann die Ordnung wiederherstellen, und der magische Affe wird zu einem frommen Pilger, der auf seinen Erdenfahrten die Erleuchtung sucht; die findet er zu guter Letzt und wird selber zu einem neuen erhabenen Buddha.

Im kommunistischen China, unter der Herrschaft von Mao, wurde der eigenartige Mythos in Schauspiel und Ballett als Sinnbild für die moderne Entwicklung gefeiert. Der Mensch, der sich schließlich nach dem Darwinismus aus dem Affen „entwickelte", befreit sich von irdischen Herrschern und auch von himmlischen Göttern...

Der ursprüngliche Sinn der tiefreligiösen buddhistischen Dichtung war es allerdings, zu zeigen, daß der Sinn aller irdischen Entwicklung „vom Stein zum Affen" nicht der Gewinn der Macht ist, und würde sich diese bis zum Himmel ausdehnen. Vielmehr müsse ein Lebewesen am Ende seiner irdischen Pilgerfahrt den „Schein der Welt" überwinden und sich selber und seinen Umkreis vom Leiden befreien.

1 Ähnlich dem griechischen Liebesgott Phanes soll der iranische Mithras am Anfang der Schöpfung aus dem „Weltenei", als dessen Rahmen (Schalenrand) man den Tierkreis ansah, geboren worden sein (Museum of Antiquities, University of Newcastle).

2 Zeus übergibt sein gemeinsames Kind mit Semele, den Rauschgott Dionysos, der Obhut des Hermes, des Boten zwischen Götter- und Menschenwelt (Flachrelief; Vatikanische Museen).

3 Zeus soll Athena durch die Kunst des Hephaistos aus seinem Haupt geboren haben (Griechische Vasenmalerei; British Museum, London).

4 Die Geburt des Gottes Tezcatlipoca aus der Sonne (Aztekisches Steinrelief, Mexiko).

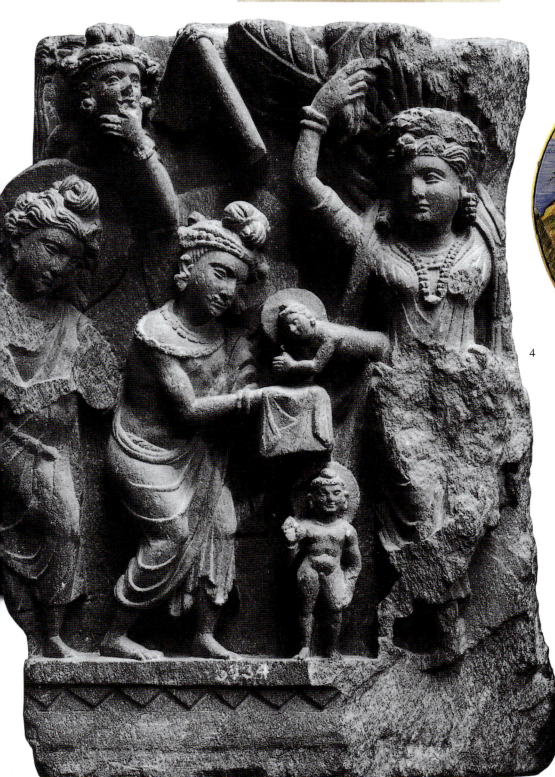

1 Aus dem zweigeschlechtlichen Zeitgott Zervan ließen die Perser die erste Polarität als „Zwillinge" geboren werden. Die Griechen setzten den iranischen Todesgott Ahriman und den Lebensgott Ormuzd gern den Brüdern Hades und Zeus gleich (Silberplatte, Luristan; Art Museum, Cincinnati, USA).

2 Die mixtekische Kultur Mexikos kennt für die ersten Menschen die Baumgeburt (Codex Vindobonensis Mexicanus).

3 Krishna soll vor über 5000 Jahren unter mannigfaltigen Wunderzeichen zur Welt gekommen sein (Indien, 11. Jh.).

4 Die Mutter Buddhas, Königin Maya, soll ihren Sohn im Stehen geboren haben (Indisches Museum, Kalkutta).

5 Der Frühlingsgott Adonis, der Geliebte der Aphrodite, wurde aus dem Stamm eines Myrrhenbaumes geboren. In diesen soll vorher die Königstochter Smyrna verwandelt worden sein. – Bäume erscheinen häufig als Bilder der Fruchtbarkeit, in denen Energien von Himmel und Erde verschmelzen (Bemalte Schüssel, Urbino, Italien, 16. Jh.; Victoria and Albert Museum, London).

Die Amouren des Jupiter

Jupiter oder Zeus war ein Sohn des Gottes Kronos und seiner Gattin Rhea. Er ist in unzähligen Sagen der Herr der Zeugungskraft in der Natur, des Blitzes und auch des befruchtenden Regens (Jupiter pluvius).

Er liebte zärtlich seine Schwester Juno oder Hera und umwarb sie mit viel Phantasie. Als es nicht anders ging, ließ er ein kaltes Unwetter entstehen und verwandelte sich in einen Kuckuck, der sich zitternd in ihren Kleidern zu verbergen suchte. Sie feierten bald darauf eine berühmte Götterhochzeit, zu der sämtliche Götter, Menschen und Tiere eingeladen waren.

Unabhängig davon wurde Zeus auch durch seine Liebesabenteuer bekannt. Bald gab es kaum eine Gegend in der sich nach allen Windrichtungen ausdehnenden griechischen Kultur, die nicht stolz darauf war, Schauplätze dieser märchenhaften Geschichten zeigen zu dürfen. Jede dieser Verbindungen mit menschlichen oder halbgöttlichen Frauen aus dem Nymphengeschlecht hatte wichtige Folgen: Heldenkinder erwuchsen daraus, deren spätere Taten den Hauptinhalt der griechischen und lateinischen Mythologie darstellen.

Es würde wohl ein Lexikon brauchen, alle die verschiedenen Nymphen und ihre Nachkommen aufzuzählen, die uns die vielfältigen Sagen nennen. Abenteuerlich sind auch die Verwandlungen, die Zeus fast jedesmal brauchte, um seine Geliebten zu besuchen. Die Danaë überschüttete er mit einem Goldregen und zeugte so den Helden Perseus. Europa entführte er bekanntlich in der äußeren Gestalt eines Stiers, und sie gebar ihm Minos, Sarpedon und Rhadamantes. Der Antiope nahte er als ein Satyr, der Leda als Schwan. Aus dieser Verbindung entstand bekanntlich die schöne Helena, die den Anlaß zum Trojanischen Krieg geboten haben soll.

Mit der Themis, der göttlichen Tochter des Coelus, zeugte er die berühmten Horen, die als Göttinnen der Tagesstunden und der Jahreszeiten angesehen wurden. Von der Eurymone, der Tochter des mächtigen Okeanos, bekam er die schönen Grazien. Mit der Nymphe Mnemosyne hatte er die neun Musen, die Gefährtinnen des Sonnengottes Apollo, die die Menschen mit den Künsten beglückten. Von der Latona, wiederum einer Tochter des Himmelsgottes Coelus oder Uranos, bekam er den Apollo selber und dessen Mondschwester Diana. Sogar der Zagreus oder Bacchus soll sein Sohn von der Proserpina sein: Ihr näherte sich der stets von Leidenschaft trunkene Donnergott in der Gestalt einer Schlange, in der frühere Mythologen ein anschauliches Sinnbild des sich am Himmel windenden Blitzes sahen.

In der Gestalt ihres eigenen Mannes erschien Zeus der Alkmene, und die Frucht ihrer Liebesnacht war der Held Herakles. Dies führt uns auf den Gedanken, der durch die Jahrhunderte vielfach geäußert wurde: Große Könige, die ihre Reiche in „himmlische" Ordnung brachten, konnten mit Zeus verglichen, ihm gleichgesetzt werden und als seine Verkörperung gelten. Ihren Kindern, die sich durchsetzen konnten, sprachen die Völker Göttlichkeit zu und versetzten sie nach ihrem Tode häufig ebenfalls unter das wachsende Volk der Unsterblichen, die strahlenden Olympier.

Auch dürfen wir nicht vergessen, daß viele der Geliebten, die Zeus durch die Jahrhunderte besaß, als Nymphen galten, also als halbgöttliche Geschöpfe der Erde, die zu den Pflanzen und Tieren eine besondere Verbindung pflegten. Noch Paracelsus (1493–1541) war von der volkstümlichen Anschauung überzeugt, daß die Menschen das Weinen einer Nymphe vernehmen könnten, wenn ein schöner alter Baum gefällt wird.

Gewitter und Regen konnten die naturverbundenen Menschen im Mittelmeerraum also jedesmal als eine Liebesverbindung zwischen den himmlischen Mächten und den aus den Lebenskräften der Erde entstandenen Naturwesen verstehen: So erschien jeder Frühling, „wenn der Kuckuck ruft", also der heilige Vogel von Zeus und Hera, den Hirten und Fischern als eine ewige und doch jedesmal neue göttliche Hochzeit.

1   2   3   4   5

1 Hera (römisch Juno) ist Schwester und Gattin des Zeus. Wie ihr Mann die Gastfreundschaft fördert, ist sie die Beschützerin der ehelichen Treue. Sie muß deren Einhaltung oft gegen ihren eigenen Mann verteidigen (Griechische Marmorstatue, 4. Jh. v. Chr.; Museum von Paestum).

2 Die Muse Kalliope spielt auf dem griechischen Vasenbild die Kithara (Leier); daneben sehen wir die Göttin Mnemosyne, die dem Zeus die neun Musen gebar (Museo nazionale, Syrakus).

3 In der Gestalt eines schönen Stiers brachte Zeus die Prinzessin Europa nach Kreta; die Erben dieser Liebesgeschichte begründeten die „europäische" Kultur (Museo nazionale, Palermo)

4 Als Schwan, Sinnbild des Sonnenlichts und der Liebesgöttin Aphrodite, vereinigte sich Zeus mit der Leda. Daraus entstanden die Götter-Zwillinge, die Dioskuren (Dogenpalast, Venedig).

5 Alkmene, durch Zeus die Mutter des Herakles, soll nach ihrem irdischen Tod ins paradiesische Elysium aufgenommen worden sein (Griechische Vase, 350–325 v. Chr.; British Museum, London).

1 Himmelskönigin Hera bekämpft die Kinder ihres Gatten, die von anderen Frauen stammen (5. Jh. v. Chr.; Museo di Spina, Ferrara).

2 Hera verwandelte Io, die Zeus begehrte, in eine Kuh, die der hundertäugige Argus bewachte. Hermes aber musizierte für diesen im Dienst des Blitzgottes, bis er unaufmerksam wurde. – Die Griechen behaupteten, Io sei später in Ägypten als Isis verehrt worden (Wandbild von Pinturicchio, um 1454–1513; Vatikanische Museen).

3 Hermes galt als Sohn des Zeus von der Nymphe Maja; diese steht hier hinter ihrem Sohn (Marmorrelief, Prykaneionio, Thasos; Louvre, Paris).

4 Gefängnismauern konnten Zeus nicht abhalten. Trotz aller Hindernisse kam er zu Danae in Gestalt eines Goldregens (Gemälde von Jan Gossaert, um 1478–1533; Alte Pinakothek, München).

5 Aus der Verbindung von Demeter (links im Bild) mit Zeus entstand Persephone, die Bringerin der Fruchtbarkeit des Jahres (Griechisches Flachrelief, 5. Jh. v. Chr.; Nationalmuseum, Athen).

193

Zeus ist der Kopf, Zeus die Mitte,
von Zeus hat alles sein Ende.
Zeus ist der Grund der Erde
und des gestirnten Himmels.
Zeus ist männlich,
Zeus ist eine unsterbliche Frau.
Zeus ist der Hauch von allem,
Zeus ist der Schwung des unermüdlichen Feuers.
Zeus ist die Wurzel des Meeres,
Zeus ist Sonne und Mond.
Zeus ist der König.

Orphisch

Verbindungen zwischen Sterblichen und Göttern

In der Zeit, als die Shang-Fürsten über die chinesischen Reiche herrschen, also im zweiten Jahrtausend vor unserer Zeitrechnung, ist auch in Ostasien die Grenze zwischen der Menschenwelt und den Bereichen der Götter und Geister offenbar leicht zu überschreiten. Eine große Zahl der chinesischen Märchen und der phantastischen Liebesromane scheint hier seine Wurzeln zu haben, und sogar der moderne Film hat von diesen Vorstellungen Anregungen erhalten.

Die Mittel zur Verbindung mit dem Jenseits werden mit dem chinesischen Schriftzeichen „Wu" bezeichnet: Es zeigt das vereinfachte Bild einer Gestalt, die tanzt und Tierschweife um sich schwingt. Wir werden also an das ekstatische Treiben der Schamanen und Schamaninnen von Sibirien erinnert, die trommeln und tanzen, um dadurch Naturgötter oder bereits „in die Ewigkeit eingegangene Vorfahren" anzuziehen.

Die weiblichen und männlichen Vertreter der Wu-Methoden waren für die Akkerbauern des frühen China besonders wichtig; sie verschafften durch ihre Bewegungen und Anrufungen den notwendigen Regen oder auch die Trockenheit, wenn zuviel Wasser das Gedeihen der Ernten gefährdete. Das Volk sah diesen Anrufungen zu, verstärkte die Kraft der Wu-Leute mit seinen Wünschen und soll durch deren berauschten Tanz selber in einen Zustand der allgemeinen Begeisterung hineingeraten sein.

Die Geisteshaltung der Wu-Menschen, ja die Geburt der ursprünglichen Mythen um das Dasein der Götter werden erfaßbar auf dem Hintergrund der „Neun Lieder", auf die Werner Eichhorn verweist. Sie entstammen dem Südstaat Ch'u, dessen Entwicklung für das spätere chinesische Riesenreich und seine Kultur sehr wichtig wurde. Sie sind in die große Sammlung der Poesien dieses Landes aufgenommen worden und zeigen mit dichterischer Kraft den Verkehr des weiblichen und männlichen Wu-Vertreters mit ihren Göttern. Ursprünglich wurden diese Magierinnen und Magier sehr hoch verehrt und konnten sogar Angehörige der herrschenden Sippen sein. Erst später galten sie als ein Hexenvolk, das von den „Zivilisierten" immer geringer geachtet wurde.

In einem der erwähnten Lieder schildert nun eine Wu-Frau, wie sie sich feierlich für ihre Begegnung mit dem höheren Wesen vorbereitet hat: Sie sei frisch wie eine Blume und trage ein buntes Kleid. Ihr Haar sei mit Duft getränkt und ihr ganzer Leib mit Orchideenöl gesalbt. Voll Freude begrüßt sie den Gott, den sie mit allen Kräften ihrer starken Seele gerufen hat und der sich ihr jetzt naht. Er scheint ganz aus Glanz und Licht zu sein. Wie die Sonne und der Mondschein gleichzeitig sind die Strahlen, die sich um ihn verbreiten.

Nach einem kurzen Erscheinen, das die Wu-Frau beglückt und gleichzeitig dem Volk Freuden bringt, tritt der Gott wieder seinen Rückweg an, er fliegt wieder auf seinem „Drachenwagen" zurück. Stolz erklärt er im Lied selber, wie er über die sagenhaften vier Meere „zu den Grenzen dieser Welt" fährt. Die weibliche Wu aber seufzt, wie in chinesischen Liebesgedichten die schönen Damen nach dem Verschwinden ihrer Liebhaber seufzen...

Wer erinnert sich hier nicht an die Besuche der griechischen Götter und Göttinnen bei ihren menschlichen Freunden, die noch in der europäischen Renaissance Anregungen zu zahllosen Kunstwerken abgaben? Ich erinnere nur an Zeus, der nach ernsthaften antiken Geschichtsquellen die mazedonische Königin, die Mutter von Alexander dem Großen, in Drachen- oder Schlangengestalt besuchte.

Wichtig scheint mir die Auffassung, die überall anzutreffen ist, daß es vor allem die Sympathie, die Zuneigung, die Liebe ist, die die Sterblichen und Unsterblichen sich immer wieder begegnen läßt.

Oben: Die Familie des ägyptischen Königspaars Echnaton und Nofretete – mit drei Kindern – fühlte sich stets vom Sonnengott Aton beschützt (Staatliche Museen, Berlin).

Unten: Im Christentum gelten die Hirten als die Ersten, die von außen kamen und dem menschgewordenen Gottessohn Jesus huldigten (Nicolas Poussin, 1594–1665: „Anbetung der Hirten"; Staatsgalerie Schloß Schleißheim).

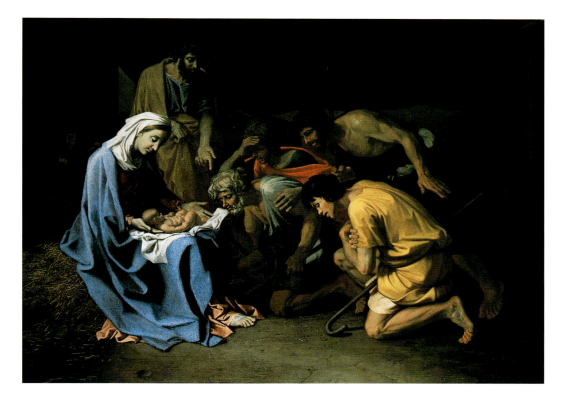

Seite 194: Der schöne Ganymed wurde auf Befehl des Zeus von dessen Blitzadler auf den Olymp getragen und dort zum unsterblichen Mundschenk der Götter bestimmt. – Auch hier verbirgt sich ein Sternenmythos: Das Tierkreiszeichen Wassermann wurde von den Griechen auf Ganymed bezogen (Plastik von Benvenuto Cellini, 1500–1571; Galleria nazionale del Bargello, Florenz).

Die Wege des Tantra

Tantra, dieser Weg zur Erkenntnis in indischen Religionen (Vishnuismus, Shivaismus, Buddhismus, Jainismus usw.), kommt von der Sanskrit-Wurzel „tan". Diese wird mit den Worten „ausdehnen", „den Zusammenhang herstellen" erklärt. Gemeint ist die Ausbreitung des Wissens, die Erfassung des eigenen Wesens und gleichzeitig des Wesens einer anderen Person.

Der Tantrismus, der die verschiedenen Richtungen des hinduistischen Geisteslebens durchdringt, geht von der Vorstellung aus, daß weibliche und männliche Energien in einem „ewigen Spiel" das Weltall hervorgehen ließen und es auch dauernd neu hervorbringen, in seiner Vielfalt erschaffen und damit erhalten. Eine Form dieser Auffassung, die in der asiatischen Urzeit ihre Wurzeln zu besitzen scheint, ist die Lehre von der feinstofflichen Schlangenkraft (Kundalini-Shakti).

Diese „Schlange" „schläft" am unteren Ende der Wirbelsäule. Wird sie „geweckt", steigt sie das Rückgrat hinauf. Zuerst erwacht das unterste Zentrum der Lebenskraft, das die Geschlechts- und Ausscheidungsorgane beherrscht. Dann geht es hinauf durch die weiteren Kraftwirbel (Chakras) bis zum siebenten, der sich über dem Scheitel befindet. Dieser Punkt wird mit dem Ort der höchsten Erkenntnis gleichgesetzt, dem Gipfel, auf dem Shiva sitzt. Die Seher, die dieses Chakra wahrnehmen, schildern es als „strahlend weiß", von einem Lichtglanz gleich dem Blitz.

sich Frau und Mann im Zustand der Ekstase fühlen, als wären sie beide himmlische Wesen.

Der Tantrismus brachte unzählige Schulen hervor. Die Paare nahmen sich für ihre Vereinigung den auf seinen Schneeberg zurückgezogenen Shiva, seine leidenschaftlich-wilde Gattin Kali oder die liebenswürdigen Radha und Krishna zum Vorbild. Der „Linke-Hand-Weg" (Vamachara) kannte auch ungezügelte, chaotische Vereinigungen. Seine Anhänger, die sonst die Enthaltsamkeit pflegten, nahmen als Gefährtinnen ihrer Riten beliebige Frauen, „Wäscherinnen" oder einfach Dirnen. Die Tantriker, die der Schule der Glücksgöttin Lakshmi folgten, machten aus ihren Vereinigungen Höhepunkte echter Zuneigung zu ihren festen Geliebten.

Links: Der Kreis des Mandala zeigt die „fünf Dinge", die die Tantriker für ihre sinnlich-übersinnlichen Gottesdienste verwendeten: Fisch, Fleisch, Getreide, Wein, leibliche Liebesvereinigung (Rajastan, Indien, 19. Jh.; Sammlung Ajit Mookerjee).

Mitte: Die oft über Stunden ausgedehnten Liebesvereinigungen der Tantriker sollten dem menschlichen Geist die Möglichkeit eröffnen, sich der Seligkeit der Götterpaare (Shiva und Kali-Shakti, Krishna und Radha, Kama und Rati, Indra und Indrani usw.) anzunähern (Indisches Album, 18.–19. Jh.).

Rechts: Yantras sind Diagramme, die die Gegenwart der göttlichen Kräfte veranschaulichen sollen. Im Kreis erblicken wir eine Unzahl von Göttern, die alle Teile der das Weltall erfüllenden Energie der weiblichen Urkraft (Sri) sind (Sri-Yantra, Nepal, um 1700).

Der Entfaltung der Schlangenkraft verdankt man nach den verschiedenen indischen Weisheitsschulen nicht nur die Steigerung der Lebenskraft, sondern auch die stufenweise Erlangung einer immer höheren Weisheit.

Da dies ein dauerndes Erfühlen und Erkennen des Weiblichen und Männlichen in uns bedeutet, wurden diese Zustände der Erleuchtung von den Anhängern der tantristischen Erkenntniswege (Tantrikas) „gemeinsam" gepflegt. Männer und Frauen zogen, aus dem Himalaya-Raum bis Java und Bali in Indonesien, in eine harmonische Umwelt und versuchten das Göttliche in sich zu ergründen.

Die tantristischen Schriften, die wir besitzen, enthalten gewöhnlich ein urzeitliches Gespräch zwischen einer Göttin und einem Gott. Sie schildern, wie sich jedes Menschenpaar mit Hilfe bestimmter Bräuche in einen Zustand hineinsteigen kann, der das Göttliche in beiden weckt, so daß

Der Tantrismus durchdrang in seinen zahllosen sinnlich-übersinnlichen Formen zeitweise fast alle Richtungen der indischen Religionen. Sogar die Einsiedler, die sich gern an den Hängen des Himalaya und in den Dschungeln vor der Menschheit zurückzogen, sollen ihm ergeben gewesen sein. Durch ihre mystische Vorstellungskraft hätten sie „himmlische Frauen", also Wolkennymphen wie die Apsaras, zu sich hinabgezogen und mit ihnen zusammen die Energie (Shakti) der großen Göttin (Devi) erspürt; so seien sie auf die höchste Stufe der Entwicklung gelangt, zu der der Mensch auf Erden fähig ist.

Über den Buddhismus kam der Tantrismus auch zu den Tibetern, Mongolen und Chinesen. Hier verband er sich offensichtlich mit der besonders in der Alchimie des Taoismus gepflegten Vorstellung von Yin und Yang, dem Zusammenspiel der weiblichen und männlichen Kräfte, „ohne die es keine Welt geben kann".

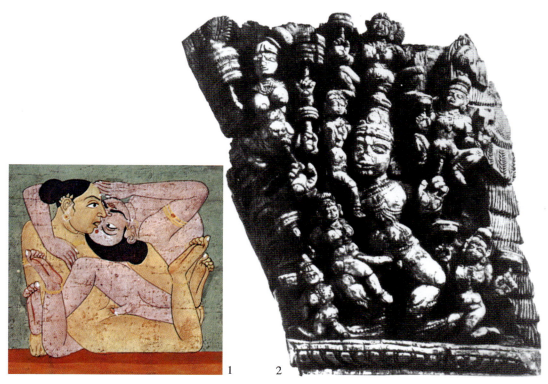

1 Die Tantriker suchen nach einer Form der Liebesvereinigung, die ihnen höchsten Lustgewinn und Annäherung an den Zustand der Gottheit schenkt. Das Paar wird zum Gefäß der kosmischen Schöpfungsenergie (Shakti) (Yoga-Stellung, Nepal, 19. Jh.; Sammlung Ajit Mookerjee).

2 Die Tantriker üben die Verbindung der männlich-weiblichen Energien – und sind imstande, auch mehrere Frauen gleichzeitig zu beglücken (Holzplastik, Südindien, 18. Jh.; Sammlung Ajit Mookerjee).

3 Als ein Vorspiel der himmlischen Freuden galt der alten indischen Bildkunst der Tanz der „Wolkenfeen" (Apsaras) im Palast des Gewittergottes Indra (Tempelsculptur, um 1000, Indien).

4 Die Vereinigung (in Tibet *yab-yum*, also Vater-Mutter) des Buddha Aksobhya mit seiner göttlichen Gefährtin (Shakti) ist das Bild der vollkommenen Weisheit (prajna) (Thangka, Newari-Stil, Tibet, 20. Jh.).

5 Wie Darstellungen der alten tantrischen Bräuche beweisen, versuchten die Paare, die verzückenden Liebesstellungen der Himmlischen nachzuahmen. Sie wollten so zumindest vorübergehend die Welt der Sterblichkeit vergessen und kosmische Zustände vorwegnehmen (Indisches Album, 18.–19. Jh.).

Unheilvolle Leidenschaften

Das Dasein von Heldin und Held wird als ein ewiges Leben angesehen, die Geschehnisse in ihrem Dasein als Sterbliche sind nur ein kurzer Abschnitt in einem ewigen Liebesroman. Dazu kann man Beispiele in den Göttersagen der Griechen, Inder, Chinesen, Kelten und anderer Hochkulturen anführen.

Das irdische Dasein der Frauen und Männer, die in den Mythen von den Göttern abstammen, ist häufig alles andere als beneidenswert. Zwar bringen sie häufig viel Freude in die Menschenwelt, verrichten wie spielend unvorstellbare Taten, säubern etwa ganze Länder von scheußlichen Ungetümen. Doch irgendwie scheinen sie sich an die grenzenlosen Möglichkeiten ihres „himmlischen" Ursprungs zu erinnern und verletzen oft alle Gesetze ihrer Umgebung. Dies geschieht vor allem, wenn sie sich blitzartig verlieben: Da sie als Menschen in der Regel nur beschränkt übermenschliche Fähigkeiten besitzen, scheitern sie dabei häufig genug! Die Sagen lieben aber nun einmal, genau wie die später aus ihnen entstandenen Liebesromane, das Happy End. Also sollen die Liebenden sich nach dem Tode in jenseitigen Feenländern treffen und dort ihr Glück ewig genießen.

So hat Theseus, des Meergottes Poseidon Kind, einen Sohn, Hippolitus, von der Amazonenkönigin Hippolita, ihrerseits eine Tochter des Kriegsgottes Ares. Nachdem er, wie wir schon sahen, die Jugend von Athen dank der schönen Ariadne vom Ungetüm Minotaurus befreite, heiratete er Ariadnes Schwester Phaedra. (Ariadne selbst wurde vom Gott Dionysos abgeholt und galt überhaupt als dessen ewige Gattin...)

Da aber diese Königstochter mütterlicherseits vom Sonnengott stammte, traf sie ebenfalls das Unglück – schließlich hatte die Liebesgöttin Aphrodite vom irdischen Geschlecht des Helios ihren Schutz abgezogen, weil er sie bei ihrer Liebschaft mit Ares geschaut und dies weitererzählt hatte. Also entbrannte Phädra in wilder Leidenschaft zum armen Hippolitus, und es kam zu einer Geschichte, die an den biblischen Stoff von Joseph und der Gattin des Potiphar erinnert. Der Sohn des Theseus widerstand zwar dem Drängen seiner Stiefmutter, doch diese drehte den Spieß um und verleumdete ihn, er habe sie mit ständigen Reden und Taten bedrängt: In ihrer Verzweiflung über alle die mörderischen Vorgänge, die sie nun auslöste, erhängte sich die leidenschaftliche Frau.

Theseus hatte bei seinem Vater Poseidon noch einen Wunsch frei und erbat sich für seinen Sohn einen raschen Tod. Dies geschah auch: Seine Rosse brannten durch – und schleiften ihn zu Tode. Doch damals wanderten eben Götter auf dem Erdboden. Der große Heilgott Aeskulap machte den unschuldigen Hippolitus wieder lebendig. Artemis brachte ihn in einen Hain nach Italien, und dort soll er unter dem Namen Virbius als ein unsterblicher Gott gewirkt haben.

Sinn für „unsterbliche" Liebesgeschichten hatten offensichtlich auch die Kelten. Der Feenfürst Midir wirbt in einer Dichtung des mittelalterlichen Irland um Etain,

Links: Phaedra gehört zum alten Halbgöttergeschlecht, dessen grenzenlose Leidenschaften die Menschenwelt fast in ein Chaos stürzten, weil sie jede Ordnung von Sitte und Gesetz durcheinanderbrachten. Sie verfolgte voller Begierde ihren Stiefsohn Hippolytos, der sich aber verweigerte und deshalb grausam zu Tode kam, während sie sich deswegen erhängte (Griechisches Relief; British Museum, London).

Mitte: Der Asurakönig Ravana entführt die schöne Sita, die Gattin König Ramas. Sein wildes Werben bringt die Welt seines Zeitalters an die Grenze des Untergangs – ähnlich wie bei den Griechen der Kampf um Helena vor Troja (Jaipur, Indien. 19. Jh.; Victoria and Albert Museum, London).

Rechts: Trotz gegenseitiger Zuneigung geraten nach der mittelalterlichen, von der keltischen Sage beeinflußten Dichtung König Marke und Tristan wegen der schönen Isolde in einen mörderischen Konflikt (Kachel aus Chertsey, England; British Museum, London).

die Gattin des Königs Eochaid, der er „im früheren Leben" verbunden gewesen ist. Er entführt sie darauf in sein geheimnisvolles Reich, in dem es keinen Kummer, kein Leid, keinen Tod gibt, wo der Genuß der Lust keinen unangenehmen Nachgeschmack enthält und aus der Liebe nur immer neue Freude erwachsen kann.

Mittelalterlich und ganz der christlichen Zeit zugehörig ist die berühmte Geschichte um Tristan und Isolde. Der junge Held lebt am Hof des guten Königs Mark und soll für ihn die schönste der Jungfrauen zur Frau holen. Beide meinen es grenzenlos gut, trinken aber aus Mißverständnis einen starken Liebestrank – worauf es für beide nur noch den andern gibt. Nach langen Abenteuern bleibt beiden nichts anderes übrig, als gemeinsam den Tod zu suchen: Dieser ist für sie endlos beglückender, als getrennt das irdische Dasein fortzuführen.

Benten vereint die Herzen

In Japan sind die „Sieben Götter des Glücks" sehr volkstümlich. Der Brauch ist verbreitet, kleine Figuren zu besitzen, die sie darstellen sollen.

Sechs der sieben Glücksgötter sind bezeichnenderweise männlich, was von der gesellschaftlichen Entwicklung Japans her verständlich ist. Denn während Jahrhunderten entwickelte sich vor allem die Kriegerkaste, und bei Eheschließungen ging es zeitweise vor allem um den Gewinn hoher Stellungen und um Machtzuwachs. Es ist darum verständlich, daß unter den „glückbringenden Sieben" nur eine Frau ist, Benten, die besonders gern mit einem Saiteninstrument (biwa) abgebildet wird.

Sie ist, ähnlich der „meergeborenen" Venus und einer Reihe wesensverwandter weiblicher Gottheiten, eng mit dem Wasser verbunden, und ihre sehr beliebten Heiligtümer (Schreine) befinden sich an malerischen Uferstellen oder auf Inseln. Eine Wasserschlange erscheint häufig als ihre Begleiterin. Die Göttin fördert weibliche Tätigkeiten sowie die Künste im allgemeinen und die Musik im besonderen.

Auf gewissen Darstellungen gleicht sie der buddhistischen Gottheit Kwannon, die die göttliche Gnade verkörpert, doch ist sie in ihren Sagenkreisen viel weltlicher; sie ist die große Beschützerin der romantischen Liebe. Nach einer Legende, von der der Schriftsteller Lafcadio Hearn redet, soll sie auf wunderbare Art in Kyoto zwei Liebende verbunden haben: Ein junger Mann mit Namen Baishu war bei einem neuen Benten-Tempel, als ihm ein Papier zuflatterte, auf dem in sehr schöner Schrift eine weibliche Hand ein Liebesgedicht aufgeschrieben hatte. Der Jüngling war ob der Botschaft so entzückt, daß er hier ein besonderes Zeichen der großen Benten sah und beschloß, alles zu tun, um die Schreiberin zu seiner Ehegattin zu machen.

Da er sie nicht kannte, beschloß er, die nun folgenden sieben Tage die Göttin um ihre Hilfe zu bitten. Er wunderte sich nicht, als während des Gebets am siebten Tag ein ehrwürdiger Greis und ein Jüngling erschienen und ihm ein sehr schönes Mädchen zuführten, in dem er seine märchenhafte Liebe erkannte. Die Ehe, die also die Götter selber vermittelt hatten, wurde nun im Namen von Benten geschlossen. Nach der Hochzeit lebte der Mann mit der Geliebten in seinem Haus: Sie waren monatelang wolkenlos selig, und niemand mischte sich in ihr geheimes Glück, und zwar aus dem einen Grund: Die Frau war für die Nachbarn unsichtbar – und nur für den Jüngling vollkommen wirklich...

Später lebte er in einem Stadtteil von Kyoto, den er noch nicht gut kannte. Ein vornehmer Herr ließ ihn zu sich rufen, und der Mann begrüßte Baishu als seinen künftigen Schwiegersohn. Er erzählte, wie er an allen Heiligtümern von Benten für seine geliebte, schöne und hochgebildete Tochter gebetet hatte, ihr einen würdigen Gatten zu senden. Jetzt habe ihm die Göttin im Traume offenbart, wann dieser in seiner Nähe auftauchen und wie sein Aussehen sein werde. Der Jüngling wollte gerade erwidern, daß er schon lange und sehr glücklich verheiratet sei – doch dann erschien die Tochter: Es war genau das

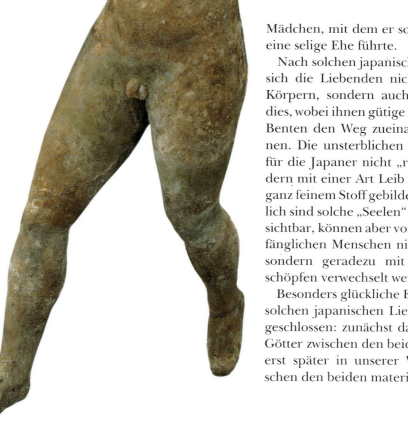

Mädchen, mit dem er schon seit Monaten eine selige Ehe führte.

Nach solchen japanischen Sagen suchen sich die Liebenden nicht nur mit ihren Körpern, sondern auch ihre Seelen tun dies, wobei ihnen gütige höhere Wesen wie Benten den Weg zueinander ebnen können. Die unsterblichen Seelen sind auch für die Japaner nicht „reiner Geist", sondern mit einer Art Leib versehen, der aus ganz feinem Stoff gebildet ist. Für gewöhnlich sind solche „Seelen" für Sterbliche unsichtbar, können aber von den für sie empfänglichen Menschen nicht nur geschaut, sondern geradezu mit materiellen Geschöpfen verwechselt werden.

Besonders glückliche Ehen werden nach solchen japanischen Liebessagen doppelt geschlossen: zunächst dank der Hilfe der Götter zwischen den beiden Geistern, und erst später in unserer Wirklichkeit, zwischen den beiden materiellen Körpern.

Orpheus und Eurydike

Seite 199, links: In Mesopotamien war Ischtar die Göttin der Liebe und Fruchtbarkeit, in deren Dienst sich Hierodulen (Tempelsklavinnen) der göttlichen Hochzeit hingaben (Phönizisch).

Seite 199, rechts: Die verschiedenartigsten „Lieben" werden im griechischen Kulturraum stets von Eros, dem Lieblingssohn der Aphrodite, gestiftet. Er selber erscheint in der Dichtung erstaunlich monogam und liebt „nur" Psyche, die die Olympier zum guten Ende unter die Göttinnen aufnehmen (Terrakotta, 150–100 v. Chr.; Freud Museum, London).

Den Orpheus versetzten die Griechen in die Urzeit, da ihre Kultur entstand. Einerseits galt er als ein göttliches Wesen, als Sohn der Muse Kalliope und des Sonnengottes Apollo – zumindest nach einigen Überlieferungen. Gleichzeitig zweifelte das Altertum in der Regel nicht an seiner Geschichtlichkeit. Er galt als ein Fürst der Thraker, der nicht nur als Sänger und Spieler auf der ihm von Apollo geschenkten Leier die Künste begründete. Er lehrte als erster und direkter Schüler der Götter die Weisheit der Sterne, ihre Kräfte und sogar die Möglichkeit, daß sie „bewohnt" seien.

Überhaupt hatte er Einblick in alle Wissenschaften, und seine geheim weitergegebenen Dichtungen enthielten die Schlüssel

Oben: Vor den „zurückblickenden" Augen des Orpheus (rechts) beginnt sich seine geliebte Eurydike aufzulösen. Die Gespensterwelt des Hades erhält wieder Macht über sie („Orpheus und Eurydike", Gemälde von Tizian, 1477–1576; Galleria dell' Accademia Carrara, Bergamo).

zu allen Weisheiten. Seine Kräuterkenntnis machte ihn zu einem großen Arzt, und er erfand sogar die griechischen Buchstaben. Im Mythos von der Fahrt der Argonauten über das Schwarze Meer zum Kaukasus leistete er die entscheidende Hilfe; er brachte die Argo, auf der die Helden ihre berühmte Fahrt unternahmen, durch seine magische Musik ins Wasser.

Orpheus liebt aus ganzem Herzen die Nymphe Eurydike, die aber von einer Schlange gebissen und getötet wird. Der erste der irdischen Dichter erfüllt nun seine ganze Umwelt mit seinen von einzigartiger Musik getragenen Klagen, in die alle von ihm bezauberten Geschöpfe einstimmen. Seine Kunst und Weisheit öffnen ihm die Tore des Totenreichs des Gottes Hades, und er schreitet durch die Scharen der Gespenster, die sich durch sein Leierspiel beglückt fühlen.

Gott und Göttin des Totenreichs sind von den Tönen und hinreißenden Worten ihres Gastes so hingerissen, daß sie ihm das Unmögliche versprechen: Die in ihrem unterirdischen Reich weilende Eurydike dürfe mit ihm wieder ins Diesseits kommen, wenn er auf dem beschwerlichen Weg zurück „sie nicht anschaue". Von seiner leidenschaftlichen Liebe überwältigt, hält sich der Magier der Musik aber nicht an diese Vorschrift! Damit hat er verspielt. Wie Rauch entschwebt ihm Eurydike von neuem und nun unwiderruflich in das Reich des Hades.

Wieder auf den festen Erdboden zurückgekehrt, überlebt Orpheus seine Geliebte nicht lange. Sein Gesang über die Liebe ist nun so zauberhaft, daß nicht nur Menschen und Naturgeister, sondern über-

haupt alle Wesen, Tiere, Pflanzen, Gewässer, Winde ihm verzückt zuhören. Aber sein Tod ist unausweichlich, da er nun einmal ohne seine Nymphe nicht mehr lebensfähig ist.

Einigen zufolge hat er sich selber „geopfert", also freiwillig den Tod gesucht. Andere meinen, daß er ermordet wurde, weil er den Menschen die Geheimnisse der Götter und der jenseitigen Welten verständlich zu erklären wußte. Andere versichern, die thrakischen Frauen hätten ihn „zerrissen", weil er sie wegen der großen Liebe nicht anblickte und doch jede ihn besitzen wollte.

Sein Haupt und seine Leier spülte das Wasser bis auf die Insel Lesbos; aus seinem Munde vernahm man bis zuletzt nur den Namen „Eurydike, Eurydike". Auf Lesbos entstand eine berühmte Orakelstelle, dank derer die gläubigen Griechen auch in späteren Jahrhunderten vom göttlichen Sänger guten Rat zu erhalten glaubten. Im übrigen war man überzeugt, daß dank dieses Ereignisses die Nachtigallen von Lesbos schöner sängen als anderswo und hier die Frauen und Männer die Musik und Dichtung in Vollkommenheit ausüben könnten.

Eurydike und Orpheus galten nun als für Ewigkeiten im Jenseits glücklich vereint, und der Mythos wurde zum Mittelpunkt eines bis in die christliche Zeit fortwirkenden Glaubens: Für die Liebe bedeutet auch der Tod kein Ende, wenn sie nur fest und echt ist.

Ganz oben links: Auch die Herrscher von Unterwelt und Schattenreich erscheinen in der griechischen Kunst oft als liebevolles Paar – hier Hades und Persephone auf einer rotfigurigen Trinkschale (British Museum, London).

Oben: Aus Liebe drang Orpheus in das Totenreich ein und schaffte damit, was für die Sterblichen unmöglich ist. Die Sage machte ihn darum zum eigentlichen Begründer der griechischen Religion, Dichtung und Philosophie (Marmorrelief, um 420 v. Chr.; Louvre, Paris).

Links: Orpheus soll durch seine Liebe Musik und Gesang entwickelt, damit alle Geschöpfe bezaubert haben und in die tiefsten Mysterien der Schöpfung eingedrungen sein (Byzantinische Marmorplastik, 4. Jh.; Byzantinisches Museum, Athen).

201

Krishnas Spiele mit den Hirtinnen

Links: Krishna – scheinbar ein junger Hirt, in Wirklichkeit eine Verkörperung des „Gottes aller Götter", Vishnu – trifft sich in einem Liebeshain mit der schönen Radha (Nurpur-Gemälde, Indien, 18. Jh.; Victoria and Albert Museum, London).

In den Dichtungen um Krishna, die Verkörperung des „Erhalters aller Welten" Vishnu, vermischt sich die Liebe zwischen Mädchen und Jüngling mit der verzückten Zuneigung der Seele zu Gott. Die indischen Sagen um den wunderbaren Kuhhirten (Gopala) gelten noch heute als geschichtliche Tatsachen. Ihre Zeit soll etwas mehr als 5000 Jahre zurückliegen, in einem Zeitraum, bevor das gegenwärtige Weltalter (Kali-Yuga) begann.

Eine furchtbare Gottlosigkeit, die sich im Verhalten der Herrschenden gegen Menschen und Tiere äußerte, hatte die Erde ergriffen. Der Tyrann Kamsa regierte die Welt. Nach einigen Berichten war er aus einem Ehebruch seiner Mutter entstanden, und ein teuflischer Zauberer (Asura) war sein Vater. Damit ihm kein gefährlicher Gegner entstehen konnte, „opferte" er die Kinder der Eltern Krishnas, die von wahrhaft königlicher Herkunft waren. Doch Devaki, die Mutter Krishnas, ließ ihren göttlichen Sohn aus der Stadt schmuggeln und ihn im geheimen bei den Hirten aufziehen.

Einige indische Schriften versichern uns, daß sich auch andere Familien ähnlich verhielten, so daß um das Kind der Devaki Knaben und Mädchen aus den allerbesten Geschlechtern heranwuchsen. Mit ihnen zusammen hütete der Knabe die Kühe,

Rechts: Krishna gilt als Verkörperung der wahren Liebe in allen ihren Formen. Sogar seinen Kampf mit den Ungetümen, hier mit der die Wasser vergiftenden Schlange Kaliya, betreibt er als lustiges Spiel (Bronze, Indien, 16. Jh.; Victoria and Albert Museum, London).

und er spielte unermüdlich mit ihnen. Gerade diese „Spiele" voll von kindlicher Phantasie und Zärtlichkeit gelten für die Krishna-Religion als ewige Sinnbilder für die liebevolle Beziehung zwischen dem Menschen und Vishnu–Krishna.

Besonders bekannt und gern von Künstlern abgebildet ist die Geschichte, nach der Krishna den badenden Hirtinnen (Gopis) die Kleider stiehlt. Er sitzt auf einem Baum, und die Mädchen müssen sich ihm nackt nähern, um sich bedecken zu dürfen. Zuerst sind sie voller Scham, finden aber dann in ihrer Annäherung an den fröhlichen Kind-Gott eine endlose, ungeahnte Lust. In diesem Bubenstreich sehen die Anhänger des Krishnaglaubens die endlo-

Ganz oben: Die Liebesspiele Krishnas inspirierten in Indien eine Fülle zarter Lyrik und Malerei. Hier wehrt sich die Kuhhirtin (Gopi) Radha gegen den ungestümen Liebhaber (Illustration zu „Gita Govinda"; Indisches Nationalmuseum, New Delhi).

Oben: Krishna bringt in der Dämmerung seiner Geliebten Radha eine Lotosblüte. Die Krishna-Dichtung prägte das romantische Leben der indischen Jugend durch Jahrhunderte (Miniatur, Basohli-Stil, Jammu-Kaschmir, um 1680; Victoria and Albert Museum, London).

se Freude, die die Seele empfindet, wenn sie sich fleckenlos der Gottheit nähert, die sie genau so liebt, wie sie wirklich ist.

Die fröhlichen Geschichten mit den Gopis – es sollen deren 16 000 gewesen sein – werden nur durch die Anschläge des grausamen Kansa oder Kamsa gestört. Da ihm prophezeit wurde, der göttliche Sohn der Devaki würde seine Macht zerstören, läßt er alle gleichaltrigen Kinder ermorden. Auch schickt er gräßliche Ungetüme zu den Hirten, da er sie immer mehr verdächtigt, Krishna im geheimen aufzuziehen.

Später führt Krishna bei „seinem" Volk einen Glauben ein, der kaum mehr die Priester (Brahmanen) braucht. Die Gottheit, die man in schönen Bräuchen verehrt, findet man in seiner unmittelbaren Umwelt: „Die Kühe sind unsere Gottheit! Verehrt die Fluren, die sich ringsum breiten, und den wilden Wald, den die Fluren umschließen! Verehrt Wälder und Berge!"

Der Schöpfergott Brahma hofft ob der Zustände im Hirtenland, einmal in einem höheren Zustand wiedergeboren zu werden – als „Staub unter den Füßen der Gopis"... Unter den Hirtinnen ist Radha Krishnas Hauptgeliebte; sie ist eine Verkörperung seiner ewigen Gattin Lakshmi. In der unsterblichen Dichtung des Inders Surdas, „Krishnayana", drückt Radha ihre Gefühle folgendermaßen aus: „Wer Krishna, den schlanken Schönen liebt, der kann nur seine ergebene Sklavin sein. Was er sagt, werd' ich tun, was immer er fordert, ich will ihm gehorchen. Entsagt habe ich der Ehre, den Gesetzen der Menschen. Ich fühle mich frei von meinem Haus, der Familie, jeder anderen Bindung. Wie ein jeder Fluß

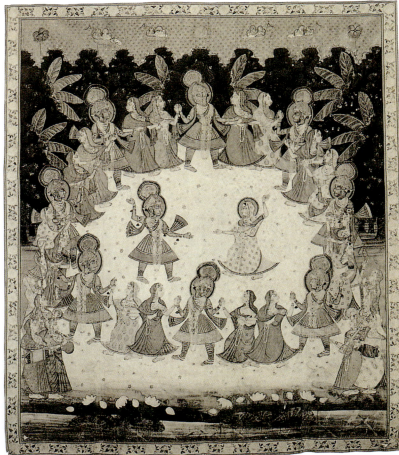

Tanz und meistens recht harmlose Spiele sollen das Hirtenland Krishnas in ein wahres Paradies des Glücks verwandelt haben – diese Welt der Liebe soll „in anderen Welten" ewig weiterbestehen... Die entsprechenden Bilder werden in der Volkskunst noch immer tausendfach nachgeahmt:

Oben links: Der jugendliche Krishna beim Tanz und Spiel mit Hirtinnen (Bemalte Baumwolle, indisch, 19. Jh.).

Oben rechts: Krishna tanzt mit Hirtinnen (Bemalte Baumwolle, indisch).

Rechts: Krishna soll seine Geliebte Radha auf unzählige Arten gekost und dabei ihre Keuschheit sehr lange wunderbar geschont und gehütet haben (Gouache auf Papier, Rajastan, Indien, 19. Jh.).

sucht, das Meer zu erreichen, wie ein jeder Tropfen einmal Teil des Ozeans wird, so strebt alles Fühlen der liebenden Gopi allein nach der Nähe Krishnas, des göttlichen Hirten."

Die Sage von Krishna erzählt von seinen späteren Taten als erwachsener Held und von seiner Teilnahme an der furchtbaren Schlacht, die uns die Dichtung Mahabharata schildert. Als großer Liebender erscheint dann vor allem sein ältester Sohn, der niemand anderer ist als die Verkörperung des Liebesgottes Kama.

Seit dem Tag der Geburt sah ich Krishnas Schönheit, und noch tranken sich meine Augen nicht satt: Mein Ohr vernahm stets die Musik Seiner Stimme, und doch ward zu lauschen ich niemals matt.

Worte Radhas über ihren Geliebten (nach Vidyapati Thakur)

Oben: Die Badefreuden, denen sich Krishna mit seinem Volk von Kuhhirten hingab, sind in den indischen Mythen und auch in der religiösen Liebesmystik (Bhakti) Sinnbild der ewigen Seligkeit (18. Jh.; Rajastan Prince of Wales Museum of Western India, Bombay).

Links: Der Jüngling Krishna beobachtete die schönen Hirtinnen bei ihrem Bad vom Baum aus und raubte ihre Kleidertücher (Saris), die er erst nach tausenderlei Neckereien zurückgab. – Der Baum naheliegender Jugendstreiche wurde in der indischen Kunst mit dem mystischen Lebensbaum verschmolzen, von dem aus die Gottheit allen Geschöpfen ihre Kraft verleiht (Relief, Kubakonam, Indien).

Kama und Rati finden sich ewig

Am Ende des „Dritten Zeitalters", am Ende desjenigen also, das dem gegenwärtigen vorausging, erfaßte die Götterwelt das Chaos. Auch Shiva, der alles Böse zerstören kann, zog sich bekümmert auf seinen eisig-kalten Berggipfel zurück, um auf ihm zu meditieren. Jetzt schien die ganze Welt den grausamen Asuras ausgeliefert, die ziemlich genau den Titanen der griechisch-römischen Sagen entsprechen.

Die irdischen Götter, die Devas, wollten alles tun, um Shiva zu zwingen, sich wieder um die Ordnung zu kümmern. Sie flehen den Liebesgott Kama an, seinen Pfeil auf den großen Einsiedler abzuschießen, damit er sich verliebe und sich dann auch um die Angelegenheiten der anderen Wesen kümmere – wie beim Eros der Griechen trifft der Pfeil Kamas unfehlbar, und wen er verletzt, der ist von Leidenschaft entzündet.

Durch den Schuß wurde der Einsiedler-Gott geweckt, und es sollen im gleichen Augenblick zwei Dinge geschehen sein: Erzürnt öffnete Shiva sein berühmtes „drittes Auge" auf der Stirn, mit dem er bekanntlich alle unsere vergänglichen Dinge als wesenlosen Schein durchschaut. Ein weißer Lichtblitz schoß heraus und verbrannte den stets zu Streichen aufgelegten Kama zu einem Häufchen Asche. Zweitens erblickte aber Shiva die schöne Parvati, die Tochter des göttlichen Herrschers über das Himalayagebirge. Es blieb ihm also nichts anderes übrig: Da er vom Liebespfeil verwundet war, verliebte er sich in die wunderschöne Göttin.

Wenn ein Wesen der Götterwelt getötet wird, kann es sich immer noch in der Welt der Sterblichen verkörpern, wenn es nur würdige Eltern findet. Dies war gerade am Ende des Dritten Zeitalters noch einigermaßen möglich: Der große Allgott Vishnu hatte damals in der Gestalt Krishnas menschliche Form angenommen, um den Menschen und Tieren gegen ihre Unterdrücker, die Asura-Riesen, zu hel-

fen. Also wurde Kama als sein ältester Sohn geboren, wobei die Mutter die Königin Rukmini war, die Verkörperung von Vishnus ewiger Gattin Lakshmi. Der Liebesgott war jetzt also ein Mensch und erhielt als solcher den Namen Pradyumna.

Kaum war dies geschehen, träumte schon der Asura-König Shambara (er war wie seine ganze Rasse bösartigen Zaubereien ergeben), daß gerade dieser Menschenprinz, der die Seele eines der mächtigsten Unsterblichen besaß, ihn töten werde! Sofort machte er sich durch seine Künste unsichtbar und flog durch die Lüfte nach Dwaraka, der schönen Stadt des göttlichen Königspaars. Unsichtbar trat er zur Wiege des Neugeborenen, raubte das Kind und flog mit höhnischem Gelächter weg.

Er schwebte über dem Ozean und suchte für seine Schandtat eine möglichst tiefe Stelle. Hier warf er das wunderschöne Kind in die Wellen und war fest überzeugt, ganz im Sinn des warnenden Traums gehandelt zu haben. Für den Anfang schien ihm sein teuflischer Plan gelungen: Der kleine Pradyumna wurde von einem riesigen Fisch geschluckt.

Die ewige Gefährtin des Liebesgottes, Rati, wollte in ihrer Verzweiflung ihrem eigenen Dasein ein Ende setzen – sofern dies bei Göttinnen überhaupt möglich ist. Wahrscheinlich hoffte sie, dann in der gleichen Welt wiedergeboren zu werden wie ihr durch Shivas Blick eingeäscherter Gatte. Doch eine göttliche Stimme tröstete sie und riet ihr zum Suchen.

Sie flog darauf ausgerechnet zum Schloß des Asura Shambara und ließ sich unter dem Namen Mayavati als Küchenmädchen anstellen. Es kam, wie wir es ähnlich in vielen Märchen vernehmen können: Der gewaltige Fisch, der das göttliche Kind verschluckt hatte, wurde gefangen und in die Küche des mächtigen Herrschers gebracht. Hier wurde er für die Mahlzeit des Riesen aufgeschnitten und dabei das noch quicklebendige Kind mit viel Staunen herausgezogen. Es gefiel der neuen Küchenhilfe, und sie nahm es zu sich, es aufzuziehen.

Zwischendurch erhielt sie einen Besuch des ewig die Welten durchwandernden Narada, des Spielmanns der Götter. Er erzählte der armen Rati, daß ihr Schützling ihr eigener Mann sei – und daß die ganze Geschichte, namentlich wenn Shiva aus Liebe seine Parvati heirate, ein gutes Ende finden werde. Der wiederverkörperte Prinz wuchs unter den schönen Küchenmädchen auf und zeigte im übrigen die gleiche Neigung, Butter und Milch zu klauen, wie sein Vater Krishna in der Kindheit.

Als das Kind groß und stark war, unterwies ihn seine Ziehmutter für den Entscheidungskampf gegen den Asura. Sie lehrte ihn sogar, wie man einen Feind bekämpft, der sich völlig unsichtbar machen kann! Also zog Pradyumna in die Entscheidungsschlacht, und der Tyrann, der fest auf seine Zauberei vertraute, verlor schon bald seinen grausamen Kopf.

Jetzt flogen die Köchin und ihr Ziehsohn zurück in die Götterwelt, wo Shiva gerade seine Parvati heiratete und sich dabei zum Sklaven des Liebesgottes Kama erklärte. Beide eilten ins Schloß ihrer Eltern, wobei der junge Sieger erwachsen genau wie sein Vater Krishna aussah. Der ewige Sänger Narada war auch schon da, und er erklärte den staunenden Zuhörern die ganze Geschichte, einen Roman, der gleichzeitig in der Menschen- und in der Götterwelt stattfand.

Erst jetzt erkannte Pradyumna in seiner Beschützerin, die selbstverständlich nicht gealtert war, seine Geliebte aus seinem früheren Leben, und im Schloß seiner Eltern wurde ein Fest gefeiert, bei dem es wahrhaftig zuging wie im Himmel.

Solche Mythen wirken wie Vorbilder für endlose Romane, an denen das moderne Indien nicht weniger reich ist als Ostasien, der Orient oder Europa. Die Liebe überwindet in ihnen den Tod und gilt darum als eine Hauptursache des menschlichen Wunsches nach Unsterblichkeit.

Seite 206: Mit dem niemals fehlgehenden Bogen der Blumenpfeile der Liebe reitet der indische Eros, Kama, auf seinem bunten Papagei. Seine Gattin Rati folgt ihm durch alle Welten (Victoria and Albert Museum, London).

Oben: Kama, der Liebesgott als ewiger Sieger, reitet auf einem Elefanten, dessen Leib aus Göttinnen gebildet wird, die alle bedingungslos der Liebe dienen (Victoria and Albert Museum, London).

Das Mitgefühl ohne Ende

Links: Die (oder der) gütige Kuan-Yin, in der buddhistischen Mythologie Ostasiens bald weiblich, bald männlich gedacht, vernimmt alle Leiden der Menschheit und hilft dieser aus ihrem „Ozean des Mitgefühls" heraus auf den richtigen Weg zu seligen Zuständen (Bemaltes Holz, China, Sung-Dynastie; Art Institute, Chicago).

Rechts: Im Mitleid des Bodhisattva Scho-Kwannon findet sich die Krönung der irdischen Weisheit, die das Dasein auch der „unteren" Welten erträglich und sogar beglückend werden läßt (Japanisch; Museum von Dazaifu bei Fukuoka, Kinschu).

Seite 209: Der Bodhisattva Avalokiteshvara, elfgesichtig und tausendarmig, erscheint im tibetischen Buddhismus geradezu als Herz des Universums, von dem liebevolle Zuneigung zu allen Wesen strömt (Bronze; Philip Goldman Collection, London).

Gautama Siddharta lebte im sechsten vorchristlichen Jahrhundert als Prinz in einem oft als ganz märchenhaft geschilderten Königreich, das im Vorgebirge des Himalaya lag. Als Kind und Jüngling soll er das Dasein von seinen schönsten Seiten kennengelernt haben; er heiratete wunderschöne Frauen, war der Erste in Künsten, Wissenschaften und bei sportlichen Veranstaltungen.

Als Erwachsener lernte er auch das Leiden kennen, bezeichnenderweise aber nicht am eigenen Leib. Er sah die Schwächen des Alters, die Zustände der Krankheit, den erbarmungslosen Kampf ums Dasein in der ihn umgebenden Gesellschaft. Er suchte einen Ausweg aus dem Leid der Welt und fand heraus, daß dieser im Streben nach dem Nirvana sein müsse – Nirvana, ein Ausdruck aus dem Sanskrit, der wörtlich „Verlöschen" bedeutet. Das ist

nach dem Buddhismus die Erleuchtung oder die endgültige „Befreiung". Jede weltliche Bindung wird aufgehoben, unser leiblicher Tod führt zu keiner Wiedergeburt mehr – sei es als Mensch, sei es in einer Welt der Feenwesen oder Götter. Unser Ich hört auf zu bestehen, indem es sich im Göttlichen (Brahman) auflöst.

Diese Auffassung von den irdischen Leben führte in Ostasien zu gewaltigen Mythen, in denen die Gedanken der Liebe zu sämtlichen Wesen, des Mitgefühls, des Mitleidens vorherrschen. Amithaba soll ein König gewesen sein, der von seinem goldenen Thron stieg und zum Mönch Dharmakara wurde. Er wurde nach seinem Tod einer der mächtigen Buddhas, der aber aus maßloser Nächstenliebe bewußt nicht in den Zustand des Nirvana stieg, sondern den Menschen nahebliebe. Deshalb kann jemand, der noch ganz in der „Welt des Scheins" steckt, durch das Anrufen von Amithaba während seines Sterbens die Erlösung finden und in das Paradies des Westens (Sukhavati) versetzt werden.

Als sein Helfer gilt in Ostasien der Buddha Avalokiteshvara. Einem Mythos zufolge blickte er, selber bereits ohne eigenes Leiden, auf die Qualen der Geschöpfe hinab. Nach den Lehren des Buddhismus versetzt aber einem höheren Wesen das Mitgefühl für andere einen viel schrecklicheren Schmerz als der eigene Märtyrertod. Avalokiteshvaras Kopf wurde durch sein übermenschliches Mitleid in Stücke zersprengt, und der große Amithaba setzte die Stücke zu elf Häuptern zusammen. Mit diesen elf Häuptern wird Avalokiteshvara heute in unzähligen Tempeln dargestellt. Dank der Vielzahl seiner Köpfe kann er den verschiedensten Wesen helfen, indem er sie versteht – auch den Tieren und sogar den machtgierigen Asuras, die doch schwarzen Zauberkünsten ergeben sind.

Durch seinen Wunsch, allen Geschöpfen den Weg zu ihrer Erlösung zu ebnen, entstanden ihm tausend Arme, jeder mit einem Auge auf der Handfläche, alle mit der Rettung der Wesen beschäftigt. Obwohl der Buddhismus gegenüber dem weiblichen Geschlecht ursprünglich ein gewisses Mißtrauen zeigte, wurde in China Avalokiteshvara zur weiblichen Kuan-Yin (in Japan: Kwannon).

Seit dem 10. Jahrhundert wird dieses „erleuchtete und erleuchtende Wesen" (Bodhisattva) mit weiblichen Zügen dargestellt. Es bringt, fast wie Frau Holle im mitteleuropäischen Volksglauben, die Kinderseelen zu den Müttern; Kwannon wurde überhaupt zu einer Großen Mutter, zu der sich die Frauen gern in ihren Nöten wenden und die den Menschen in allen Bedrängnissen hilft.

Für die chinesische Legende war sie als Mensch eine Tochter des Königs Miao-Chung, die ohne Erlaubnis ihres Vaters in ein buddhistisches Nonnenkloster eintrat. Der erzürnte Herrscher wollte die Prinzessin Miao-Shan darob sogar hinrichten lassen – doch der Gott der Höllenwelten brachte sie in sein düsteres Reich, das sie aber durch ihre Nächstenliebe und grenzenlose Güte in ein Paradies verwandelte. Sie wurde auf einer Insel im Meer wiedergeboren, wo sie mit ihren göttlichen Kräften, die durch ihr Mitgefühl geweckt worden waren, das Volk der Schiffer in den Unwettern rettete.

Als sie hörte, daß ihr königlicher Vater unheilbar krank war, eilte sie herbei: Mit ihrem eigenen Fleisch ersetzte sie den leidenden Teil seines Körpers, und der geheilte Fürst erwies seiner auferstandenen Tochter göttliche Ehren.

Seite 211: Auch nach der Bilderwelt des christlichen Mittelalters werden die Mächte, die sich gegen den Schöpfungsplan der Gottheit gestellt haben, noch vor dem Beginn der irdischen Geschichte „in die Tiefen" gestürzt. Doch erst im künftigen Jüngsten Gericht wird der Sieg der Engel des Himmels endgültig besiegelt (Detail aus dem „Jüngsten Gericht" von Hieronymus Bosch, um 1450–1516; Akademie der Bildenden Künste, Wien).

DAS ZEITALTER DER HEROEN

Es gärt bei den Riesen;
des Gjallarhorns,
des alten,
Klang
kündet das Ende.
Surt zieht von Süden
mit sengender Glut;
von der Götter Schwert
gleißt die Sonne.
Riesinnen fallen,
Felsen brechen,
zur Hel ziehen Männer,
der Himmel birst.

Das Gesicht einer weisen Frau in der „Edda"

Der „Heros", der Held der Sage, erscheint als vorbildlich, weil er einen Brauch einführt, der dann von seinem Stamm übernommen wird und dessen Dasein erleichtert oder zumindest verschönt. Gelegentlich erscheint dann diese Gewohnheit sehr deutlich als keine neue Erfindung, sondern als die Erinnerung an ursprüngliche Sitten, die von den Menschen nach Katastrophen und Kriegen zu ihrem Unglück vergessen wurden.

So kennt das sibirische Volk der Jakuten die auch in manchen europäischen oder vielen indianischen Sagen vorkommende Erinnerung an eine Zeit, in der der grausame Brauch herrschte, „die Greise zu töten". Nur ein Jüngling liebte seinen alten Vater, und seine Abenteuer bewiesen dann den Jakuten, daß die Erhaltung von Menschen, die eine Fülle von Erfahrungen bewahren, nicht nur eine gute Tat, sondern auch Weisheit bedeutet. Eine entsprechende Sage, die Okladnikow an einem Lagerfeuer der Jakuten vernahm, lautet in Kurzfassung:

Zu jener Zeit sah man in den damals sprichwörtlich klaren Tiefen des Baikalsees die Bilder einer Goldschale von unschätzbarem Wert und einer Frau von unvorstellbarer Schönheit auftauchen. Ein mächtiger Herrscher wollte diesen Schatz in seinen Besitz bringen und zwang die mutigsten und körperlich geschicktesten Jünglinge der Umgebung, danach zu tauchen. Doch die kräftigen Männer kamen bei diesen Versuchen allesamt um, keiner kam wieder ans Land zurück.

Die Reihe, für den grausamen Herrscher sein Leben zu wagen, kam endlich auch an unseren Jüngling, der seinen Vater so sehr liebte. Verständlicherweise berichtete jener dem Greis von dem ihm drohenden Wagnis, und dieser suchte in seinen Erinnerungen nach einem guten Rat. Er erzählte seinem Sohn, daß die Goldschale und die Schöne gar nicht im Wasser des Binnenmeeres sein könnten, sondern sich auf einem hohen Berg in der Nähe befinden müßten – ihre scheinbar aus der Tiefe

aufsteigenden Bilder seien bloß verführerische Spiegelungen.

Der Jüngling erstieg sofort die Höhe in der Nähe und gewann so, ohne besondere Gefahren, die Frau und die Wunderschale. Das war das Ende des grausamen Herrschers, und der sagenhafte Bericht schließt mit dem Satz: „Da hörte man auf, die Greise zu töten."

Die Menschen hatten erkannt, daß es eine Notwendigkeit ist, sich mit Leuten beraten zu können, die den Schatz von Erfahrungen und durch Generationen gesammelten Wissens bewahren. Hier erscheint der Sagenheld geradezu als Verkörperung eines Volkes, das für seine weitere Entwicklung und Entfaltung einen entscheidenden Schritt tut: Es findet die Möglichkeit, seine Überlieferungen zu erhalten, gewinnt damit seinen Stolz und kann nicht mehr von einem grausamen Herrscher in der Lage rechtloser Sklaven gehalten werden.

Auch für diese Sage aus Sibirien sind die wichtigsten Eigenschaften für die Tat des Helden nicht etwa übermenschliche Körperkräfte, sondern sein gutes Herz und sein Wissen um die Naturerscheinungen. Letzteres kann der Mensch aber nur gewinnen, wenn er den Weg entdeckt, wie er die wichtigen Erfahrungen seiner Vorfahren bewahren und zum eigenen Wohl und zum Wohl aller nutzen kann.

Auch in der Narten-Sage des Kaukasusvolks der Kabardiner, anscheinend teilweise noch immer auch mündlich überliefert, erscheint die Abschaffung des Tötens der Alten als eine der wichtigsten Folgen der ursprünglichen Heldentaten. Wahrscheinlich wollten die Erzählerinnen und Erzähler der Dichtungen um die Vergangenheit, selber meistens bejahrte und erfahrene Menschen, damit sagen: Fast wichtiger als die Helden der Urzeit sind die Menschen, die fähig sind, „sich zu erinnern", also die Sagen weiterzutragen, am Leben zu erhalten und damit jede künftige Jugend, jede Generation durch Vorbilder aufs neue zu begeistern.

211

212

Oben: In der griechisch-römischen Mythologie bäumen sich die Titanen und Giganten immer wieder gegen die Vorherrschaft der Götter auf. Mit Felsblöcken bewaffnet und mit dem Drachengezücht, das mit ihnen „verwandt" ist, verbündet, versuchen sie, die olympischen Höhen zu erstürmen (Römisches Flachrelief; Vatikanische Museen).

Seite 212, unten: Berühmt sind die Kampfszenen der Titanomachie auf dem Fries des Pergamon-Altars, der Zeus geweiht ist. Auf unserem Ausschnitt besiegt Athena den Riesen Enkelados; rechts erscheint die geflügelte Siegesgöttin Nike (Pergamon-Museum, Berlin).

Rechts: Das Ungetüm Typhon war ein Sohn der Erde und wollte den Sieg der Götter über Titanen und Giganten rächen. Mehrköpfig und mit dem Unterleib eines Drachen wurde er auf Sizilien aus einem Ei geboren. Sogar die Götter seien ihm nur entkommen, weil sie sich in Tiere verwandeln konnten... Zeus (Jupiter) soll ihn erst in einem schrecklichen Zweikampf überwunden haben (Um 640–560 v. Chr.; Akropolis-Museum, Athen).

Brüllender Donner entfuhr dem Vater der Götter und Menschen hoch aus der Höhe, und unten erschütterte bebend Poseidon weit das unendliche Land und die ragenden Scheitel der Berge. Solch ein Getöse erhob sich beim Angriff der streitenden Götter.

Homer, Ilias

„*Die Menschen schätzen alle den Frieden!
Doch warum besitzt der Kriegsgott
Kuan Ti Tausende von Tempeln?*"

Chinesischer Spruch

214

Seite 214, links: Der phönizisch-palästinische Gott Baal erscheint als Kämpfer und damit als Vorbild der Krieger (Stele aus Ras Schamra, 14. Jh. v. Chr.; Louvre, Paris).

Seite 214, rechts: Die Antike sah in den Göttern auch Helden der menschheitlichen Urzeit, die im Chaos der Stammeskämpfe die erste gesellschaftliche Ordnung und Kultur ermöglichten. – Römisches Standbild des Mars als vornehmer Feldherr (Marmorstatue, 81–96 n. Chr.; Museo Capitolino, Rom).

Links: Diese Holzplastik aus Hawaii galt als Darstellung der kriegerischen Macht, die die Polynesier bei ihren gefährlichen Unternehmungen brauchten (British Museum, London).

Unten: Als der böse Dämon Mahisa in Stiergestalt die Devas (Götter) bedrängte, vernichtete ihn die Göttin Durga, die der Hinduismus mit der schwarzen Kali, der Kraft (Shakti) Shivas, gleichsetzt (18. Jh.; indische Charuba-Malerei; Victoria and Albert Museum, London).

Der Mann, dem Hera den Ruhm gab

Herakles galt in der an Helden so reichen griechischen Kultur als das schier unerreichbare Vorbild. Er wurde vom Königspaar von Theben, Amphitryon und Alkmene, zur Welt gebracht – welche er schon als Kind in jeder Beziehung erschütterte und veränderte.

Sein Vater war in Wahrheit Zeus, der in Gestalt des im Krieg abwesenden Königs dessen Gattin Alkmene besucht hatte. Er tat es so gründlich und leidenschaftlich, daß er die zur Zeugung notwendige Nacht verlängerte: Dreimal sei der Mond auf- und niedergegangen, bis der König der Olympier die sterbliche Geliebte verließ, die sich in ihrer Unschuld selbstverständ-

lich in den Armen ihres Mannes Amphitryon glaubte.

Die unglaublichen Prüfungen und übergefährlichen Abenteuer, denen Herakles schon in der Wiege ausgesetzt war, werden auf die „Eifersucht" der Götterkönigin Hera zurückgeführt – was wohl kaum die ganze Wahrheit ist. Denn *Herakles* bedeutet nichts anderes als „der (Held), dem Hera den Ruhm gab". Damit seine Göttlichkeit nach der Geburt noch größer werde, gab ihm die Frau des Zeus sogar die Brust. Da er aber zu stark saugte, stieß sie ihn zurück. – Aus ihrer verspritzten Göttermilch, in der alle Energie des Kosmos enthalten war, entstand am Himmel die Milchstraße!

So sind die gewaltigen „zwölf Arbeiten", die Herakles für seinen von Hera beratenen Bruder Eurystheus ausführen muß, wohl ursprünglich nichts als Prüfungen, durch die er alles Sterbliche von sich abstreift und am vorbestimmten Ende seines irdischen Lebens als Gleichberechtigter auf den Götterberg Olympos steigen darf. Wahrscheinlich hat man einst angenommen, daß eben in der Zeit seiner Zeugung beide „irdischen" Eltern Träger einer übermenschlichen Energie waren, denn Amphitryon wie Alkmene galten als Nachkommen der Götter.

Seiner Herkunft entspricht sein phantastischer Tod, der ihn nach all seinen Taten und Wanderungen ereilt haben soll. Ursache dieses Todes war – wiederum in Unwissenheit und Unschuld – seine Gattin Deianeira. Der Kentaure Nessos, im Kampfgetümmel vom Helden ganz ohne Absicht tödlich verletzt, rät der Frau, das Gewand ihres Mannes in sein Blut zu tauchen; dies werde die Eifersucht, an der sie leidet, überflüssig machen. Doch der Lebenssaft des Kentauren erweist sich für Herakles als ein furchtbares Gift: Seine Haut beginnt unaufhaltsam zu brennen, und der Held sieht sein irdisches Ende gekommen.

Er läßt auf dem Berge Oita einen Scheiterhaufen aufschichten und anzünden. Alles Sterbliche, „Menschliche", ist durch die Qualen von ihm abgefallen: Eine Wolke senkt sich mit Donnern auf die Brandstätte, und als in der Asche später nach den Knochen des Helden gesucht wird, ist nichts von ihnen zu finden.

Im himmlischen Reich der unsterblichen Götter erklärt sich seine „Feindin" Hera zur Mutter des neues Gottes. Sie gibt ihm ihre Tochter Hebe, seine Schwester und Göttin der Jugend, zur ewigen Gattin. Alle Mühen und Leiden, die er wie kaum ein Sterblicher während seiner irdischen Laufbahn bestehen mußte, liegen nun hinter ihm, und in einem goldenen Götterpalast umgibt ihn jetzt ein Glück ohne Ende.

Beginn der zwölf Arbeiten

Die Biographie des Helden Herakles ist kaum phantastischer als die der anderen „Götterkinder" Theseus, Perseus und Jason, und doch ist sie bei den Griechen und Römern beliebter als die Lebensgeschichten dieser drei: wegen der „zwölf Arbeiten"! Während dieser Abenteuer, zu denen die große Göttin Hera den Sohn des Blitzgottes zwingt, besteht er jede denkbare Gefahr. Es ist verständlich, daß schon das Altertum diese Taten als Reise durch die zwölf himmlischen Tierkreiszeichen ansah, also als eine Auseinandersetzung mit sämtlichen Kräften des Universums.

Zuerst muß Herakles gegen den Löwen von Nemea ziehen, der die Gebirge im Norden der Ebene von Argos beherrscht. – Die Schauplätze der ersten Abenteuer des Herakles befinden sich im Umkreis des Herzgebietes der griechischen Kultur. Die späteren Taten finden dann in einem immer weiteren Umkreis statt, erfüllen fast die gesamte im Altertum bekannte Welt und lassen den immer weniger irdischen Helden die Grenzen zu den Reichen der „unsterblichen" Götter überschreiten.

Der Löwe von Nemea, der die Völker in seinem Bereich mit Grauen erfüllt, ist selbstverständlich kein gewöhnliches Tier. Seine Mutter ist die Schlangengöttin Echidna, die auch viele der anderen sagen-

Seite 216: Schon als Säugling erwürgte Herakles zwei Schlangen und bewies damit, daß es für ihn auf Erden kaum unüberwindliche Gefahren gab (1. Jh., Haus der Vetti, Pompeji).

Links: Der Höllenhund und die anderen Ungetüme des Mythos sind für die Dichter der Heraklessagen fast nur noch dazu da, an ihnen die Unbesiegbarkeit ihres Helden vorzuführen (Herakles, Schule von Farnese; Museo nazionale, Neapel).

Unten: Zur Zeit des Herakles – der Held hier im Kampf mit dem an Schlange und Fisch erinnernden Acheloos – soll die Erde noch mit Ungetümen erfüllt gewesen sein, die die Ausbreitung der Menschen behinderten (Griechisch; Museum von Tarquinia).

Oben: Ein nackter Urmensch, nur mit einem Löwenfell bekleidet, mit Keule, Bogen und Hund, schreitet Herakles durch die Welt, um sie von allen Ungetümen zu säubern, die die göttliche Ordnung stören (Museo nazionale, Neapel).

haften Ungetüme geboren haben soll. Keine Waffe kann das Fell des schrecklichen Geschöpfs durchschneiden. Während der dreißig Tage, die dieses Abenteuer dauert, dringt Herakles in die dunkle Höhle des Tieres ein und erwürgt es mit seinen übermächtigen Armen. Um sich von dieser irrsinnigen Anstrengung zu erholen, versinkt der Held in einen Schlaf, der beinahe in den Tod übergeht. Nach dem Erwachen löst er das unverwundbare Fell vom Körper seines Gegners, indem er statt eines Messers die Krallen des Ungetüms verwendet. Von nun an trägt er selber das Löwenfell als Bekleidung und als unzerstörbaren Panzer.

Die zweite Aktion zur Befreiung Griechenlands von übermenschlichen Schrecken unternimmt Herakles gegen die Hydra, den Wasserdrachen in den Sümpfen von Lerna. Doch die vielen Köpfe des Reptils kann er abhacken, soviel er nur will: an der Stelle jedes abgetrennten Kopfes bilden sich sogleich zwei neue. Bei dieser Aktion braucht der göttliche Held die Hilfe seines kühnen Neffen Iolaos. Dieser brennt mit seinen Fackeln die Wunden der Schlange aus, so daß sich keine neuen Köpfe mehr bilden können. Herakles tunkt seine immer treffenden Pfeile ins Blut der Hydra und macht sie dadurch zu tödlichen Geschossen.

Ein Krebs, in der Astrologie ein Bild für Mond und Wasser, hilft dem Sumpfdrachen und beißt den Helden in den Fuß. Als der Krebs getötet wird, versetzt ihn Hera – neben dem Löwen – in den Tierkreis, als ewiges Andenken an ihren Lieblingshelden.

Die dritte Aufgabe des Helden bestand darin, die „goldig gehörnte" Hindin von Koryneia, deren Weide ganz Arkadien war,

1 Herakles besiegt den Nemeischen Löwen, dessen Fell nun sein Panzer ist (Silberdoppeldrachme, Heraklea, Süditalien, 370–330 v. Chr.).

2 Einen der furchtbarsten Kämpfe besteht Herakles gegen die vielköpfige Hydra (Katakombenfresko, Via Latina, Rom).

3 Ein Jahr lang verfolgt Herakles die Kerynitische Hirschkuh und kommt dadurch in Konflikt mit der Göttin Artemis (hier mit dem Jagdbogen), der Beschützerin der Tiere (Attisch, Vulci, Italien, um 540 v. Chr.; British Museum, London).

Erste Arbeit (1)
Zweite Arbeit (2)

Dritte Arbeit (3)

lebendig nach Mykenai zu bringen. Herakles stellte sie in einer Verfolgungsjagd, band ihre Füße zusammen, packte sie auf seine Schultern und wanderte mit ihr durch Arkadien zurück. Da stellte sich ihm aber Artemis, die Mondgöttin und Beschützerin der Tiere, begleitet von ihrem Bruder, dem Sonnengott Apollo, in den Weg. Erst als der Held sie überzeugen konnte, daß er ihr heiliges Tier nicht umgebracht hatte, war auch dieser gefährlichste Teil des dritten Abenteuers zum glücklichen Abschluß gebracht.

Auch den Erymanthischen Eber sollte der Besieger der Ungetüme lebendig nach Mykenai bringen, wobei er wiederum das wilde Arkadien durchwandern mußte. Er begegnete dabei dem Volk der Kentauren, die bekanntlich halb als Menschen und halb als Pferde dargestellt wurden. In den Kentauren haben die griechischen Dichter offensichtlich eine Art Urmenschen porträtiert: Sie waren beneidenswerte Kenner von Naturgeheimnissen, aber auch Anhänger sehr „primitiver" Bräuche.

Die gastfreundlichen Kentauren setzten ihrem Gast Braten vor, aßen selber aber rohes Fleisch. Als Herakles sich mit Wein, einem Geschenk des Rauschgottes Dionysos, erfrischte und auch die Kentauren davon tranken, zeigte sich, daß sie diesem Getränk nicht gewachsen waren. Es entstand eine wilde Rauferei, die sich schon bald in eine mörderische Schlacht verwandelte. Mit seinen Pfeilen, stets tödlich durch das Hydragift, verwundete Herakles aus Versehen sogar seinen Freund, den weisen Kentauren Cheiron.

Den Eber fing dann der ob dieses Unglücks bekümmerte Held mit einer Schlange. Damit hatte er die vierte der Aufgaben erfüllt.

Weltenwanderer Herakles

Eine mörderische Gefahr für die Menschen der griechischen Urlandschaft bildeten auch die geheimnisvollen Stymphalischen Vögel, die an einem Sumpfsee in der nordöstlichen Ecke von Arkadien hausten. Niemand konnte sie zählen. Sie fraßen Menschenfleisch. Ihre Federn waren wie scharfe Messer; damit schlugen sie denen, über die sie herfielen, mörderische Wunden.

und die ganze Luft des Landes war darob verpestet.

Der Held hatte, um seine Aufgabe zu lösen, nur einen einzigen Tag Zeit. Er machte es kurz: Zwei Ströme, den Alpheios und den Peneios, leitete er durch die stinkenden Ställe. So säuberte er das schmutzig gewordene Reich des Sonnenkönigs...

Die siebte Tat des Herakles, mit der die zweite Hälfte der Arbeiten beginnt, war die Erbeutung der menschenfressenden Rosse des thrakischen Königs Diomedes, eines Sohnes des Kriegsgottes Ares. Der grausame Herrscher hatte seine blutrünstigen Ungetüme mit eisernen Ketten an entsprechende Krippen gebunden und fütterte sie mit den Leichen von Fremden und Feinden. Herakles warf den schrecklichen Tieren Diomedes selber vor, beruhigte sie auf diese Weise und brachte sie ebenfalls nach Mykenai. Sie wurden dort der Göttin Hera geweiht, und ihr Blut soll in den dortigen Rossen bis zum Zeitalter Alexanders des Großen weitergelebt haben.

Anschließend mußte Herakles den Stier des Königs Minos von Kreta holen – jenen Stier, den Pasiphae geliebt und von dem sie den Minotauros empfangen hatte.

Vierte Arbeit (1)　　Fünfte Arbeit (2)　　Sechste Arbeit (3)　　Siebte Arbeit (4)

1 Als Herakles den Erymanthischen Eber zu Eurystheus bringt, verkriecht sich dieser in einem Krug (Attisch, Vulci, 550 v. Chr.; British Museum, London).

2 Herakles vertreibt die Stymphalischen Vögel, die nicht nur eherne Schnäbel und Krallen besitzen, sondern ihre Federn als tödliche Geschosse einsetzen können (Attisch, Vulci, um 550 v. Chr.; British Museum, London).

3 Herakles leitet einen Fluß um und säubert dadurch die Ställe des Augias (Römisches Marmorrelief; Vatikanische Museen).

4 Herakles mit den Stuten, die König Diomedes mit Fleisch von Fremden fütterte (Etruskische Bronze, Palestrina; British Museum, London).

Mit ehernen Klappern scheuchte der Held die gefährlichen Wesen auf, so daß sie sich in Schwärmen in die Lüfte erhoben. Mit seinen stets treffenden Pfeilen schoß er eine Unzahl dieser Vögel vom Himmel; die anderen aber verließen das Land, als dessen Beherrscher sie sich gewähnt hatten. Sie flogen nach dem Schwarzen Meer und suchten Zuflucht auf einer Insel, die dem Kriegsgott Ares gehörte.

Nun mußte Herakles nach der Westküste des Peloponnes ziehen, wo das Königreich Elis lag. Dort lebte Augias, ein Sohn des Sonnengottes Helios. Er besaß die wunderbarsten Kuhherden; nur hatte jahrelang niemand die Stallungen gesäubert,

Auch dieses Tier konnte der Held mit seiner Keule betäuben und nach Mykenai schleppen. Dort ließ er es frei, und viel später soll Theseus es wieder eingefangen haben.

Als neunte Aufgabe mußte der unermüdliche Bezwinger der Ungetüme den Gürtel der Amazonenkönigin Hippolyta herbeischaffen, die diesen von ihrem Erzeuger, dem Kriegsgott Ares, bekommen hatte. Er reiste dafür nach dem Lande Pontos am Schwarzen Meer, in dem die kriegerischen Frauen lebten.

Diese Geschichte wird von den Griechen verschieden erzählt. Bald berichtet man, der starke Mann habe der Königin ungemein gefallen, und sie habe ihn beschenkt. Dann wieder heißt es, es habe ein blutiger Kampf um den Gürtel stattgefunden, sogar Hera selber habe in der Gestalt einer Amazone daran teilgenommen.

Beim zehnten Abenteuer mußte Herakles in den Westen ziehen und das Weltmeer Okeanos überwinden, um zur Insel der Abendröte, Erytheia, zu gelangen, wo die roten Rinder des Geryoneos weideten. Auf seinem Weg dorthin kämpfte der Held in Afrika mit dem Riesen Antaios. Da dieser ein Sohn der Erdgöttin war, erwies er sich als beinahe unbesiegbar: Jedesmal, wenn er den Boden berührte, steigerte sich seine Kraft! Erst als Herakles ihn in die Lüfte hob, verließ ihn seine übernatürliche Stärke, und er starb.

Herakles war nach diesem Kampf übermüdet und schlief auf dem afrikanischen Boden ein. Nun kam das winzige Pygmäenvolk und wollte, da es auch von der Erde mehrfach versucht, die prächtigen roten Rinder zu rauben. Doch nach unzähligen Siegen erreichte Herakles Mykenai.

Sieg über den Tod

Die Abenteuer des Herakles werden immer übermenschlicher und beginnen, vieles von dem zu übertreffen, was die griechische Mythologie von den Göttern des Olympos berichtet. Offenbar wollten die Dichter damit ihren liebsten Gedanken ausdrücken: Der als Mensch geborene Held hat selber schrittweise gelernt, die göttlichen Anlagen aus sich herauszuholen und zu steigern.

Bei seiner elften Arbeit muß Herakles nochmals nach dem äußersten Westen ziehen; doch zahlreiche Episoden führen ihn zunächst nach dem Osten, zum „skythischen Kaukasus". Er befreit den dort ange- ihn als neuen Himmelsträger ewig weiterstehen lassen.

Doch Herakles ist nicht nur übermenschlich stark, er kann auch durch seinen raschen Geist alle Listen überwinden. Er gibt sich mit Atlas einverstanden, bittet ihn aber, ihm nur kurz den Himmel abzunehmen, damit er das Tragkissen für das unglaubliche Gewicht bequemer zurechtrücken könne. Der leichtgläubige Riese nimmt die Last des Himmels auf seine mächtigen Schultern, und Herakles entfernt sich fröhlich mit den Äpfeln.

Als die entscheidendste Aufgabe galt die zwölfte: Der Sohn des Zeus sollte den Hund des Totengottes Hades, den dreiköpfigen Kerberos, aus der Unterwelt auf die Erde führen. Um dieser Fahrt ins Jenseits würdig zu sein, mußte Herakles sich in den Mysterien von Eleusis darauf vorbereiten; so will es zumindest eine der Überlieferungen.

Achte Arbeit (1)

Neunte Arbeit (2)

Zehnte Arbeit (3)

stammte, den Bruder Antaios rächen. Der Held war für sie gewaltig wie eine Festung, und so setzten sie Kriegsmaschinen gegen ihn ein, was der erwachte Besieger des Antaios aber höchstens lustig fand. – Haben wir hier ein Bild, das Jahrtausende später Swift zu seinem Werk über Gulliver im Reich der Liliputaner anregte?

Mit dem goldenen Gefährt des Sonnengottes kam der Held nach einer Reihe weiterer Abenteuer schließlich zur Insel der Abendröte. Der furchtbare Geryoneos stellte sich ihm zum Kampf entgegen: Er hatte drei Häupter; drei Arme schwangen drei Schwerter, und drei weitere Arme beschützten ihn mit Schilden; doch auch er fiel im Kampf gegen den Zeussohn.

Die wunderbaren Rinder mußten nun heimgebracht werden, was in einer wiederum fast endlosen Geschichte erzählt wird. Besonders auf dem Weg durch Italien wur- schmiedeten Prometheus, der wegen seines Aufstands gegen die Götter schon seit Jahrtausenden leidet. Erst nach dieser Tat, die einer uralten Sage ein glückliches Ende schenkt, naht er sich seinem Ziel, dem in der Welt des Sonnenuntergangs liegenden Garten der Hesperiden. Dort wachsen, von einem Drachen gehütet, die goldenen Äpfel der Unsterblichkeit. Sie sind ein Geschenk der Erde an Hera, und zwar zu ihrer Hochzeitsfeier mit Zeus.

Unterwegs begegnet er dem Riesen Atlas, der auf seinen starken Schultern das gesamte Himmelszelt trägt. Atlas verspricht ihm, die Wunderfrüchte aus dem geheimnisvollen Garten zu holen, falls er ihm seine Last ein wenig abnehmen würde. Herakles übernimmt sie, und nach einiger Zeit kommt der Titan tatsächlich mit den Goldäpfeln! Aber er freut sich, den guten Herakles überlistet zu haben, denn er will Diese geheimnisvollen Bräuche, die die Griechen bis zum Beginn des christlichen Zeitalters ausübten, sollten den Menschen die Gewißheit vermitteln, daß ihr tiefstes Wesen unsterblich oder göttlich ist. Die Mysterien schenkten zudem „Entsühnung", also die „Reinigung" von Untaten. Auch Herakles, obwohl er soviel für die Menschheit getan hatte, vollzog sie.

Nun war er zu einer Reise bereit, wie sie noch kein lebender Mensch vor ihm unternommen hatte. Durch erschreckende Höhlen drang er bis an den Totenstrom vor, der unsere Welt von der Welt des Hades und der Totengeister trennt. Der Fährmann Charon, der die Seelen der Verstorbenen über den Fluß schaffte, erschrak vor dem Wesen aus Fleisch und Blut. Er wagte es nicht, dem Helden Widerstand zu leisten, und brachte ihn folgsam über die dunklen Gewässer.

Sogar der dreiköpfige Kerberos, der als unüberwindlich geltende Hüter der Grenze zwischen Leben und Tod, verwandelte sich, als Herakles erschien, in ein zitterndes Hündchen. Vor Schreck winselnd, floh er zu seinem Herrn, Hades, und versteckte sich unter dessen Thron. Der Gott der Unterwelt selber konnte seinem treuen Diener nicht mehr helfen; auch er soll sich vor dem heranschreitenden Helden gefürchtet haben. Nur seine Gattin, die schöne Zeustochter Persephone, begrüßte den „Gast", der ja zugleich ihr Bruder war, liebevoll.

Ohne Waffen einzusetzen, nahm der Heros den Hund an die Kette und schleppte ihn zum Entsetzen aller Menschen nach Mykenai. Er selber soll ihn nachträglich wieder seinen Besitzern, Hades und Persephone, zurückgebracht haben. Für die Mythologie wurde damit Herakles zum Sinnbild des ewigen Sieges über den Tod.

Zwölfte Arbeit (5)

Elfte Arbeit (4)

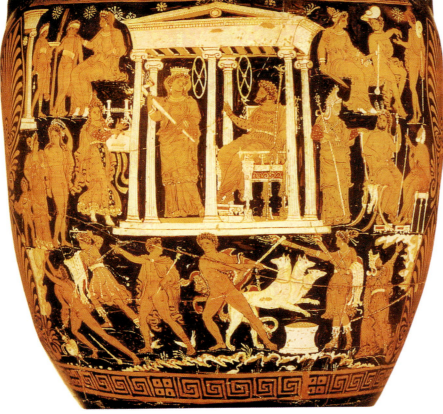

1 Herakles zähmt den Stier des Königs Minos (Attische Lekythos; Museo di Gela, Sizilien).

2 Für die Tochter des Eurystheus holt Herakles den Gürtel der Amazone Hippolyta (Attisch, Vulci, 510–500 v. Chr.; British Museum, London).

3 Herakles kämpft um die Rinder des Geryoneos (Attisch, um 540 v. Chr.; British Museum, London).

4 Herakles dringt bis in den äußersten Westen der Erde vor, wo die Hesperiden und der Drache Ladon die Äpfel der Unsterblichkeit bewachen (Attisch, um 410 v. Chr.; British Museum, London).

5 Herakles bringt den Höllenhund Kerberos aus der Totenwelt auf die Erde (Griechisch, Etrurien, 530–520 v. Chr.; Villa Giulia, Rom).

Links: Ein Bild der Totenwelt mit Hades auf dem Thron im Tempel. Vor ihm seine Gattin Persephone mit dem Flammenszepter. Links führt Orpheus selige Menschen vor das Heiligtum. Unten bändigt Herakles den Hund Kerberos (Griechische Vasenmalerei, Apulien).

Jagd auf die Sonnenvögel

Die Haupthelden der Völker haben fast immer mit der Sonne zu tun, schon weil das Erhalten von Licht und Wärme als die Grundlage der Entstehung und Entwicklung des irdischen Lebens erkannt worden war. Sehr deutlich wird dies in der chinesischen Mythologie, nach der es ursprünglich zehn Tagesgestirne gibt, damit die einzelne Sonne sich nicht übermüde und immer frisch und fröhlich zur Welt schaue.

Sie hausen alle zehn im Tal des Lichtes, das sich weit im Osten befindet. Dort ist ein See, in dem an jedem Morgen die „Sonnen-Mutter" ihre Kinder badet und ihnen damit ihre Strahlkraft in vollem Umfang wiedergibt. Am gleichen See steht ein riesiger Baum, Fu-sang oder Po genannt. Die durch das erneuernde Wasser gereinigten Sonnenkinder besteigen nun seine Äste, worauf die Menschen im Osten bereits die erste Helligkeit erblicken.

Während nun neun der Sonnen in den unteren Zweigen bleiben, steigt die zehnte – diejenige, der der neue Tag angehört – bis in die Baumkrone. Dort wird sie, wiederum von der Mutter, in ihrem von Drachen gezogenen Wagen abgeholt und über den ganzen Himmel gefahren. Sie erreicht gegen Abend den Berg Yen-tzu im äußersten Westen, wo sie ihre Drachen ausspannt. Hier ist wiederum ein Baum (Jo), an dem sich zahllose rote Blüten befinden. Durch die Verbindung mit der Sonnenkraft, die nun zu ihnen kommt, leuchten sie vermehrt auf und erhellen als Sterne die Nacht. Auf diese Weise wandern alle zehn Sonnen von Osten nach Westen und kehren auf geheimem Wege nach Osten zurück – auf daß das Spiel ewig andauere.

Doch auch die von den Chinesen bewunderte Weltharmonie, deren Ausdruck der Wechsel der zehn Sonnengeschwister ist, hat ihre Störungen, die sich unten auf der Erde sofort auswirken, d.h. zu staatlichen Unruhen wie zu Naturkatastrophen führen. Dem Wechsel der Kaiser-Dynastien, die in Ostasien geradezu als kosmische Ereignisse geschildert werden, soll jedesmal der gleichzeitige Aufgang mehrerer Sonnen vorausgegangen sein: so beim Sieg der Shang über die Hsia oder bei dem Sieg der Chou über die Yin-Shang.

Als es zum Wechsel zwischen den Urkaisern Yao und Shun kam, sollen sogar alle zehn Sonnen gleichzeitig aufgegangen sein; das ganze Leben auf der Erde wurde durch die unheimliche Steigerung der Hitze vom Untergang bedroht. Da erhielt der „Bogenschütze des Himmels", der den Namen Yi trägt, seinen magischen Bogen: Er schoß die überzähligen neun Gestirne des Tages aus ihren Bahnen und rettete damit die Welt vor dem Schicksal, eine mörderische Hölle von Glanz und Glut zu werden.

Auf Bildern sehen wir den Urhelden Yi mit seinem unfehlbaren Bogen nach dem Himmel zielen, während bereits abgeschossene Sonnen vor seinen Füßen auf dem Erdboden liegen; sie besitzen im übrigen die Gestalt von Raben. Diese Vögel, gelegentlich dreibeinig dargestellt, sollen in der Brust der leuchtenden Gestirne hausen, also deren Herz oder Seele sein. – Für die Europäer, die dieses Sinnbild als völlig fremd und damit für Menschen unserer Kultur als unverständlich anschauen, erinnern wir an eine wichtige Tatsache: Auch für die Griechen war der Rabe ein heiliges Tier des Sonnengottes Apollo!

Bei diesen Vorstellungen handelt es sich nicht um naive Kindermärchen; sie vermitteln vielmehr tiefsinnige Bilder der chinesischen Philosophie: Die Sonne ist für die Ostasiaten der Ausdruck des reinen männlichen Yang, schon weil sie aus reinem Feuer besteht. Der Mond dagegen ist Wasser und gehört zum Herrschaftsgebiet der weiblichen Kraft Yin. Auf dem Mond wohnt im übrigen, meistens in Gestalt einer mächtigen Krähe (Heng-o) dargestellt, die Gattin des „Himmelsschützen".

Die Helden der Chinesen sind eigentlich eine Art Fortsetzer des Schöpfungsvorgangs: Erleidet das Gleichgewicht der Energien von Yin und Yang eine Störung und breitet sich diese über alle Welten aus und droht sie in ein Chaos zu stürzen, so sind sie die Wiederhersteller der Harmonie, die für das Weiterbestehen aller Lebewesen notwendig ist.

Die silberbelegte taoistische Krone aus China zeigt zwischen zwei Drachen eine strahlende Perle. Sie steht für die innere Erkenntnis, die den Weisen nach und nach von innen her umwandelt und ihn zum Gefährten der Unsterblichen werden läßt (Liao-Dynastie, 907–1125; Museum of Fine Arts, Boston).

Links: Ein aztekischer Priester reicht dem Sonnengott, der sich in der strahlenden Scheibe der sichtbaren Sonne befindet und wie ein Raubvogel niederzustoßen scheint, ein Herz als Gabe. – In vielen Mythologien geben die Menschen durch „Opfer" den Göttern die Energie für deren „ewiges" Weiterbestehen, und diese wiederum schenken den Sterblichen die notwendige Lebenskraft (Präkolumbisch, Mexiko; Museum für Völkerkunde, Berlin).

Unten: Der Himmelsschütze Schen I soll die „überzähligen" Sonnen, die dann in Gestalt von Raben zu Boden stürzten, mit seinen niemals fehlgehenden Geschossen niedergeholt haben (China).

Der Himmelssohn Ge Sar rettet Tibet

Seite 225: Die Bilder von Ge Sar zeigen die Taten des gewaltigen Helden, wobei buddhistische Heilige wie tibetische Feenwesen seine treuen Helfer sind (Musée Guimet, Paris).

Links: In China wurden zu Neujahr Darstellungen des Beschützergottes Jä-lei über den Türen befestigt. Er reitet einen Löwen, ist selber löwenhaft und verscheucht das Unglück (Holzschnitt, 19.–20. Jh.).

Mitte: Bilder des Tigergottes Bajhut-Bonga kamen in Westbengalen an Türpfosten: Sie sollten „gute Beziehungen" zu den Raubkatzen schaffen und deren Überfälle auf Menschen verhindern (Aquarell auf Papier, Santal, Westbengalen; Archer Collection, London).

Rechts: Mächtige Gestalten, gelegentlich als uralte Heroen gedeutet, werden in China, Korea und Japan auf bemaltem Papier als „Wächter" bei den Toren befestigt. Schon der Anblick dieser Helden soll alle Übel in die Flucht schlagen (China, Schang-Dynastie; British Museum, London).

Die schamanistischen Völker der Mongolen und der Turko-Tataren sahen in ihren Häuptlingen besonders auserwählte Menschen voller Gefühl für ihre geradezu verwandtschaftliche Beziehung zu den „Himmlischen", den Tengri.

Der unbesiegbare Dschingis-Khan galt als Sohn des Götterkönigs und Gewittergottes Hormuzda-Tengri. Auch wenn seine Nachkommen zu den Hochreligionen Buddhismus oder Islam übergetreten sind, waren diese geschichtlich bezeugten Häuptlinge offenbar schon zu ihren Lebzeiten echte Märchengestalten. Uralte Mythen umgaben die Kublai-Khan, Ügedei, Hülägu, Batu-Khan, Timur. Die Mythen halfen ihnen beim Begründen oder Erhalten fast grenzenloser Reiche nicht weniger als der Mut ihrer Reiterkrieger.

Die völlige Verflechtung der menschlichen Geschichten mit den Mythen um die „Himmlischen" finden wir in einer der gewaltigsten Schöpfungen Asiens, dem Epos um das Heldenleben des Ge Sar. Es handelt sich um die National-Dichtung der Tibeter, und wenn wir deren ausführliche Übersetzung lesen, wird uns die Seele dieses Gebirgslandes verständlicher.

Auch Ge Sar gilt als Sohn des Himmelsgottes. Er wird gezeugt, als die Völker des Herzgebietes von Tibet von innerem Unfrieden zerrissen und von teuflischen Eroberern aus allen Windrichtungen bedrängt werden. Der Gottessohn Don agrub verwandelt sich nun in einen mythischen Urvogel. Dieser, genau wie andere Geschöpfe aus der Himmelswelt, wird mit einer erstaunlichen Freude an Farben geschildert (wir folgen hier der wichtigen Übersetzung von Prof. P. Matthias Hermanns): „Der gelbe Oberkörper war aus Gold. Der blaue Unterkörper war aus Türkis. Die weißen Hüften waren aus Mu-scheln. Die vier schwarzen Klauen waren aus Eisen. Die bunten Augen waren aus Achat."

In dieser Gestalt naht der Himmelsvogel der kinderlosen und unfruchtbaren Hauptgattin eines tibetischen Großhäuptlings, die ahnungslos in der Abenddämmerung Yak-Kühe melkt. Eine Lichtflut kommt vom Himmel, Feengesang ertönt, und der Göttersohn beginnt nun im Schoß seiner Mutter, Gestalt aus irdischem Fleisch anzunehmen.

Selbstverständlich – ähnlich wie in wesensverwandten Sagenkreisen – wird die Frau wegen ihrer plötzlichen Schwangerschaft von ihrem Umkreis geschmäht und verdächtigt. Doch das göttliche Kind, das in ihrem Schoße heranwächst, tröstet sie mit klugen Worten: Er werde schon bald ihre Ehre wiederherstellen, ihre Verächter verdientermaßen demütigen, und sie werde das Glück genießen, die Mutter eines großen Königs zu sein.

Das Himmelskind handelt genau nach seinem Versprechen. Herangewachsen, ordnet Ge Sar die Stämme, gewinnt eine Gattin, die seiner würdig ist, und beginnt seine unerhörten Heldentaten. Er besiegt zuerst die drohenden Teufel des kalten Nordens, kann aber nicht verhindern, daß die in der Nachbarschaft lauernden Turkvölker (Hor) sein Land überfallen. Rasch kehrt Ge Sar zurück und besiegt die Eindringlinge in vernichtenden Schlachten.

Nun geht es gegen feindliche Chinesen im Osten, die aber gegen die übermenschlichen Energien des Himmelssohnes nichts vermögen. Da er während seiner Abwesenheit nicht verhindern kann, daß seine Lieblingsfrau stirbt, dringt er in das Höllenreich ein und entreißt dessen Herrscher die Seele der Geliebten. Sie kommt dank seiner Siege in das „Westliche Paradies", das bei buddhistischen Völkern eine hohe Stufe der Seligkeit bedeutet.

Da seine Aufgabe, Tibet für ein Zeitalter zu retten, erfüllt ist, widmet er unter anderem seinen Pferden sehr schöne Abschiedsworte: „Jetzt gehe ich zum Freudenlande... Zu dieser Zeit werden wir uns bestimmt treffen..." Blumenregen fällt auf die Erde hinab, Götter und Feen holen den Helden ab: Mit seinen beiden Gemahlinnen tritt Ge Sar ins Himmelreich ein, „ohne einen Körper zurückzulassen".

Selbstverständlich gibt es bei asiatischen Gelehrten sehr ernst zu nehmende Versuche, auch diesen Wunderkönig als historische Gestalt nachzuweisen. Auf alle Fälle aber glaubt sein Volk noch heute, er werde eines Tages wiederkommen und Tibet die einstige Größe und Freiheit wiederverschaffen.

Der japanische Sturmkrieger

Oben: Um an das Wasser einer Quelle zu gelangen, mußte Kadmos einen Drachen besiegen. Aus dessen Zähnen, die er aussäte, sollen die kühnen Thebaner erwachsen sein (Lakonischer Becher).

Auch in der Geschichte des japanischen Inselvolks geht die Mythologie der Götter und Feenwesen ziemlich nahtlos in den Bericht von der Entfaltung der Sterblichen und ihrer Kultur über.

Dies geht so weit, daß die in diesem Land heute sehr verbreiteten Religionen wie Buddhismus und Christentum den Glauben an all die Stämme der geheimnisvollen Geschöpfe (Kami) kaum je verdrängen konnten. Noch heute prägt der Geisterglaube die Familienbräuche der Japaner. Der Geisterglaube gilt als die geistige Grundlage, dank der man die Berichte über die Entstehung der Inseln und die Bewohner dieser Inseln besser begreifen kann.

Die vielfach abgebildete Sage beginnt mit dem Geschwisterpaar Izanami und Izanagi. Es steigt auf einem Regenbogen aus dem Himmel auf die Erde und erfindet für sich und die Menschen aus der Beobachtung von Wasservögeln die Arten des Liebesspiels. Aus dem Hintergrund der Erzählungen, die das Paar umkreisen, treten wiederum drei Geschwister hervor, die Sonnengöttin, der Mondgott und der Sturmgott Susano. Dieser gilt, wohl wegen seiner Verbindung mit den wilden Lüften,

Susano ist erfüllt von Leidenschaften, die ihn für seine Umgebung gefährlich machen: Sein zorniges Antlitz kann seine Feinde erschrecken; es soll von den späteren Rittern, den Samurai, im Kampf imitiert worden sein. Der Mythos von seiner gelegentlichen Wildheit steht sozusagen am Anfang der Menschengeschichte, einer Geschichte, die in Japan bisweilen sehr kriegerische Züge angenommen hat.

Der unsterbliche Held ist nicht nur stets von wildem Mut erfüllt, sondern zudem ein Vorbild der späteren Kriegslisten. Susano stellt einem Drachen acht mächtige Gefäße mit berauschendem Sake hin, und bald schlürft jedes Haupt gierig vom Reisschnaps. – Dies wurde später als ein göttlicher Hinweis verstanden: Bei gefährlichen Auseinandersetzungen unterliegt stets derjenige, der durch Betrunkenheit den klaren Kopf verliert.

Im Schwanz des nun getöteten Drachen findet Susano ein wunderbares Schwert, das er später seiner Schwester Amaterasu verehrt. – Auch dieses Schwert zählt zu den Sinnbildern des japanischen Kaiserhauses. Im übrigen soll Susano die Wälder an den Küsten von Korea angepflanzt haben, die ursprünglich nichts anders waren als seine

Links: Der japanische Sturmgott Susano, Bruder der Amaterasu, Sonnengöttin und Urmutter der Kaiser, besiegt den Meeresdrachen.

Rechts: Im „Buch der Könige" (Schâhnâme) besiegt der Krieger Rostam einen Drachen. Diesen deutete man u.a. als ein Bild der wilden Nomadenstämme, die gegen den Iran stürmten (Persische Miniatur, 1486; British Museum, London).

als ein Vorbild der todesmutigen und wilden Krieger, der Samurai, die in der Dichtung der Japaner eine so zentrale Rolle spielen.

Susano beleidigt seine Schwester Amaterasu, und diese zieht sich grollend in eine Höhle zurück, worauf die ganze Welt von Finsternis erfüllt wird. Sie verläßt ihr Versteck erst, als das geringere Göttervolk sie durch unterhaltende Tänze wieder hervorlockt. Seither wechseln sich auf Erden der Tag und die Nacht ab – und noch heute glaubt ein Teil der Japaner, daß die Kaiserfamilie unmittelbar von der Sonnenfrau Amaterasu abstamme.

starken Barthaare. Einige Gelehrte haben darum vermutet, die Verehrung des unberechenbaren Gottes gehe noch auf das Volk der Ainu zurück, deren Männer überdurchschnittlich bärtig sind: Sie gelten als die (heute bekanntlich fast verschwundene) Urbevölkerung Japans, die eine gewisse Verwandtschaft mit den schamanistisch geprägten Stämmen des östlichen Sibirien aufweist.

Im übrigen hat Susano gegenüber dem befreiten Göttermädchen nicht anders gehandelt als die meisten der kühnen Drachentöter in den Sagen der Welt: Er machte sie zu seiner Gattin.

Oben: Der Erzengel Michael wurde im Mittelalter als menschlicher Ritter dargestellt, der am Ende der Zeiten unerschrocken mit dem Drachen kämpft.

Links: Bilder des heiligen Georg als Kämpfer gegen das Böse waren in Mittelalter sehr beliebt (Gotische Lindenholzplastik, Deutschland, um 1390; Bayerisches Nationalmuseum, München).

Unten: Der von Michael niedergezwungene Drache trägt Züge verschiedener Tiere, die der Mensch des Mittelalters fürchtete, z.B. Wolf und Schlange. Er erinnert an die Bilder der „himmelstürmenden" Titanen des Altertums (Steinrelief, um 1000, St. Nicholas Church, Ipswich, England).

Oben: Drache und Held sind auch im Orient Sinnbilder des ewigen Kampfes um die Welt, damit sie für den Menschen bewohnbar bleibt (Persisches Manuskript, mongolische Zeit, um 1295; Pierpont Morgan Library, New York).

Rama und Sita, das Vorbild der Treue

Die indische Mythologie stellt sich einen Kreislauf von Zeitaltern vor, die sich fortlaufend ablösen. Innerhalb einer Periode von 4 320 000 „Menschenjahren" wechseln Höhepunkte der Kultur, in denen auf der Erde fast paradiesische Zustände herrschen, mit schrecklichen Abstürzen.

Die Asuras, die in vielem den Titanen der griechischen Überlieferung entsprechen, versuchen immer von neuem, den Glauben der Sterblichen an die höheren Wesen (devas) aus den Herzen zu reißen. Um die grausame Herrschaft dieser Tyrannen zumindest für ein Zeitalter zu beenden, nimmt Vishnu, „der Erhalter der Welten", zusammen mit der Glücksgöttin Lakshmi menschliche Verkörperungen auf sich. Auch wenn sie ihre überlegenen Energien nicht voll einsetzen, sind sie für die Wesen der Erde Vorbilder, denn sie zeigen, wie eine gerechte Weltordnung aufgerichtet werden kann.

Neben den Geschichten um Krishna, seinen Sohn Kama und deren göttliche Gattinnen sind in Indien besonders die Geschichten um Rama und Sita beliebt, deren Zeit freilich Hunderttausende von Jahren zurückliegen soll. Wie wir aus der großartigen Dichtung „Ramayana" von Valmiki und aus unzähligen Volkslegenden und Tempelbildern erkennen können, geht es in ihnen – vergleichbar den Sagen um den Trojanischen Krieg – um Frauenraub, Liebestreue und wahre Freundschaft.

Da der Königssohn Rama, ähnlich dem Helden Herakles, die Ungetüme erschlägt, raubt der darob verbitterte Asura-König Ravana seine wunderschöne Gattin Sita. In einem Zauberfluggefährt eilt er mit ihr in sein Land, dessen Reste wir noch heute als die Insel Sri Lanka kennen. Er will damit das Götterpaar, das in menschlicher Gestalt verletzlich und sterblich ist, demütigen. Aus diesem Grund versucht er, die Sinne seiner unglücklichen Gefangenen mit wahrhaft übermenschlichen Verführungskünsten, märchenhaften Geschenken und Verwandlungen seiner eigenen Gestalt zu verwirren. Die Asuras glauben, sie würden über die Himmlischen siegen können, wenn die Glücksgöttin, die ja vorübergehend ein Mensch ist, Rama nur kurz vergessen könnte...

Rama sucht zusammen mit seinem Bruder Lakshmana nach der geraubten Sita und findet dabei herzlich wenig Hilfe bei den wankelmütigen Menschen. Endlich kann er Hanuman, den König der Menschenaffen, als treuen Freund gewinnen. Zusammen mit dem Volk der Tiermenschen zieht nun der Held gegen den unbesiegbaren Dämonenfürsten, der sich bereits als Herr der Welt wähnt.

Auf Befehl des Affenkönigs Hanuman bauen dessen geschwänzte Untertanen mit Felsblöcken eine Brücke ins Asura-Reich, und bald tobt der Kampf vor und in der Hauptstadt der Dämonen. Sita wird befreit, und das Königreich Ramas, das nun entsteht und sich nach der Sage über die ganze Erde ausbreitet, gilt den Indern bis heute als zeitloses Ideal für die Herrschaft der Gerechtigkeit für Menschen und Tiere gleichermaßen.

Trotz der rührenden Liebesgeschichte um Rama und Sita erscheint als der Hauptheld der Dichtungen um den ganzen großen Krieg doch häufig der Affe Hanuman. Als Verbündeter des Menschenfürsten entwickelt er auch magische Fähigkeiten, die gelegentlich sogar die von Ravana übertreffen und diesen zum Gespött machen. Die volkstümlichen Geschichten um die Affen geben der im ganzen eher tragischen Geschichte offensichtlich eine unterhaltsame und lustige Komponente.

Die hinduistische Religion gesteht, nicht zuletzt wegen der vielschichtigen Dichtung Ramayana, auch Tieren die Fähigkeit zu, Träger des Göttlichen zu sein. Hanuman gilt darum als Verkörperung (avatara) des Weltengottes Vishnu. Die lebendigen kleinen Affen werden wegen ihrer „Verwandtschaft" mit dem Tiergott von frommen Indern mit Rücksicht behandelt.

Oben: Die indische Dichtung Ramayana erscheint oft fast als Urbild der Märchen, in denen der Held mit befreundeten Tieren gegen einen bösen Zauberer oder einen Drachen kämpft, der seine Geliebte geraubt hat. Am Ende offenbart Rama sein göttliches Wesen und wirft den vielköpfigen und vielarmigen Ravana nieder (Malerei auf Pergament, 18. Jh.; Sammlung Lobue-Authier, Genf).

Seite 228: Um die Festung des dämonischen Ravana auf Sri Lanka zu erstürmen, ließ der Affenkönig Sugriva mit dem weisen Hanuman eine lebendige Brücke zum indischen Festland entstehen. So konnte Rama seine schöne Sita aus der Macht des Ungetüms befreien (19. Jh.; Vat-Phra-Keo-Tempel, Bangkok).

Kampf um Helena, Schönste der Frauen

Die Schilderungen des Trojanischen Krieges sind Erzählungen von der Entstehung der griechischen Kultur. Die Könige, wohl fast alle mit den olympischen Göttern und den Feengeschlechtern der Nymphen verwandt, finden sich zu einer gemeinsamen Tat zusammen, zum Kampf um die schönste Frau der damaligen Zeit, die Zeus-Tochter Helena.

Die ganze Geschichte fängt wie ein echtes Märchen an: König Peleus, selber ein Enkel von Zeus, heiratet die Meeresgöttin Thetis. Götter und Helden sind bei diesem Fest dabei, nur die Eris hat man vergessen einzuladen. Beleidigt wirft sie einen goldenen Apfel in die Versammlung mit dem Hinweis, er sei für die schönste der Göttinnen. Als solche betrachten sich anscheinend zumindest drei der Unsterblichen: Hera, Athena und Aphrodite.

Die drei beschließen, einen Sterblichen mit Geschmack zu ihrem Schiedsrichter zu machen, und sie wählen den schönen Paris, den Sohn des Königs Priamos von Troja. Er spricht den Preis der Aphrodite (Venus) zu, weil sie ihm für diese „Wahl" die schöne Helena als Geliebte verspricht: Das Leidige an der Sache ist allerdings, daß Helena schon die glückliche Gattin des Königs Menelaos von Sparta ist...

Paris raubt die schönste der Frauen mit einiger List, worüber Helena offensichtlich nicht lange bekümmert ist! Da das Paar in die als uneinnehmbar geltende feste Stadt Troja, die die Küste von Kleinasien beherrscht, flieht, beschließen die griechischen Fürsten, dem stolzen Sparta die geraubte Königin zurückzuholen.

Die Griechen steigen in ihre Schiffe und ziehen – trotz aller früheren Streitigkeiten zwischen den einzelnen Stämmen – gemeinsam gegen Troja. Nun entbrennt zwi-

schen ihren Helden – Agamemnon etwa, Achilles, Menelaos und Odysseus – und den Helden von Troja, deren bekanntester Hektor ist, ein veritabler Weltkrieg, in den sich unzählige Verbündete aus allen Windrichtungen einmischen. Erinnert sei an den Helden Memnon, einen Sohn der Morgenröte Eos, den König von Äthiopien, der im Kampf mit Achilles fällt, dann aber, dank der Fürsprache seiner Mutter, auf dem Olymp von einem Halbgott zu einem echten Gott befördert wird.

Da sich auch die Unsterblichen auf beiden Seiten in den Krieg mischen – denn viele von ihnen sind auf beiden Seiten mit Helden verwandt oder befreundet – tobt der Krieg zehn Jahre lang. Die Blüte der Männer aus den griechischen Fürstentümern und von Troja fällt.

1 Die schöne Helena vor König Priamos, der sie in Troja aufnahm und dadurch den berühmtesten Krieg des Altertums entfesselte (Bemalte Schale; Tarquinia, Italien).

2 Hephaistos gibt Thetis die Rüstung, die er für den Helden Achilles verfertigte (Bemalte griechische Schale, um 450 v. Chr.; Staatliche Museen, Berlin).

3 Die altgriechischen Helden galten als Meister der Ersten Hilfe für Verwundete – Achilles verbindet seinen Freund Patroklos (Attisch, um 450 v. Chr.).

4 Schlachtenbild von Troja: Der von Paris getötete Achilles liegt am Boden. Glaukos will ihn mit einem Riemen ins trojanische Lager schleppen, findet aber ebenfalls sein Ende durch Ajax (Chalkidische Vase, um 540–530 v. Chr.).

5 Hera, Athena und Aphrodite lassen durch Paris „die Schönste" unter sich bestimmen: Die Liebesgöttin verspricht ihm als Dank die schöne Helena, ihr irdisches Abbild (Bemalte Tafel, Florenz, 15. Jh.; Metropolitan Museum of Art, New York).

Wie wohl jeder Leser weiß, bringt eine List des Odysseus des Königs von Ithaka, die Entscheidung: Die überlegenen Griechen ziehen ab und lassen den Trojanern als Geschenk ein riesiges Pferd aus Holz zurück. Die Krieger, im Bauche des Pferdes versteckt, überfallen in der Nacht die feiernden „Sieger". Troja wird von der im geheimen zurückgekehrten Hauptmacht der Griechen erobert und dem Erdboden gleichgemacht.

In der indischen Dichtung Ramayana erweist sich die von ihrem Gatten getrennte Sita als treu und tugendhaft. Für die Stämme von Hellas scheint aber vor allem die Schönheit das wichtigste Ding auf Erden gewesen zu sein: Obwohl Königin Helena all die Jahre des furchtbaren Gemetzels mit Paris ein recht erfülltes Liebesleben geführt hat, nimmt sie ihr Gatte Menelaos wieder zu sich zurück, und er wird wegen dieser Tat von den übrigen überlebenden Griechen verstanden. So wurde dieser Liebling der Aphrodite für Jahrtausende zum Sinnbild der alles besiegenden Schönheit! Noch der deutsche Schwarzkünstler Faust soll nach der Sage des 16. Jahrhunderts die Geheimwissenschaften vor allem erlernt haben, um Helena wieder zum Leben erwecken zu können.

Homer hat bekanntlich erst lange Zeit nach dem Trojanischen Krieg gedichtet: Ob das besungene Kriegsunternehmen tatsächlich die griechischen Stämme einigte, wissen wir nicht. Die Schilderungen des großen Dichters jedoch, der mit seinem Epos an allen kleinen Königshöfen weilte, haben dieses große politische Werk der zumindest oberflächlichen Einigung erfüllt. Alle hellenischen Völker entdeckten hier eine gemeinsame Urgeschichte und gleichzeitig ein gemeinsames Ideal: ihre grenzenlose Verehrung für die Schönheit.

6 Athena war die Beschützerin des Helden Achilles und stand auf der Seite der Griechen, die die geraubte Helena aus Troja zurückholen wollten (Steinrelief; Akropolis-Museum, Athen).

7 Hera war – schon als Schutzgöttin der Ehen – auf der Seite der Griechen. Mit einem Sturm versuchte sie, Paris an der Entführung Helenas zu hindern (Steinrelief; Museo nazionale, Palermo).

8 Aphrodite stand aus Dankbarkeit für sein Urteil auf der Seite des Paris und der Trojaner (Aphrodite von Knidos, Marmorstatue, römische Kopie des griechischen Originals, 350 v. Chr.; Vatikanische Museen).

Sigurd und andere Sagenhelden

Seite 233: Der Sieg des skandinavischen Helden Sigurd, des deutschen Siegfried, über den Drachen Fafnir wurde zum Höhepunkt der germanischen Sagenwelt (Um 1200; Detail vom Portal der Stabkirche von Hyllestad, Setesdal, Norwegen).

Ganz oben: Diese Holzschnitzerei wird als Bild des Schmieds Regin gedeutet, der für Sigurd das wunderbare Schwert Gram fertigt (Detail vom Portal der Stabkirche von Hyllestad).

Oben links: Von einer Runenschlange umringt, ist der Kampf Sigurds mit dem Lindwurm Fafnir um das Gold der Nibelungen abgebildet. Durch das verströmende Drachenblut wird der Held, ähnlich dem griechischen Achilles, bis auf einen Körperpunkt unverletzlich (Felsgravierung; Södermanland, Schweden).

Oben rechts: Odin hilft schon auf Erden den Helden, die er der Walhalla würdig findet. Er reitet auf seinem achthufigen Sturmroß, hat nur ein Auge und ein magisches Szepter (Edda-Ausgabe von 1760; Königliche Bibliothek, Kopenhagen).

Als sich aus den Resten der antiken Zivilisation und den eindringenden „Barbaren" die Völker des Mittelalters herauskristallisierten, war der Traum vom Helden zweifellos ein Trost in den Krisen.

Die Skandinavier besaßen die Lieder von ihrem Helden Sigurd aus dem geheimnisvollen Geschlecht der Wölsungen, der in jugendlichem Übermut für einen sterblichen Menschen unvorstellbare Abenteuer wagt. Auf den Faröer-Inseln kennt man noch immer ein Lied über seine Taten, das Hunderte von Strophen hat. Das Volk sang es ganze Nächte hindurch und tanzte dazu einen Reigen, der den Teilnehmern Lebensgenuß und Durchsetzungskraft schenken sollte.

Im deutschen Nibelungenlied heißt der Held Siegfried. Er tötet den Drachen Fafnir und wird durch dessen Blut, in dem er seinen Körper badet, wie Achilles fast unverletzbar. Nur ein Lindenblatt, das vom nahen Baume fällt (Erinnerung an den Welten- und Lebensbaum der schamanistischen Mythen?), macht ihn zwischen den Schultern verwundbar.

Der Held stellt sich in den Dienst des Königs Gunther vom Reich der Burgunder, das am Rhein während des Chaos' der Völkerwanderung wie eine Insel von Kultur und Frieden erscheint. Um die schöne Kriemhild, die Schwester Gunthers, zu gewinnen, hilft er dem Fürsten – naiv und mit recht unredlichen Mitteln –, die kriegerische Brunhild zu gewinnen. In den Kampfspielen, in denen der künftige Gatte die Amazone überwinden muß, hilft Siegfried, durch die Tarnkappe unsichtbar geworden, dem König.

Durch dummes Geschwätz vernimmt die betrogene Brunhild den ganzen Schwindel. Sie zwingt nun Hagen, Gunthers Bruder, den kindlich-gutgläubigen Recken Siegfried zu ermorden; der Speer des Verräters durchdringt von hinten dessen einzige verletzliche Stelle! Kriemhild ergibt sich der kalten Rachsucht: Sie heiratet Etzel (oder Attila), den König der vom Osten her eingewanderten Hunnen. Die Folge ist ein Gemetzel, bei dem die Burgunder ihren Untergang finden.

Der wildeste und ursprünglichste dieser sagenhaften Helden ist wohl der Ire Cu Culainn von Ulster. Seine Mutter soll die Tochter oder Schwester des Königs Conchobar gewesen sein, als sein Vater erscheint gar Lug, ein Fürst aus dem Göttergeschlecht der Tuatha De Dannan.

Cu Culainn ist ein schöner und sogar sanfter Mann, doch wenn die Kampfeswut über ihn kommt, verwandelt er sich in ein unaufhaltsames, dämonisches Wesen. Sein Leib wird wie von einem inneren Erdbeben erschüttert und verwandelt ihn in eine Schreckensgestalt; schon sein Aussehen lähmt seine Feinde. Sichtbare Feuerkräfte dringen aus seinem Körper und verbreiten Entsetzen und Vernichtung.

Wahrscheinlich ist, geschichtlich gesehen, der letzte dieser mythischen Helden der albanische Fürst Skanderbeg (1405–1468), der sein zerstrittenes Volk vor allem gegen die türkischen Eroberer zu einigen versuchte. Als sie mit ihm schwanger ging, träumte seiner Mutter, sie gebäre einen mächtigen Drachen, der mit seinem Leib ganz Albanien bedeckte, also wider dessen Feinde beschützte.

Gegen seine Feinde soll nach der Sage der Fürst Felsblöcke geschleudert haben, „groß wie Häuser". Die Spuren, die sein riesenhaftes Roß im Boden hinterlassen haben soll, wurden bis in die Gegenwart vom Volk gezeigt, und seine unsterbliche Kraft soll den Albanern auch nach seinem Tode Hilfe gewährt haben.

Tafelrunden des christlichen Mittelalters

In Ritterschaft und Volk Westeuropas entstand nach dem Zusammenbruch der römisch-griechischen Zivilisation während der Völkerwanderungen eine „christliche Mythologie". Sie schenkte dem Volk die Hoffnung auf eine neue Kultur und wirkte als Anregung zu einem „schönen und frohgemuten" Lebensstil.

Die auf dieser Mythologie aufbauende Sagenwelt kreist hartnäckig um die Gestalt des Königs Artus, der im ausgehenden 5. Jahrhundert tatsächlich gelebt haben soll. Trotz seiner fürstlichen Ahnen wächst er in Armut auf und erlebt damit hautnah das Elend des Volkes von Britannien: Die Ordnung ist zusammengebrochen, von den alten keltischen Kulturen ist kaum etwas übriggeblieben, und die Barbaren streben überall nach blutiger Macht.

Doch Artus verfügt schon als Kind über alle Tugenden und vor allem über einen ausgesprochenen Gerechtigkeitssinn. Er gewinnt als Freund und Berater den geheimnisvollen Zauberer Merlin, und auch die Feen, weise Frauen mit grenzenlosen Kräften, sind ihm hold. Er vermag das in einen Felsen eingeschlossene Schwert herauszuziehen – für das Volk ein Zeichen dafür, daß er zum Königtum berufen ist. Mit einem Mut ohnegleichen bändigt er das Chaos der dauernden Kriege. Der Artus-Friede senkt sich auf England, und der Held auf dem Thron kann um sich herum eine neue Goldene Zeit des Friedens und der Freude entstehen lassen.

Nach einer großen Zahl von Abenteuern, die in den Dichtungen des Mittelalters endlos ausgemalt wurden, gewinnt er Guinevra als Gattin und macht sein Schloß Camelot zum glänzenden Herzen einer blühenden Kultur. Merlin gibt ihm den Rat, eine Tafelrunde zu gründen: Zwölf der besten Ritter und ihre Damen sollen hier Platz haben. König Artus ist in diesem Kreis „nur" der Erste unter Menschen, die, ihm gleichgesinnt, auch als einzelne befähigt sind, die Friedensordnung in den anderen Ländern zu begründen. Doch auch wenn Artus nicht teurer und prächtiger gekleidet ist als sein Gefolge und niemand an seiner „wie die Welt runden" Tafel höher oder vornehmer als die anderen sitzt, erkennt jeder neue Gast in ihm den wahren König!

Spätere Sagen, immer mehr zu fast endlosen Epen ausgewalzt, warfen auch einige Schatten auf den gerechten Herrscher und seinen Hof. So soll die Königin Guinevra ihrem Gatten mit einem der Ritter, Lancelot, untreu geworden sein! Doch dies beeinflußte den Kern der Sage nur beschränkt: Das Volk gewährte in seinen Überlieferungen dem Fürsten von Camelot Unsterblichkeit im Feenreich. Er soll im geheimen weiterleben, in künftigen Zeiten wiederkommen und den Menschen das Glück bringen.

In der Dichtung hat er sich etwa mit seinem Hof zu einem Berg in Indien zurückgezogen. Er lebt hier mit Juno und Felicia, dem Kind der Sibylle, also mit Wesen, die an die griechisch-römische Mythologie erinnern. Gottfried von Monmouth, der im 12. Jahrhundert schrieb, läßt ihn auf die Insel Avalon gehen. Dort pflegt ihn die Fee Morgane, und von dort wird er in neuer Herrlichkeit zurückkehren. Die Erwartung seiner Rückkehr war unter den Menschen so verbreitet, daß Alanus ab Insulis befürchtete, man könne in der Bretagne gesteinigt werden, wenn man in diesem Land die künftige Wiederkehr Artus' bezweifelte.

Während der Sagenkreis von den Helden der Tafelrunde mehr oder weniger ganz Westeuropa erfüllte, kannten die Ostslawen hundertfach Volksdichtungen um den Fürsten Wladimir, eine historische Gestalt des 10. Jahrhunderts. Er wurde zu einem Mittelpunkt der Volksphantasie, schon weil er im Raum des heutigen Rußland das byzantinische Christentum einführte.

Von überall her zieht Wladimir Helden und Heldinnen – und diese sind hier nicht seltener als die Amazonen bei den Griechen – an seinen Hof in Kiew, wo von der Decke das leuchtende Bild der Sonne und der Gestirne die Gäste begrüßt. Ähnlich wie von den einzelnen Rittern der Artus-Runde gibt es von den verschiedenen Vertretern seines Gefolges eine Unzahl von Wundergeschichten, vor allem über den Recken Ilja von Murom, dessen Taten teilweise sogar deutlich an die des Herakles anklingen.

Ilja ist die russische Form des Namens Elias. Der biblische Prophet Elias (Elija) erscheint auf vielen Ikonen mit seinem himmlischen Feuerwagen; deshalb ist er im Glauben der slawischen Bauern an die Stelle des Blitzgottes Perun getreten!

Die westlichen und östlichen Helden bekämpfen neben unmenschlichen Ungetümen vor allem Tyrannen, die den Menschen die Freiheit rauben und sie zu erniedrigen suchen. Vor allem greifen sie ein, wenn Frauen durch Gewalt zu widerlichen Verbindungen gezwungen werden sollen.

Seiten 234/235: Sir Galahad wird vom Magier Merlin und von König Artus in die Tafelrunde aufgenommen. Er darf als neues Mitglied des Kreises den Ehrenplatz auf dem Thron in der Mitte einnehmen. – Die zwölf Artusritter waren im Mittelalter Vorbild für den Schutz von Unterdrückten. Sie galten als Sucher nach dem Gral, dem Sinnbild der Erlösung Christi und des wahren Christentums (Französisches Manuskript; Bibliothèque nationale, Paris).

Rechts: Das abendländische Rittertum bezog seine Vorbilder aus verschiedenen Kulturkreisen. Wir sehen hier nebeneinander etwa Cäsar (2. v. l.), König David (M.), Artus (3. v. r.) und Karl den Großen (2. v. r.). – Nicht zufällig sind hier neun Heroen zusammengestellt. Die Zahl 9 ist die potenzierte heilige Dreizahl. Das Bild vereint drei heidnische, drei jüdische und drei christliche Herrscher (Aus „Le chevalier errant" von Jacques d'Yverni, um 1394; Bibliothèque nationale, Paris).

Oben: Der Gral, dessen Sagenkreis von der keltischen Mythologie wie von christlicher Mystik beeinflußt war, sollte die Kraft der Ritter in ihrem Kampf gegen das Böse in der Welt erneuern (Ms. 112, fol. 5, 1470; Bibliothèque nationale, Paris).

Seite 239: Auf dem Berg der Erkenntnis und des Wissens, den der Wahrheitssucher schrittweise emporsteigen muß, thronen die sieben Freien Künste. Jede von ihnen lehrt den Menschen, die Welt von einem anderen Standpunkt her zu verstehen: Zuoberst, an der Grenze zum Himmel, ist der – hier vom heiligen Augustinus eingenommene – Platz der wahren Weisheit, die uns die Schöpfung als göttliches Kunstwerk voller Sinn begreifen läßt (Florentinische Miniatur, 15. Jh.; Musée Condé, Chantilly).

In den kaukasischen Sagen um die Narten, die einmal eher irdische Götter zu sein scheinen, ein andermal heldenhafte Ahnen einer märchenhaften Urzeit, erklärt der Held Badynoko, was der Sinn seiner Taten ist: Nie habe er danach gestrebt, Reichtümer anzuhäufen oder immer neue Frauen zu gewinnen. „Meine Rüstung habe ich angezogen ausschließlich für hohe Taten – mein Ziel ist die Verteidigung der wahren Gerechtigkeit." Schon im Wiegenlied sei ihm, so weiß es noch die Überlieferung der Kabardiner, gesungen

UM DEN SINN DER WELTEN

Oben: Bereits im Rahmen des Kults der Aphrodite besitzen wir das vieldeutige Bild des Hermaphroditos. Er (oder sie) soll aus der Verbindung der Liebesgöttin mit Hermes entstanden sein; er ließ den Menschen die Welt als Verbindung gleichwertiger und einander in Harmonie haltender weiblicher und männlicher Kräfte verstehen. Die Erkenntnis dieses Zusammenspiels war für die Alchimisten und Astrologen ein Schlüssel zu ihrer mystischen Naturkunde (Nürnberger Manuskript, um 1530; Kupferstichkabinett, Berlin).

worden: „Du wirst ein Licht für das Menschengeschlecht werden!"

Von einem anderen Helden der Narten-Sage, Sosruko, versichert das Volk im Kaukasus bis in die Gegenwart, sein Körper sei auch unter der Erde lebendig, und seine Seele wolle ihren Leib nie verlassen. Noch immer suche er einen Weg, wieder auf den Erdboden emporsteigen zu können. Die Quellen, die unter dem Grund der kaukasischen Berge hervorbrechen – das seien die heißen Tränen von Sosruko. Diese Quellen würden zu den Menschen eilen, und aus dem Lärmen der Wasser vernehme man die Worte: „Wenn ich nicht mehr die Kraft besitze, den Leuten zu helfen, sollen ihnen meine Tränen helfen."

Zu dieser schönen Sage gibt es eine Ausschmückung: Wer in jedem Frühling in den Quellen der Berge badet, in dessen Seele brennt die Sehnsucht nach der Freiheit, und sein Körper wird gleichzeitig gesund und so stark, daß keine Macht der Erde ihn überwinden kann! Solange solche Sagen lebendig sind – glaubt man im Kaukasus bis heute –, kann keine Macht in die „freien Täler" eindringen. Gelingt es ihr, bedeutet dies früher oder später ihren Untergang: „Die maßlosen Herrscher, die das grausame Unterfangen schon versuchten, werden sogar von den Sängern und Geschichtenerzählern vergessen." Es ist wohl kaum übertrieben, zu sagen, daß die Erhaltung der Eigenarten der zahlreichen kaukasischen Völker und ihr zähes Ringen um ihre Unabhängigkeit bis in die Gegenwart hinein – zumindest teilweise – auf den Nachklang solcher Mythen zurückgeführt werden kann.

Ähnlich wie die Götter in den Mythologien die zerstörerischen Mächte, all die Titanen, Giganten und Riesen, niederzwangen, um eine harmonischere Welt zu erschaffen, so feierten die Volksdichtungen die Helden, die ihren Völkern eine Welt schenkten, die ihren verschiedenartigen Bedürfnissen entsprach. Die Sänger, Dichter und Erzähler der Mythen sahen sich in ihren Werken, die oft Jahrtausende überleben sollten, als von einer göttlichen Kraft erfüllt. Erst durch diese glaubten sie die Möglichkeit zu haben, die Bilder, die sie schauten, den Menschen in ihrem Umkreis zu vermitteln. So beginnen die Götter- und Heldensagen des finnischen Volkes, die Lönnrot in Karelien sammelte, mit den Worten:

„Es verlangt mich im Gemüte
drängt mich zu dem Gedanken,
an das Singen gleich zu gehen,
zu dem Wort es bald zu bringen,
unseres Stammes Sang, den alten
hergebrachten nun zu singen.
Worte schmelzen mir im Mulde,
Laute wollen mir entschlüpfen,
kommen mir auf meine Zunge,
zwängen, stoßen an die Zähne."

Die Wiedergabe der Mythen um die Helden, sehr häufig als halb- oder sogar vollgöttliche Wesen geschildert, wird damit selber zu einem Schöpfungsakt. Die Erzähler, die Sängerinnen fühlen sich, wenn sie ihre Geschichten vortragen, geradezu als Zauberinnen oder Schamanen: Sie fühlen, wie himmlische Kräfte durch ihre Seele fließen, und sie schauen die Taten der Urzeit, in denen sie die Grundlagen der Kultur erkennen, in deren Umkreis sie aufwuchsen und die sie lieben. In den Eigenschaften ihrer mythischen Helden erkennen sie, wunderbar zu kurzen und sinnbildlichen Geschichten verdichtet, den Sinn des menschlichen Daseins.

Die Neugier treibt uns

Oben: Der sagenhafte Dr. Faust, hier mit Buch im magischen Rund der Tierkreiszeichen, wurde schon im 16. Jahrhundert zum Sinnbild des Menschen, der alle Mühen auf sich nimmt, um den Sinn der Welt zu entdecken (Christopher Marlowe, Titelseite zu „Dr. Faustus", 1604).

Oben: Auf dem Gemälde von Joan Miró (1927) dreht sich zwischen Himmel und Erde eine Energiespirale. Ein Hase erscheint als Sinnbild des ob seiner Umwelt staunenden und furchtsamen Lebens (Solomon R. Guggenheim Museum, New York).

Das uralte Gilgamesch-Epos aus der sumerisch-babylonischen Kultur schildert schon am Anfang die Leistungen des göttlichen Helden (wir folgen der Übersetzung von P. Jensen):
„Er war's, der alles sah
bis an des Landes Grenzen,
der jegliches erfuhr,
erlernte alle Dinge,
der da durchschaute allzumal
die tiefsten Geheimnisse,
der Weisheit Decke,
die alles verhüllt."

Er habe „Verwahrtes" geschaut und „Verdecktes enthüllt"! Wie eine Triebfeder für die Vorstöße des menschlichen Geistes in unbekannte Welten – auch wenn ihm dies Qualen und den irdischen Tod bringen kann – wirkt im Menschen eine fast unstillbare Neugier, die Sehnsucht, das Wesen der Schöpfung zu erkennen.

Die Freude daran, bis zum Herzen der Natur vorzudringen und den Sinn des Universums zu entdecken, selbst wenn man sich dadurch grauenhaften Gefahren aussetzt, spricht die Überlieferung schon den ersten Menschen zu. Der holländische Arzt, Alchimist und Philosoph in der Nachfolge von Paracelsus, Johann Baptist van Helmont, hat im 17. Jahrhundert die Begegnung aller Tiere im Paradies und ihre Benennung durch Adam als den Anfang der Erkenntnis angesehen: „Denn indem er [der erste Mensch] alle Tiere, ein jedes nach seiner eigenen Natur, benannte, so war damit die Erkenntnis seiner selbst darunter [durch dieses Verständnis des Wesens jeden Tieres] auch begriffen – welche der höchste Gipfel aller Weisheit ist. Da erkannte er nun vollkommen, daß er nicht ein Tier, sondern kein so gar unähnliches und ein unsterbliches Bild des göttlichen Wesens wäre."

Diese Erkenntnisfähigkeit soll nun nach dem Sündenfall stark abgenommen haben. Sehr häufig wird deshalb das Streben, die Geheimnisse der Schöpfung besser zu erkennen, dargestellt als Wiedergewinn eines Teils der paradiesischen Gaben, die die Urahnen vom Göttlichen als Geschenk erhalten und wieder verloren hatten.

Sehr offen wird dies in den Märchen der verschiedenen Zigeunervölker ausgedrückt, die zweifellos zu einem wesentlichen Teil auf uralte Mythologien zurückgehen. Es ist allerdings schwer zu erkennen, ob die Nomadenstämme solche Traditionen bei ihren Wanderungen „einsammelten" oder ob sie die Geschichten teilweise selber dichteten und erst dann überall verbreiteten.

Unbestritten aber enthalten diese Märchen urtümliche Bestandteile, die mit mythologischen Motiven der Sumerer und der Babylonier, der Inder oder der alten Mittelmeervölker übereinstimmen. Auch werden sie nicht nur von Kindern geglaubt! Ein slowakisch-ungarischer Roma vertraute mir an: „Zumindest während wir die Geschichten von den Alten anhören, zweifeln wir nie daran, daß es sich um große Wahrheiten handelt."

Folgendes Märchen – ein verwandtes Märchen vernahm ich von meiner eigenen Großmutter – finden wir in der hübschen Sammlung „Singende Geigen" von Marie Vorišková: Der junge Zigeuner Kalo Dant reist viel mit seinem Stamm herum und glaubt bald, unsere ganze Welt zu kennen. Er freut sich darum, von den Weisen zu vernehmen, daß es sieben Welten gebe, die „voneinander durch feste Himmelsgewölbe getrennt sind".

Er klettert auf einen hohen Berg, durchdringt die Wolkennebel und steigt dank eines Himmelsbaums in die nächste Welt. So geht es über viele Abenteuer weiter und weiter. Jeder Himmel erweist sich als der feste Boden einer folgenden Erde. In jedem dieser Himmel erlernt der Held neue Weisheiten. Bei seinem Aufstieg durch die Himmelsschalen begegnet er auch dem „Herrn der sieben Welten".

Auf die Frage der Gottheit, warum er all die Mühen und Gefahren auf sich nehme, antwortet der kühne Zigeuner: „Neugierde, Herr, ist etwas Ähnliches wie Durst. Wenn man nicht vor Durst sterben will, dann muß man einen Brunnen graben." Gott gefällt diese Antwort: „Ihr Menschen seid sehr neugierig, aber das ist recht. Wer nicht fragt, erfährt nichts, und wer nicht sucht, der findet nichts."

Links: Namentlich im Taoismus war man im alten China davon überzeugt, daß bestimmte Weise am Ziel ihrer Erkenntnissuche leibhaftig in paradiesische Reiche zu kommen vermöchten, ohne sterben zu müssen. – Hier erreichen sie den himmlischen Berghof der Göttin Hsi Wang-mu (Chinesische Bildrolle, 19. Jh.; British Museum, London).

Oben: Für die ausgehende Antike und das Mittelalter suchte Alexander der Große auf seinen Feldzügen nicht nur nach Macht, sondern auch nach Verständnis des Universums. Er soll darum mit einem Tauchgerät bis in die Tiefen des Ozeans hinabgestiegen sein; zwei an einen Korb gekettete Greife, die er mit emporgerecktem Fleisch lockte, trugen ihn der Sage nach dem Himmel zu (Holzschnitt, Deutschland, Anfang 16. Jh.).

Gilgamesch sucht den Sieg über den Tod

Oben: Als das Höchste am Dasein stellen viele ursprüngliche Kunstwerke die Fähigkeit zum Überleben dar. – Auf dem Silberkessel von Gundestrup hält ein keltischer Gott (oder göttlicher Held) in jeder Hand einen Hirschen (Nationalmuseum, Kopenhagen).

König Gilgamesch ist ein Held des sumerisch-babylonischen Kulturkreises. Er soll im 28. Jahrhundert vor unserer Zeitrechnung gelebt und in jener frühen Zeit die berühmte Mauer von Uruk errichtet haben. Das Volk erachtete diese Arbeit damals als zu anstrengend, da es nicht einmal genug Zeit zum Lieben fand. Es flehte zur Muttergöttin Aruru, einen Helden zu erschaffen, der den unglaublichen Tatendrang des Halbgottes Gilgamesch auf sich lenken könne.

Sie erschafft aus Lehm, dem sie ihre Energie eingibt, den starken Engidu, der noch ein Tiermensch ist. Sein ganzer Leib ist von einem Fell bedeckt, und von seinem Haupt wallt langes Haar „wie bei einem Weib". Mit den Tieren der Wildnis vermag er noch in vollkommener Harmonie zu leben:

„Mit den Gazellen
ißt er Kräuter.
Mit dem Vieh
geht er zur Tränke.
Mit dem Gewimmel des Wassers
ist froh sein Herz."

Aus Liebe zu den wilden Tieren, die er als

durch aber wird seine Beziehung zu den Tieren der freien Wildnis gestört; entsetzt bemerkt er, wie er deren Freundschaft eingebüßt hat. Traurig vernimmt er den Rat der Dirne, nach Uruk zum König zu ziehen und dort die Zivilisation anzunehmen.

Der Gottmensch Gilgamesch und der Tiermensch Engidu werden, nachdem sie ihre gewaltigen Kräfte aneinander gemessen haben, zu Freunden. Sie ziehen gemeinsam auf Abenteuer aus. Es geht zuerst gegen Humbaba, den Beschützer der heiligen Zeder. Die Reise wird zu einem Sieg, doch der arglose Engidu empfängt durch die Zaubertür des Zedernhains einen Todeskeim, und er verwünscht die Dirne, die ihn in die zivilisierte Welt und damit in seinen Untergang gelockt hat. Der unglückliche Tiermensch erleidet einen qualvollen Tod.

Gilgamesch ist entsetzt über den Untergang seines Freundes und beschließt, ans Ende der Welt zu ziehen, um zu erkennen, ob es dort ein Mittel gegen die Sterblichkeit gibt. Er kommt zu jenem Gebirge, wo der Sonne täglicher Ein- und Ausgang ist. Skorpionmenschen, „deren Anblick Tod

Links: Auf einem Helmplättchen aus der schwedischen Wikingerzeit setzt sich ein Mann gegen zwei Bären durch (Bronze; Staatliches Historisches Museum, Stockholm).

Mitte: Zwei schlangenartige Geschöpfe bedrohen einen Helden, ohne etwas gegen ihn ausrichten zu können – Wir werden an die beiden Schlangen erinnert, die Herakles schon als Säugling besiegte (Talisman aus Luristan; Museum Teheran).

Rechts: Zwei Greife oder Flügellöwen werden vom Helden mit je einer Hand niedergezwungen. – Noch Alexander der Große soll zwei Greife gezwungen haben, ihn zu den Sternen zu fliegen (Standartenplatte aus Luristan, Bronze, 8.–7. Jh. v. Chr.; Deutsches Jagdmuseum, München).

seine Verwandtschaft ansieht, hindert er die Jäger an ihrer Tätigkeit. Er zerstört ihre Fallen und schüttet die Gruben auf, in die die Tiere stürzen sollten! Darum wird der König von Uruk von seinen drangsalierten Untertanen angefleht, gegen den mächtigen Mann, „der vom Gebirge gekommen ist", etwas zu unternehmen.

Der kluge Gilgamesch gibt den verzweifelten Jägern eine Dirne mit, die den Auftrag bekommt, sich vor dem Wilden zu enthüllen. Dies geschieht auch, und Engidu pflegt die sinnliche Liebe mit der Frau nicht weniger als eine Woche lang. Da-

ist", bewachen den Ort. Doch auch diese Wesen erkennen in Gilgamesch das „Ebenbild der Götter", und er kann weiterziehen.

Nach unglaublichen Abenteuern kommt nun der Held zu seinem Vorfahren Ut-Napischti, der noch die Sintflut der Urzeit erlebt hat und daraufhin, samt seiner Frau, von den Göttern die Unsterblichkeit verliehen bekam. Dieser ewige Ahne eröffnet Gilgamesch den Weg zum „Kraut des Lebens". Er gewinnt diese Pflanze, die ihm und damit der Menschheit die Erfüllung des höchsten Wunsches verspricht. Doch

als er nach seinen Abenteuern baden will, raubt eine Schlange das Kraut.

Am Ende kehrt Gilgamesch wieder in sein Uruk zurück. Er trauert, weil sein Unternehmen gescheitert ist, und vergießt viele Tränen. Doch dann gelingt es ihm, den Geist seines Freundes Engidu zu beschwören; dieser offenbart ihm einige Geheimnisse über das Dasein der Seelen in den Ländern des Jenseits.

Die Heldengeschichte um Gilgamesch läßt den Menschen, auch wenn er ein Halbgott ist, das eine Ziel haben: Das letzte Geheimnis des Lebens soll gelöst werden, die Überwindung des Todes. Ist dies noch auf Erden möglich? Leben wir ewig im Jenseits? – Das sind die Fragen des uralten Gilgamesch-Epos.

Links: Gilgamesch sucht im sumerischen Epos nach dem Sinn des irdischen Daseins und – vergeblich – nach der Überwindung der Sterblichkeit. Einen Löwen dagegen hält er mit einer Hand fest, als wäre er ein Kätzchen (Aus dem Palast König Sargons II. von Assyrien, 721–705 v. Chr.; Louvre, Paris).

Oben: Gilgamesch, der Herakles der sumerisch-babylonischen Kultur, trägt spielend zwei offenbar lebendige Löwen: Wie in einem Traum ist dem Sagenheld alles möglich (Persische Rundplatte, 9. Jh. v. Chr.; W. R. Nelson Gallery of Art, Kansas City).

Bewährung im Kampf

In der Sammlung der nordgermanischen Dichtungen, die wir unter dem Namen „Edda" kennen, begegnen wir zweifellos Göttersagen unterschiedlicher Richtungen, die auf verschiedene Zeitalter und Kulturkreise hinweisen. Da ist zum Beispiel die Welt des mächtigen Donnergottes Thor, der mit seinem Blitzhammer die Mächte der Zerstörung vertreibt und damit im Bereich der „Mittleren Erde" (Midgard) für Ordnung und Frieden sorgt. Da sind die sinnlichen Länder des Geschwisterpaares Freyr und Freya, die mit den Liebesgöttern Aphrodite und Eros verwandt zu sein scheinen.

In den letzten Jahrhunderten der vorchristlichen Kultur scheint sich eine Mythologie entfaltet zu haben, die den Bedürfnissen der Krieger entsprach. Denn dies war die Zeit, als die nordgermanischen Stämme, die wir unter dem Namen der Wikinger kennen, eine unglaubliche Entfaltung erlebten. Auf ihren leichten und raschen Schiffen stießen sie über Island und Grönland bis an die Küsten von Nordamerika, aber auch bis ins Mittelmeer vor. Sie benutzten die breiten Ströme als ihre Wege, um ins Herz der Erdteile einzudringen. Sie begründeten in Rußland die Waräger-Fürstentümer, bedrohten über das Schwarze Meer das reiche Byzanz und über das Kaspische Meer die blühenden Küsten des persischen Nordens.

Diese Machtentfaltung findet ihre Erklärung in einer Religion, die den Kampf als den Sinn des Daseins betrachtete und den Tod im Kampfe zur glücklichen Vollendung eines Männerlebens erklärte. Vielleicht beeinflußt von der Vorstellung der griechich-skythischen Amazonen, erhielten hier die weiblichen Geister eine Bedeutung, die wir in dieser extremen Form nicht einmal in verwandten Sagenkreisen finden. Auf ihren Sturmrossen mischen sich die Schlachtenmädchen (Walküren) in die Kämpfe der Männer, helfen ihren Schützlingen, den Höhepunkt ihres Heldentums zu erreichen, und bringen dann ihre Seelen nach Walhall, das hoch oben in den Ästen des Weltenbaumes liegt.

Niemand darf durch die Tore dieser Burg des Gottes Odin kommen, der nicht im Kampf seine tödliche Wunden erhielt! In diesem „Heim" der Unsterblichen führen die Krieger ein Leben, das nur eine gesteigerte Fortführung dessen ist, was sie auf Erden praktizierten: Sie ziehen als tägliche Übung in himmlische Schlachten, in denen sie sich furchtbare Wunden schlagen, die aber rasch und gründlich verheilen. Sie ziehen fröhlich in ihre Hallen, in denen sie zechen und von ihren Taten erzählen.

Dieser Himmel des ewigen Kampfes erhält durch einen Mythos seine Begründung: Am Ende der Zeiten werden, vom göttlichen Unruhestifter Loki aufgehetzt, die Riesen und andere Ungetüme gegen die Götterburgen stürmen. Dann werden die vom Gott Odin und seinen Walküren aus Tausenden von Kämpfen eingesammelten Krieger, im Jenseits bis zur Vollkommenheit geübt, aus den Toren von Walhall treten und sich in die letzte der Schlachten stürzen. Die Lieder der Edda kennen sogar die Zahl dieser besten Helden aus allen Zeitaltern; es sollen 432000 Männer sein.

In der furchtbaren Götterdämmerung (Ragnarök) vernichten sich nun die Riesen und die göttlichen Krieger gegenseitig. Die Welt versinkt im Chaos, das offensichtlich dem Chaos am Anfang der Schöpfung entspricht. Für die Hörer dieser Sagen wird zum Trost, daß auf das Gemetzel die Auferstehung der Erde folgt. Doch dieses freundliche Bild einer grünen und freundlichen Welt wirkt eher bleich nach den Schilderungen der erschreckenden Endzeit.

Als Sinn der Welt erscheint, zumindest für Männer, ein Leben, das aus einer Aneinanderreihung kühner Taten besteht. Dessen Krönung ist die Aufnahme in den Kreis der allerbesten Krieger aus sämtlichen Epochen. Und die Aufnahme in diese verschworene Gemeinschaft führt zum Ziel aller in den Liedern der Edda besungenen Geschichten: Zur Ehre der Beteiligung bei der Endschlacht...

Seite 244: Hoch über den Kämpfen auf der Erde reitet Odin auf seinem achtbeinigen Roß Sleipnir. Vor ihm erscheint seine Burg Walhalla, wohin er den Sterblichen den Weg weist (Schwedischer Wikinger-Bildstein mit Motiven aus der Edda, 8. Jh.; Staatliches Historisches Museum, Stockholm).

Seite 245: In der „Götterdämmerung" (Ragnarök) kämpfen nach den nordgermanischen Sagen Odin, die Asen und die Helden von Walhalla mit dem schrecklichen Fenriswolf und den anderen Mächten der Zerstörung (Kampfgewühl vom Thorwald-Kreuz; Wikinger-Bildstein von der Insel Man).

Rechts: Aus germanischer Zeit sind noch manche mythischen Berichte über die „wilde Jagd" des Odin (Wotan) überliefert. Sie fällt in die Julnächte, die Zeit der Mittwintersonnenwende, wo Odin in den nächtlichen Stürmen mit den Geistern der Verstorbenen und seinem Gefolge durch den Himmel zieht („Die Wilde Jagd", Gemälde des Norwegers P. N. Arbo).

Oben: Ein Sinnbild der Durchsetzungskraft wider alle Gefahren war in der skandinavischen Mythologie der Hammer Mjöllnir, den der Gewitter- und Blitzgott Thor (der süddeutsche Donar) in seiner Hand schwingt. Menschen trugen sein Abbild als Talisman (Silber mit Goldfiligran, Erikstorp, Gotland, 11. Jh.; Staatliches Historisches Museum, Stockholm).

Ritter des Lichtgottes

Sehr früh entwickelte sich in Persien ein verhältnismäßig strenger Eingottglaube, zumindest was die Verehrung des großen weisen Gottes Ahura-Mazda (*Ormuzd* für die Griechen) angeht. Der Mensch hat nach den Vorstellungen dieser Religion auf Erden die Aufgabe, sich im Denken, Reden und Handeln zum Guten zu bekennen. Er hat den „himmlischen Herrn" zu preisen. Dann kommt er nach seinem Tode ins Paradies.

Diese Religion geht auf den Propheten Zarathustra (*Zoroaster* in den griechischen Quellen) zurück, für dessen irdisches Leben recht verschiedene Zeitalter angegeben werden. Ganz sicher aber war seine Lehre bereits zur Zeit der berühmten Perserkriege allgemein verbreitet: Unbestritten betrachteten damals die Iraner die Griechen mit ihren Heiligtümern, mit ihren unzähligen Göttern und Halbgöttern als „Heiden" – und wollten sie durch ihre Auffassung eines allgütigen, allmächtigen, allwissenden Gottes gewaltsam beglücken.

Doch schon die ersten Vertreter der iranischen Religion stießen auf eine Reihe von Widersprüchen. Während für die Griechen und die anderen Völker, die eine Unzahl von kleinen und großen Göttern kannten, das Wirrwarr der Welt durch diese Vielzahl der himmlischen und irdischen Kräfte einigermaßen erklärbar und verständlich wurde, blieb es für die Perser hingegen ein schreckliches Rätsel, daß eine allmächtige Gottheit das endlose Leid der Wesen zugelassen hatte.

Für Zarathustra hat der „gute Gott" darum einen endlos bösen Bruder, Angro Manyu, vereinfacht Ahriman. Während Ormuzd über seine Engelscharen verfügen kann, folgen dem „bösen Gott" die Scharen der Teufel, als deren Name das alte, im heutigen Indien noch immer benutzte Wort für Götter, Devas, erscheint. Mit ihnen verbündet sind die Peris, in den orientalischen Märchen der Ausdruck für schöne, etwas launische, sinnliche, aber im großen und ganzen freundliche Feen. Für die Religion von Ahura Mazda wurden sie zu abscheulichen, mit den Dämonen verbündeten Hexen, denen alles Übel zugeschrieben wurde.

In vier Zeitaltern ringen die beiden Götter, der gute und der böse, um die Seelen der Sterblichen. Erst am Ende der Geschichte wird Ahura Mazda siegen, und die Menschen, die sich zu ihm bekannten und nach seinen Sitten lebten, werden mit ihm endlose Seligkeit genießen. Bis dahin hat Ahriman eine große Macht über die Erde; schädliche Menschen und Tiere sind sein Gefolge! Auf der Seite Gottes steht die geordnete Welt, in der die Menschen beten, moralisch handeln und mit Landwirtschaft und ähnlichen nützlichen Tätigkeiten ihren Wohlstand erwerben.

Nachklänge dieses persischen Weltbildes finden wir vor allem im Königsbuch (Schâhnâme) des großen Dichters Ferdausi, obwohl es in islamischer Zeit entstand. Den Helden der Urzeit ähnlich, wird hier zum Beispiel Rostam auf wunderbare Art geboren, kommt er zu seinem wunderkräftigen Roß und zu seinen überlegenen Waffen. Sein Auftrag ist vor allem der Schutz Irans, damit sich dort die Menschen auf dem richtigen Weg entwickeln können. Er vertilgt nicht „nur", etwa Herakles vergleichbar, die Ungetüme, er verteidigt auch sein Land gegen den unaufhörlichen Ansturm der wilden Turanier und beschützt die persischen Könige, die die „gute" Ordnung aufzurichten versuchen.

Für die Völker der Zarathustra-Religion wurde damit der von göttlichen Kräften auserwählte Held zu einem Kämpfer des Lichts im Ringen zwischen Gut und Böse: In der Auseinandersetzung zwischen den ungleichen kosmischen Brüdern Ormuzd und Ahriman war er sozusagen eine Schachfigur der weißen Seite.

Nach alten Mythologien hatten auch die heidnischen Slawen zwei sich bekämpfende Gottheiten: den „weißen" und guten Belbog und den „schwarzen" und bösen Tschernibog.

Rostam, der Sagenheld Irans, kämpft mit dem „Weißen Dämon". Ähnlich wie in anderen Sagenkreisen scheinen die feindlichen Phantasiegeschöpfe ganze Stämme zu bedeuten, die das Weiterbestehen einer Kultur gefährdeten (Indo-persische Miniatur aus dem Schâhnâme von Ferdausi, verfaßt ca. 982–1014, Ausgabe um 1620; Bibliothèque nationale, Paris).

Gegen Liliths Schattenreich

Die Helden der verschiedenen Mythologien erkennen viele der Ängste und Lockungen, die den Menschen umgeben, als Schein. Sie durchwandern das Schattenreich des Hades und zeigen den Sterblichen die Möglichkeit – ohne sich zu fürchten und ohne jenen verlockenden Bildern zu verfallen, hinter denen keine Wirklichkeit steckt –, ihren Lebensweg durch die Welten zu gehen, und zwar durch die irdischen *und* die himmlischen.

Die Sirenen zeigen bei Homer den Schiffahrern ihre wunderschönen Oberkörper und bezaubern sie mit ihrem Gesang. Doch sie sind geflügelte Wesen, und ihre Füße gehen in die Krallen von Raubvögeln über: Wer sich ihnen nähert, wer sich ihrem Zauber überläßt, wird von ihnen in das Totenreich entführt. Sigmund Hurwitz weist darauf hin, daß bei den griechischen Seeleuten noch heute der Glaube anzutreffen ist, daß der Mensch auf dem Meer durch die „lieblichen Töne" der Sirenen angezogen werden kann: „Aber je näher sie zu kommen vermeinen, desto mehr entfernen sich die trügerischen Stimmen, und so werden die Matrosen weiter und weiter gelockt, bis sie endlich untergehen."

Es gibt ein Terrakotta-Relief, das aus dem sumerischen Kulturkreis stammt und etwa viertausend Jahre alt ist. Eine schöne nackte Göttin ist von zwei Eulen umgeben, die sie wohl als eine „Herrin der Nacht" kennzeichnen. Ihr einziger „Körperfehler" sind wiederum Krallenfüße, mit denen sie auf Löwen steht – und damit wohl ihre Macht sogar über den König der Tierwelt beweist. Einige Wissenschaftler sehen in ihr die sumerisch-babylonische Ischtar, die im ganzen Orient als Astarte verehrt wurde. Hurwitz und andere erkennen in ihr die Nachtgöttin Lilith. Im syrischen Baruchbuch, das ungefähr um die Geburt Christi entstanden sein soll, werden im übrigen Wesen dieser Art und die Sirenen in einem Atemzug genannt.

Im hebräischen Talmud, der viele wichtige Ergänzungen zum Alten Testament enthält, sagt Rabbi Chanina: „Man darf nicht in einem Hause allein schlafen. Wer in einem Hause allein schläft, wird von der Lilith überfallen." Im Buche Sohar, dem Hauptwerk der kabbalistischen Philosophie, im 14. Jahrhundert von Mose de Leon verfaßt, entspricht die „schwarze Galle" im Menschen der Lilith: „Sie ist die Melancholie des untersten Totenreichs, der Armut, der Finsternis, des Weinens, der Klage und des Hungers." Männer, die dem Trübsinn verfallen, gelten demnach geradezu als „Kinder der Lilith".

Schon der arme Urmensch Adam soll, als er Eva noch nicht hatte, dem Zauber dieser Nachtgöttin verfallen sein. Sie und ihr Gefolge dringen in die sinnlichen Träume der einsamen Männer und Frauen ein, erregen sie, aber rauben ihnen die Kraft zum Zeugen und Gebären! Durch solche widernatürliche Verbindungen entstehen gefährliche Geschöpfe, die „Plagen der Menschheit" genannt werden.

Wenn beim biblischen Propheten Jesaja (34,14) vom Untergang stolzer Weltreiche die Rede ist, heißt es etwa, daß in blühenden Palästen Dornen wachsen und sich Wölfe, Hyänen und Schakale im einstigen Kulturland ausbreiten werden: „Dort wird Lilith rasten..." Die Wirklichkeit der Liebesbeziehungen hört auf, und die Menschen der Endzeiten versinken im Schattenreich, in der Gewalt einer lüsternen, aber wesenlosen Traumwelt.

Auch in den nordgermanischen Dichtungen der Edda breitet sich vor der „Götterdämmerung" (Ragnarök) die Totenwelt der Schatten über die Erde aus. In ganz verschiedenen Glaubenskreisen also wird es zur Aufgabe des Menschen, sein Leben voll zu leben und nicht haltlos irgendwelchen Phantasmen, die seine Energie von der Wirklichkeit abziehen, zu verfallen.

Links: Schon auf dem sumerischen Terrakottarelief (um 2000 v. Chr.) erscheint Lilith: Sie ist schön wie eine Liebesgöttin und zugleich – wie die griechischen Sirenen – gefährlich und todbringend (Collection Colonel Norman Colville).

Mitte: Lilith erscheint auf Amuletten, von denen die Menschen erhofften, daß sie die sinnlichen und gefährlichen Traumbilder der Dargestellten abwehren (Persisches Amulett; Israel Museum, Jerusalem).

Rechts: Darstellungen von Wesen des Alpdrucks tauchen bereits in den Kulturen von Sumer, Babylon und Assyrien auf. Sie erinnern an die Teufelsbilder des christlichen Mittelalters. – Hier der Dämon Pazuzu auf einem Bronzeamulett aus Mesopotamien, mit erschreckend zusammengesetzten Zügen von Mensch, Löwe, Raubvogel (9.–7. Jh. v. Chr.; Louvre, Paris).

249

Die Amazonen stehen zu ihrer Eigenart

Neben den mit den Göttern verwandten Heroen der Griechen gab es weibliche Heldinnen, die ihnen ziemlich genau entsprachen, aber auch besondere Eigenarten entwickelten. Zweifellos gab es über sie mündliche Sagen und schriftliche Dichtungen; von ihnen blieb aber nur ein bescheidener Teil erhalten, vielleicht, weil sie späteren Zeiten unverständlich wurden.

Arm wären die geschichtlichen Überlieferungen des Mittelmeerraumes ohne die berühmten Amazonen und die kleinen Reiche der Kriegerinnen. Als ihr irdischer Platz werden Gebiete von Kleinasien, im Kaukasus, besonders aber am Tanais (Don) angegeben. Sie scheinen aus den Skythen, den Nomadenvölkern im Raum der heutigen Ukraine, hervorgegangen zu sein. Denn es ist auffallend, daß – ebenso wie ihre vorchristlichen Schwestern – gefürchtete Kriegerinnen und große Reiterinnen häufig in jenen ostslawischen Sagen vorkommen, die sich um die Kiewer Tafelrunde des Fürsten Wladimir drehen. Deren größter Held Ilja von Murom kämpft mit einer von ihnen und gewinnt nach einem sehr schweren Kampf im Sattel und auf der Erde ihre Liebe. Ein Sohn geht aus diesem Abenteuer hervor, der von seinen Eltern Kraft und Klugheit erbt.

Aus der Schar des Volkes der Amazonen tritt in den Heldensagen der Griechen besonders Hippolyta hervor. Sie ist eine Tochter des Kriegsgottes Ares und dessen Gattin Otrera. Sie gehört zu jenen Gestalten, die als die eigentlichen Schöpfer der griechischen Kultur gelten. Ihr wird die Gründung des berühmten, der Jagdgöttin Artemis geweihten Tempels von Ephesos zugeschrieben. – Wie wir schon aus diesen wenigen Hinweisen erkennen, ist für die kriegerischen Frauen weniger das Geschlecht der Götter wichtig, als vielmehr ihr kriegerischer, wilder, unabhängiger Charakter.

Die Kampffrauen verschmähen zwar die zärtliche Liebe, versuchen aber, den Männern nahezukommen, namentlich den

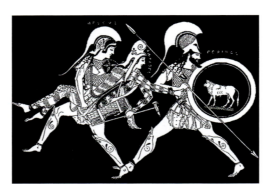

Helden. Von den Kindern, die dabei entstehen, werden die Knaben den Vätern übergeben, die Töchter aber zu neuen Amazonen erzogen. Aus solchen Gewohnheiten können sich verständlicherweise tragische Geschichten entwickeln, wie sie ja auch die Dichtungen um Herakles, Achilles und Theseus bereichert haben.

Obwohl die griechische Kunst die Amazonen als vollkommen gebaute, schöne Frauen wiedergibt, erhielt sich lange die Sage, daß die Amazonen ihren Mädchen die rechte Brust entfernen würden, „damit sie den Bogen besser spannen könnten". Wahrscheinlich geht diese Behauptung auf den zähen Volksglauben zurück, nach dem die linke Frauenbrust die besonders für Mädchen bekömmliche Milch spende, die rechte Brust dagegen für Knaben gut sei. Vielleicht wollte man durch die seltsame Geschichte zum Ausdruck bringen, daß es den Amazonen gar nicht um die Aufzucht von Männern ging.

Die Kriegsfrauen wie Hippolyta spielen nicht nur eine Rolle in der klassischen Heroensage, sie gehören auch zu den eindrucksvollsten Figuren der homerischen Schilderung des Krieges um Troja. Auch Achilles verliebt sich in eine Amazone – jedoch erst, als sie schon im Sterben liegt. Noch in den Darstellungen der Feldzüge des geschichtlichen Königs Alexander von Makedonien kommt eine Königin der Amazonen vor, die sich aufführt, als stamme sie aus den uralten Sagen.

Der Römer Quintus Curtius Rufus erzählt, wie sich diese stolze Frau zum neuen „Zeussohn" begab, wohl nicht anders als ihre Ahnfrau zu Herakles. Sie wünscht sich vom König ein Kind: „Sei es ein Mädchen, so wolle sie es selbst behalten, einen Knaben aber dem Vater zurückgeben."

Solche Heldinnen zeigten im Altertum die Möglichkeit, sich ganz verschiedene Lebensstile vorzustellen und sie gleichzeitig als Willen der Götter zu erkennen. Sie wurden dadurch, fast noch ausgeprägter als ihre männlichen Spielgefährten, die großen Beschützerinnen von Eigenarten, die für bestimmte Zivilisationen gar nicht denkbar waren.

Seite 250, oben: Das sagenhafte Volk der Amazonen nahm für die Griechen in ihrer Frühgeschichte einen bedeutenden Platz ein: Theseus soll zusammen mit Herakles die Kriegerin Antiope entführt haben (Griechische Vase, ca. 5. Jh. v. Chr.; British Museum, London).

Seite 250, links: Achilles tötete die Amazonenkönigin Penthesilea und bemerkte – leider zu spät –, daß zwischen ihnen die Liebe entbrannt war (Attische Schale, um 460 v. Chr.; München).

Seite 250, rechts: Neun Frauen, die in der alten Geschichte eine wichtige Bedeutung gewannen, darunter – ganz rechts, mit Schwert – die Amazone Penthesilea (Jacques d'Yverni: Miniatur aus „Le Chevalier errant", um 1394; Bibliothèque nationale, Paris).

Oben: Die „Jungfrau von Orléans" („La Pucelle", Jeanne d'Arc) entschied durch ihre Glaubenskraft und Kühnheit im 15. Jahrhundert einen wichtigen Kampf zwischen Frankreich und England. Sie wurde in der christlichen Dichtung fast mehr gepriesen als die Göttinnen in der Antike.

Links: Die große Göttin Athena wurde in der Antike als Kriegerin dargestellt. Im Gegensatz zu den aggressiven Amazonen ist sie vom Geist der Verteidigung beseelt. Tatsächlich haben im Altertum gerade auch Frauen Entscheidendes zur Rettung von Städten und Heiligtümern beigetragen (Griechische Statue; Aphaia-Tempel, Aegina).

Das Opfer der Iphigenie

Manche europäische Jahrhunderte, die sich an den Dichtungen um die antiken Heroen begeisterten, vergaßen die hervorragenden Gestalten der Frauen, der Heldinnen, die vielfach neben den Männern auftauchen. Es ist offensichtlich, daß für die Alten nicht nur der Kampf mit Drachen oder der Sturz von Tyrannen als übermenschliche Taten galten, sondern auch, sich der Götterwelt zu nähern und dann eine geistige Brücke zwischen den Unsterblichen und den kurzlebigen Menschen zu bilden.

Homer schildert, daß die Hellenen in dem Moment, als sich die griechischen Schiffe sammeln, um gegen Troja zu fahren, die Göttin Artemis (Diana) lästern: Der König Agamemnon erschießt eine

Christliche Deuter der Sage haben vermutet, Homer sei durch den biblischen Bericht über Abraham, der Jahwe den Sohn Isaak zu opfern bereit ist, zu dieser Episode angeregt worden.

Zum Vergleich herangezogen wurde auch die alttestamentliche Erzählung über den Heerführer Jiphtach (Buch der Richter, 10–11). Jiphtach hatte seinem Gott das Gelübde abgelegt, daß er, sollte er den König der Ammoniter besiegen, das erste Geschöpf opfere, das ihm zu Hause entgegenkommen würde. Unglücklicherweise war es dann „sein einzig Kind", seine Tochter... Auch hier gibt es im übrigen eine alte, mittelalterliche Legende, das Mädchen sei nicht getötet worden, sondern habe dann an einem abgeschiedenen Ort gelebt und dort Gott gedient. Als Georg Friedrich Händel sein Oratorium „Jephtha" (1752) verfaßte, hat er dabei

sten der griechischen Kultur im Reich der skythischen Nomaden als jungfräuliche Priesterin der Artemis.

Die griechische Sage hat versucht, die Geschichte dieses Mädchens noch mit einer Liebesgeschichte zu krönen, welche die Geschehnisse in Diesseits und Jenseits kühn verbindet. Iphigenie ist auf die Insel Leuke gekommen und wird wieder „jung und unsterblich". Dort gewinnt sie auch den großen Helden Achilles, der sich schon vor ihrer „Opferung" leidenschaftlich in sie verliebt hatte, zum Gatten; und beide werden von den Griechen verehrt, wie es Wesen der Götterwelt zusteht.

Nun hatte Achilles, Homer und den späteren Dichtern zufolge, in den blutigen Kämpfen um Troja seinen Tod gefunden. Für das damit schwer vereinbare Liebesglück der beiden bleiben uns zwei mögliche Erklärungen. Man kann ihre Insel

Hindin, ein heiliges Tier im heiligen Wald. Darauf tritt eine Windstille ein, das Meer ist nicht zu befahren, und der ganze Kriegszug droht zu scheitern.

Der Seher Kalchas offenbart den Griechen, daß die große Beschützerin der Tiere nur durch das Opfer einer Jungfrau, Agamemnons Tochter Iphigenie, versöhnt werden könne. Diese wird zunächst durch eine List zum Heer geholt, erklärt sich dann aber mit ihrem Tod einverstanden.

sicher auch an Iphigenie gedacht; die geopferte Jungfrau heißt hier „Iphis".

Einen Menschen „opfern" konnte wahrscheinlich auch bedeuten, daß dieser das weltliche Dasein verließ und sich ganz dem Dienst der Gottheit widmete. Auf alle Fälle wird in der homerischen Sage die schöne Iphigenie nicht getötet, sondern durch ein Wunder der Artemis nach Tauris am Schwarzen Meer, auf die Halbinsel Krim, versetzt. Dort wirkt sie auf einem Vorpo-

eben als eine „Insel der Seligen" sehen, auf die die halbgöttlichen-halbmenschlichen Helden nach ihrem Ende als Sterbliche versetzt werden. Dort herrschen ewige Freuden. Gelegentlich hat man diese Inseln auch den himmlischen Gestirnen gleichgesetzt.

Selbstverständlich konnten sich die Griechen auch denken, die beiden hätten sich in einem späteren Leben getroffen. Die Vorstellungen um Seelenwanderun-

252

gen und Wiederverkörperungen waren unter ihnen sehr beliebt, drangen in den Volksglauben ein und wurden auch von großen Philosophen wie Pythagoras, Plato oder Empedokles vertreten.

In solchen und verwandten Sagenkreisen erscheint das irdische Dasein als eine Art Prüfung. Der Mensch lebt „heroisch". Er leistet Taten, die für das Gedeihen seiner Umwelt entscheidend sind. Und er handelt in diesem Sinn, auch wenn er selber dadurch Glück und Leben verlieren kann. Dadurch gewinnt er aber nicht nur Nachruhm und wird zu einem Vorbild für künftige Geschlechter. Seine Seele geht nach der Zerstörung seines Körpers nicht in ein trübsinniges Schattenreich ein, sondern sie steigt in Zustände auf, die für den Sterblichen zwar nicht zu begreifen sind, die aber Freuden ohne Ende bedeuten.

Seite 252: Die Zurückdrängung und Umwandlung von Menschenopfern war zweifellos eine Grundlage der Mittelmeerkulturen. Zu den Traditionen, die die Kunst inspirierten, gehört die Geschichte von Jiphtach, der seine Tochter opfert – hier ein Gemälde (1643) von Rombout van Troyen, um 1605–1650 (Musée des beaux-arts, Dünkirchen).

Oben: König Agamemnon war bereit, Iphigenie opfern zu lassen, damit die griechischen Schiffe einen günstigen Wind für die Fahrt nach Troja bekämen. Artemis aber zeigte, daß sie blutige Menschenopfer ablehnte – sie wollte das Mädchen lieber als Priesterin (Musée Jacquemart-André, Paris).

Links: Die schöne Iphigenie als Priesterin der Artemis bei den Stämmen der Taurier gibt ein frühes Zeugnis für die Ausbreitung der griechischen Kultur an den Ufern des Schwarzen Meeres (Römisches Wandgemälde, Pompeji, 1. Jh. n. Chr.; Museo archeologico nazionale, Neapel).

Prinzessin Sabulana schließt Frieden

*Gib mir Gesundheit und Kraft!
Und gib auch die Gesundheit
dem König
und dem Volke
und den Frauen
und den Fremden,
die in unserer Stadt hausen...*

Aus einem Gebet der Aschanti (Ghana)

Seite 255: Die Felsmalereien zeigen uns ein uraltes afrikanisches Weltbild: unten Volkstreiben mit Gefäßen, Kochkesseln, Tieren; darüber größere Gestalten, wohl die Herrscherfamilien oder Götter („Der Mondkönig und sein Volk"; Felsmalerei, Simbabwe; Frobenius-Institut, Frankfurt a.M.).

Oben: Vorgeschichtliche afrikanische Felsmalereien zeigen stilisierte Landschaften, bevölkert von Stämmen, die man einmal als nachbarlich miteinander lebende Sterbliche, ein andermal als in einen anderen Lebenszustand eingegangene Ahnengeister deutete (Simbabwe; Frobenius-Institut, Frankfurt a.M.).

Einen sehr schönen Mythos der Ba-Ronga aus dem Südosten Afrikas verdanken wir dem Missionar H. A. Junod: Er schildert das große Abenteuer der Tochter eines kleinen Königs.

Das Volk beackerte Sumpf und Hügel und erhielt im Überfluß sehr guten Ertrag. Das ging einige Zeit so, und die Menschen gewöhnten sich an die glückliche Lage; doch plötzlich versagte der Boden trotz aller Mühen. Die gute Ernte blieb aus, und die Leute mußten ihre Siedlungen an einen anderen Ort verlegen. Doch auch da blieb der Boden unfruchtbar, und nichts wuchs.

Da gingen die Männer des Stammes auf die Jagd, und die Beute floh in Richtung jener Sümpfe, in denen sie früher den guten Ertrag gewonnen hatten. Staunend sahen sie, daß das, was sie früher gepflanzt hatten, jetzt endlich gewachsen war. Doch der verspätete gute Ertrag erwies sich als Schein. Weder Zuckerrohr noch Kartoffeln oder Bananen waren genießbar.

Da traten aus dem Wald die Götter hervor und bewegten sich drohend auf den Häuptling und seine Männer zu. Sie riefen: „Wer bewilligte euch, an diesen Ort zu kommen, Zuckerrohr, Kartoffeln und Bananen zu gewinnen?" Entsetzt rannten die Jäger weg, behinderten sich gegenseitig bei der kopflosen Flucht und fielen dauernd zu Boden.

Am anderen Morgen wollten es die Frauen versuchen; sie zogen aus, trockenes Holz nach Hause zu bringen. Sie sammelten mit Eifer Äste und legten sie auf die ausgebreiteten Schnüre, damit es Bündel gebe. Darauf suchten sie noch kleine Zweige, die sie brauchten, um die Schnüre straff anziehen zu können.

Als eine der Frauen von einem Baum solche Zweige abbrechen wollte, tropfte ihr etwas Feuchtes, Klebriges auf die Hand. Sie probierte die Flüssigkeit und erkannte erfreut, daß es Honig war. In einer Baumhöhle entdeckte sie reichlich Bienenwaben, die mit der süßen Nahrung bis zum Überfluß gefüllt waren. Sie griff hoffnungsfroh hinein, doch ihre Hand brach ab und blieb am Honig kleben.

Die Frau rief eine andere und ließ sie, ohne jede Warnung, in die Baumöffnung greifen; auch diese verlor die Hand. So riefen die Frauen ihre Gefährtinnen, eine nach der anderen, ließen sie den Honig berühren, und jede wurde verstümmelt. Zum Schluß versuchten sie es auch mit Sabulana; doch diese wußte, daß sie ins Reich der Waldkobolde eingedrungen waren, und war vorsichtig genug, sich zurückzuhalten. So konnte sie den hilflos gewordenen Frauen das Holz aufladen und mit ihnen in das Dorf zurückkehren.

Sabulana forderte nun die Männer auf, die ganze Nacht die Zauberwürfel zu befragen, und diese bezeichneten gerade das kluge Mädchen. Sie müsse in das heilige Holz gehen, die Götter zu versöhnen. Trotz der Warnungen und des Widerstands ihrer Mutter nahm Sabulana die Aufgabe auf sich und begab sich am Morgen in den Wald. Sie fand auch alle Götter versammelt; sie begrüßten sie und gaben ihr einen Platz. Sie fragten sie, warum sie überhaupt herzukommen wage, während die Männer mit all ihrer Erfahrung Angst hätten? Das Mädchen erwiderte mit Stolz, daß sie eben Sabulana sei.

Die Götter zeigten ihr die Reichtümer, die im Sumpf gediehen, Kürbisse, Reis und all die anderen Schätze. Sie riefen die Kinder, damit sie die gute Nahrung an den Waldrand bringen würden – denn die Männer des Dorfes wagten nicht, in das heilige Gebiet zu kommen –; sie sollten den Reichtum abholen und unter ihren Angehörigen verteilen.

Die Götter sagten: „Die Leute haben den Boden bebaut und geerntet, haben aber immer vergessen, uns Ehrerbietung zu erweisen. Jetzt, da sie wieder beten, sind wir glücklich, und dein Volk soll von nun an genug Vorräte gewinnen können."

Sabulana überbrachte ihrem Volk die gute Botschaft und erhielt darauf, zusammen mit ihrer Mutter, die Königswürde. – Wir haben hier einen guten Hinweis darauf, wie sich urzeitliche Herrscherwürde entwickelte: Manche Familien fanden Wege, wie die Menschen in Frieden mit den Naturmächten leben können.

Psyche, die sanfte Heldin

Vor allem die Geschichten um Herakles zeigten den Griechen, daß es Wege für sterblich geborene Geschöpfe gibt, „den Götterberg Olympos zu besteigen" und dort in die Geschwisterschaft der Unsterblichen aufgenommen zu werden. Die Göttin Hera legt Herakles zwar jede denkbare Schwierigkeit in den Weg. Doch sie freut sich zu guter Letzt am meisten, daß sie ihn durch ihre Hindernisse gezwungen hat, seine Götterkräfte voll zu entfalten.

Dem platonischen Philosophen Apuleius, der im 2. Jahrhundert n. Chr. schrieb, verdanken wir das reizende Märchen „Amor und Psyche", das bis in die Gegenwart hinein die gesamte europäische Liebesdichtung beeinflußt. Es handelt sich, wie neuere Dichter und Forscher erkannt haben, um einen echten Mythos der altgriechischen Religion, der allerdings in den stürmischen Zeiten der Perserkriege hinter die Sagen der kämpferischen Heldenzeiten zurücktreten mußte.

Psyche ist eine von drei Prinzessinnen, die unter Menschen kein Lebensglück finden kann, weil sie eine sehr eigenartige Schönheit hat. Nur Aphrodite (Venus) erkennt in ihr eine „neue" Göttin und beginnt mit dem Versuch ihrer Vernichtung – der freilich die Erhöhung der Jungfrau erst möglich macht.

Psyche soll geopfert werden, doch der Wind Zephyr bringt sie in ein prächtiges und geheimnisvolles Schloß, in dem sie von unsichtbaren Dienern köstlich betreut wird. In der dunklen Nacht gesellt sich ein für sie unsichtbarer Liebhaber zu ihr, mit dem sie Stunden uneingeschränkter Wonne erlebt. Ihre Schwestern, mit denen sie Verbindung aufnehmen kann, schwatzen ihr ein, sie schlafe mit einem dämonischen Ungetüm. Als sie deswegen eine Öllampe anzündet, sieht sie den schönen Jüngling Amor (Cupido oder Eros), den Sohn der Aphrodite.

In ihrer Verwirrung läßt sie einen Tropfen des brennenden Öls auf den Körper des Gottes fallen und zerstört beinahe seine körperliche Gestalt. Amor entfernt sich, und es bleibt der armen Psyche nichts anderes übrig, als den entschwundenen Geliebten auf der ganzen Welt zu suchen.

Sie will sich umbringen, doch Pan, der mit der Nymphe Echo musiziert, hindert sie daran. Auf ihren verwirrenden Wegen erlebt sie haarsträubende Abenteuer; gleichzeitig nähert sich die Welt ihrem erschreckenden Ende – was jedesmal geschieht, wenn die Liebesgötter Venus und Amor unglücklich sind: Keine Wonne, kein Wohlgefallen, keine Anmut ist mehr auf der Erde, keine echten Ehen entstehen und keine Freundschaften, keine Kinderliebe, nur lieblose Verbindungen.

Venus zwingt der unglücklichen Psyche überschwere Prüfungen auf, Prüfungen, wie sie die Heldinnen in unseren Kindermärchen bis heute bestehen müssen (und sie dank liebenswürdiger Tiere auch bestehen können). Die Geliebte Amors erleidet schlimme Folterungen und soll als letzte

Links: Der Jungbrunnen – auf einem französischen Wandteppich. Allegorisch wird dargestellt, daß Leben und Liebe zusammengehören und über Alter und Tod triumphieren können (Nach einem Karton von Il Rosso, 1495–1540; Kunsthistorisches Museum, Wien).

Rechts: Amor und Psyche wurden für Europa – ähnlich Kama und Rati in Indien – zum Paradebeispiel ewiger Liebe und zum Vorbild für Menschen und Götter (Römische Statuette; Museo Capitolino, Rom).

Seite 257, links: Der schöne Hirt Ganymed wird vom Zeusadler auf den Olymp gebracht und nicht nur unsterblich, sondern zum Mundschenk der Götter gemacht (Peter Paul Rubens, 1577–1640, „Die Entführung des Ganymed", Ölgemälde; Prado, Madrid).

Seite 257, rechts: Hebe, Göttin der ewigen Jugend, bringt den Olympiern Speise und Trank der Unsterblichkeit: Nektar und Ambrosia. Sie wird zur Gattin des Herakles, der die zwölf schwierigsten Aufgaben der Welt gelöst hat (Griechische Vase, Ausschnitt).

Prüfung in die Unterwelt wandern, um für Venus bei Proserpina ein Schönheitsmittel zu holen. Sie hätte bei ihrem Versuch, das Totenreich zu besuchen, ihren Untergang gefunden; doch da naht endlich der wiedergenesene Liebesgott.

Er einigt sich mit dem Götterkönig Zeus, und Psyche darf den wunderbaren Nektar genießen, der alles Sterbliche von ihr entfernt. Ein einzigartiges Hochzeitsfest wird nun auf den Höhen des Olymp begangen, an dem Apollo die ganze Gemeinschaft mit Gesang und Musik erfreut und Aphrodite ihren schönsten Tanz aufführt. Den beiden Eheleuten wird eine Tochter geboren, die „Wollust" heißt, was ein Sinnbild für die geistig-körperlichen Wonnen der Unsterblichen sein mag.

So endet eine der schönsten Geschichten, die uns das Altertum schenkte. Der Gewinn des Zustands der ewigen Liebeslust erscheint hier als das Ziel aller irdischen und kosmischen Entwicklungen für Sterbliche und Götter gleichermaßen.

Ischtar gibt alles für ihre Liebe

Seite 259, links: Die orientalische Liebesgöttin Astarte wirkt von Beginn an vielfältig in die abendländische Kulturgeschichte hinein (Phönizische Bronzestatuette, 1400–1200 v. Chr.; Louvre, Paris).

Seite 259, rechts: Auch der japanische Schöpferheros Izanagi dringt, um seine geliebte Gemahlin Izanami wiederzugewinnen, in die Totenwelt vor – doch vergeblich (Bibliothèque nationale, Paris).

Unten links: Isis, Schwester und Gattin des ägyptischen Lebensgottes Osiris, sucht auf der ganzen Welt die Stücke ihres Mannes zusammen,

den Set ermordet hat. Durch ihre Liebe setzt sie ihn wieder zusammen und belebt ihn neu (Grünglasierte Porzellanstatue; British Museum, London).

Oben rechts: Ischtar steht auf einem Löwen und beweist damit ihr aktiv-kämpferisches Wesen, das sie auch in ihrem Suchen und Ringen um Adonis an den Tag legt (Tell Ahmar, ca. 8. Jh. v. Chr.; Louvre, Paris).

Im Gilgamesch-Epos der Babylonier, das teilweise auf sumerische Überlieferungen zurückgeht, wirbt Ischtar, die Göttin des Venus-Planeten wie die griechische Aphrodite, und auch Göttin der Liebe, um den Helden von Uruk. Doch er stößt sie zurück, da sie eine große Zahl von Liebhabern aufzählt, die sie in ihrem unsterblichen Leben bereits hat fallen lassen. Dadurch geht er ihrer Freundschaft verlustig, die er bei seiner verzweifelten Suche nach Unsterblichkeit wahrscheinlich dringend gebraucht hätte.

Doch gerade diese „untreue" Ischtar, noch heute in magischen Kulten als Astarte bekannt, wird zur Heldin einer der rührendsten Mythen des sumerisch-babylonischen Kulturkreises: Für ihren Geliebten verzichtet sie auf das eigene himmlische Wesen und nimmt sämtliche Qualen der Höllenwelten auf sich. Sie dringt in das als schaurig geschilderte Schattenreich ein, weil sie Thammuz sehen will, der in die Krallen des Todes geraten ist. Sie muß dazu, wie eine sterbliche Seele, durch die sieben Tore in die Unterwelt steigen: Jedesmal muß sie auf einen Teil ihrer göttlichen Macht verzichten, schließlich ihren Schmuck, sogar ihre glänzende Bekleidung abgeben. Endlich steht sie völlig nackt und kraftlos auf dem untersten Grund der Höllenwelt.

Mehr noch, sechzig Schwächen, wie sie sonst nur die Sterblichen kennen, überfallen ihren vollkommenen Körper. Ihre Augen, ihr Haupt, ihre Hände, ihr ganzer Leib verlieren ihre Fähigkeiten, und alle Qualen, die die Menschen kennen, dringen in sie ein; die Leiden des kranken und alten sterblichen Wesens treten in den Körper einer Göttin ein, die bis anhin nur das ewige Glück gekannt hat.

Doch dieser Sieg der Schattenwelt erschüttert das ganze Weltall. Der Stier naht sich seinen Kühen nicht mehr in Leidenschaft, der Esel verschmäht die Eselin, der Mann meidet die Frau und schläft, solange die Liebesgöttin von ihrer Höllenfahrt nicht zurückkommt, allein; einsam sind die Mädchen...

Der große Gott Ea beschließt daraufhin, seine Welt zu retten. Er erschafft einen fahrenden Musikanten, der dank seiner Kunst durch die sieben Tore in die Todeswelt eindringen kann. Dank seiner wird Thammuz, der Geliebte der Ischtar, zu seinem wahren Wesen geweckt, das er im Reich der Schatten völlig vergessen hat. Durch sein süßes Flötenspiel versteht er es, seine Erlösung und offensichtlich auch die der Liebesgöttin einzuleiten. Durch die sieben Tore steigt nun Ischtar wieder in ihren Himmel; bei jeder Stufe ihrer Auferstehung erhält sie ein Siebentel ihrer göttlichen Macht und Schönheit zurück.

Diese Sage scheint den großen Trost des babylonischen Volkes bedeutet zu haben, denn sie zeigt, daß auch die Finsternis der unteren Welten vom Lichte des Lebens durchdrungen werden kann, wenn nur die Liebe bereit ist, jedes Opfer zu bringen.

Der Tod und die Auferstehung des Thammuz, der bei den Phöniziern dem schönen Adonis gleichgesetzt wurde, spielte eine bedeutende Rolle in der orientalischen und griechischen Festkultur: Wenn die Jahreszeit des Frühlings, des Pflanzenwachstums und der Liebe zu Ende ist, muß er in die Todestiefen. Und wenn das Leben zurückkehrt, bedeutet dies, daß er wieder in den Armen der Aphrodite liegt und daß damit für alle Lebewesen die Freude zurückkehrt.

Doch die babylonische Dichtung um Ischtar zeigt uns, daß der ganze Mythos kaum mit den nüchternen Worten „griechischer und orientalischer Fruchtbarkeitskult" erfaßt werden kann: Schon vor Jahrtausenden nahmen die Menschen offenbar an, daß die große Liebe jedes Opfer für gering erachtet. Die Liebe erscheint hier nicht nur als das Glück für die Menschen, sondern auch als das Glück der Unsterblichen; sie sind bereit, dafür buchstäblich auf alles zu verzichten.

Zu Wohlbefinden und Zufriedenheit führe mich täglich!
Meine Tage mache lang und schenke mir Leben!
Möge ich gesund und wohl sein, daß ich deine Gottheit verehre;
wie ich es wünsche, möge ich es erlangen!
Der Himmel erfreue sich Deiner, der Ozean juble ob Deiner,
die Götter des Alls mögen Dich alle segnen.
Die großen Götter mögen Dein Herz erfreuen!

Assyrisches Gebet an Ischtar

Odysseus ist immer auf dem Heimweg

Auch der Sagenkreis um Odysseus, den Fürsten des kleinen griechischen Königreichs auf der Insel Ithaka, wurde schon in vorchristlicher Zeit zu einem Bild der menschlichen Entwicklung. Tatsächlich besitzt er, erstaunlich für einen Zeitgenossen der heldenhaften Halbgötter, eine Reihe sehr menschlicher Züge.

Diese werden schon deutlich, als die hellenischen Fürsten Agamemnon, Menelaos und Palamedes zu ihm kommen, um ihn zum gemeinsamen Zug gegen Troja einzuladen: Odysseus wird als ein Krieger geschildert, der den Heldentaten auszuweichen versucht und lieber bei seiner geliebten Familie, namentlich bei seiner Gattin Penelope, bleiben will.

Ohne auf die Einladung seiner Gäste einzugehen, beginnt er in ihrer Gegenwart einen Acker so zu pflügen, daß er als ein Irrsinniger, zumindest als ein unverantwortlicher Narr erscheinen muß. Der kluge Palamedes braucht eine List: Er packt das Kind von Odysseus und Penelope, den kleinen Telemach, und legt ihn vor den Pflug. Als der rasende Odysseus geschickt ausweicht, um seinen Sohn zu schonen, ist er entlarvt, und es bleibt ihm nichts anderes übrig, als den anderen Fürsten nach Troja zu folgen.

Man kann ruhig sagen, daß es den Griechen ohne ihn unmöglich gewesen wäre, die von verschiedenen Göttern beschützte Stadt einzunehmen. Nur dank seiner Listen gelingt es. Er aber setzt seinen überlegenen Geist vor allem darum ein, weil er hofft, so am raschesten heimzukommen. Er gehört auch zu denen, die vor dem Ausbruch des zehnjährigen Krieges versuchen, sich mit den Trojanern in Güte zu einigen.

Doch als die Stadt fällt und Menelaos seine schöne Helena zurückgewonnen hat, wird Odysseus durch den Willen der Götter zu weiteren zehn Jahren Irrfahrten gezwungen, während derer er viele geheimnisvolle Länder besucht. Er überwindet Schrecken, die ihm bis anhin unbekannt waren, aber auch erfreuliche Versuchungen, vor allem die Angebote wunderbarer und sehr schöner Frauen, die ihm neues Glück, Königtum und sogar Unsterblichkeit versprechen. Es kann ihm widerfahren, was mag, sein Wille ist und bleibt es, nach Ithaka heimzukehren.

Alles stößt ihm zu, was sich die Phantasie der griechischen Seefahrer vor drei Jahrtausenden vorstellen konnte: Der Riese Polyphem will ihn fressen, die Magierin Kirke in ein Schwein verwandeln, die Sirenen durch ihren Zaubergesang in den Untergang locken; im Land der Kimmerier kommt er gar zu den Toren der Unterwelt und trifft dort auf Freunde, die im Kampf um Troja den Tod fanden.

Bei jedem Abenteuer hat uns der Dichter einige Eigenschaften des Weltenwanderers aufgezeigt: So weicht er der Insel der Sirenen nicht etwa aus, sondern er verstopft die Ohren seiner Matrosen, damit sie die lockende Kraft des Gesangs nicht vernehmen können. Sich selber läßt er aber an den Schiffsmast binden, damit er zwar die Lieder der Dämonenfrauen hört, aber nicht durch deren Lockungen in Todesgefahr gerät. Er will also mit seinen sämtlichen Kräften heimkommen, zugleich aber auch der neugierige Zeuge all der gefährlichen Wunder sein...

Endlich kommt er, nach unglaublichen Irrfahrten und nach dem Tode aller seiner Gefährten, an den Strand des ersehnten Ithaka. Dort wehrt seine Gattin Penelope, noch immer einzigartig schön, die zahlreichen Freier ab, die um sie werben. Unerkannt kommt Odysseus zu seinem Hof und bringt zusammen mit Telemach, seinem nun erwachsenen Sohn, die hartnäckigen Werber um, die sich im übrigen an seinem Gut bereichert haben.

Nun herrscht das Glück des Wiedersehens, und Zeus verlängert die Nacht, damit Odysseus und Penelope genug Zeit füreinander haben. Die große Dichtung enthält im übrigen eine Reihe von nur scheinbar nebensächlichen Zügen, die uns in wunderbaren Bildern zu ihrem Sinn führen: Rührend ist die Schilderung, wie der Hund, den Odysseus als ganz junges Tier auf Ithaka zurückgelassen hat, ihn als erstes und einziges Geschöpf sofort wiedererkennt.

Die homerische Dichtung um Odysseus ist kein Bericht über die endlosen Siege halbgöttlicher Heroen. Sie ist die märchenhafte Geschichte eines Mannes, der die ganze Welt kennenlernt und letztlich nur eins will: in sein kleines Heimatland zurückkehren, mit dessen Menschen und Tieren sein Herz verbunden ist.

Links: Odysseus läßt sich an den Mast fesseln, um den Gesang der Sirenen zwar anzuhören, ihm aber nicht zu verfallen. Der alte Traum des Menschen: auch gefährliche Erfahrungen gewinnen zu dürfen – und doch nicht deren Opfer zu werden (Attische rotfigurige Vase, Vulci, Italien, um 470 v. Chr.; British Museum, London).

Mitte: Zu den berühmtesten Abenteuern des Odysseus gehört die Befreiung der eingeschlossenen Griechen aus der Höhle des Kyklopen Polyphem, der sich von Menschenfleisch ernährt. Odysseus macht den Riesen betrunken und blendet sein einziges Auge („Odysseus und Polyphemos", Gemälde von Pelegrino Tibaldi, 1527–1596; Palazzo Poggi, Bologna).

Rechts: Odysseus in seinem verzweifelten Kampf mit dem Meeresungetüm Skylla (Relief von einem römischen Bronzebecher, ca. 1. Jh. n. Chr.).

Oben: Die mit der Götterwelt eng verbundene Nymphe Kalypso verspricht Odysseus, wenn er bei ihr bleibt, die ewige Jugend (Terrakottaplastik, Tanagra). – Doch auch diese Verlockung läßt den Helden seine Gattin Penelope nicht vergessen. Als er nach zehnjähriger Irrfahrt endlich bei ihr ist, tut Zeus ein Wunder: Er verlängert die erste Nacht ihres Wiedersehens.

Links: Die Versuchung des Odysseus durch die Sirenen wurde im Frühmittelalter sogar zu einem christlichen Symbol umgemünzt: Der Mensch muß einen Weg finden, allen Lockungen zum Trotz seinem wahren Ziel zuzustreben (Etruskische Alabasterurne, Volterra, 2. Jh. v. Chr.).

Seite 263: Die islamisch-moghulische Kunst schuf, sehr stark von der Bildfreude der indischen Kultur angeregt, übersichtliche Darstellungen der Himmelswelten. Hier schweben die sieben Ebenen der jenseitigen Wonnen über der Erde der Sterblichen (Indische Miniatur, 19. Jh.; Bibliothèque nationale, Paris).

AN DER SCHWELLE ZUR EWIGKEIT

Die menschlichen Völker träumten zu allen Zeiten vom Auffinden eines Weges zum Paradies, wo jedes Leid und jede Not ihr Ende haben, wo die Sterblichen Gesundheit und Jugend wiederfinden und wo alle Geschöpfe in Frieden zusammenleben. Je nach ihrer eigenen Umwelt stellen sich die Stämme den Weg nach diesem Lande vor. Die Erkunder ziehen in den unzähligen Geschichten über geheimnisvolle Ströme und Brücken, klettern auf hohe Berge, schreiten über den Regenbogen, rudern zu wunderbaren Inseln. Selbstverständlich kann das Paradies, in dem Landstriche für jeden Geschmack der Sterblichen liegen, auch auf den Gestirnen zu finden sein. Mond und Sonne sind etwa die Tore zu den Welten der Seligkeit. In einem der schönen Märchen, wie sie U. Jahn auf der Insel Rügen sammelte, liegt etwa das Paradies, der Garten von Adam und Eva, auf dem Morgenstern, also dem Planeten Venus. Dies wird als eine allgemein bekannte Tatsache erwähnt...

Bis in volkstümliche Schwänke hinein wird die Frage nach dem Weg zum ewigen Paradies als unlösbar für uns Menschen geschildert. In Schwaben erzählte man etwa dies, nach der Sammlung von A. Birlinger (1874): Drei Wanderer, die unermüdlich durch die Länder der Erde zogen, kamen zu einem gewaltigen, hohen Berg. Da ihn bisher offensichtlich niemand hatte übersteigen können, nahmen sie an – auf oder hinter ihm liege das vielgesuchte Paradies! Koste es, was es wolle, so kamen die drei überein, hinter dieses Geheimnis müßten sie kommen.

Zwei halfen mit Seilen und Muskelkräften ihrem ersten Gefährten, über den Berg zu kommen. Doch kaum war dieser ganz oben, lächelte er nur zurück – und verschwand, ohne sich noch einmal blicken zu lassen... Dann war die Reihe am zweiten der Abenteurer: Doch kaum tat auch er, selbstverständlich mit der Hilfe seines Freundes, die entscheidenden Schritte auf den steilen Gipfel hinauf, lächelte er ebenfalls zurück, tat noch wenige Schritte und war ebenfalls nicht mehr zu sehen.

Der dritte holte einige Menschen herbei, die am Berg lebten und im übrigen vom Geheimnis, das er barg, nichts wußten. Damit er nicht ebenso verschwinden konnte wie seine Freunde, ließ sich der Mann mit einem Seil am Fuß festbinden, damit man ihn zurückziehen könne: Er wollte eben auf alle Fälle den Menschen Nachricht darüber geben, wie es mit dem vielerträumten Paradies stehe. Als er oben war, also über die Felsen blicken konnte und ebenfalls selig zu lächeln anfing, zogen ihn die Leute mit aller Kraft zurück. Sie bestürmten ihn mit Fragen, doch der unglückliche Entdecker konnte kein Wort reden: Er war stumm geworden! So weiß das neugierige Volk, so verkündet es uns das schwäbische Märchen, noch heute nichts über das Paradies...

Es gab wohl tatsächlich viele Weltreisen, die unser Wissen über das Aussehen des Erdballs erweiterten, an denen auch echte Paradiessucher beteiligt waren. Wo hat man nicht schon das Paradies vermutet, sicher in allen Erdteilen! Für das europäische Mittelalter lag es, wie wir noch erwähnen werden, meistens gegen den Sonnenaufgang zu, im Morgenland, im Osten: Man fabelte viel vom glücklichen Reich des Priesters Johannes, das an den Toren des eigentlichen Gartens der Gottheit liege. Dort gebe es keinen Streit um den richtigen Glauben, weil die Menschen die Nähe des Schöpfers selber zu jeder Stunde fühlen würden. Es ist wahrscheinlich, daß in diese beliebte, als Tatsache genommene Sage wahre Nachrichten über die buddhistischen und schamanistischen Völker in Sibirien, Tibet und der Mongolei eingeflossen sind.

Ostslawische Pilger, Flüchtlinge und sogar Gelehrte suchten bis in die Gegenwart hinein in Nordasien, namentlich im Altai-Gebiet, nach dem Land Bjelowodije, dem „Reich der weißen (oder heiligen) Wasser".

Eigentlich haben die Völker nie daran gezweifelt, daß ihre Mythen, die sie seit ihren in den Nebeln der Zeit verborgenen Ursprüngen begleiten, Wegweiser zu großen Wahrheiten sind.

Oben: Der Ausschnitt aus dem Bild auf einer japanischen Fahne (14. Jh.) zeigt den auffliegenden Vogel der Unsterblichkeit, der in der Kunst Ostasiens dem ägyptisch-griechischen Phönix entspricht. Das Symbol schenkte den Menschen die Gewißheit, daß im Wesen eines jeden Geschöpfes etwas lebt, das kein Feind auslöschen kann.

Das Geheimnis des Grals

Als höchstes Erlebnis, das für einen Menschen der Ritterkultur möglich war, galt die Begegnung mit dem Gral. Hier sehen wir Sir Galahad, einen der berühmtesten Helden der Tafelrunde des Königs Artus, vor dem Heiligtum, dessen Mittelpunkt das heilige Gefäß ist (Bildteppich, 1895/1896, nach einem Entwurf von Edward Burne-Jones, 1833–1898; City Museum and Art Gallery, Birmingham).

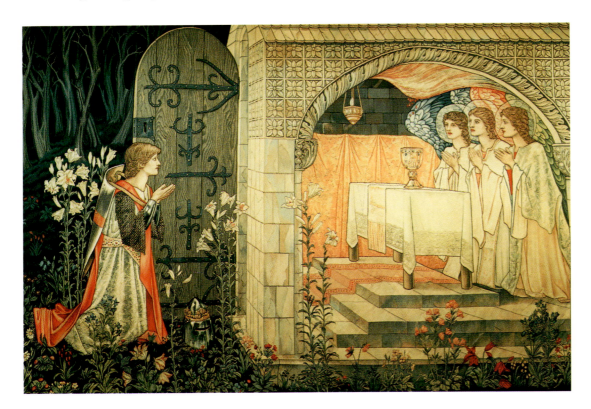

*Kiot der Meister, den ich pries,
er suchte dann aus Wissensdrang
in der Lateiner Bücher lang,
wo ein Volk der Ehre
je wert gewesen wäre,
daß es des Grales pflege...*

Wolfram von Eschenbach

Freilich kann niemand, auch wenn er zu halsbrecherischen Abenteuern bereit ist, den Gral finden, wenn seine Lebensweise nicht vollkommen dem Dienst des Guten geweiht ist. Wie die Dichtungen um den Ritter Parzival zeigen, mußte er schon als Kind die reinsten Absichten besitzen.

Eigentlich ist es darum falsch, zu sagen, daß er schließlich den Gral und die ihn hütende Ritterschaft findet; vielmehr ist es das Kraftfeld des wunderbaren Kelches selber, das ihn „annimmt", weil die Neigungen seiner Seele mit diesem völlig wesensverwandt sind. Umgekehrt verliert der Gral, als eines der wohl erhabensten Geheimnisse der Welt besungen, seine Leuchtkraft und seine Wirkung, wenn in seinem Umkreis entweihende Taten geschehen: Er soll nach tiefsinnigen Sagen der Menschheit verlorengegangen sein, als Machtgier und tückische Handlungen sogar in die Umwelt eindrangen, in deren Herz er gehütet wurde. Seine Kraft schwand dahin, als es nicht mehr genug der Ritter und edlen Frauen gab, die ihm auf würdige Art dienten.

Der Gral wurde – wenn wir die Fülle der Dichtungen nachlesen – zum Sinnbild der erhabensten Träume und Ziele, die sich der menschliche Geist durch Jahrhunderte, vielleicht gar Jahrtausende ausdenken konnte. Ähnlich wie der „Stein der Weisen" kann er in verschiedenen Bildern dargestellt werden: Einmal erscheint er als Schale mit dem Unsterblichkeitstrank der Feen, ein andermal als von göttlichen Energien geformter Edelstein, wieder zu anderer Gelegenheit als Kelch.

Er schenkt denen, die ihn nach allen Abenteuern und Prüfungen finden, alles, was sich Menschen – gleich, welcher geistigen Entwicklungsstufe – vorstellen können: Gesundheit und Jugendkraft; wachsende Begabung zu Kunst und tiefem Wissen; Einblick in unvorstellbare Rätsel; Befreiung von seelischen Lasten; den Schlüssel zum Weg, der zur Unsterblichkeit, zum Paradies, zum Tor des Reiches der Gottheit führt.

Zumindest für das westliche Europa wird damit der Gral, der verstandesmäßig kaum eindeutig zu erklären ist, zu einem Bild für die unstillbare Sehnsucht des menschlichen Geistes, sich dem Verständnis der Ewigkeit zu nähern. Er ist hier wohl auch Ausdruck für die Überzeugung, daß die göttliche Schöpferkraft gerade dieses Suchen in die sterblichen Seelen einpflanzte und es nach Möglichkeit fördert.

Insbesondere die keltischen Sagen im westeuropäischen Raum kennen wunderbare Gegenstände: Schalen voll köstlichen Trankes oder geheime Kräfte ausstrahlende Edelsteine, für die schon die vorchristlichen Helden in den Kampf ziehen, nicht weniger als später die Ritter des christlichen Mittelalters.

Wer diesen Gegenstand, der somit häufig als Gefäß gedacht wird, gewinnen kann, dem sind sämtliche Genüsse und Gaben des Feenvolkes erschlossen, der magische Geist der Dichtung und Weisheit nicht weniger als die Kenntnisse der Zukunft und überhaupt der ganze überwältigende Reichtum der für den Menschen erschließbaren Wissenschaften – bis in die tiefsten Geheimnisse der Welt! Gelehrte wie A. Maury und J. Marx, Kenner der erhalten gebliebenen Legenden aus keltischer Urzeit, sahen hier enge Beziehungen zum *christlichen* Gral, nach dem die Ritter aus der Tafelrunde des Königs Artus voll Leidenschaft suchten: Die Dichtungen des Franzosen Crestien de Troyes oder des Deutschen Wolfram von Eschenbach, die darüber entstanden, sind Schätze des mittelalterlichen Dichtens und Denkens.

Als der heilige Gral wird ein Behältnis angesehen, in welchem das Blut Christi, das der Heiland bei der Kreuzigung vergoß, aufgefangen wurde. Es gibt die Vermutung, daß der romanische Ausdruck „San Grel" ursprünglich oder gleichzeitig als „Sang Real (Royal)" gelesen werden mußte: Hier würde es sich also um das göttliche „Königsblut" handeln, das dauernd erneuert wurde durch die vom Himmel niederströmende Kraft des Heiligen Geistes, und das jene Menschen wunderbar veränderte, die sich in seiner unmittelbaren Umgebung befanden.

Links: Selbst König Artus mußte durch sein vorbildliches Leben, den Gewinn des in Stein eingeschlossenen Wunderschwerts und andere Taten sein Recht auf den Thron und die Gründung der Tafelrunde nachweisen (Französisches Manuskript, um 1290; Bibliothèque nationale, Paris).

Unten: Als hohe Aufgabe der Artus- und Gralsritter galt das Beschützen der Frauen gegen alle Gefahren der wilden Zeit der Völkerwanderungen am Anfang des christlichen Mittelalters. Wir sehen die Befreiung Guinevras, deren Schönheit und Tugend oft nicht weniger gepriesen wurden als die der „heidnischen" Helena, durch Lancelot (Französisches Manuskript, 14. Jh.; Bibliothèque nationale, Paris).

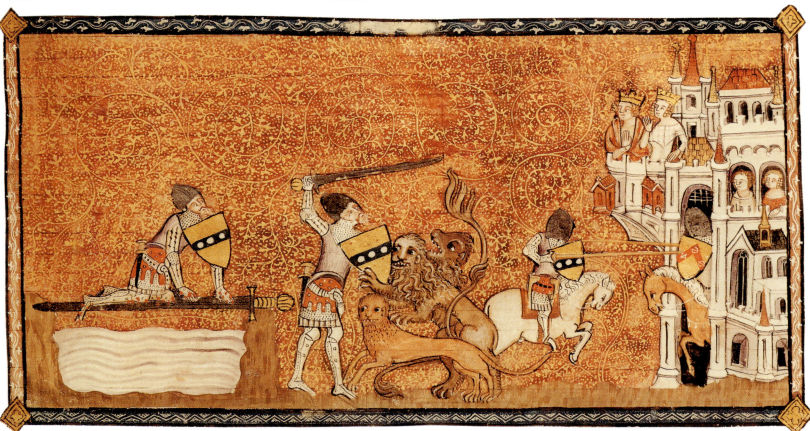

Links: Wie in vielen Mythen können innere Seelenkämpfe der Helden und Heldinnen als äußere Vorgänge dargestellt werden. – Hier der Kampf des Lichtritters Galahad (mit einem Schutzengel auf dem Helm) mit der dunklen Verkörperung der Versuchungen und Sünden (Französisches Manuskript; Bibliothèque nationale, Paris).

Kreislauf des kosmischen Rades

Das nächtliche Kreisen der Gestirne hat alle Völker beeindruckt, ob sie nun den Träumen ihrer Schamanen folgten oder Erben von Hochzivilisationen waren, die bereits systematische Beobachtungen des Himmels kannten.

Der mexikanische Chronist Don Fernando de Alva Ixtlilxochitl (1568–1648), ein Nachkomme der letzten einheimischen Könige, schildert die vier Zeitalter, wie sie die Menschheit nacheinander erlebt. Er ordnet sie nach den Elementen: Es sind die Zeitalter der Wassersonne, der Erdsonne, der Windsonne und der Feuersonne.

Jede dieser Epochen vergeht durch die Kraft des Elements, das gegen Ende seiner Herrschaft nur noch seine zerstörerische Seite zeigt: durch eine sintflutartige Überschwemmung, durch Erdbeben, durch entfesselte Stürme, durch alles verschlingende Flammen. Für die Indianersagen, die sich bei den hochzivilisierten Völkern von Amerika ebenso finden wie bei vielen der ursprünglichen Stämme, erfolgen dann jedesmal Neuschöpfungen des Menschen; oder sie nehmen an, daß gewisse Stammeltern auf Bergen oder in Höhlen überleben.

Die Zeitalter wechseln sich im großen ab, wie auf der Erde im kleinen die Jahreszeiten. Diese mythischen Vorstellungen, von den Gelehrten früherer Kulturen oft folgerichtig weiterentwickelt, wurden sehr populär. In den mehrfach erwähnten Märchen über den „König der Könige", Salomo, die von Nordafrika bis zu den türkisch-tatarischen Ländern verbreitet waren, ist der Herrscher auf seinen Siegelring stolz, weil er ihm die magische Macht über die Naturgeister und die Mächte der Elemente gewährt.

Salomo rühmt sich dieses Siegelrings vor dem Wundervogel Humai, der fähig ist, mit dem weisen König durch alle Welten zu reisen. Im vierten Himmel schauen sie einen gewaltigen Berg aus Goldsand, auf dem sich ein funkelnder Palast erhebt. Dieser Dom besteht aus nichts anderem als aus den Siegelringen all der Salomone, die alle Weltherrscher waren, „bevor" Adam und Eva auf unserer Erde erschienen; d.h. andere Wesen waren in den Ewigkeiten vor uns gewesen, und kaum schwache Ahnungen sind über ihr Dasein und Wirken zurückgeblieben.

Wohl durch den Einfluß der antikeverliebten Renaissance und von Philosophen wie Paracelsus (1492–1544) bildeten sich die „fahrenden Schüler", die auf der Suche nach Weisheit in den europäischen Ländern herumzogen und dabei oft auf zweifelhafte Art ihren Lebensunterhalt „verdienen" mußten. Beliebt wurden durch sie, gerade während der Schrecken des Dreißigjährigen Kriegs (1618–1648), die Märchen und Schwänke über den Kreislauf der Zeit.

Nach einer sehr beliebten Kalendergeschichte, eine ihrer Fassungen lesen wir beim Dichter Grimmelshausen, fragen die fahrenden Schüler, als sie ohne zu zahlen weiterziehen wollen, ihre besorgte Gastgeberin, ob sie denn nicht wisse, daß alles auf Erden wiederkommen müsse.

Man hatte beobachtet, daß die zwölf Tierkreiszeichen durch ihr wechselndes Aufsteigen nicht nur ein „kleines Jahr" bilden, sondern sich durch ihre „großen Verschiebungen" auch ein sogenanntes „kosmisches Jahr" berechnen läßt. Nachdem etwa 2000 Jahre lang der Frühlingspunkt am 21. März im Zeichen der Fische gestanden hat, rückt er jetzt (ungefähr für die gleiche Dauer) ins Bild des Wassermanns. So entsteht ein Zeitkreis, den Astrologen auf etwa 26–30000 Jahre berechneten.

Man nahm an, daß während einer solchen Periode in unserer Welt so ziemlich alles stattgefunden haben dürfte, was die Menschen alles ersinnen konnten, und daß sich also in einem neuen Kreislauf des Tierkreises alles wiederholen mußte. Deshalb, so erklärten die fahrenden Schüler ihrer Wirtin, mache es gar nichts, daß sie nicht besonders gut bei Kasse seien!

Es würde sich alles wiederholen, und sie würden nach einem „großen Jahr" wieder in der Herberge sein und dann würden sie ganz sicher erst einmal ihre Zeche bezahlen. Doch die Wirte waren damals offensichtlich in astrologischen Weltbildern ebenfalls recht beschlagen, sonst wären sie wohl längst von den fahrenden Schülern ruiniert worden.

Dies sei vollkommen in Ordnung, lautete der Bescheid an die Schlaumeier. Selbstverständlich könnten sie die jetzige Zeche in der fernen, aber sicheren Zukunft begleichen. Aber da sich nun einmal alles wiederhole, hätten sie sicher schon vor einem großen Jahr ihre Rechnung nicht zahlen wollen! Also müßten sie es nun für ihren vorherigen Aufenthalt tun. Den heutigen Betrag könnten sie bis zu ihrem künftigen Besuch schuldig bleiben.

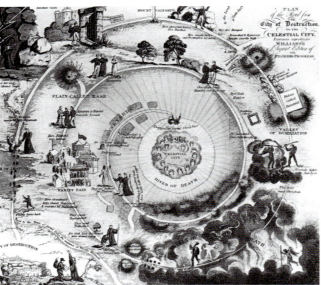

Links: Hildegard von Bingen (1098–1179) sah den Menschen nach seinem Sündenfall – dem Verlassen des paradiesischen Zustandes – gefährlichen Einflüssen der Elemente ausgesetzt. Diese könnten das Gleichgewicht unserer inneren Kräfte und Säfte stören und zur Ursache einer Vielzahl von Leiden werden (Liber Divinorum Operum, Ms. 1942, um 1240; Biblioteca Statale, Lucca).

Rechts: Eine englische Illustration versucht, den Weg des Gläubigen zwischen irdischem Dasein und seiner endgültigen Reise in die himmlische Stadt Gottes zu deuten (Manuskript, 19. Jh.).

Seite 267: Das tibetische Lebensrad zeigt auf seinen Feldern die sechs Daseinswelten der Geschöpfe. In deren Reichen vollzieht sich der Kreislauf der Seelen entsprechend ihren guten oder schlechten Taten. – In den verschiedenen Richtungen des Buddhismus gilt als „endgültige" Befreiung der Seele, nicht einmal in den Reichen der Götter noch wiedergeboren zu werden (British Museum, London).

Erinnerung an Seelenwanderungen

Besonders deutlich wird die Vorstellung des Aufstiegs der Seele, die Jahrmilliarden dauern kann, in Indien. Wir finden sie bei den Schülern Buddhas besonders deutlich ausgedrückt.

Die Zeitalter folgen aufeinander und drehen sich wie die Speichen eines Rades. Auf die Entfaltung der Geschöpfe und ihrer Reiche folgen Verfall und Untergang, die aber ihrerseits wiederum nur die Einleitung zu neuen, anderen Entwicklungen darstellen. Es gibt in Asien philosophische Richtungen, die für diese Vorgänge weder Anfang noch Ende kennen. Im Gegensatz zur Welt geht aber der unvergängliche Teil er sie mit zahllosen Geschichten und Gleichnissen. Viele von ihnen erscheinen auch als tiefsinnige oder sogar sehr unterhaltende Märchen bei anderen Völkern.

Was den Jataka-Geschichten ihre reizvolle Eigenart schenkt, ist die Tatsache, daß der Buddha sie nicht etwa als eigene Dichtungen oder gar als Volks-Überlieferungen mitteilt. Er stützt sich beim Erzählen auf seine grenzenlose Erinnerung, die ein Merkmal der geistigen Stufe ist, die er auf seinem Gang durch unvorstellbare Zeitalter erreicht hat.

Buddha schildert seine eigenen Abenteuer, die er während seiner unzähligen Leben in den Welten der Tiere, Menschen, Elfenwesen und sogar der Götter (Devas) durchgestanden hat, in Zeitaltern, die sich wohl gar nicht messen lassen! Jedesmal, uns auf unserer künftigen Entwicklungsstufe. Der Tod besteht eigentlich nicht mehr, er ist nichts als eine kurze Pause vor dem Eintreten in den nächsten Zustand.

Eine Geschichte aus der Zeit, als er selber der Gott unserer Welt war, dient ihm zur Veranschaulichung, daß auch die niedrigsten Lebewesen verschont werden sollen, da man sie sonst auf ihrem Erfahrungsweg stört: „So, ihr Mönche, haben in früherer Zeit Weise, die über die Götter herrschten, selbst unter Aufopferung ihres Lebens keine Tötung lebendiger Wesen begangen. Du aber, der du in dieser zum Heile führenden Lehre Mönch geworden bist, trinkst das Wasser undurchgeseiht, mitsamt den kleinen Tierchen."

Wer die Jataka-Geschichten gelesen hat, für den wird es schwierig, ein Märchen,

der Geschöpfe seinen Weg, und zwar durch alle irdischen Blütezeiten und Untergänge. Handelt das Wesen bewußt schlecht, stürzt es zurück auf eine tiefere Stufe; doch das spielt im Gesamten kaum eine Rolle, da es für seine Vervollkommnung noch alle Ewigkeiten Zeit hat...

Für bestimmte Richtungen der buddhistischen Religion gibt es als heiliges Buch eine sehr umfangreiche Schrift, das Jataka-Werk. Es zeigt uns den historischen Buddha, wie er im Kreise seiner Jünger und Freunde sitzt und mit ihnen über das Leben und seine Lehre der Befreiung vom Schein redet. Um seinen weisen Worten vermehrt Gewicht zu verleihen, begleitet wenn er eine Geschichte über erfreuliche oder leidvolle Beziehungen der verschiedensten Wesen untereinander mitgeteilt hat, enthüllt er an deren Ende den andächtig lauschenden Schülern, wer von den handelnden Geschöpfen wer war: Dieses Tier oder dieser Gott war er selber oder auch einer seiner Schüler gewesen.

Jede nähere Beziehung zwischen zwei Menschen kann demnach in irdischen Urzeiten oder gar in anderen Welten ihre Erklärung finden. Jede Tat, die eine Seele in ganz anderer Gestalt beging, zeigt nach diesen Buddha-Märchen ihre Folgen in künftigen Zeitaltern. Jede Erfahrung bleibt wie ein Schatz in der Seele und hilft gleichgültig von welchem Volke, als „einfache" Geschichte anzuhören, ohne im Geist nach jener tiefen Erfahrung zu suchen, die in ihm steckt.

Oben: Der ägyptische Sonnengott Re fährt jede Nacht auf einer Barke vom Land seines abendlichen „Unterganges" im Westen auf einem unterirdischen Strom wieder nach Osten, um dort am Morgen erneut in die Oberwelt zu gelangen. Für das ägyptische Totenbuch, das ein Trost für die Menschen war, liegt in der „Reise" der Sonne auch Hoffnung für die Seele, aus der Totenwelt wieder eine Neugeburt zu erleben (Bild aus dem Tal der Könige, Theben, 14. Jh. v. Chr.).

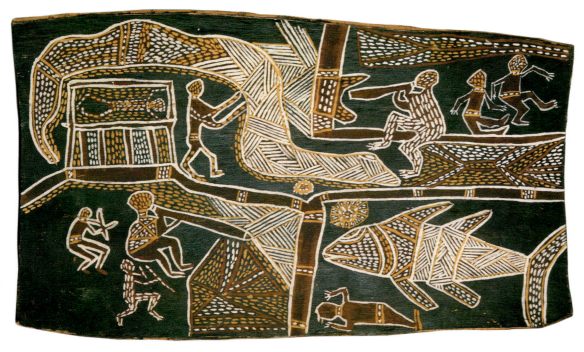

Links: In diesem Bild der Ureinwohner Australiens erkennen Forscher die abenteuerliche Reise der Menschenseele ins Jenseits. Man deutete auch diese Darstellung als eine Art ursprüngliches „Totenbuch", entfernt denen der Ägypter oder Tibeter vergleichbar. Auf dem Weg bestehen Hindernisse und Gefahren, die es zu umgehen gilt.

Unten: Viele religiöse Darstellungen zeigen die Wanderungen der Menschenseelen in ihr neues Dasein, das nach dem Tod beginnt. Es gibt freilich auch Darstellungen des Gegenteils, des Niedersteigens unsterblicher Wesen in die irdische Verkörperung. Auf dem Steinrelief (Nordwestindien, 2.–4. Jh.) begibt sich Buddha Sakyamuni, von zahlreichen Göttern begleitet, über viele Stufen aus den Himmelswelten auf die Erde. Dort will er ein sterblicher Mensch werden, um allen dort lebenden Geschöpfen durch seine Lehre Licht zu schenken (Victoria and Albert Museum, London).

Links: Aus der ursprünglichen Lehre, wie sie der historische Buddha Gautama (geboren um 560 v. Chr.) vertrat, wurde der Mahajana-Buddhismus geboren. Er entwickelte in unermüdlicher Geistesarbeit einige der erhabensten Gedankengänge, die die Menschheit kennt, nahm aber gleichzeitig viel aus der Bilderwelt alter Volksreligionen Ostasiens darin auf.

Demnach ist ein Bodhisattva ein Wesen, das in unzähligen Leben die Fähigkeit erwirbt, gleich dem Buddha Sakyamuni in die Erlösung des Nirvana einzugehen. Er verzichtet aber auf dieses höchste Ziel der Entwicklung und gelobt, sich den Wiedergeburten so lange auszusetzen, bis durch seine Beihilfe alle Geschöpfe ihr Ziel der Vollendung finden können.

Als Vorbild der Bodhisattvas erscheint Avalokiteshvara, dessen zahlreiche Häupter und Arme sein Mitfühlen für alle Wesen, Tiere, Menschen und Götter, darstellen – und seinen festen, „diamantenen" Willen, allen zu helfen und sie zum Ziel ihrer Erleuchtung zu geleiten (China, 19. Jh.).

Die Waage des Jüngsten Gerichts

Seite 271, 4: Auch die iranische Bilderwelt kennt das Prüfen der Seelen nach ihrem Tod. Sie müssen die Cinvat-Brücke überschreiten, die schmal wie die Schneide eines scharfen Messers ist. Die Ungerechten, schwer von ihren Taten, stürzen in den Abgrund (Persische Miniatur; Bibliothèque nationale, Paris).

Seite 271, 5: Im Tibetischen Totenbuch gibt es die Waage des Karma: Mit weißen und schwarzen Gewichten werden die guten und bösen Taten gegeneinander abgewogen. Das Ergebnis zeigt, welche Aussichten die Seele des Verstorbenen in ihren künftigen Verkörperungen hat.

Die Vorstellung einer vollkommenen kosmischen Gerechtigkeit, „die den Menschen für Untaten bestraft, auch wenn ihn kein irdischer Richter finden kann", gewinnt ihren deutlichsten Ausdruck im Bild der Seelenwaage.

Nach dem leiblichen Tod, oft auch erst „am Ende des Zeitalters", stehen die Geschöpfe vor Vertretern einer unbestechlichen Gerechtigkeit, die alle Taten und Gedanken kennen und abwägen können. Hat jemand den Wesen seiner Umgebung während seiner irdischen Lebenszeit selbstlos geholfen, dann ist sein Aufstieg zu himmlischen Reichen sicher. Muß die Seele aber vor allem auf Untaten zurückblicken, tat sie sogar ihre guten Handlungen nur aus listiger Berechnung zum Gewinn irdischen und himmlischen Lohns, dann sinkt sie in schaurige Unterwelten – vor allem bei den

Kultur bestimmt, in der sie das Denken und Handeln lernten. So erleben etwa auf nepalesischen oder tibetischen Darstellungen des Totengerichts die Tierquäler sehr schwere jenseitige Strafen, während auf den christlichen Gemälden, mit wenigen umstrittenen Ausnahmen, kaum Verbrechen dieser Art geahndet werden.

Auf indisch-buddhistischen, mongolischen, chinesischen und verwandten Darstellungen dieser Art wird auf die „diamantene", also unabwendbar harte Gerechtigkeit des jenseitigen Gerichts hingewiesen. Für die Christen, die an die Einmaligkeit jeder Existenz glauben und für die deshalb dieses eine Leben unter den Bedingungen einer unvollkommenen Welt entscheidend ist, sind dagegen die Gnade Gottes und die Fürsprache der Heiligen Grund aller Hoffnung. Auf zahlreichen frommen Bildzeug-

Oben: Uralte Menschheitsahnungen finden in der christlichen Vorstellung des Jüngsten Gerichts ihr anschauliches Bild. Während zwischen Sündenfall und Endzeit auf der Erde das Gute und Böse stets als vermischt erscheint, wird beides zum Schluß vom göttlichen Weltenrichter deutlich getrennt. Denen, die nach Möglichkeit gerecht handelten, ist die Seligkeit gewiß, die Schlechten sinken in die Höllenwelten (Fra Angelico, 1400–1455, „Das Jüngste Gericht"; Museo di San Marco, Florenz).

Buddhisten und Jainas bedeutet dies: in eine fast endlose Reihe von Verkörperungen in schrecklichen Höllen.

Die Vorstellung des „Gerichts über die Toten" findet sich, oft geradezu erschreckend ähnlich, bei Völkern ganz verschiedener Kulturen. Für die Griechen war dessen Vorsitzender König Minos von Kreta, der Begründer der kretischen Kultur. Hier treffen wir offenbar auf eine Vorstellung, die bereits einen geradezu philosophischen Ansatz enthält: Es gibt das Gericht zwar für alle Menschen. Doch was gute oder schlechte Taten sind, ist nicht für alle Wesen gleich, sondern wird auch von der

nissen z.B. „erscheint Maria unmittelbar neben der Seelenwaage und macht ihren Einfluß geltend, indem sie etwa mit ihrer Hand die Seite der Seligen beschwert, so daß ihre Waagschale unten bleibt" (D. Bitterli). In der Bergkirche von Hergiswald bei Luzern mit ihren ergreifenden Mariensymbolen, entstanden 1654, „überwiegt immer"(!) die Schale der guten Taten, weil die gütige Maria deren Gewicht erhöht.

1 Szene, die das Wägen der Seelen zeigt, aus dem Ägyptischen Totenbuch (Papyrus, um 1350 v. Chr.; Ägyptisches Museum, Kairo).

2 Der Erzengel Michael erscheint in der christlichen Kunst als eine wichtige Gestalt des Totengerichts. Er hält die Waage der Gerechtigkeit in Händen, in der unbestechlich die guten und bösen Taten jeder Seele miteinander verglichen werden. Teufel versuchen, die Prüfung zu manipulieren und die Erhebung der Seelen in den Himmel zu verhindern (Mosaik; Dom von Torcello, Italien, 12. Jh.).

3 Christus erscheint als Mittelpunkt des Jüngsten Gerichts, und nach seinem Urteil scheiden sich die Seelen auf ihrem Weg in Himmel oder Hölle (Fresko von Michelangelo, gemalt zwischen 1536 und 1541; Westwand der Sixtinischen Kapelle, Vatikan).

Himmels- und Höllenwelten

Wir sind gewohnt, die paradiesischen Zustände „über uns" zu glauben, also im Himmel. Die Hölle, in der die Bösewichte, die Verdammten, leiden, muß demnach unter unseren Füßen liegen, in der Tiefe der Erde, „wo die ewigen Flammen lodern."

Nach den sieben „wandernden" Planeten, die der Mensch ohne Fernrohr erkennen kann, entstanden schon in der antiken Philosophie, die offenbar die Beobachtungen der ägyptischen, sumerisch-babylonischen und anderer Astronomen zusammenfaßte, die sieben übereinanderliegenden Himmelswelten: Je nach dem Grad ihrer Vollkommenheit stiegen die Seelen durch diese Himmelsreiche, von denen jedes eine Entwicklungsstufe darstellte.

Nach dem Bild der Himmel entstand die Vorstellung ihrer Spiegelung in der Tiefe: die sieben Höllenwelten, von denen eine furchtbarer ist als die andere. Einige indische Philosophien spielten mit der Möglichkeit, Himmel und Höllen durch eine Art Relativitätstheorie zu erklären: Kommt die Seele aus einer tieferen Stufe auf eine höhere, glaubt sie jedesmal, ins Paradies zu gelangen. Fällt sie aber aus einem höheren Zustand in einen niedrigeren, ist sie überzeugt, an einem Ort der Pein und der Qualen gelandet zu sein. Himmel und Hölle wären demnach in uns: Je nachdem wir von „oben" oder „unten" kommen, finden wir die Welt abstoßend oder beglückend.

Im übrigen wurden in den Mythologien der Völker ganz unterschiedliche Bilder entwickelt.

Den Berichten über die Bekehrung der Eskimostämme zum Christentum kann man entnehmen, daß die Sittlichkeit der Polarvölker nach dem Religionswechsel immer zweifelhafter wurde. Die guten Missionare suchten nach der Ursache einer solchen „Entwicklung" und kamen darauf, daß sie als Strafort der Übeltäter die „Höllengluten" geschildert hatten. Ein solcher Ort der Wärme erschien den Menschen im Reich des ewigen Winters eher erfreulich und verlockend, und sie versuchten sich nach Möglichkeit auf Erden so aufzuführen, daß sie nach ihrem Tod in das glühen-

Ganz oben: Die Zeichnung der sibirischen Korjaken zeigt im Kreis der Welt die Seelen der Menschen und der Götter, diese groß und mit Strahlenkranz versehen.

Oben: Dante griff auch auf die vorchristliche Bilderwelt zurück. Ins Paradies steigen bei ihm die Seelen über den siebenstufigen Berg der Reinigung. Die Gegenwelt, die Hölle, erscheint als eine auf ihrer Spitze stehende Pyramide. Ihr unterster Punkt ist der Aufenthaltsort des Bösen, des alles verschlingenden Satan (Sandro Botticelli, 1445–1510: Illustration zur „Göttlichen Komödie"; Biblioteca Apostolica, Vatikan).

*Und jene Welt, die „Sukhavati" genannt wird
und dem Buddha Amitabha gehört,
ist wohlhabend, reich, gut darin zu leben,
fruchtbar, lieblich, und erfüllt mit Göttern und Menschen.
Und in jener Welt sind weder Höllen noch
tierische Schöpfung, noch ein Bereich abgeschiedener Geister,
noch Titanen oder unzeitliche Geburt.*

Sukhavati-Vyuha

Ganz oben: Auf dem byzantinisch-griechischen Gemälde sehen wir das von Engelwesen gehütete Paradies. Es ist eine Berglandschaft, mit wunderbaren Bäumen bewachsen. Vier Ströme gehen nach biblischem Zeugnis von ihm aus (Jakob von Kokinobaphas, Ms. Gr. 22210; Bibliothèque nationale, Paris).

Mitte: Acht taoistische Unsterbliche, „die nun für alles genug Zeit haben": In Ostasien ist teilweise noch immer die Auffassung verbreitet, daß es durch Vertiefung in das Studium der Tugenden und der alchimistischen Wissenschaften die Möglichkeit gebe, sein irdisches Dasein endlos zu verlängern (Kolorierter Holzschnitt, China, 19. Jh.; Privatsammlung).

Links: Auf der Darstellung im Grab des Sennedjem sehen wir den Toten mit seiner Gattin im Jenseits das Brot der Ewigkeit genießen (Ägypten, 19. Dynastie, 1295–1186 v. Chr., Deir el-Medina, West-Theben).

de Land kommen würden! Den Missionaren soll nichts anderes übriggeblieben sein, als die von ihnen geschilderten Höllenqualen zu verändern und auch ihre Unterwelt nach Möglichkeit frostig werden zu lassen.

Ähnliche Abweichungen von unseren Vorstellungen haben wir im Inkareich, in der staatlich sehr hoch entwickelten Kultur des westlichen Südamerika: „Woran im allgemeinen alle Peruaner glaubten, war, daß die Guten, wenn sie starben, dahin zurückkehrten, von wo sie gekommen waren, nämlich unter die Erde; dort lebten sie in ewiger Ruhe. Wer aber hingerichtet worden war, gestohlen oder andere Sünden begangen hatte, ging nach dem Tode zum Himmel, wo Feuer war; dort mußte er für alle seine Vergehen büßen." Hier haben wir eine genaue Umkehrung des uns gewohnten Himmel-Hölle-Bildes, zumindest wenn wir diese von einem spanischen Verfasser vermittelte Überlieferung annehmen (wir benutzen die deutsche Wiedergabe von W. Krickeberg).

Erstaunlich übereinstimmend ist bei den verschiedenen Kulturen nur die Auffassung, daß der Tod kein Ende bedeutet, sondern eine Verwandlung. Bei den Griechen bestand offenbar der Vergleich des menschlichen Daseins mit dem des Schmetterlings: Der Zustand auf Erden entsprach dem Dasein der Raupe, das Sterben deren Verpuppung. Die unsterbliche Seele, die sich von der Leiche absetzte, war der Schmetterling, der eine neue Beweglichkeit gewonnen hatte.

Unten links: Die Menschenseelen sind für das Christentum vor Gott gleich, unabhängig von ihrer vergänglichen Macht auf Erden. Auf mittelalterlichen Höllenbildern sehen wir darum häufig kirchliche und weltliche Würdenträger (Ausschnitt aus „Das Jüngste Gericht", Gemälde von Stefan Lochner, 1410–1451; Wallraf-Richartz-Museum, Köln).

Rechts: Auf diesem spätmittelalterlichen Höllengemälde herrschen die grauschwarzen und brandig-roten Farben vor. Es ist eine furchtbare Schmiede, in der die Verdammten einer grauenhaften Glut, von Blasebälgen noch angefacht, ausgesetzt sind. Der feurige Atem des auf seinem Feuerlager liegenden Ungetüms Leviathan läßt die Seelen der Verdammten in die flirrende Luft emporwirbeln (Miniatur aus dem Stundenbuch des Herzogs von Berry, 15. Jh.; Musée Condé, Chantilly).

Links: In vielen Darstellungen bildet der Rachen eines Drachen das Tor der Hölle. – Im Gewölbemosaik eines Baptisteriums erscheint der Satan als ein gefräßiges Ungetüm, dem Echsen und Schlangen zu Diensten sind (Florenz, 13. Jh.).

Unten links: Der Buddhismus kennt den Totenrichter sowie neun kalte und neun heiße Höllen, je nach Taten (Bildrolle, Japan; Horniman Museum, London).

Oben: Daß das Feg- und Höllenfeuer nicht allein im Christentum bekannt ist, zeigt auch diese japanische Darstellung (Jigoku Soshi; Ausschnitt aus einer „Höllenrolle", frühe Kamakura-Zeit, um 1200; Nationalmuseum, Tokio).

Seiten 276/277: Auch die zeitgenössische Kunst greift immer wieder auf Urbilder zurück – so „Die Apokalyptischen Reiter" von Vasco Taskovski (20. Jh.; Clubgalerie der jugoslawischen Volksarmee, Belgrad).

Die Messung von Zeit und Raum

Eine der eigenwilligsten Entwicklungen, die die indischen Religionen mit ihrer Auffassung von Karma und Seelenwanderung nahmen, zeigt der Jainismus: Sein Begründer war Mahavira, nach der Überlieferung wie Buddha Sohn einer Fürstenfamilie und ähnlich wie dieser im fünften bis sechsten vorchristlichen Jahrhundert anzusiedeln.

Jedes Wesen sammelt in seinem Dasein durch sein Verhalten anderen Geschöpfen gegenüber Verdienste oder lädt Schuld auf sich. Die guten Taten machen die Seele sozusagen leicht, die schuldhaften belasten sie. Je nachdem wird sie leichter und steigt in höhere, reinere Welten, oder aber sie

sinkt auf Gestirne, die man ruhig als „Höllenwelten" bezeichnen kann.

Dies ist ein ewiger Vorgang im gesamten Kosmos, der weder Anfang noch Ende kennt. Helmuth von Glasenapp faßt zusammen: „Die Welt ist ewig und unvergänglich. Sie gehorcht nur ihren eigenen Gesetzen und bleibt bei allen Veränderun-

gen ihrer Teile in ihrem Wesen unverändert. Kein Gott hat sie geschaffen, regiert sie und kann sie zerstören."

Die Bühnen und die zeitlichen Abfolgen des Aufsteigens oder des Niedergangs der Seelen werden mit genauen Zahlen angegeben, Zahlen, die allerdings jedes Vorstellungsvermögen übersteigen. Um das Weltall abzuschätzen, entwickelte die Jaina-Philosophie ein System des Messens, das zumindest wegen dessen Folgerichtigkeit unsere Bewunderung weckt. Da gibt es zum Beispiel die „Rajju": Das ist die Strecke, die ein göttliches Wesen der höheren Welten innerhalb von sechs Menschenmonaten durcheilt, wenn es in einem Augenblick (!) nicht weniger als 2 057 152 Yojanas (Meilen) zurücklegt.

Ähnlich gibt es zahlreiche Ausdrücke, um die Zeitdauer zu bestimmen. Es fängt

an mit dem Moment (Samaya); das ist die Dauer, während welcher ein Atom sich bei langsamster Bewegung um seine eigene Länge fortbewegen kann. Dann geht es weiter bis zu Jahreszahlen, die nicht weniger als 77 Stellen haben. Aber auch damit begnügen sich die Jainas nicht; sie arbeiten mit unglaublichen Zeitbegriffen, die

nur durch bildhafte Rede etwas vorstellbarer werden.

Zu einem der gewaltigen Sonnensysteme der Jainas, von denen wohl jeder Winkel mit vielgestaltigen Wesen bevölkert ist, gehören 6 697 500 000 000 000 000 Sterne (eine Zahl von 19 Stellen!). Eine sehr hohe Stufe ist es, wenn ein Mensch die Entwicklung eines göttlichen Wesens (Deva) erreichen kann: Sein ganzes Dasein, das von uns aus eine unvorstellbare Dauer besitzt, ist dann der reinen Lust gewidmet, dem Tanz, dem Spiel, den Freuden der Liebe.

Gerade die Art der Wonnen zeigt uns die jeweilige Stufe der höheren Wesen. In den Welten der ersten kosmischen Region finden unter den Göttern noch immer körperliche Verbindungen statt, die den sexuellen Praktiken der Menschen noch einigermaßen vergleichbar sind. Auf der zweiten Ebene küssen und streicheln sich die Devas mit endloser Zärtlichkeit, wobei ihnen solche leisen Berührungen mehr schenken als das noch so verfeinerte Geschlechtsleben der vorherigen Stufe. In der dritten Region genügt es ihnen, sich auf die gegenseitige, für unsere Begriffe völlig unvorstellbar Schönheit ihrer Gefährten auf der Reise durch die Ewigkeit zu konzentrieren. Die Liebeslust verfeinert sich also durch die Entwicklung von einer Welt zur anderen; gleichzeitig steigert sie sich von Stufe zu Stufe.

Eine Seele bleibt in diesen durch ihr gutes Karma verdienten Zuständen der Seligkeit, bis sich dieses durch die lange Entwicklung erworbene und gesammelte Glück verbraucht. Dann verlassen die Seelen, ganz ohne sichtbare Ursache, ihre göttlichen Leiber, um in unserer Mittelwelt einen neuen Kreislauf zu beginnen.

Daß auch in anderen Kulturen ein Keim von ähnlichen Vorstellungen liegt, wie er sich in der Religion, Philosophie und Mathematik der Jainas entwickelte, beweist dieses alte europäische Kindermärchen: Es gibt am Ende der Welt einen Diamantberg, der ist tausend Meilen tief, tausend Meilen breit, tausend Meilen hoch. Alle Jahrtausende kommt zu ihm ein kleiner Vogel und wetzt am Edelstein seinen Schnabel. Wenn einst der ganze Berg weggeschliffen ist, dann ist ein Augenblick der Ewigkeit vergangen…

Die Zahlen werden in den verschiedenen Fassungen des berühmten Märchens unterschiedlich angegeben, aber sie sprechen alle von Zeitaltern, die für uns gleichermaßen unvorstellbar sind. Die ganze Wissenschaft der Jainas erscheint mir als ein Versuch des menschlichen Geistes, den Inhalt dieser kleinen Lehrerzählung verstandesmäßig zu erfassen.

Wiederkehr der glücklichen Urzeit

Wir wissen heute, daß die indianischen Sagen von der Goldenen Zeit, die wiederkommt, und von den göttlichen Helden, „die sie wiederbringen", nicht nur in den Hochzivilisationen von Mexiko und in den Anden tradiert wurden.

Auch bei den Stämmen Nordamerikas gab es offensichtlich eine Fülle derartiger Sagen. Sie gewannen während der blutigen Auseinandersetzungen mit den weißen Einwanderern an Kraft und wirkten sich bis in die Gegenwart auch politisch aus. Wenn heute ein bedeutender Teil der Indianer noch immer an die Auferstehung ihrer Kultur glaubt, schöpft er seine Hoffnung weitgehend aus solchen Überlieferungen.

Im Gegensatz zu den Vertretern der europäischen Zivilisation glaubten viele der Häuptlinge, Schamanen und Dichter der Indianer nicht an Fortschritt, zumindest nicht in den grundlegenden Dingen des Lebens. Der große Ottoway-Indianer Pontiac, dessen Denken im 18. Jahrhundert sein Volk prägte, war der Überzeugung: Alles Erringenswerte sei in Amerika schon in der Vergangenheit gewonnen worden. Der indianische Lebensstil sei sozusagen ein Gesamtkunstwerk, das durch jede Änderung nur verlieren könne! Das Ziel sollte nach ihm nicht das Erlangen von etwas Künftigem sein, sondern die Wiederherstellung des ursprünglichen Gleichgewichts zwischen dem Menschen und dessen Umwelt.

Der indianische Politiker Tecumseh (1768–1813) versuchte, um das weitere Vordringen der Weißen von der amerikanischen Ostküste her endlich aufzuhalten, einen gewaltigen Bund aller Stämme zu begründen. Trotz seiner recht modernen Gedanken – er bestärkte die Weißen in ihrer Idee, die „Vereinigten Staaten" zu begründen – war auch er ein Bewunderer des ursprünglichen Lebens: Nicht nur den demoralisierenden europäischen Branntwein sollten seine Anhänger aufgeben, sondern auch die von den Weißen eingeführte Wolle und Baumwolle.

Er bekämpfte mit wahrer Leidenschaft den privaten Landbesitz, da durch diesen die Jagd und der Fischfang nach altem Brauch immer mehr eingeengt wurden. Sogar die von den Kolonisten übernommene Haltung von Nutztieren, von Schweinen und Schafen, wollte er wieder rückgängig machen – nur dann würden die reinen Sitten der Vorfahren wieder zurückkommen. Die 1890 blutig unterdrückte Geistertanz-Bewegung (Ghost Dance Movement) lehrte geradezu: „Die Weißen richten den Menschen und die Erde zugrunde." Ihre Anhänger behaupteten – womit sie Einfluß auf eine rasch wachsende Anzahl Indianer gewannen –:

„Schon vielfach sind in früheren Zeiten die einsamen Weiten durch mächtige Städte beherrscht und bevölkert worden. Nichts als Ruinen sind von ihnen geblieben, und die Trümmer selber wurden nach und nach wieder zur Erde, die selber ewig jungfräulich bleibt.

Die vergänglichen Schöpfungen des Menschen haben keine Bedeutung; der große Geist muß sie nur anblasen, und sie sind nicht mehr! Dann werden die Kinder der Erde die Welt wieder in ihren Besitz nehmen. Die vergangenen Zeiten werden dann zu einer neuen Gegenwart! Erdbeben werden den Tag dieser Erneuerung verkünden, und die fast ausgerotteten Wildtiere, Bisons und Mustangs, Antilopen und Biber, kommen zurück in unsere Welt, die der Große Geist ihnen ebenso geschenkt hat wie dem Menschen."

Obwohl in dieser Volksbewegung auch einige europäisch-christliche Einflüsse nachzuweisen sind, scheint die Auffassung vom Kreislauf der Zeitalter tief in den ursprünglichen Kulturen des amerikanischen Erdteils verwurzelt zu sein.

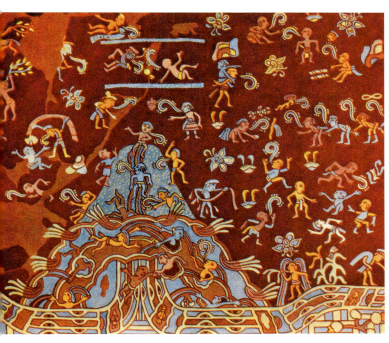 

Seite 278: Prometheus wurde geradezu zum Inbegriff des menschlichen Geistes, der das Feuer „aus der Götterwelt" holte: Man deutete ihn als einen archetypischen Helden, der das menschliche Denken weit ausweitete (Flämische Illustration zu Ovids „Metamorphosen", Ende 15. Jh.; Sammlung des Earl of Leicester, Norfolk).

Links: Im seligen Land der Regenwolken lebt der aztekische Regengott Tlaloc. Unter diesem Luftreich befindet sich das Paradies der glücklichen Seelen (Fresko, Teotihuacan-Kultur, 1.–6. Jh.; Museo nacional de antropología y historia, Mexiko-Stadt).

Rechts: Hades entführt Persephone, Tochter der Naturgöttin Demeter, in sein Schattenreich. Da die Mutter aus Zorn das Wachstum der Erde anhält, gibt es einen Kompromiß. Die Tochter kehrt zwei Drittel eines jeden Jahres in die Oberwelt zurück und wird damit zu einem Sinnbild des Kreislaufs der Vegetation (Flachrelief, Griechenland).

Das Friedensreich der Mexikaner

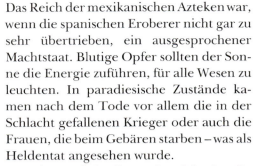

Das Reich der mexikanischen Azteken war, wenn die spanischen Eroberer nicht gar zu sehr übertrieben, ein ausgesprochener Machtstaat. Blutige Opfer sollten der Sonne die Energie zuführen, für alle Wesen zu leuchten. In paradiesische Zustände kamen nach dem Tode vor allem die in der Schlacht gefallenen Krieger oder auch die Frauen, die beim Gebären starben – was als Heldentat angesehen wurde.

Doch gerade in diesem Land fanden die Europäer die Reste einer Religion, die wie die Verkörperung friedlicher Träume erscheint. Sie wurde mit der alten Kultur der Tolteken in Verbindung gebracht, die von den barbarischeren, aber kampfgeübteren Azteken besiegt und unterworfen wurde. Einige christliche Schriftsteller fanden sogar Beziehungen zum ursprünglichen Christentum, und es wurde vermutet, der Apostel Thomas sei irgendwie nach Amerika gekommen und habe dort die Lehre der Liebe verbreitet.

Die mexikanischen Sagen erzählen von einem liebenswürdigen Menschen namens Quetzalcoatl, was „Gefiederte Schlange" bedeutet. Er sei ein Hoherpriester in Tula gewesen, der nach seinem Verschwinden als Verkörperung des gleichnamigen Gottes der Luft angesehen wurde. Seine Gestalt sei groß gewesen, seine Augen besonders leuchtend, sein Bart lang und voll, die Haut hell. Er habe die blutigen Opfer bekämpft und friedliche Künste gelehrt. Sein Wirken auf unserer Erde sei ein wahres Goldenes Zeitalter gewesen, da die Menschen glücklich waren.

Der Gott Tezcatlipoca (Rauchender Spiegel) war auf den Friedensbringer eifersüchtig und tat mit viel List alles, um dessen Einfluß nach Möglichkeit zu bre-

6

chen. Er war dank seines Stricks aus Spinnweben auf die Erde gekommen und hatte die Gestalt eines schönen Jünglings angenommen. Er verführte die Prinzessin, die Tochter des Königs Huemac, erzeugte dadurch viel Verwirrung und löste den Untergang des toltekischen Reichs aus.

Um das Land Huemacs völlig zu verderben, gab er dem Quetzalcoatl ein Getränk, das in ihm die Sehnsucht weckte, das alte Heimatland der Tolteken und ihr Paradies zu besuchen. Die schönen Fruchtbäume, die er gepflanzt hatte, verdorrten, als er aufbrach. Die Singvögel folgten ihm, um ihn auf seiner Reise nach den geheimnisvollen Ländern des Ursprungs zu unterhalten. Einige der Darstellungen der Sage versichern, er sei nach Yukatan zu den Maya-Stämmen gekommen und dort unter dem Namen Kukulkan berühmt geworden.

Seine Jünger, die ihm auf seinem Wege ein gutes Stück folgten, habe er gelehrt, daß er wiederkommen und dann sein Werk des Friedens, woran er diesmal durch die Gegenkräfte noch gehindert worden sei, vollenden werde. Es scheint, daß sich die von den Azteken unterworfenen Stämme, je mehr sich das voreuropäische Mexiko zu einem durchorganisierten Staat entwickelte, immer mehr an die Hoffnung auf die Rückkehr des Gottes klammerten.

Als nun der spanische Eroberer Cortez mit einer Handvoll kühner Abenteurer an der Ostküste Mittelamerikas landete, sah das Indianervolk in ihm die Ankunft des vom märchenhaften Tlapallan kommenden Gottes. Es waren also nicht ein paar hundert Spanier, die, wie die Darstellung kolonialistischer und rassistischer Historiker es wollte, das mächtige Reich zerstörten! Ganze Völker der aztekischen Untertanen erhoben sich, von der vermeintlichen Wiederkehr des Friedensgottes ermutigt, wider ihre Oberschicht und ermöglichten damit den Beginn der europäischen Eroberung Amerikas.

Die Stämme zahlten schon bald sehr teuer für ihren Traum, nach dem sich vom paradiesischen Tlapallan das Friedensreich über ihre Erde ausbreiten sollte.

1 Der „friedliche" Gott Quetzalcoatl trägt die Merkmale des Vogels und der Schlange; in seinem Zeitalter gelten die Gegensätze zwischen den Geschöpfen als aufgehoben (Codex Borgia, aztekisch, Mexiko).

2 Die „gefiederte Schlange" ist das wichtigste Symbol des Quetzalcoatl und besitzt auch im Jahreskalender ihre Bedeutung – ebenso wie in der Vorstellung des Kreislaufs der Zeitalter (Aztekisches Relief, Tenochtitlan, Mexiko; Museum für Völkerkunde, Hamburg).

3 Die mit Türkisen besetzte Holzmaske des Quetzalcoatl zeigt den Helden und Gott, der besonders im toltekischen Tula als Bringer der Kultur und eines friedlichen Gesellschaftslebens verehrt wurde (Mixtekisch, Mexiko, um 1300–1450; British Museum, London).

4/5 Die doppelgesichtige Abbildung des Quetzalcoatl wird auf seine Bedeutung als Gott des Lebens und des Todes zurückgeführt (Mexiko, um 1000; Brooklyn Museum, New York).

6 Quetzalcoatl, die „gefiederte Schlange", wurde zum Bild der Lebensenergie, die die irdischen Elemente durchdringt (Aztekisch, 700–900 n. Chr.; Fries am Tempel von Xochicalco, Mexiko).

281

Durch die Sternentore

Die Fixsterne, die uns vom nächtlichen Himmel grüßen, sind im Weltbild der Volksmärchen eine Art Öffnung, durch die das Licht aus der himmlischen Welt dringt. Die Sehnsucht vorzeitlicher Völker spiegelt sich offensichtlich im Traum von Helden und Heldinnen, denen es gelingt, in die selige „obere" Welt zu steigen, von der alle Gestirne nur ein schwacher Abglanz sind.

Hier auf der Erde ist alles dem Wandel unterworfen und vergänglich. Die Sehnsucht der Menschheit ist es deshalb, den Weltenberg oder den Weltenbaum zu besteigen und so durch die entsprechenden Tore, die gern den zwölf Tierkreiszeichen gleichgesetzt werden, in das „Himmelreich" zu kommen. Dort herrschen für die Sterblichen unvorstellbare Zustände.

Die Zeit, die uns unbarmherzig altern läßt, und der Tod bestehen hier nicht mehr. Wir erinnern hier wiederum an die Märchen: Ihre Helden kommen nach langen Wanderungen durch fremde Länder endlich zum Himmelspförtner und flehen ihn an, nur ganz kurz einen Blick durch sein Sternentor werfen zu dürfen. Obwohl es dem Himmelsgast vorkommt, er würde nur eine Sekunde in das verwirrende Lichtermeer schauen, findet er nicht mehr richtig in seine Heimat zurück: Was „oben" als ein Augenblick erscheint, kann „unten" lange Jahrtausende bedeuten...

Wie unbeständig und schattenhaft unsere Wirklichkeit ist, schildern wiederum die orientalischen Mythen, die sich mit dem Leben des biblischen Königs Salomo verknüpfen. In einer der unzähligen Geschichten dieser Art redet der große Mann des Alten Testaments mit einem höheren Wesen, das zu ihm aus dem Tierkreiszeichen des Skorpions niedergestiegen ist. Der große Wahrheitssucher auf dem Thron Israels fragt diesen Sternenbewohner nach der Dauer „des Weltsystems und der Erde."

Die Antwort lautet in der Fassung dieses Mythos beim Orientalisten Joseph von Hammer-Purgstall (1774–1856): „Das weiß ich so genau nicht, nur das ist mir bekannt, daß von Äonen zu Äonen, das ist, von 70 000 Jahren zu 70 000 Jahren, feurige Sphären sich auf die Erde herabstürzen von den Tierkreiszeichen des Skorpions und des Löwen her. Sie schmelzen dieselbe um. Seitdem ich dem Sternenzeichen des Skorpions als Hüter gesetzt wurde, ist dies 70 000 mal geschehen." Dies würde etwa 4,9 Milliarden Jahren entsprechen, sich also der Zeitdauer annähern, mit der die moderne Wissenschaft rechnet, wenn sie das Alter unseres Sonnensystems abschätzt.

Verständlicherweise versuchen in sehr alten Sagenkreisen die Menschen, einer Welt zu entkommen, die durch die Sterneneinflüsse immer neuen, die Kulturen auslöschenden Katastrophen verfallen ist. Schon der sumerisch-babylonische Held Gilgamesch versucht, durch ein Himmelstor, das „Skorpionmenschen" bewachen, in die Götterwelt zu gelangen, die den Tod nicht kennt.

Ähnlich, aber wohl wegen des optimistischen Weltbildes der Griechen glücklicher, tut es Herakles, nachdem er durch seine „zwölf Arbeiten" alle für ihn und die Menschheit gefährlichen Einflüsse überwunden hat. „Die Sternendeuter wußten, daß er durch jenes Tor den Himmel betrat, das sich im Skorpion, in der Nachbarschaft des Schützen, des auf den Himmel versetzten Kentauren, befand" (K. Kerényi).

Während also in der „materiellen" Erdenwelt der Kreislauf von Entstehen und Vergehen für solche Mythen „ewig" weitergeht, kannten viele Mythen die Möglichkeit, durch eines der Sternentore in einen Zustand zu treten, in dem alles göttlich und beständig ist.

Oben: Der griechisch-ägyptische Ptolemaios galt vom 2.–16. Jh. als Meister aller astronomischen Weisheit. In der Mitte des kosmischen Weltrades, dessen äußerer Rand vom Tierkreis gebildet wird, ist Helios oder Apollo. Sein Wagen wird von vier Lichtpferden gezogen, die man unter anderem als Kräfte der Elemente deutete (Ptolemaios-Handschrift, zwischen 813 und 824; Ms. Vat. Grec. 1291, fol. 9r; Biblioteca Apostolica, Vatikan).

Seite 283: Das Menschenpaar im Kraftfeld der Elemente und Gestirne. Die Tierkreiszeichen wirken nach der mittelalterlichen Medizin dort auf den menschlichen Körper, wo sie eingezeichnet sind: der Widder auf den Kopf, der Stier auf den Nacken usw. (Stundenbuch des Herzogs von Berry, 15. Jh.; Musée Condé, Chantilly).

Erlösung oder neue Mythologie?

Seite 285: Durch seine strahlende Geburt und die Wunder, die er zu Lebzeiten wirkte, führte Buddha seine Anhänger auf den „Weg der Erlösung". Als er starb, sollen ihn Tiere, Menschen und Götter gleichermaßen für seine Taten gepriesen haben. Die gesamte Natur trauerte über seinen Weggang aus unserer Welt (Japanische Bildrolle; Museum für Ostasiatische Kunst, Köln).

Siddharta Gautama (der historische Buddha) lebte im heutigen Nepal bzw. Nordindien und war ein Fürstensohn. Sein Geschlecht stammte aus den Völkern der Sakyas, die einst mit den europäischen Skythen eine Einheit gebildet haben sollen. Nach einem Weg der Suche erkannte er das Leben der Menschen als in seinem Ursprung leidvoll. Die unzähligen Götter (Devas) der Volksreligionen Indiens hat er nie abzuschaffen versucht wie etwa Mohammed die vorislamischen Götter der arabischen Stämme. Er betrachtete sie aber, nicht weniger als die unter ihnen auf der Entwicklungsleiter stehenden Menschenrassen und Tierarten, als ebenfalls im Kreislauf der Seelenwanderungen gefangen und damit dem Leiden ausgeliefert.

Der Zustand, den er seinen Jüngern predigte, sollte eine Überwindung jenes Wechselgefüges von Hoffnung und Verzweiflung sein, in dem die Geschöpfe lebten. Wem es gelang, diesen neuen Zustand zu erreichen, auf den wurden ihm zufolge selbst die Götter neidisch.

Krishna-Glaubens, findet ihre Überwindung: „Aus Liebe wird Leid geboren, aus Liebe wird Furcht geboren... Wer von Liebe erlöst ist, für den gibt es kein Leid und keine Furcht."

Buddha bewegte sich, trotz seiner Abwendung von vergänglichen Zielen, sehr viel in der adeligen Oberschicht des damaligen Indien. Hier fand er wahrscheinlich eine gebildete Schicht, die seine Gedankengänge verstehen und nachvollziehen konnte. Er selber glaubte, daß seine Lehren in einigermaßen „reiner" Form 500 Jahre wirken könnten – das wäre also ungefähr bis zum Beginn unserer Zeitrechnung vor 2 000 Jahren gewesen.

Doch seine Religion, die den Menschen aus dem Chaos der unzähligen Mythologien und Philosophien befreien sollte, breitete sich immer mehr über die Erdteile aus. Sie durchdrang alle indischen Staaten, China, Japan, Tibet, die Mongolei. Die kalmückischen Buddhisten erreichten das europäische Rußland und gewannen dort im 19. und 20. Jahrhundert einen gewissen Einfluß.

Links: Buddha als Auferstandener und ewiger Bringer des Lebens. Seine Aura ist aus einer Unzahl von Buddhas gebildet, die den Menschen wie Sterne den Weg der Erleuchtung weisen (Seide, Japan, Heinan-Zeit, um 1086; Museum Kyoto).

Rechts: Buddha gilt als ruhiger und ewiger Mittelpunkt, der seinen Gläubigen wunderbaren Halt im Chaos der Welt schenkt (Gandhara-Kunst aus Afghanistan, 3.–4. Jh.; Musée Guimet, Paris).

Denen, die seiner Philosophie folgten, predigte er als höchstes Ziel den Zustand des Nirvana. Erreicht man das Nirvana, ist es gleichgültig, ob das Dasein noch weiterdauert oder ob man dem Tod entgegengeht. Man klammert sich nicht mehr an sein Ich und kümmert sich nicht darum, ob man verlischt oder weiterlebt. In wesenlosen Fernen liegt nun alles Fürchten und Hoffen.

Auch die Liebe zu Gott, die ekstatische Grundlage verschiedener Richtungen des

Bald entstanden in der buddhistischen Lehre verschiedene Richtungen, die sich teilweise bewußt mit den volkstümlichen Mythologien verbanden. Die heiligen Weisen der Urzeit rückten in den Vordergrund, und in goldenen Gewändern grüßten sie bald von den Bildern der Tempel. Spannende Geschichten um die Mönche, die als Missionare den Glauben von Land zu Land trugen, kamen dem Märchenglauben der Völker entgegen, selbstverständlich auch die köstlichen Jataka-

Geschichten um die unzähligen früheren Leben des historischen Buddha.

Reliquien, winzige Überreste der Heiligen, wurden (und werden) verehrt: Vor ihnen knieten die Menschen und erwarteten durch ihre Energien die Erfüllung teilweise sehr irdischer Wünsche. Wie wir schon mehrfach sahen, stellte sich eine reiche religiöse Dichtung eine wachsende Anzahl von Paradiesen und Höllen vor und ließ das eigentliche Ziel des Nirvana fast in den Hintergrund treten.

Buddha selber lebt in den verschiedenen Richtungen seiner Religion vollkommen losgelöst von seinem historischen Rahmen. Verschont von den Wiedergeburten,

Oben: Ein Bild der Unsterblichkeit war den Griechen der Aufstieg der Persephone aus der Unterwelt. – Hier ihre Wiederkehr auf einem Krater, dem Gefäß, das zum Mischen von Wein und Wasser diente. In ihrem Umkreis: die Mondgöttin Hekate, Hermes, ihre Mutter Demeter (Rotfigurige Vase, griechisch, ca. 440 v. Chr.; Metropolitan Museum of Art, New York).

Unten: Osiris, der von seiner Gattin Isis aus dem Tod gerettet wird, steht im Mittelpunkt der ägyptischen Mythen um die Unsterblichkeit. Er steht hier im Tierkreiszeichen des Skorpions, das man als Tor zum Leben ansah (Totenbuch, Grabmal Ramses' VI.).

Rechts: In der skandinavischen Mythologie reitet Hermod auf Befehl des Odin auf dessen achtbeinigem Roß Sleipnir in die Unterwelt des Hel. Er versucht den liebenswürdigen Baldr, den Freund aller Wesen, aus dem Schattenreich zu befreien. Da dies mißlingt, nehmen Götterdämmerung und Weltuntergang ihren Lauf (Edda-Ausgabe von 1760; Nationalbibliothek, Kopenhagen).

wirkt er „unermeßlich und unbegrenzt". Er ist nicht im Nirvana erloschen. Das Lotos-Sutra – es gilt als die „Bibel Ostasiens" – läßt ihn verkünden:

„Beständig bin ich hier und predige das Gesetz...
Mit meiner überirdisch durchdringenden Kraft
veranlasse ich die Lebewesen,
innerlich umzukehren.
Beständig bin ich hier
und nicht erloschen."

Margareta von Borsig faßt diese Offenbarung zusammen: „Es ist eindeutig, daß Buddha von sich sagt, daß sein Lebensmaß nicht innerhalb des Zeitraums von Geburt und Tod beschränkt ist, sondern in eine unermeßliche Vergangenheit zurückreicht, in der er bereits Buddha geworden – das heißt, daß er auch von Wiedergeburten verschont geblieben – ist und in eine unermeßliche Zukunft sich erstreckt."

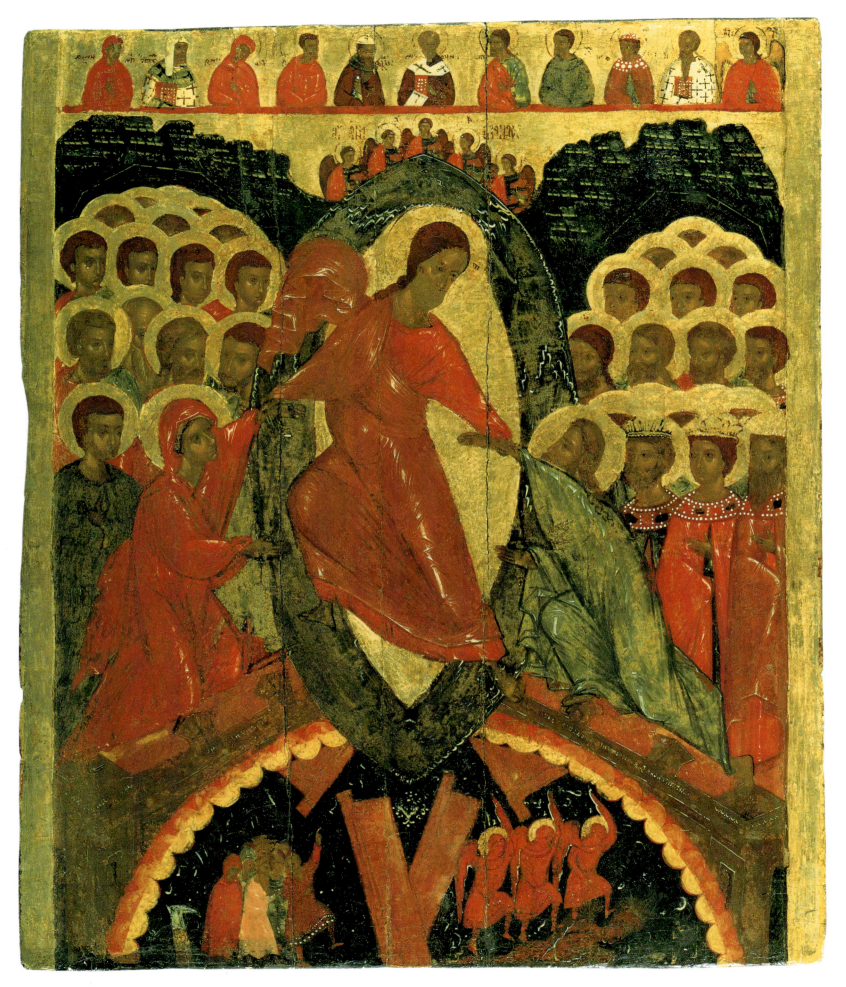

Besonders die russisch- und griechisch-orthodoxe Kirchenkunst variiert häufig das Motiv des Hinabstiegs Christi in die Hölle, um auszudrücken, daß kein Teil der Schöpfung von der Erlösung ausgeschlossen ist (Ikone, Pskov, 15. Jh.; Museum für Geschichte und Kunst, Pskov).

Wo liegt das Paradies?

Rechts: Vor den Augen seiner Jünger entschwindet der auferstandene Christus in den Wolken (Victoria and Albert Museum, London).

Ganz rechts: Darstellung des Wegs der Toten, der bei einem Sonnentempel und dem Baum des Lebens gegenüber einem Seelenvogel beginnt. Die toten Seelen schwimmen auf einem Fluß (Aztekisch, Mexiko; Bibliothèque nationale, Paris).

Unten: Das vergoldete Gefäß zeigt einen Menschen, der vom Götteradler zum Himmel emporgetragen wird. Diese Auffahrt wurde schon als

schamanische Seelenreise gedeutet; die Darstellung der Erhebung des Ganymed zur Gemeinschaft der Olympier belegt den Einfluß griechischer Kunst (Krug mit dem „Raub des Ganymed", Goldschatz von Nagyszentmiklos, skythisch-altbulgarisch, 2. Hälfte 9. Jh.; Kunsthistorisches Museum, Wien).

Von einem Herrn Jean de Mandeville kamen im 14. Jahrhundert „Reisen" heraus, Schilderungen eines neugierigen Ritters, der die damals bekannte Welt zu durchreisen versucht haben will: Es gibt von diesem Werk zahlreiche französische, englische, deutsche und andere Ausgaben, die recht stark voneinander abweichen.

Wahrscheinlich hat fast jeder Herausgeber und Übersetzer dieses seltsamen Buches dessen dunkle Stellen – aus seinem eigenen Wissen – ergänzt. Sehr viele antike und mittelalterliche Berichte über phantastische Völker werden verbreitet. Letztlich begegnen wir hier immer noch dem Weltbild des Odysseus.

Es gab eine Ansicht, die in den „Reisen" des Herrn de Mandeville das Weltbild einer religiösen Gemeinschaft erkennen wollte. Im Zeitalter der Hexenverfolgungen und Religionskriege sei es dieser Gemeinschaft vor allem darum gegangen, zu zeigen, wie verschieden doch die Kulturen der Welt waren, etwa die unterschiedlichen religiösen Auffassungen in den vielen Ländern, aber auch die gegensätzlichen Auffassungen über die Stellung von Mann und Frau, Sittlichkeit oder Eigentum.

Die Genauigkeit der einzelnen, sicher aus zweifelhaften Quellen zusammengestellten Angaben war dem (oder den) Verfassern ziemlich gleichgültig! Wichtig war ihnen die Vermittlung der verwirrenden Buntheit der irdischen Kulturen und damit der Vielfalt der Wege, auf denen die sterblichen Menschen zum Göttlichen zu wandern versuchen.

In einer Fassung des beliebten Buches, das sogar historische Weltreisende wie Columbus angeregt haben soll, las ich über die Suche nach dem Paradies, dem Land, in dem wir uns der Ewigkeit und dem Schöpfer nähern. Für die Europäer lag es im Heiligen Land, also an der östlichen Küste des Mittelmeers. Doch wenn die Pilger beim Heiligen Grab ankamen, fanden sie hier die Hölle des Glaubensstreites.

Fragten sie im Orient nach der Lage des Paradieses, erhielten sie den Hinweis, sie sollten weiter nach Osten ziehen, dem Aufgang der Sonne zu. Folgte er nun solchen Hinweisen aus der Sagenwelt, lernte der Morgenlandfahrer unzählige Völker, endlos verschiedene Bräuche und Auffassungen kennen, den himmlischen Zuständen aber fühlte er sich nie näher.

Über die Riesenreiche der Tataren, Inder und Chinesen drang der Wahrheitssucher immer weiter nach Osten vor und gelangte von Insel zu Insel – ein Wort, das bei Mandeville sogar Erdteil bedeuten kann, da sie ja alle von Wasser umschlossen sind...

Auf einmal, nach Jahren der Weltwanderung, kam der Sucher in Landschaften, in denen er von neuem die Sprache seiner Heimat vernahm. Er hatte also einen gewaltigen Kreis um die ganze Welt hinter sich gebracht, das Paradies aber dennoch nie gefunden.

Bei solchen Fahrten um den Erdball, ob sie nun auf echten Reisen beruhten oder auf dem Studium der Sagen ihrer Vorgänger, trafen solche Reisende überall auf die Sehnsucht, in Zuständen leben zu dürfen, die der Schöpferkraft, die alle Sterne aus dem Chaos hervorgerufen hatte, näherstanden.

Das ist die Sehnsucht, weiser zu sein, die Geheimnisse des Lebens tiefer zu ergründen und damit im Lebensspiel unserer Umwelt gegenüber liebevoller zu werden. Das Paradies liegt, zumindest nach solchen Ahnungen – und sie treten uns aus sämtlichen Kulturen entgegen – nicht in der irdischen Ferne oder auf anderen Gestirnen: „Seine Tore sind nach den ältesten Feenmärchen der Menschheit überall, man muß nur die inneren Sinne entwickeln, sie zu erkennen."

Ganz links: Der Mensch durchbricht die Grenze des sichtbaren Himmels und erkennt das Wesen der Kräfte, die auf unsere Welt einwirken (Kolorierter Holzschnitt, 1888, angeregt von den symbolischen Bildern der Rosenkreuzer-Kunst des 17.–18. Jh.).

Links: Erklärendes Bild von den Altai-Stämmen Sibiriens: Der Schamane reitet auf der Seele eines geopferten Pferdes zum Götterhimmel. Er hat verschiedene Prüfungen zu bestehen, bevor er dem Gott Bai Ulgen begegnet.

Unten: In China und Japan, bei Tibetern, Mongolen, Burjäten, Altaiern und Kalmücken gibt es bei den Buddhisten den volkstümlichen Glauben, daß Paradiese existieren, in denen die Seele von allen Wiederverkörperungen erlöst ist (Tibetisch, 17.–18. Jh.; Victoria and Albert Museum, London).

289

Rechts: Die „Einschiffung nach Cythera" (frühes 18. Jh.) fußt auf dem griechischen Aphrodite-Mythos, ohne den die Liebeskultur des damaligen Frankreich kaum denkbar gewesen wäre. Die als Kultstätte der Aphrodite dienende Insel Cythera wurde für die Künstler nach und nach zum Traumland der zeitlosen Liebesharmonie (Gemälde von Antoine Watteau, 1684–1721; Louvre, Paris).

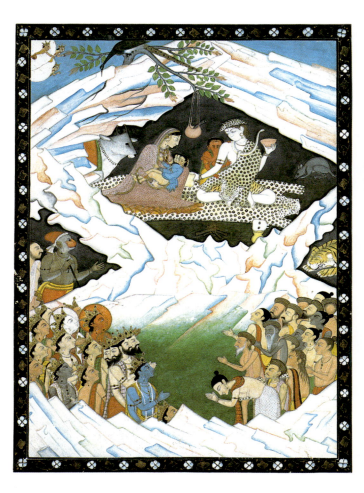

Oben: Auf dem Berg Kailash im Himalaya soll sich, für irdische Augen unsichtbar, das Paradies des Götterpaares Shiva und Parvati befinden. Außerhalb jeden Zeitbegriffs der Sterblichen pflegen sie hier Liebe auf ewig, und ihre Energien sollen auf alle ihre Gläubigen ausstrahlen (Rajput-Malerei, 18. Jh.; Victoria and Albert Museum, London).

Bibliographie benutzter Werke

Afanassiew, A.: Poetitscheskija wozzrenija... (Dichterische Naturanschauungen der alten Slawen), Moskau 1868ff.

Afzelius, A. A.: Volkssagen aus Schwedens ältester Zeit, Leipzig 1842.

Agrippa v. Nettesheim, C.: De occulta philosophia, Hrsg. K. A. Nowotny, Graz 1967.

Albert, K.: Griechische Religion und platonische Philosophie, Heidelberg 1986.

Allen, T. G.: The Egyptian Book of the Dead, Chicago 1960.

v. Alpenburg, J. N.: Deutsche Alpensagen, Wien 1861.

Anhorn, B.: Magiologia, Basel 1674.

Astrow, W.: Skazanija drewnjago Wawilona (Die altbabylonischen Sagen), Berlin o.J.

Atlantis. Volksmärchen und Volksdichtungen Afrikas, Hrsg. L. Frobenius, Jena 1921ff.

Auesow, M.: Abai, Moskau 1953.

Bacon, J. R.: The Voyage of the Argonauts, London 1925.

Banerjee, J. N.: Puranic and Tantric Religion, Kalkutta 1966.

Bajaliewa, T. P.: Doislamskie werowanja u Kirgisow (Die vorislamischen Glaubensvorstellungen bei den Kirgisen), Frunse 1972.

Barrett, F.: The Magus, London 1801.

Bauer, W.: China und die Hoffnung auf Glück, München 1971.

Bauer, W./ Dümotz, I. (Hrsg.): Lexikon der Symbole, München 1980.

Beer, R. R.: Einhorn, München 1977.

Benfey, T.: Pantschatantra, Leipzig 1859.

Ben Gorion, M. J.: Der Born Judas, Leipzig 1916ff.

Ben Gorion, M. J.: Die Sagen der Juden, Frankfurt 1913ff.

Bhagavata Purana, Hrsg. E. Burnouf, Paris 1840ff.

Birlinger, A.: Aus Schwaben, Wiesbaden 1874.

Bitterli, D.: Der Bilderhimmel von Hergiswald, Basel 1997.

Buber, M.: Die vier Zweige des Mabinogi, Leipzig 1922.

Campbell, J.: Schöpferische Mythologie (Masken Gottes, 4), Basel 1992.

Castren, A.: Vorlesungen über die finnische Mythologie, St. Petersburg 1853.

Catlin, G.: Die Indianer Nordamerikas, Brüssel 1851.

Chattopadhyaya, D.: Lokayata, Delhi 1959.

Chevalier, J.: Dictionnaire des symboles, Paris 1968.

Dähnhardt, O.: Natursagen, Leipzig 1907ff.

Daettwyler, O./Maximoff, M.: Tsiganes, Zürich 1959.

Danielou, A.: Le pantheisme hindou, Paris 1975.

Delafosse, M.: Traditions historiques et légendaires du Soudan, Paris 1913.

Delcourt, M.: Hephaistos, Paris 1957.

van Deursen, A.: Der Heilbringer, Groningen 1931.

Deussen, P.: Allgemeine Geschichte der Philosophie, Leipzig 1894ff.

Diels, H.: Die Fragmente der Vorsokratiker, Berlin [5]1934.

Dictionnaire des mythologies. Hrsg. Y. Bonnefoy, Paris 1981.

Dixon, R. B.: Oceanic Mythology, Boston 1916.

Dorsey, G. A.: The Pawnee, Washington 1906.

Eberhard, W.: Lexikon chinesischer Symbole, Köln 1983.

Eberhardt, W.: Chinese Fairy Tales, London 1937.

Eichhorn, W.: Die Religionen Chinas, Stuttgart 1973.

Eliade, M.: Schamanismus, Zürich 1954.

Eliade, M.: Le Yoga, Paris 1954.

Ennemoser, J.: Geschichte der Magie, Leipzig 1844.

Erdmann, G.: Märchen und Sagen aus dem Reich der Mitte, Berlin 1914.

Evans-Wentz, W. Y.: The Fairy-Faith in Celtic Countries, London 1911.

Evans-Wentz, W. Y.: Tibetan Yoga, London [2]1965.

Fichte, H.: Xango. Die afroamerikanischen Religionen, Frankfurt 1976.

Florenz, K.: Die historische Quelle der Shinto-Religion, Berlin 1919.

Folklore Fellows Communications, Helsinki 1907ff.

Frazer, J. G.: The Golden Bough, London 1911ff; dt.: Der goldene Zweig, Frankfurt 1977.

Frick, K. R. H.: Die Erleuchteten, Graz 1973ff.

Friederici, G.: Der Charakter der Entdeckung Amerikas, Stuttgart 1925ff.

Friedrich, A./Budruss, G.: Schamanengeschichten aus Sibirien, München 1955.

Friedrich, J. B.: Die Symbolik und Mythologie der Natur, Würzburg 1859.

Frobenius, L.: Kulturgeschichte Afrikas, Zürich 1938.

v. Gennep, A.: Manuel de folklore français, Paris 1937ff.

Ginzberg, L.: The Legends of the Jews, Philadelphia 1909ff.

v. Glasenapp, H.: Indische Geisteswelt, Baden-Baden 1958.

Goldberg, B. Z.: The Sacred Fire, London 1931.

Golowin, S.: Die Weisen Frauen, Basel 1981.

Gonda, J.: The Vedic God Mitra, Leiden 1972.

Gorodzow, W.: Dako-sarmatskie religioznye motivy... (Religiöse Motive der Dako-Sarmaten in der russischen Volkskunst), Moskau 1926.

Govinda, A.: Grundlagen tibetanischer Mystik, Weilheim [3]1972.

Grimm, J.: Deutsche Mythologie, Gütersloh [4]1876ff.

Grundtvig, S.: Dänische Volksmärchen, Leipzig 1878.

de Gubernatis, A.: Tiere in der indogermanischen Mythologie, Leipzig 1874.

de Gubernatis, A.: La mythologie des plantes, Paris 1878.

Gulik, R.: Secret Life in Ancient China, Leiden 1961.

Gupta, S.: Lakshmi Tantra, Leiden 1972.

Haas, V.: Magie und Mythen im Reich der Hethiter, Hamburg 1977.

Haas, V.: Magie und Mythen in Babylonien, Gilkendorf 1978.

v. d. Hagen, F. H.: Tausend und ein Tag. Morgenländische Erzählungen, Prenzlau 1827.

v. Hahn, I. G.: Griechische und albanesische Märchen, München [2]1918.

v. Hammer-Purgstall, J.: Rosenöl. Sagen und Kunden des Morgenlandes, Stuttgart 1813.

Handwörterbuch des deutschen Aberglaubens, Leipzig 1927ff.

Harivamsa, Hrsg. S. A. Langlois, London 1834.

Herbert, J.: Ganesha, Lyon 1946.

Herbert, J.: Narada, Lyon 1953.

Herbert, J.: Le yoga d'amour, Paris 1973.

Hermanns, M.: Schamanen – Pseudoschamanen, Wiesbaden 1970.

Hertel, J.: Sonne und Mithras im Avesta, Leipzig 1927.

Hoenn, K.: Artemis, Zürich 1946.

Holtzmann, A.: Indische Sagen, Neuausgabe Jena 1913.

Holtzmann, A.: Das Mahabharata, Osnabrück 1971.

Hornung, E.: Das Totenbuch der Ägypter, Zürich 1979.

Iamblichos: Pythagoras, Hrsg. M. Albrecht, Stuttgart 1963.

Jacobi, H.: Das Ramayana, Bonn 1893.

Jahn, J.: Schwarzer Orpheus, München 1954.

Jahn, J.: Muntu, Düsseldorf 1958.

Jahn, R.: Volkssagen aus Pommern und Rügen, Stettin 1886.

Jataka, Hrsg. E. B. Cowell, Cambridge 1895–1913.

Joly, H. L.: Legends in Japanese Art, London 1908.

de Jong, K. H. E.: Das antike Mysterienwesen, Leiden 1909.

Kalevala. Hrsg. A. Schifner/D. Welding, Stuttgart 1948.

Ker, A.: Papuan Fairy Tales, London 1910.

Kerényi, K.: Die Mythologie der Griechen, München 1956.

Kernwart, E. A.: Die Uttara Gita, München 1973.

Kirfel, W.: Die Kosmographie der Inder, Hildesheim 1961.

Kirk, B.: The Secret Commonwealth of Elves, Neudruck London 1893.

Knortz, K.: Märchen und Sagen der nordamerikanischen Indianer, Jena 1871.

Kohl-Larsen, L.: Das Kürbisungeheuer. Ostafrikanische Riesengeschichten, Kassel 1953.

Kohl-Larsen, L.: Das Elefantenspiel, Kassel 1956.

Kornmann, H.: Mons Veneris, Frankfurt 1614.

Krickeberg, W.: Märchen der Azteken, Jena 1928.

Ksenofontow, G. V.: Legendy i rasskazy o schamanach (Legenden und Erzählungen von den Schamanen), Moskau 1930.

Kunos, I.: Türkische Volksmärchen, Leiden 1905.

Lai, T. C.: The Eight Immortals, Hong Kong 1972.

Leland, C. G.: Gypsy Sorcery, Neudruck, New York 1963.

Lexikon der östlichen Weisheitslehren. Hrsg. S. Schuhmacher u.a., Bern 1986.

Lindenberg, W.: Die heilige Ikone, Stuttgart 1987.

Lindner, E. J.: Die königliche Kunst im Bilde, Graz 1976.

Locher, E.: Die Venedigersagen, Diss. phil., Freiburg 1922.

Los, F. C. J.: Das Keltentum in Wolframs Parzival, Amsterdam 1927.

Macdonnell, A. A.: The Vedic Mythology, Delhi 1971.

Mandeville's Travels, Hrsg. P. Hamelius, London 1919ff.

Markandeya Purana, Hrsg. F. E. Register, Kalkutta 1885ff.

Maspero, H.: Le taoisme et les religions chinoises, Paris 1971.

Merkelbach, R.: Die Hirten des Dionysos, Stuttgart 1988.

Meyboom-Italiander, J.: Javanische Sagen, Zutphen 1925.

Miller, O.: Ilja Murometz i bogatyrstwo Kiewskoje (Ilja von Murom und der Kiewer Heldenkreis), St. Petersburg 1869.

Mode, H.: Fabeltiere und Dämonen in der Kunst, Leipzig 1973.

Mode, H./Wölffling, S.: Zigeuner, Leipzig 1968.

Mookerjee, A.: Tantra-Kunst, Basel 1967.

Mookerjee, A.: Tantra Asana, Basel 1971.

Mookerjee, A.: Yoga Art, London 1975.

Narody Australij i Okeanij (Die Völker Australiens und Ozeaniens), Hrsg. A. A. Tokarewa/S. P. Tolstowa, Moskau 1956.

Narty. Hrsg. N. Kerefow u.a., Moskau 1957.

Needham, J.: Science and Religion in China, Cambridge 1954ff.

Neumann, E.: Amor und Psyche, Frankfurt 1926.

Nevermann, H.: Götter der Südsee, Stuttgart 1947.

Nevermann, H.: Söhne des tötenden Vaters. Geschichten aus Neu-Guinea, Kassel 1957.

Nizami: Die 7 Geschichten der 7 Prinzessinnen, Hrsg. R. Gelpke, Zürich 1959.

Normann, F.: Mythen der Sterne, Stuttgart 1925.

Okladnikow, A. P.: Der Hirsch mit dem goldenen Geweih, Wiesbaden 1972.

Ozaki, Y. T.: The Japanese Fairy Book, London 1903.

Pallas, P. S.: Sammlung historischer Nachrichten über die mongolischen Völkerschaften, St. Petersburg 1776ff.

Pakeha Maori, A.: Old New Zealand, London 1922.

Paracelsus: Sämtliche Werke, Hrsg. B. Aschner, Wien 1926–1932.

Parker, K. L.: Australian Legendary Tales, London 1897.

Pernety, A. J.: Les fables égyptiennes et grèques, Paris 1786.

Picatrix. Hrsg. H. Ritter/M. Plessner, London 1962.

Pieper, M.: Das ägyptische Märchen, Leipzig 1935.

Praetorius, J.: Anthropodemus Plutonicus..., Magdeburg 1666.

Prichard, J. C.: Naturgeschichte des Menschengeschlechts, Bd. 4: Oceanische und amerikanische Völker, Leipzig 1848.

Propp, W.: Istoritscheskija korni wolschebnoi skazki (Die geschichtlichen Wurzeln des Zaubermärchens), Leningrad 1946.

Rahner, H.: Griechische Mythen in christlicher Deutung, Basel 1984.

Renel, C.: Contes de Madagascar, Paris 1910.

Riedweg, C.: Mysterienterminologie bei Platon, Philon und Klemens von Alexandrien, Berlin 1987.

Roeder, G.: Kulte, Orakel und Naturverehrung im alten Ägypten, Zürich 1960.

Rosenthal, F.: Das Fortleben der Antike im Islam, Zürich 1965.

Ruben, W.: Krishna, Istanbul 1944.

Salzberger, G.: Die Salomo-Sage, Berlin 1907.

Saxo Grammaticus: Die ersten 9 Bücher der dänischen Geschichte, Berlin 1900.

Schipper, K.: Le corps taoiste, Paris 1982.

Schmeller, C.: Märchen und Sagen aus Wälschtirol, Innsbruck 1867.

Schmidt, W.: Die asiatischen Hirtenvölker (Ursprung der Gottesidee, 10), Münster 1952.

Schultz, W.: Dokumente der Gnosis, Jena 1910.

Seabrook, W. B.: Geheimnisvolles Haiti, München 1982.

Sellon, E.: Annotations on the Sacred Writings of the Hindus, London 1865.

Sen, M. L.: Lord Srekrishna, Kalkutta 1954.
Shellgrave, D. L.: Havajira Tantra, London 1959.
Siva-Purana, Delhi 1970.
Skazki narodow sewera (Märchen der Völker des hohen Nordens). Hrsg. M. Woskobejnikowa u.a., Moskau 1959.
Smith, R. G.: Ancient Tales and Folklore of Japan, London 1908.
Smith, W. R.: Die Mythologie der australischen Völker, Wien 1909.
Surdas: Krishnayana, Leipzig 1978.
v. Sydow, E.: Dichtungen der Naturvölker, Wien 1935.

Tardieu, M.: Trois mythes gnostiques, Paris 1974.
Thomas, L. V./Luneau, R.: Les religions d'Afrique noire, Paris 1969.

Trousson, R. Le thème de Prométhée dans la littérature européenne, Genf 1964.
Tucci, G./Heissig, W.: Die Religionen Tibets und der Mongolei, Stuttgart 1970.

Ungnad, A.: Die Religionen der Babylonier und Assyrer, Jena 1921.
Unterrieder, E.: Glück ein ganzes Mondjahr lang, Klagenfurt 1984.
Urech, E.: Lexikon chinesischer Symbole, Konstanz 1974.

Vamana Purana, Hrsg. A. S. Gupta, Varanasi 1968.
Vatter, E.: Der australische Totemismus, Hamburg 1925.
Visaxis, V. G.: Hindu Epics in Popular Illustrations, Delhi 1977.

Voriškoková, M.: Singende Geigen. Zigeunermärchen, Zürich [3]1968.

Weil, G.: Biblische Legenden der Muselmänner, Frankfurt 1845.
Wemzig, J.: Westslawischer Märchenschatz, Leipzig 1870.
Werner, E. T. C.: A Dictionary of Chinese Mythology, New York 1961.
Wilhelm, R.: Chinesische Volksmärchen, Jena 1919.
v. Wlislocki, H.: Märchen und Sagen der transsilvanischen Zigeuner, Berlin 1886.
v. Wlislocki, H.: Volksglaube und religiöser Brauch der Magyaren, Wien 1891.
Woodroffe, J.: Priniciples of Tantra, Madras [4]1970.

Zimmer, H.: Maya, Frankfurt 1976.

Bildnachweis

Aberdeen University Library, Aberdeen: 154 (4).

Accademia Carrara di Belle Arti, Bergamo: 200.

Archiv für Kunst und Geschichte, Berlin: 13, 95 l, 104 r, l'05 l, 107 r, 109 l, 118 ol, 119, 154 (3), 157 (10), 177 (4), 185 (4), 187 l, 195 u, 201 r, 212 u, 217 l, 233, 257 l, 264, 270, 274 l, 275 o, 284 r, 289 o.

Archivo Fotografico dei Musei Capitolini, Rom, Photo: Maria Teresa Natale, Rom: 214 r.

Alinari Fratelli, Florenz: 167 m, 185 (1).

American Museum of Natural History, New York: 97, 112 (2).

Artothek, Peissenberg: 193.

Baumli Othmar, Meggen: 91, 163 l.

Bayerisches Nationalmuseum, München: 227 l.

Biblioteca Statale, Lucca: 266 l.

Biblioteca Apostolica Vaticana: 272 u.

Bibliothèque nationale, Paris: 85 r, 175 (6), 248, 288 r.

Blow up, München: 250 l.

Bodleian Library, Oxford: 97 (5).

Bridgeman Art Library, London/Gallery of the Yugoslav People's Army Club, Belgrade: 276/277.

British Museum, London: 73 r, 78 u, 79 l, 99, 107 l, 133 l, 139 l, 142, 143 (4), 175 (5), 198 l r, 215 l, 218 r, 219 (1, 2, 4), 220 m, r, 221 l, 241 l.

Bruggmann Maximilien, Yverdon: 139 r.

Bruggman Werner, St. Gallen: 72 (1).

Bulloz, Paris: 253 r.

Byzantinisches Museum, Athen: 201 lu.

Dagli Orti, Paris: 24, 116, 175 o, 259 l, 268, 271 (1).

Fitzwilliam Museum, Cambridge: 163 r, 165 (6).

Forman Werner Archive, London: 28 ml, 29, 48, 70 r, 72 (7), 74 (1), 86, 92 l, 94 o, 104 l, 106 l, 127 (7), 144 mr, 147 (6), 160 o, 164 (1), 170/171, 188, 196 m, 197 (5), 203 o, 204 l, 205 r, 209, 213 u, 244, 245, 260 l, 273 u, 280 (2, 3), 281, 286 u.

Frobenius Institut, Frankfurt am Main: 254, 255.

Gerster Dr. Georg, Zumikon: 25.

Giraudon, Paris: 191 (4), 239.

Hansmann Claus & Liselotte, München: 6, 177 (3), 224 alle, 232 ul, 273 m.

Held Ursula, Ecublens: 218 ul.

Hinz Hans, Allschwil: 41 o, 170 u.

Hirmer Verlag, München: 231 ol.

Historisches Museum, Bern: 154 (1).

Holford Michael, London: 76, 181 (7), 258 l, 275 ul.

Kunsthistorisches Museum, Wien: 288 u.

Lazi Franz, Stuttgart: 2/3.

Leonard von Matt, Gemeinnützige Stiftung L.v.M., Buochs: 101 ol, 126/1, 132 ml, 133 r, 147 (5), 166, 179 m, 187 r, 216, 220 l, 221 or, 279 r.

Mellaart James, London: 75 (1).

Monumenti Musei e Gallerie Pontificie, Vatikan: 124 (3), 193 (2), 212/213.

Musée des beaux-arts, Rennes: 140/141.

Musée d'Ethnographie, Genf; Photo: Jonathan Watts: 111 u.

Musée de l'Homme, Paris: 74 r, 131 r, 160 r.

Musée national d'Histoire et d'Art, Luxemburg: 168 (1).

Museum of Fine Arts, Boston: 125 (5), 222.

Museum Rietberg, Zürich; Photo: Brigitte Kammerer: 87 ol.

Museum für Völkerkunde, Hamburg: 129 l.

Museum für Völkerkunde, Wien: 174 (3).

Nationalmuseum, Ethnographische Sammlung, Kopenhagen: 97 (4), 137 (2).

Natur-Museum, Luzern: 180 o.

NTV, Tokyo: 71, 81 m, 93, 271 (3).

Pedicini Luciano, Neapel: 145 l, 253 l.

Pierpont Morgan Library, New York: 227 ru.

Poignant Axel Archive, London: 26, 109 m, 269 o.

Preussischer Kulturbesitz (Bildarchiv), Berlin: 154 (2), 181 (6), 223 l, 238.

Rätsch Dr. Christian, Hamburg: 137 (1), 150, 151 alle, 197 (4).

Réunion des Musées Nationaux, Paris: 94 m, 145 r, 165 (10), 178 (3), 214 l, 225, 243 l, 249 r, 290/291.

Scala, Antella: 22/23.

Shimizu Kohgeisha (Nationalmuseum), Kyoto: 284 l.

Smithsonian Institution, Washington: 95 r.

Soprintendenza Archeologica per l'Etruria Meridionale, Rom: 42.

Soprintendenza Archeologica per la Toscana, Florenz: 125 (6).

Staatliches Museum für Völkerkunde, München: 15, 46, 103 (7).

Staatliches Museum für Kunst, Kopenhagen: 79 r.

Staatliches Historisches Museum, Stockholm: 242 ul.

Steffens Bildarchiv, Mainz: 185 (5), 194, 199 r.

Tokyo Nationalmuseum, Tokyo: 108 r, 275 r.

Victoria and Albert Museum, London: 16/17, 21, 89, 101 lu, 191 (5), 198 m, 202 l, 203 u, 207, 215 r, 269 r, 290 l.

Weider Achille B., Zürich: 45.

Wheelwright Museum of the American Indian, Santa Fe: 77/6, 110 l, 129 ur.

Alle nicht erwähnten Bilder stammen aus EMB-eigenen Archiven. Die Quellen einiger bereits früher in einem gleichnamigen Buch publizierten Abbildungen konnten nicht ausfindig gemacht werden. Rechteinhaber wenden sich bitte an EMB-Service.

Register

Seitenzahlen in Grundschrift beziehen sich auf eine Nennung im Haupttext, kursive auf eine Nennung in einer Bildlegende.

dell'Abbatte, Niccolo *168*
Abraham 56, 252
Abu Simbel *51*
Acheloos *217*
Achilles *130*, *133*, 230, *230*, *231*, *232*, 250, *251*, 252
Adad *109*
Adam 10, 81, *154*, 240, 249; s. auch Adam und Eva
Adam und Eva 70, 76, 80, *80*, 83, 100, 152, 178, 262, 266; s. auch Adam
Adonis 24, 119, *185*, *191*, 258, *258*
Aeskulap 148, *148*, 178, 198; s. auch Asklepios
Agamemnon 230, 252, *253*, 260
Agni 68, 122, *128*
Agraulos 31
Agrippa von Nettesheim *84*
Ägypten/Ägypter 24, *24*, 47, 51, 76, 83, *160*, *165*, *175f.*, *195*, *268*, *271*, *273*
Ahriman 57, *191*, 248; s. auch Angro Manyu
Ahura-Mazda 57, 248
Aietes 35
Aiga 35
Aigina 37
Aigis s. Aix
Aigle 35
Ainu (Japan) 49, 226
Aither 31
Aithra 35
Aix 37
Ajax *231*
Akkader 47, *181*
Aktaios 31
Akteon 138
Al-Burak *168*
Alako s. Dundra
Alanus ab Insulis 234
Albanien 232
Alekto 32
Alexander d. Gr. 110, 169, 188, 219, *241f.*, 250
Algonkin 43, 47, 49, *62*
Alice im Wunderland 82
Alkmene 37, 192, *192*, 216
Allah 83, 180
Alpen 8f., 102, 123, *135*, *154*, 181
Alpheios 219

Altai-Gebiet 262
Altai-Stämme (Sibirien) *289*
Altamira 42, *52*
de Alva Ixtlilxochitl, Don Fernando 266
Amaterasu 226, *226*
Amazonen 168, 198, 219, 250, *251*
Amen-hor-khepeshef *70*
Amithaba s. Dharmakara
Amor *4*, 139, 182, 184, *184f.*, *187*, 256f.; s. auch Eros
Amor und Psyche 256, *256*; s. auch Amor bzw. Psyche
Amphiktyon 35
Amphitryon 216
Amun-Re *157*, *165*
An 23f.
Ananta *18*, *86*
Anatolien *72*, *75*
Anchiale 34
Anchises *185*
Andamanen 12, 40, 49
Andrachne 124
Andromena *178*
Angro Manyu 248; s. auch Ahriman
Antaios 220
Antiope 37, 192, *251*
Anubis *126*, 164, *165*
Apachen 49
Aphrodite 27, 36, *53*, 70, 124, 152, 167, 184, *184*, *185*, 186f., *187*, *191*, *192*, 198, 200, 230, *231*, *238*, 244, 256–258, *290*; s. auch Venus
Apollo 53, 75, 94, *95*, 122, 124, *125*, *135*, 138, *140*, 148, 152, *169*, 178, 192, 200, 219, 222, 257, *282*
Apsaras 110, 196, *197*
Apsyrtos 35
Apuleius 186, 256
Araber 83–85, 169, *175*, 284
Ares *52*, 124, *130*, 162, 167f., 186, *187*, 198, 219, 250; s. auch Mars
Arges 32
Argonauten *52*, 142, 200
Argus *193*
Ariadne 167, *167*, 198
Aristoteles 20
Arkadien 218f.
Arke 32
Artemis *42*, *53*, 138, *154*, *185*, 198, *218*, 219, 250, 252, *253*; s. auch Diana
Artus, König 234, *236*, 264, *264f.*
Aruru 242
Asaheimr 119; s. auch Asen
Aschanti (Ghana) *50*, *72*, 254

Aschur 57
Asen 102, 117, 119, *246*; s. auch Asaheimr
Asia 33
Asklepios 148, *148*; s. auch Aeskulap
Assyrien/Assyrer *56f.*, *72*, 83, *94*, *109*, 177, *180*, *249*, 259
Astarte 119, 184, 249, 258, *258*
Asterie 34
Asterodeia 35
Astraia 34f.
Astraios 34
Asuras 86, *87*, 88, 171, *178*, *198*, 202, 206f., 208, 228
Ata Emit 111
Ataensic 82
Athapasken 49
Athen 53, 167, *167*
Athena 36, 52, 92, *126*, 128, *130*, *154*, *157*, 168f., *190*, *213*, 230, *231*, *251*
Atlas, Gebirge 47, *50*
Atlas, Riese 35, 220
Aton *195*
Attila s. Etzel
Attis 24
Atum 77
Audhumbla *78*, 144
Augias 219, *219*
Augustinus *238*
Aurora 169; s. auch Eos
Ausow, Muchtar 6
Australien/Australier 12, 14, 17, 40, 49, *60*, 66, *78*, *103*, *105*, *109*, *143*, 269
Avalokiteshvara 188, 208, *208*, 269
Avalon 234
Awesta 92
Ayurveda 172
Azteken 20, *28*, 43, *64*, 68, *72f.*, 78, *94*, 100, 114, *118*, *128*, *146*, *151*, *157*, *178*, *190*, *223*, 280f., *281*, 288

Ba-Ronga 254
Baal 24, 57, *215*
Babylon/Babylonier 47, *56f.*, *72*, 83, *94*, *118*, 180, *180*, *249*, 258
Bacchus *52*, *132*, 192
Badynoko 238
Baga-Stämme *75*
Bai Ulgen *289*
Baishu 199
Baldr *286*
Bali 49, *151*, 196
Balten 96, 100
Banaitja *70*

Bantu 43f., 48, 160
Baschkiren 49
Bastet *163*, 164
Bastian, Adolf 40, 49
Bayard *169*
Beduinen 47
Behanzin *143*
Belam *148*
Belbog 248
Bellerophon 169, *177*
Benares 43
Bengalen *74*, 224
Benin *50*, *143*, *178*
Benten 199
Berber 47
Bernini, Gian Lorenzo *178*
Berthold-Missale *10*
Bhairavi *88*
Bhaisajya Tathagata *151*
Bia 34
Bifröst 102
Bin Gorion, Emanuel *178*
Bin Gorion, Micha Josef 174
Bin Gorion, Rahel *178*
Bitterli, Dieter 9
Blackfoot-Indianer 44
Blake, William *157*
Boekiin Husil 111
Bolotu 120
Bör *78*, 144
Boreas 3 4f.
von Borsig, Margareta 286
Bosch, Hieronymus *105*, *210*
Botticelli, Sandro *187*, 272
Brahma *17*, *58*, *69*, 87, *125*, *182*, 204
Brasilien 108
Bretagne 92, 94, 102, 234
Briareos 32
Britannien 234
Brontes 32
Brueghel, Pieter d.Ä. *118*
Brunhild 232
Bubastis *163*, 164
Buddha *20*, 38, *58*, 88, *151*, 152, *168*, 188,
    190, 268, 284, *284*, 286
Buddha Aksobhya *197*
Buddha Amida *59*, *120*
Buddha Amitabha *133*, 273
Buddha Gautama *189*, *269;* s. auch Gauta-
    ma Siddharta
Buddha Sakyamuni *188*, *269*
Bukephalos 169
Bunbulama *103*
Burgunder 232

Buri *78*, 144
Burjäten 43, 49, *55*, 110, *289*
Burkina Faso *92*
Burne-Jones, Edward *264*
Byzantiner 164, *273*

Cakrasamwara *126*
Camaxtli *138*
Camelot 234
Candi *88*
Carroll, Lewis 82
Cäsar *236*
Çatal Hüyük 47, *53*, *75*
Cellini, Benvenuto *195*
Centeotl *72*
Ceres 146, *146;* s. auch Demeter
Cernunnos *154*
Chalkiope 35
Chandra *98*
Chanina, Rabbi 249
Chariklo 34
Charon 31, 220
Cheiron 34, *133*, 148, 219
Chichen-Itza *64*, *118*
Chimaira 31
China/Chinesen 6, 9, 47, *59*, 68, *78*, *101*,
    108, 114, 118, *126*, 131, *132*, 146, *148*,
    152, 174, *175*, 176, *177*, 181, *181*, 188,
    190, 195f., 208, *208*, 214, 222, *223f.*, 270,
    273, 284, *289*
Chnum *165*
Christophorus 164
Christus 22, *130*, *169*, 176, *271*, *287f.;*
    s. auch Jesus
Chrysaor 33
Chuchedej Mergen 110
Codex Borgia *73*, *281*
Codex Fejervary-Meyer *28*, *146*
Codex Vigilianus *112*
Codex von Gerona *180*
Coelus 186; s. auch Uranos
Columbus, Christoph *65*, 288
Conchobar 232
Coray, Franz *28*, *114*
Cornford, F. M. 12
Cortez, Hernando *65*, 281
Coyolxauhqui *100*
Cranach, Lukas d.Ä. *80*
Cranach, Lukas d.J. *187*
Cu Culainn 232
Cuna-Indianer 17
Cupido 256f.; s. auch Eros
Curtius Rufus, Quintus 250

Cusanus, Nikolaus 43
Cythera *290*

Daidalos 167, *167*
Dakota-Indianer *97*, 104
Daktyloi 34
Dalai Lama 43
Danaë 37, 192, *193*
Dante 120, *157*, 272
Daphnis und Chloë 144, *145*
David, König *236*
Deianeira 216
Deino 32
Del 72
Delos *53*
Delphi *53*, 94, *135*, 178
Dema-Wesen 26
Demeter 36, 146, *146*, *193*, *279*, *286;*
    s. auch Ceres
Deukalion 35
Devaki 202, 204
Devas, Götter 86, 206, *215*, 228
Devas, Teufel 248
Devi *160*, 196
Dewel s. Del
Dewleskeri Dai 72
Dhanvantari 172
Dharmakara 208
Diana *53*, *75*, 135, 138, *140*, 148, *185*,
    192, 252; s. auch Artemis
Dignuk *143*
Diogenes Laertius 131
Diomedes 219, *219*
Dione 36
Dionysos 44, *52*, *132*, 146, 152, *190*, 198,
    219; s. auch Bacchus
Dioskuren 168, *192*
Dogon 48
Don 250
Don agrub 224
Donar *246;* s. auch Thor
Doris 32
Dschagga-Volk 83
Dschingis Khan 49, 136, 224
Dschinnen 83, *83*
Dschinnistan 85
Dundra 100
Dürer, Albrecht *135*
Durga 72, *88*, *158*, 215
Dyaus 23f.

Ea 258
Echidna 31, 216
Echnaton *95, 195*
Echo, Nymphe 256
Edda, Sammlung 102, *114*, 117, 210, 244, *246*, 249
Edda, Stämme 43, 79
Eichhorn, Werner 195
Eidyia 35
Einhart, G. C. 84
El 23f.
Elara 37
Elektra 32, 36
Elephantine *165*
Eleusis 146, 220
Eligius, Heiliger *130*
Elija *168*, 234
Elis 219
Ellej 172
Empedokles 20, 253
Endeis 34
Endymion *101*
Engidu 242
Enkelados *213*
Enlil *109*
Enuma elisch 18
Enyo 32
Eochaid 198
Eos 34, 169, 230
Eosphoros 35
Ephesos *53, 185*, 250
Epimetheus 35
Epona *168*
Erato 122
Erebos 31
Eris 230
Eros *4*, 30, 139, 182, 184, *184f.*, *189*, 190, *200*, 206, 244, 256f.; s. auch Amor
Erymanthischer Eber 219, *219*
Erytheia 220
Eschenbach, Wolfram von 264
Eskimos 40, *62f., 138*, 272
Esten 49
Etain 198
Etrusker *42, 52*, 92, *112, 125*
Etzel 232
Euhemeros 10
Europa, Königstochter 37, 145, 166, 171, *172*, 192, *192*
Europa, Kontinent s. Westeuropa bzw. Osteuropa
Euros 34f.
Eurybia 32f.
Eurydike 200f., *200*

Eurymedusa 37
Eurymone 192
Euryodia 37
Eurystheus 216, *219, 221*
Eutrepia 122
Eva *179*; s. auch Adam und Eva
Ewe-Mythen 81

Fafnir 232, *232*
Faröer-Inseln 232
Fasa-Stamm 48
Faunus 144
Faust, Gelehrter *84*, 231, *240*
Felicia 234
Feng Lung 108
Ferdausi 248, *248*
Finnen 6f., 49, 100, 238
Fra Angelico *270*
Frankfort, Henry 12
Frau Holle 118, 208
Freud, Sigmund 12, 14
Freya *74*, 119, 244
Freyr *55*, 119, 244
Frobenius, Leo 44, 47f.
Fu-hsi *132*
Fu-sang 222
Fulbe-Stamm 48
Furien 32

Gabriel, Erzengel *168*
Gaia 30f., 36, 49, 72, 184
Galahad, Sir *236*, 264f.
Ganymed *195, 256*, 288
Garuda 87, *87, 90*, 117, *160*, 182
Gautama Siddharta 188, 208, 284; s. auch Buddha
Ge Sar 224, *224*
Geb *76*
Georg, Heiliger *227*
Germanen *54, 97, 160, 171*, 232
Geryoneos 220, *221*
Ghost Dance Movement 279
Giganten 32f., 90, *213*
Gilgamesch *57, 158*, 240, 242f., *243*, 258, 282
Giljaken 49, *55*
Giordano Bruno 43
Giseh *118*
von Glasenapp, Helmuth 278
Glaukos 142, *231*
Gopis 127, *144*, 145, 203f.
Gorgonen 33

Gortys 68
Gossaert, Jan *193*
de Goya, Francisco *12*
Graff, Clemente Eduardo 7
Grandval-Bibel *80*
Grazien 36, 192
Grimm, Gebrüder 132, 134
von Grimmelshausen, Hans Jakob Christoffel 266
Gudatrigakwitl 25
Guinevra 234, *265*
Gulliver 220
Gunkel, Hermann 12
Gunther 232
Gunungan *113*
Gyes 32

Hades 30, 36, *52*, 146, *146*, 148, *191*, 200, *201*, 220f., *221*, 249, *279*; s. auch Pluto
Häfner, Thomas *83*
Hagen (Nibelungenlied) 232
von der Hagen, Friedrich Heinrich 85
Hainuwele 26, 40, 43, 47, 49
von Hammer-Purgstall, Joseph 83f., 180, 282
Hammurabi 94
Händel, Georg Friedrich 252
Hanuman 190, 229, *229*
Hapi *111*
Hara *87*; s. auch Shiva
Hari *87*; s. auch Vishnu
Harpyien 33, *83*
Harrison, Jane Ellen 12
Hathor *97, 165*
Hawaii-Inseln *61*, 142
Hearn, Lafcadio 199
Hebe 216, *256*
Hebräer 47, 178
Hekate 34, 135, *135, 286*
Hekatoncheiren 30, 32
Hektor 230
Hel 117f., 210, *286*
Helena 192, *198*, 230f., *230f.*, 260, *265*
Heliaden 35
Helikon 168
Heliodor 176
Helios 34, *95*, 152, 167, *167–169*, 198, 219, *282*; s. auch Apollo
Hellen 35
van Helmont, Johann Baptist 240
Hemera 31
Heng-O, Göttin *101*

Heng-o, Krähe 222
Hephaistos *53*, *69*, *81*, 94, 124, *126*, 128,
  130f., *130*, 137, 167, 186, *190*, *230*;
  s. auch Vulkan
Hera 10, 36f., 68, 73, *103*, *105*, 110, 130,
  144, *148*, 152, 171, 182, 192, *192f.*, 216,
  218–220, 230, *231*, 256
Herakles *52*, *105*, *109*, 122, 128, 148, *152*,
  158, 186, 192, *192*, 216–221, *217–219*,
  221, 228, 234, 250, *251*, 256, 282
Heraklit 20
Hergiswald 9
Hermanns, P. Matthias 224
Hermanubis 164
Hermaphroditos 184, *238*
Hermes *53*, 124, *125f.*, 127, *144*, *164f.*,
  178, *185*, *190*, *193*, *238*, *286*
Hermod *286*
Hermopolis *165*
Hesiod 10, 20, 68, 168
Hesperiden 35, 128, 220, *221*
Hesperis 35
Hesperos 35
Hestia 36
Hethiter *53*, *56*, *72*, 77, *144*, *146*
Hildegard von Bingen *266*
Himalaya 196, 206, 208, *290*
Hina *129*
Hippia 168
Hippios 168
Hippokrene 169
Hippolita 168, 198, *198*, 219, *221*, 250
Hippolytos 198, *198*
Hocard, A. M. 12
Homer 6, 10, 68, *144*, *187*, 213, 231, 249,
  252, 260
Hopi-Indianer *62f.*, *82*
Horen 36, 192
Hormuzda-Tengri 224
Horus *51*, *95*, 162, *163*, *165*, *168*
Hrimthusen 117, 118
Hsi Wang-mu *241*
Huaxteken *98*
Huchueteotl *128*
Huemac 281
Hula-Stamm 49
Hülagü 49, 224
Humai 85, 266
Humbaba 242
Hunnen 48f., 232
Huronen 82
Hurwitz, Sigmund 249
Huzulen 76, 172
Hyaden 35

Hydra 31, 218, *218*
Hygieia 148, 178
Hymen s. Hymenaeos
Hymenaeos 184
Hyperion 33

Iapetos 33
Iasion 36
Idris 124
Ilja von Murom 234, 250
Inanna 24
Indianerstämme (allgemein) 8, 48f., *107*,
  266, 279
Indianerstämme, nordamerikanische 17,
  24, 40, *49*, *63*, 94, 106, 136f., 139f., *157*
Indien/Inder 20, 23f., 43, 47, 49, *58*, 68,
  72, 86–88, *86*, 92, *98*, 110, 114, 120, 145,
  152, *154*, *158*, 171f., *176*, 178, 180, 182,
  182, 196, *196f.*, *203*, 207, *215*, 228f., *256*,
  262, 268, *269*, 270, 272, 278, 284
Indonesien 24f., *60*, 88, *117*
Indra 24, 68, 106, 108, 110, 188, *196f.*
Indrani 110, *196*
Inka 65, 114
Inuit-Stämme 142
Io 37, 145, *193*
Iolaos 218
Ipala *27*
Iphigenie 252f., *253*
Iphis s. Iphigenie
Irak 41, *118*, *146*
Iran/Iraner 25, *56f.*, *72*, 83, *176*, *190*, *226*,
  248, *270*; s. auch Perser
Iris 32, *103*
Irland/Iren 92, 102, 122, 198, 232
Irokesen 43, 82
Isaak 252
Ischtar 24, *57*, *72*, *200*, 249, 258f., *258*
Isis *95*, 145, 162, *163*, 164, *193*, *258*, *286*
Ithaka *53*, 260
Izanagi *59*, 226, *258*
Izanami *59*, 226, *258*

Jä-lei *224*
Jaguargott *103*
Jahwe 18, 252
Jahwismus 23
Jainas 278
Jakuten 8, 49, 55, 123, 137, 172, 210
Japan/Japaner 49, *59*, *97*, 109, 174, *175*,
  188, 199, *208*, 224, 226, *226*, 262, 275,
  284, *289*; s. auch Ainu

Jason 216
Jataka-Werk 268, 284f.
Java 49, *60*, *113*, 196
Jeanne d'Arc *251*
Jen Szu 146
Jenischen 7
Jericho 47, *56*
Jerusalem 43, *56*
Jesaja 249
Jesus 38, *56*, *195*; s. auch Christus
Jiphtach 252, *253*
Jjemaja 73, 187
Johanna von Orléans s. Jeanne d'Arc
Johannes-Apokalypse *180*, *181*
Jones, James Athearn 104, 140
Jöten 88, 119
Jung, Carl Gustav 9, 14, 49
Juno *52*, 73, 110, *148*, 171, 192, *192*;
  s. auch Hera
Juno (Artussage) 234
Jupiter *52*, 106, 108, 110, 117, 124, *125*;
  s. auch Zeus

Kaanthus 34
Kabardiner 90, 210, 238
Kabylen 47f., *50*
Kadmos *226*
Kaf 85
Kailash *290*
Kain und Abel 82
Kalahari *51*
Kalchas 252
Kalevala-Sammlung 6
Kali 72, 88, *88*, *158*, 196, *215*
Kali-Shakti *196*
Kali-Yuga 88
Kaliya 178, *202*
Kalki 88, *168*
Kalliope 122, *192*, 200
Kallisto 37
Kalmücken 49, *289*
Kalypso 35, *261*
Kama *4*, *196*, 205, 206f., *207*, 228, *256*
Kami-Stämme 226
Kamsa 202, 204
Kanaanäer 23, 74
Kansa s. Kamsa
Kanthaka *168*
Karibische Inseln 108
Karl d. Gr. *236*
Karystos 34
Kasachen 6f., 169
Kaustubha 172

Kekrops 31
Kelten *52*, *54*, 92, 102, *109*, *138*, *168*, *171*,
    198, *198*, *236*, *242*, 264
Kenia 41
Kentauren 219
Kerberos 31, 152, *152*, *157*, 220f., *221*
Kerenyi, Karl 14, 282
Keto 32
Khamvum 71
Khmer *126*
Kiho 18
Kimmerier 260
Kircher, Athanasius 164
Kirgisen 49
Kirke 35, *53*, 260
Klio 122
Klymene 34
Knossos *72*
Kodschu *184*
Koios 33
von Kokinobaphas, Jakob *273*
Kond-Stämme *72*
Korea 59, 174, *175*, *181*, 188, *224*
Korjaken *55*, *272*
Koryneia 218, *218*
Kottos 32
Kranaos 31
Krataiis 32
Kratos 34
Kreta 47, 53, *101*, 108, *146*, 162, 166f.,
    171, *172*, *179*, *192*, 219, 270
Kriemhild 232
Krios 33
Krishna 9, *58*, 88, *90*, 127, *144f.*, 145, 172,
    178, 182, *191*, 196, *196*, 202–205,
    202–205, 206f., 228, 284
Krokodilopolis *165*
Kronos 10, 12, *12*, 20, *23*, 30, 33f., 49,
    192; s. auch Saturn
Kuan-Ti 214
Kuan-Yin 208, *208*
Kuba/Kubaner 108
K'uei-hsing *132*
Kukulkan *118*; s. auch Quetzalcoatl
Kulakowskij, A. 123
K'um-wu 131
Kundalini-Shakti 196
K'un-lun 118
Kwannon 198, 208
Kwatikul-Indianer *83*
Kyklopen 32, *53*, *130*
Kyoto 199

Labyrinth 167
Ladon 33, *221*
Lakshmana 229
Lakshmi 9, *18*, *86f.*, 86–88, *90*, 92, 145,
    172, 178, *178*, 182, 184, 196, 204, 207,
    228
Lamaismus *20*, *58*
Lampetie 35
Lancelot 234, *265*
Lang, Andrew 12
Lao-Tzu 188
Laodameia 37
Lappen 8, 49
Lascaux *40*, 42, *52*, *171*
Latona 192; s. auch Leto
Lauda, Niki 27
Laussel 44, *44*, *52f.*, 75
Le Jeune, Paul 82
Leda 37, 192, *192*
Leonardo da Vinci *84*
Lesbos 201
Leto 34, 37; s. auch Latona
Letten 106, 110, 138
Leuke 252
Lévi-Strauss, Claude 14
Leviathan *274*
Lhasa *14*, *20*, 43
Liber und Libra *146*
Liliputaner 220
Lilith *56*, 249, *249*
de Lille, Alain 43
Liosalfarheimr 119
Litauen/Litauer 96, 98, 100, 106, 110, 128
Lochner, Stefan *274*
Loki *55*, 244
Lönnrot, Elias 6
Loth, Heinrich 83
Lotos-Sutra 286
Lucrez 186
Lug 232
Lung 181

Ma-kuh *135*
Maat *126*
Madagaskar 49, 71
Maera 35
Magellan, Fernando 60
Maglinger, Caspar 9
Maha-Devi *72*
Mahabharata 20, 88, 205
Mahavira 278
Mahisa *215*
Maja, Nymphe 37, 124, *193*

Mali *50*, *110*
Malta 94
Mandanen 94
Mandara 171
de Mandeville, Jean 288
Mandschurei *117*
Mann, Thomas 40
Mao Tse-tung 190
Marduk 18, 24, *72*, *180*
Maria, Mutter Jesu 9, 72, 176, *177*, *179*,
    189, 270
Marianen-Inseln 79
Marind-Anim-Stamm 26
Marke, König *198*
Marlowe, Christopher *240*
Marrakesch *38*
Mars 52, 124, *130*, 186, *215*; s. auch Ares
Maui 49, *61*, 128, *129*
May, Karl 139
Maya, Göttin *72*
Maya, Königin 188, *188*, *191*
Maya-Kultur *64*, *118*, *146*, *151*, 281
Mayavati 207
Medeia 35
Medusa 33, *178*
Megaira 32
Mekka 43, *56*
Melanau (Malaysia) *148*
Melanesen/Melanesien 24f., 27, 43, *61*,
    128
Melanippe 34
Melpomene 122
Memnon 230
Memphis *165*, *170*
Menelaos von Sparta 230, 260
Menoitios 35
Menton 44, *53*, 75
Merkur *53*, *125*; s. auch Hermes
Merlin 234, *236*
Meru 43, 120, 174
Meschamaat 138
Mesopotamier 18, 23, *200*
Messias 20
Metis 36
Mexiko 40, 47, 65, 98, *134*, *157*, 280f.
Miao-Chung 208
Miao-Shan 208
Miao-Yao-Völker 79
Michael, Erzengel *227*, *271*
Michelangelo *70*, *81*, 92, *271*
Midgard, Landschaft 79, 119, 244
Midgard, Schlange 117
Midir 198
Mikronesien 49, *61*

Milo *185*
Minerva *52, 126*; s. auch Athena
Mini-Mini (Australien) *105*
Minos 166f., 192, 219, 270
Minotauros 35, 167, *167*, 198, 219
Miró, Joan *240*
Mithras, Held *171*, 190, *190*
Mithras-Religion *95*, 190
Mixteken *191*
Mnemosyne 33, 36, 192, *192*
Moghul *176, 262*
Mohammed 38, 43, *56*, 83, *168*, 284
Momus 186
Mongolen 47, 49, 55, *62*, 120, 137, 148,
    188, 196, 224, *227*, 270, 284, *289*
von Monmouth, Gottfried 234
Monroe, Marilyn *27*
Morgane 234
Mose 38, *56*, 178
Mount Bilders-Kultur *157*
Mozart, Wolfgang Amadeus 135
Müller, Friedrich Max 10
Müller, Karl Otfried 10
Münke, Wolfgang 118, 181
Murillo, Bartolomé Esteban *189*
Murray, Gilbert 12
Musen 7, 36, 122, 168, 192
Muspelheimr 119
Mut *165*
Mwuetsi 44
Mykenai *74*, 219–221

Nabu *126*
Naher Osten 44, 47, *56*
Narada 207
Narten 238
Narthus 144
Navaho-Indianer 49, *62, 77, 110f., 129*
Naxos *75*
Neaira 34
Neandertaler 41, 43, *52, 57*
Neferrenpet *160*
Negritos 49; s. auch Pygmäen
Neihardt, John G. 43
Nemeischer Löwe 31, 216, *218*
Nepal 270, 284
Neptun *52*; s. auch Poseidon
Nerada s. Rishi
Nereiden 32
Nereus 32
Nessos 216
Neuseeland 49
Nibelungen 232, *232*

Nidhöggr 117
Nike 34, *213*
Nil 162, 164, *165*
Nimba *75*
Niobe 37
Nirvana *158*, 208, *269*, 284, 286
Noah 102
Nofretete *95, 195*
Nootka-Indianer *175*
Nornen 102, 117
Notos 34f.
Nu-kua *132*
Nugu 27
Nujalik *138*
Nupe-Stamm 48, *51*
Nut *76f., 97*
Nymphen 32–34, 36, 44, 124, 144, 192,
    230
Nyx 31

Obatala 25
Odin *55*, 114, 117, 124, *168, 232*, 244,
    246, 286; s. auch Wotan
Odysseus/Odyssee 52f., 120, 230, 260,
    260f., 288
Oglala-Indianer *97*
Ogun 130f.
Oita 216
Okeaniden 34
Okeanos 30, 33, 142, 192, 220
Okyrhoe 34
Oldowaischlucht 41, *51*
Olmeken *64*
Olokun *143*
Olymp 9, 43, *53*, 68, 120, *195*, 216, *256*,
    256f.; s. auch Olympier
Olympia, Mutter Alexanders d. Gr. 188
Olympier 7, 30, 34f., 68, 90, 130, 144,
    146, 148, 152, 176, 186, 192, 200, 220,
    230, *256, 288;* s. auch Olymp
Onuris *138*
Orion *140*
Ormuzd *57, 191*, 248
Orpheus 7, 66, 68, *125*, 190, 200f., *200f.,*
    221
Orthros 31
Osaga-Indianer 18
Oschun 187
Osiris 24, *51, 95*, 162, *163*, 164, *258, 286*
Osterinsel *4*, 49, *61, 156*
Osteuropa 96, 102, 110, *157*
Ostjaken 49
Otrera 250

Ottoway-Indianer 279
Ozeanien 25, 49, *60*

Pachacamac 40, 47
Palamedes 260
Palästina *215*
Palden Lhamo *14*
Pallas 34
Pan 144, *144f.*, 176, *185*, 256
Pan-ku 18, *78*, 79
Pandia 36
Pandora 35, 128
Paracelsus 66, *84*, 85, 124, 152, 154, 192,
    266
Paris, Sohn des Priamos 230, *231*
Parvati *72, 158, 182*, 206f., *290*
Parzival 264
Pascal, Blaise 43
Pasiphae 35, 167, *167*, 219
Patroklos 231
Pazuzu *249*
Pegasos 33, *125, 154*, 168
Pele *128*
Peleus 230
Pemphredo 32
Peneios 219
Penelope 260, *261*
Penthesilea *251*
Pergamon *213*
Peris 248
Perkuna Tete 96, 110
Perkunas 106
Perse 34
Persephone 24, 36f., *52*, 146, *146*, 192,
    193, 201, 221, *221*, 257, *279, 286;* s. auch
    Proserpina
Perser 84f., 92, 100, *191*, 248; s. auch
    Iran/Iraner
Perses 34f.
Perseus 169, *178*, 192, 216
Peru 40, 47, *65, 103, 129, 157, 160*, 274
Perun 106, 234
Petrus, Apostel 131
Phaedra 167, 198, *198*
Phaethon 35
Phaethusa 35
Phanes 190, *190*
Philyra 33
Phoibe 33
Phöniker 47, *56, 200, 215*, 258
Phönix 85, *97*, 176, *176, 262*
Phorkys 32
Picinelli, Filippo 9

301

Pizarro, Francisco *65*
Platon 20, 139, 162, 253
Pleione 35
Plotin 10
Pluto 37, 44, *52*; s. auch Hades
Po s. Fu-sang
Polyhymnia s. Polymnia
Polymnia 122
Polynesien/Polynesier *4*, 18, *78*, 81, 120, 128, *128f.*, 142, *143*, *156*, *215*
Polyphem 260, *260*
Pontan 79
Pontiac s. Ottoway-Indianer
Pontos 31, 219
Poseidon 36, *52*, 124, 142, *143*, 167–169, *168*, 198, 213
Poussin, Nicolas *195*
Pradyumna 207
Praetorius, Matthaeus 96
Presley, Elvis 27
Preußen, baltische 106, 110
Priamos 230, *230*
Priapos 184, *184*
Prokop von Templin 9
Prometheus 31, 34, 40, *81*, 128, *129*, 220, *279*
Pronoia 34
Proserpina *52*; s. auch Persephone
Proteus 40
Protogeneia 35, 37
Protogenos 184
Psyche 148, *185*, 186, *189*, *200*, 256f.; s. auch Amor und Psyche
Ptah 18, *70*, *157*, *165*, *170*
Ptolemaios *282*
Pueblo-Indianer *95*, *103*
Puranas 20
Puruscha 18
Pygmäen 49, 66, 71, *90*, 92, 220
Pyrrha 35
Pythagoras 162, 253
Pythia *135*
Python 178

Quetzalcoatl *64*, 78, *103*, *105*, *118*, 280f., *281*
Quimbaja-Kultur *98*

Rabelais 43
Radha 9, 88, *90*, 145, 172, 182, 196, *196*, *202–204*, 204f.
Rama 88, *90*, *198*, 228f., *229*

Ramayana 88, 228f., *229*, 231
Rati *196*, 206f., *207*, *256*
Ravana 198, 228f., *229*
Re *97*, *170*, *268*
Regin *232*
Rembrandt *84*
Remizow, Alexej 7f.
Rhadamantes 192
Rhea 33f., 192
Rhode 34
Rig-Veda 38, 90, 122, 167
Rishi *125*
Rom 43
Rosa, Salvator *135*
Rostam *226*, 248, *248*
Rothenburg/Luzern *180*
Rubens, Peter Paul *256*
Rudolfsee 41, *51*
Rukmini 207
Rumänen 112, 158
Rußland/Russen 8, *54*, 94, 96, 169, 284

Sabulana 254
Sahara 44, *50*
Sakti-Gita 73
Sakyas 284
Salmacis 184
Salomo 83–85, 174, 180, 266, 282
Samojeden 49, *54*, *137*
Samurai 226
Santeria 108
Santi, Raffael *80*, *125*
Sarasvati 87
Sarpedon 192
Satene 26
Saturn *12*, *23*; s. auch Kronos
Saul, bibl. König *135*
Savi-Lopez, Maria 123
Schamanan, altaische 49, *289*
Schamanen, lappländische 43, *117*
Schamanen, sibirische 49, *112*, *117*, 117f., 136f., *195*
Schamasch 94, *94*
Schango *107*, 108, 131
Scheuchzer, J. J. *180*
Schlesien 41
Schmidt, Wilhelm 12, 71
Schu *77*
Schwaben 262
Schweiz 41, *52*
Sedna 40
Sekhmet *163*, 164, *165*
Selene 34, 36, *101*

Semele 37, *190*
Senegal 111
Set 162, *163*, 164, *258*
Shakespeare, William 135, *135*
Shakta 87
Shakti 87, *126*, *197*
Shambara 207
Shen Nung 146
Shinto 137
Shiva 17, 24, *58*, 87f., *87f.*, 106, *158*, *160*, *182*, 196, *196*, 206f., *215*, *290*
Short Bull *97*
Sibylle 234
Siecke, E. 12
Siegfried 232, *232*
Sif 110
Sigurd 232, *232*
Silesius, Angelus 188
Simbabwe *40*, 44, *51*, *110*, *254*
Simrock, Karl 110
Simurgh 85, *176*
Sindbad 120
Sinti und Roma 72, 76f., 96, 102, 112, 240
Sioux 43, *97*, 104
Sirenen *53*, *73*, 249, 260, *260f.*
Sita 88, *90*, 198, 228f., *229*, 231
Sizilien 160
Skanderbeg 232
Skandinavien *77f.*, 90, 102, *109*, 114, 144, 232, *232*, *246*, *286*
Skarabäus *51*, *163*, 164
Skylla 32, *260*
Skythen *117*, 220, 250, 252, 284
Slawen 90, 94, 96, 100, 106, 112, 132, 168, 234, 248, 262
Sleipnir *168*, *246*, *286*
Smyrna *191*
Sobek *165*
Sohar, Buch 249
Sol *95*; s. auch Apollo
Soninke-Stamm 48
Sosruko 238
Sparta *53*, 230
Sphinx 31, *177*
Sri Lanka 47, 228, *229*
Steropes 32
Sthenno 33
Stoa 10, 20
Stonehenge *24*, *54*
Strome 34
Stymphalische Vögel 219, *219*
Styx 34
Suburbia 26
Sudan 48

302

Südostasien 25, 44, 47, 49
Südpazifik 40
Südtirol 100
Sugriva *229*
Sukhavati *120*
Sukhavati-Vyuha 273
Sumatra 49, *60, 112*
Sumer/Sumerer 43, 47, *56, 72, 77, 109*, 180, *180*, 249, *249*, 258
Sun-hou-tzu 190
Sundt, Eilert 100
Superman 26
Surabhi 172
Surdas 204
Surt 210
Susano *97*, 226, *226*
Swift, Jonathan 220
Syrien/Syrer *74*
Szlotrazys 96

Tacitus 144
T'ai-chi 174
Taittiriya-Upanischaden 43
Takanakapsaluk 40
Talmud 249
Tamerlan 49
Tanais s. Don
Tanemahuta 49
Tangaroa *61, 78*
Tansania 41
Tantra-Kulte *4, 87*, 112, *126, 182*, 196, *196f.*
Taoismus *6, 58, 68, 69*, 137, *148*, 188, *222, 241, 273*
Tara *126, 133*, 188
Taranis *109*
Taringa-nui *143*
Tartaros 30
Taskovski, Vasco *275*
Tataren 47, 49, *54*, 83
Tatern (Norwegen) 100
Tauris/Taurier 252, *253*
Tawa *82, 95*
Taygete 37
Tecumseh 279
Tefnut 77
Telemach 260
Terpsychore 122
Tetonen 104, 132f.
Tezcatlipoca *28*, 78, *190*, 280
Thakur, Vidyapati 205
Thalia 122
Thammuz 24, 258

Thaumas 32
Theagenes von Rhegion 10
Theben *92, 165, 175*, 216, *226*
Theia 33
Themis 33, 36, 192
Theseus 167, *167*, 198, 216, 219, 250, *251*
Thetis 33, 142, 230, *230*
Thomas, Apostel 280
Thoosa 33
Thor *55*, 106, 108, *109*, 110, 244, *246*
Thot 124, *157, 165*
Thrakien/Thraker *74*, 200, 219
Ti-kung 118
Tiamat 18, 24, *72, 180*
Tibaldi, Pelegrino *260*
Tibet/Tibeter 18, *20*, 49, *58*, 118, 120, 148, *151*, 196, *197, 208*, 224, *266, 269*, 270, *270, 284, 289*
Tiki *61*, 81
Timor 17
Timur 224
Tisiphone 32
Titanen 30, 33f., 88, 90, 130, 168, 206, *213*, 220, *227*, 228
Tizian *185, 200*
Tlaloc *111, 279*
Tlapallan *281*
Tlazolteotl *72, 98*
Tleppsch 90
Tolteken *64*, 68, *105, 118*, 280f.
Trimurti *17*
Tristan und Isolde 198, *198*
Troja *53, 185*, 192, *198*, 228, 230f., *230f.*, 250, 252, *253*, 260
van Troyen, Rombout *253*
de Troyes, Crestien 264
Tschernibog *248*
Tschuktschen *55*, 120
Tsimschian (Kanada) *137*
Tsong-khapa *20*
Tuatha De Dannan *232*
Tungusen *137*
Turanier 248
Türken 47, 83–85, *136*
Turkestan (Ost-) *181*
Turktataren 23, 224
Tylor, E. B. 12
Typhon 31, *213*

Ügedei 49, 224
Ugniedokas 128
Ukraine 98
Ungarn 112

Ur *158*
Urania 122
Uranos *23*, 23f., 31, 49, 76, 184, 186, *187*, 192; s. auch Coelus
Uruk 242, 258
Ut-Napischti 242

Vasari, Giorgio *23*
Vasuki 171, *178*
Veden 68, 86, *87*, 88
Venus 27, 44, *44*, 53, 74f., 130, 167, 172, 184, *184f.*, 186f., *187*, 199, 256f.; s. auch Aphrodite
Vergil 152
della Vigna, Pietro 182
Virbius 198
Vishnu 9, *17f.*, 24, *58*, 73, 84, *86f.*, 86–88, *90*, 92, *125*, 145, *160, 168*, 171f., *178*, 182, *182*, 188, 202, *202*, 206f., 228f.
Voltaire 43
Vulkan *53, 130*, 131; s. auch Hephaistos

Wahungwe 43, *51*
Wakan Tanka 140
Walhalla *54, 103*, 119, *232*, 244, *246*
Walküren 119, 244
Wanaheim s. Wanen
Wanen 119
Waruna 24
Watschandi (Australien) 184
Watteau, Antoine *290*
Weißrußland 106
Wenden 128
Westeuropa 234, 264
Wikinger *107*, 119, *242*, 244, *246*
Wildkirchli s. Schweiz
Wili-Wilia (Australien) *138*
Willendorf 44, *53*, 75
Winnebago-Indianer 18
Wiyot-Stamm 25
Wladimir, Fürst 234, 250
von Wlislocki, Heinrich 76, 112
Wolhynien 6, 8, 110, *122*
Wollust, Tochter der Psyche 257
Wölsungen 232
Wöluspa-Dichtung 117
Wotan *246*; s. auch Odin
Wu Ch'eng-En 190
Wuluwaid *103*
von Wyl, Ludwig 9

303

Xango s. Schango
Xenophanes 10
Xilonen *146*
Xiutecuhtli *28*

Yamuna 178
Yao-Volk 108
Yemaya s. Jjemaja
Yen-tzu 222
Yggdrasil 43, *55*, 102, *114*, 114–117, 118
Yi 222

Yin und Yang *59*, 68, *69*, 77f., 174, *175*,
   176, *177*, 181f., 188, 196, 222
Ymir 18, 79
Ymir *78*, 144
Yoga-System 112
Yogis (Tibet) *103*
Yoruba-Stämme 25, 73, *50*, *107*, 108, 114,
   130, *130*, 187
Yü 181
Yüan, Lo 181
d'Yverni, Jacques *236*

Zagreus 192; s. auch Bacchus
Zarathustra 23, 38, *56f.*, 248
Zelos 34
Zephyr 34f., 256
Zervan *57*, *191*
Zeus 9f., 12, 24, *52*, 68, *103*, 106, 108, *109*,
   110, 117, 124, *125f.*, 128, 130f., 142,
   144f., 148, *148*, 152, *152*, 166, 168, 171,
   172, 182, *190–193*, 192, 194f., *195*, *213*,
   216, 220, 230, 257, 260, *261*; s. auch
   Jupiter
Zoroaster s. Zarathustra